Günter Ogger
KÖNIG KUNDE

Günter Ogger

KÖNIG KUNDE

angeschmiert
und
abserviert

Droemer Knaur

Die Deutsche Bibliothek – CIP-Einheitsaufnahme

Ogger, Günter:
König Kunde – angeschmiert und abserviert / Günter Ogger. –
München: Droemer Knaur, 1996
ISBN 3-426-26903-1

Die Folie des Schutzumschlags sowie die Einschweißfolie
sind PE-Folien und biologisch abbaubar.
Dieses Buch wurde auf chlor- und säurefreiem Papier gedruckt.

Umschlaggestaltung: Agentur ZERO, München
Satzarbeiten: Franzis-Druck GmbH, München
Druck und Bindung: Ueberreuter Print
ISBN 3-426-26903-1
5 4 3 2 1

Dieses Buch ist jenen Unternehmen
und ihren Mitarbeitern gewidmet,
die auf die Mißhandlung der Kunden
verzichtet haben.

Inhalt

Angeschmiert und abserviert

Ohne uns geht nichts. Wir sind die Könige, und die Wirtschaft ist uns zu Diensten. Wir werden verlockt, verwöhnt, umworben. Hersteller und Händler schenken uns, sofern wir einkaufen gehen, nicht irgendwelche profanen Produkte, sondern unvergeßliche »Erlebnisse«. Sie bereichern unser armseliges Leben um die Riesenwaschkraft von Persil und um die Gummibärchen von Haribo. Und nie zuvor gab die Wirtschaft soviel Werbegeld dafür aus, um uns glücklich zu machen, wie in diesen harten Zeiten.

Fast jeder namhafte Produzent krempelte in den letzten Jahren seine Fabriken um. Die großen Konzerne, von Bayer bis Daimler-Benz, verordneten sich tiefgreifende Strukturreformen: kleinere Firmen strafften die Produktionsabläufe und die Vertriebssysteme, die gesamte Industrie wurde »lean«, also schlank und effizient. Und im Mittelpunkt dieser gewaltigen Betriebsamkeit standen, sofern wir den Beteuerungen der Unternehmer und Manager glauben dürfen, wir, die Kunden. Kundenorientierung war das vorgebliche Ziel der »zweiten industriellen Revolution« – wie ein aktueller Wirtschafts-Bestseller den Kehraus in den Fabrikhallen nannte. Kein Unternehmensberater von Rang, der nicht die »totale Fokussierung aller Kräfte auf den Kunden« propagierte, kein Firmenchef, der sich nicht seiner »konsequenten Marktorientierung« rühmte. Im Rotwelsch der Managerkaste sprach man mal vom »Key Account Management«, mal gab man sich ganz »custom-minded«. Doch das Ganze war nichts als ein grandioser Bluff. Das wirkliche Ziel des vielgepriesenen »Business-Reengineering« lag nämlich nicht bei der Verbesserung des Kunden-Nutzens, sondern in jener der betrieblichen Effizienz. Und dabei blieben wir, die Kunden, ganz schön auf der Strecke. Anders als in früheren Krisen, senkten die

Hersteller und Händler diesmal nicht die Preise, um ihren Absatz anzukurbeln, sondern ihre Kosten, um bei geringerer Auslastung ihrer Kapazitäten dennoch ordentlich zu verdienen.

Als »blanken Hohn« entlarvte bereits Heinz Goldmann die Sprüche der Industrie-Reformer. Der Altmeister der Berater-Zunft, Gründer der Heinz Goldmann Stiftung für internationale Kommunikation in Genf und Frankfurt, erkannte nämlich: »In neun von zehn Fällen sind die vom Kunden entweder nicht oder nur sehr schwer nachvollziehbar.« Tatsächlich nutzten Hersteller wie Händler, Dienstleister wie Gewerkschafter die jüngste Wirtschaftskrise zum großen Rundumschlag gegen den Verbraucher.

Unisono machten die Repräsentanten der »Wirtschaft« während der Rezession ihre Interessen zu denen der Allgemeinheit – und niemand widersprach ihnen. Angesichts eines rapide wachsenden Heers von Arbeitslosen, drohender Produktionsverlagerungen ins Ausland und um die 35-Stunden-Woche streikender Metallarbeiter wagte es kein Politiker und kein Verbandsfunktionär, kein Verbraucherschützer und kein Bürgeranwalt, die Hand zu heben für die wahren Opfer der brutalsten Rationalisierungswelle, die je auf deutschem Boden stattfand. Für uns, die Kunden.

Ohne Demos und Proteste, ohne die geringste Anteilnahme der Medien wurden wir zur absolut unwichtigsten Nebensache der Wirtschaft degradiert. Während die da oben sich darum stritten, ob man den armen Verkäuferinnen bei Tengelmann längere Ladenöffnungszeiten zumuten dürfe, drückten wir uns vor geschlossenen Geschäften demutsvoll die Nasen platt. Ehrfürchtig bestaunten wir die Kraftakte, mit denen die Chefs der Deutschen, Dresdner oder Commerzbank ihre Gewinne auf immer neue Rekordhöhen lifteten – und suchten vergebens nach der nächsten Bankfiliale (die dem Rotstift zum Opfer gefallen war).

Wir haben es uns angewöhnt, zufrieden zu sein mit dem, was uns die überaus tüchtigen Herren der deutschen Wirtschaft noch zukommen lassen an abgemagerten Produkten, ausgedünnten Vertriebsnetzen, gestrichenen Kulanzleistungen. Klaglos akzeptieren wir jede noch so dreiste Preiserhöhung, und selbst rechtswidrige Einschränkungen von

Gewährleistungsansprüchen stoßen kaum noch auf Widerspruch. Wer liest denn schon das Kleingedruckte in den Kaufverträgen?

Begeistert vernahmen wir die Kunde, daß unsere Großindustrie dabei ist, in weltweit gespannten Verbundnetzen zu produzieren, um ihre Wettbewerbsfähigkeit zu steigern. Prima Sache also, wenn in unserem teuren Mercedes-Kleintransporter plötzlich ein Motor von VW tuckert? Klar, warum sollen nicht auch eine Achse aus Korea, ein Getriebe aus Mexiko und ein Armaturenbrett aus Malaysia anständig funktionieren, wenn auf der Kühlerhaube das prestigeträchtige Label eines Nobelwagenherstellers prangt! Nur zu dumm, daß wir für diese schönen Teile aus dem Auto-Supermarkt der Welt dann die prohibitiven Preise unserer heimischen Made-in-Germany-Produzenten zahlen sollen.

Damit es der Industrie gutgeht, verschmerzen wir leicht die Tatsache, daß der VW-Konzern das Vorstandsressort »Qualitätskontrolle« ersatzlos gestrichen hat. Wer wird denn so pingelig sein, und in einem Polo, Golf oder Passat nach unsauber verlegten Kabeln, schiefsitzenden Schrauben oder Klebstoffresten fahnden? Wir nehmen auch klappernde Sitze und surrende Schalthebel in Kauf, wenn damit die Beschäftigung der nach Haustarif entlohnten Belegschaft gesichert erscheint. Wir sind ja nur das letzte und damit unwichtigste Glied in der langen Wertschöpfungskette eines solch großen und bedeutenden Unternehmens.

Am liebsten, dieser Eindruck verfestigte sich in den letzten Jahren zur schieren Gewißheit, würde das unendlich komplizierte Räderwerk der Wirtschaft wohl ganz ohne uns, den Störfaktor »Kunde«, funktionieren. Man stelle sich vor: die perfekt durchrationalisierte Fabrik, mit immer gleicher Produktion, ohne saisonale Schwankungen, ohne ständig wechselnde Moden, ohne Reklamationen und Rückrufaktionen, der Traum jedes Managers! Schade nur, daß die Stellplätze und Lagerkapazitäten irgendwo begrenzt zu sein scheinen.

Von den Anbietern in die Defensive gedrängt
Eigenartig, unser Verhalten. Als Manager, Arzt, Ingenieur, Verkäufer, Banker, Schlosser, Schweißer oder Sekretärin wissen wir ganz ge-

nau, wo unsere Vorteile liegen. Als Kunde aber sind wir ziemlich hilflos. Eingespannt in den Produktions- und Verteilungsapparat der
Wirtschaft, kämpfen wir zielstrebig um höhere Gehälter, kürzere Arbeitszeiten, um Urlaubs- und Weihnachtsgratifikationen, um huma-
nere Arbeitsbedingungen und um unsere Karriere. Doch kaum hat
uns die durchorganisierte Berufswelt in die Freizeit entlassen, mutie-
ren wir zum unmündigen Verbraucher.

Tapfer bekämpfen wir unsere »Schwellenangst«, wenn wir den feudal
gestylten Herrenausstatter betreten, demutsvoll warten wir, bis einer
der gelangweilten Verkäufer uns wahrzunehmen geruht. Und wenn er
uns dann arrogant mit einem »Wie Sie wünschen« abkanzelt, weil wir
die 3000 Märker für ein simples Sakko doch für etwas übertrieben halten, dann kostet uns die Frage nach preiswürdigerer Ware einige Über-
windung.

Dem scheinbar grenzenlosen Angebot der Marktwirtschaft stehen wir
immer ratloser gegenüber. Wer weiß schon, ob der neue PC einen
»Pentium«-Prozessor enthalten muß oder ob einer mit einem 486er
genügt? Ob die »Megaperls« von Persil umweltfreundlicher sind als
das Pulver von Calgonit? Ob der Pulli aus zweifädigem Kaschmir länger hält als jener aus biederer Schurwolle? Ob der Parma-Schinken
sechs oder zwölf Monate abgehangen sein muß?

Weil wir das alles nicht oder jedenfalls nicht immer und überall wissen, sind wir von den Profis auf der anderen Seite der Ladentheke systematisch in die Defensive gedrängt worden. Nicht erst seit der jüngsten Rezession versuchen die Anbieter an allen Ecken und Enden der
Warenwelt, die Geschäftsbedingungen zu ihren Gunsten zu verbessern. Und je komplizierter die Produkte, je unübersichtlicher das Angebot, desto leichter gelingt es ihnen, den Kunden zu übervorteilen.

Die Kräfteverhältnisse verschieben sich jeden Tag ein bißchen mehr
zu Lasten der Verbraucher. Wenn wir zum Beispiel im Wirtschaftsteil
der Zeitung lesen, daß der Kaufhof eine wesentliche Beteiligung am
Horten-Konzern erworben habe, dann bedeutet das: wieder ein Wettbewerber weniger. Wir wissen natürlich, daß der Kaufhof zum Multi-
milliarden-Imperium der Metro-Gruppe zählt, die nicht nur mehrere
Warenhauskonzerne (Asko, Kaufhalle, Real, Massa und Huma) be-

12

herrscht, sondern auch Verbrauchermärkte (Meister, Primus, Extra), Baumärkte (Praktiker), Versandhäuser (Oppermann, Hawesco, Wenz und Reno) sowie zahlreiche Fachmärkte (Jacques' Weindepot, Media Markt, Vobis, Saturn-Hansa, Adler usw.) ihr eigen nennt. Und wenn dieser gigantische Moloch nach und nach alle Konkurrenten ausgeschaltet oder aufgekauft hat, dann kann er mit uns, den Verbrauchern, machen was er will. Wir sind dann auf Gedeih und Verderb auf dieses eine Unternehmen angewiesen, egal, was wir auch einkaufen wollen.

In den Regalen der Supermärkte und Kaufhäuser finden wir dann eben nicht mehr den gewohnten Markenartikel, sondern ein Produkt, dessen Hersteller dem marktbeherrschenden Handelskonzern den höchsten »Einstandspreis« bezahlte. Daß diese heute längst übliche Gebühr zu Lasten der Produktqualität gehen muß, versteht sich von selbst. Auch klar, daß dort, wo kein ernsthafter Wettbewerber mehr die Metro-Kreise stört, die Preise zu steigen beginnen.

Die beispiellose Konzentrationswelle, die letztes Jahr zu über zweitausend Unternehmenszusammenschlüssen führte, ist Gift für die Marktwirtschaft. Sie kommt uns teuer zu stehen, denn jede Fusion verringert die Zahl und erhöht die Marktmacht einzelner Anbieter. Die Bundesregierung schaut dem verbraucherfeindlichen Treiben nicht nur tatenlos zu – unser tüchtiger Wirtschaftsminister aus der liberalen FDP ermuntert die Aufkäufer sogar noch, wenn er Fusionen, die das Bundeskartellamt aus Wettbewerbsgründen untersagt, per Ministererlaß dennoch genehmigt.

Die Verbraucher halten die Taschen zu

Da Arbeitsplätze und Investitionen stets Vorrang haben, der Verbraucher aber, der das letztlich alles finanzieren soll, niemanden kümmert, wird das Konsumklima naturgemäß immer frostiger. Während eine vieltausendköpfige Lobby in Bonn dafür sorgt, daß die Interessen der Anbieter nicht zu kurz kommen, werden den ohnehin viel zu dürftig ausstaffierten Verbraucherschutz-Organisationen die kargen Mittel weiter gekürzt.

Ob es um die Abschaffung der festen Ladenschlußzeiten oder um das ebenso überflüssige Rabattgesetz geht, um die Zulassung ausländischer Versicherer und Investmentfonds oder um die Einfuhr karibischer Bananen – stets wiegen die Argumente unserer ach so schutzbedürftigen heimischen Wirtschaft schwerer als das Interesse der Verbraucher an komfortablen Einkaufszeiten und einem guten und preiswerten Warenangebot.

Wer will es uns, den Kunden, verübeln, wenn wir das einzige tun, was uns angesichts des Unwillens der Wirtschaft und der Unfähigkeit der Politiker bleibt, nämlich »Zurückhaltung« zu üben? Niemand zwingt uns doch, den überteuerten Schrott zu kaufen, der uns täglich von der Werbung aufgedrängt wird. Wenn uns die Wurstverkäuferin im »Kaufhof« um 18 Uhr nicht mehr bedienen will, weil sie eine halbe Stunde braucht, um ihre Maschinen zu putzen und sie pünktlich um 18.30 Uhr den Arbeitsplatz verlassen möchte – nun, dann lassen wir sie eben putzen und kaufen die Salami an der nächsten Tankstelle. Mal sehen, wie lange sie noch ihren Arbeitsplatz hat.

Und wenn der Malermeister, der unsere Wohnung tapezieren soll, sich aufführt wie der Papst, der um eine Audienz gebeten wird, besorgen wir uns eben einen willigen Schwarzarbeiter, der keine An- und Abfahrt berechnet und mit 15 Mark die Stunde zufrieden ist. Natürlich ist ein solches Verbraucherverhalten nicht gerade »sozialverträglich«. Aber was bleibt uns anderes übrig? Sollen wir uns von all den scheinbar so cleveren Profis ausnehmen lassen wie Weihnachtsgänse?

Wenn uns die Politik im Stich läßt und die Anbieter ihre Marktmacht und ihren Know-how-Vorsprung zu immer dreisteren Raubzügen mißbrauchen, dann müssen wir zur Selbsthilfe greifen. Wir erziehen uns zur Resistenz gegen das Trommelfeuer der Werbewirtschaft, indem wir Anzeigen überblättern und TV-Spots wegzappen. Wir üben das »Smart Shopping« bei Aldi, tragen unsere Klamotten doppelt so lange wie früher und das gesparte Geld zur Bank.

Servicewüste Deutschland – ein Ort zum Davonlaufen

Jeder kennt das Spiel: Man betritt einen Laden, keine Verkäuferin weit und breit. Man macht sich bemerkbar, hüstelt, klopft. Natürlich

14

vergebens. Es ist eine viertel Stunde vor Ladenschluß, da hat das Personal keine Zeit für Kunden. Die Verkäuferin muß sich herrichten für den Freund. Der wartet pünktlich um halb sieben.

Oder mittags im Postamt. Man stellt sich an. Langsam rückt die Schlange vor. Kaum ist man dran, klappt der Beamte das Schild herunter: »Geschlossen.«

Pünktlich um 9 Uhr erscheint man beim Arzt. Man hat den Termin telefonisch vereinbart. Um halb 11 ist man immer noch nicht dran, der Vormittag ist gelaufen.

In Reih und Glied steht man bei Hertie vor der Kasse. »Glühbirnen bitte in der Elektroabteilung bezahlen«, sagt die Dame, und der Kunde hetzt weiter zur nächsten Schlange.

Im Rathauskeller bestellt man ein Schnitzel, möchte aber statt Pommes lieber Kartoffelsalat als Beilage. »Geht nicht«, sagt der Kellner, »wir führen nur, was auf der Karte steht.«

Man sitzt auf der Terrasse und bestellt eine Tasse Kaffee. »Draußen nur Kännchen«, mault die Bedienung, die wir in ihrer Sonntagsruhe gestört haben.

Der Abfluß ist verstopft, man ruft den Notdienst. »Morgen vormittag, schneller geht es nicht«, sagt die Dame am Telefon. Wir warten ab 8, der Installateur kommt pünktlich um Mittag. Ein halber Tag Urlaub ist futsch.

Servicewüste Deutschland, ein Ort zum Davonlaufen. »Maul halten, zahlen« betitelte der *Spiegel* eine Coverstory über den Störenfried »Kunde«, und der *stern* befand: »Der Kunde ist der Dumme.« Was den Deutschen erst allmählich dämmert, haben Besucher aus anderen Ländern, die derlei Unsitten nicht kennen, schon lange mit Verwunderung registriert. Lästerte das amerikanische Wirtschaftsmagazin *Newsweek* über die deutsche Krankheit: »Vier Millionen Arbeitslose, und noch immer gibt es am Sonntag keine Milch zu kaufen.« Und die britische Wochenzeitung *The European* befand in einer Geschichte über die Servicequalität in den europäischen Nachbarländern: »Kellner behandeln den Gast oft so, als ob sie ihm eine Gnade erweisen, wenn sie ihn bedienen.«

In Düsseldorf staunte der japanische Unternehmensberater Minoru

Tominaga: »In Japan sagt der Verkäufer danke, in Deutschland muß ich dankbar sein, daß ich überhaupt bedient werde.« Und in der Bremer Talk-Show *3 nach 9* unterhielt der Bonner Korrespondent der spanischen Zeitschrift *El País*, José Comas, die Zuschauer mit seinen Erlebnissen als Verbraucher in Deutschland. So mußte er auf den Anschluß seines Telefons an eine bestehende Leitung rund einen Monat warten, für die Installation seiner Waschmaschine rund 500 Mark bezahlen. »Ich erlebe jeden Tag Beispiele für Kundenfeindlichkeit«, bekannte der Spanier.

So ärgerlich derlei Erlebnisse für den Kunden sein mögen – man könnte sie als Bagatellen abtun und zur Tagesordnung übergehen. Doch es geht um mehr als um muffige Kellner, inkompetente Verkäufer, betrügerische Handwerker und arrogante Beamte. Die gesamte deutsche Wirtschaft steht auf dem Prüfstand. Seit Jahren steckt das einst so dynamische »Wirtschaftswunderland« in der Krise. Immer mehr Jobs werden wegrationalisiert, die Zahl der Arbeitslosen ist schon so hoch wie in der Weltwirtschaftskrise von 1929. Die Wettbewerbsfähigkeit unserer Industrie läßt nach, investiert wird in Billiglohnländern. Der Handel setzt Jahr für Jahr weniger um, die Verbraucher schränken sich ein. Selbst Banken und Versicherungen geraten in Turbulenzen, während die Wirtschaftssysteme anderer Länder blühen und gedeihen. In den USA wurden allein seit 1993 rund 8 Millionen neue Arbeitsplätze geschaffen, und die Märkte in Südostasien boomen mit zweistelligen Zuwachsraten.

Die Risikoscheu und Absahnermentalität der Managerkaste hat sicherlich ebenso zur »deutschen Krankheit« (so das US-Nachrichtenmagazin *Newsweek*) beigetragen wie die Bequemlichkeit der von hohen Löhnen und immer kürzeren Arbeitszeiten verwöhnten Beschäftigten. Sie alle haben es sich angewöhnt, ihre Belange in den Mittelpunkt des Interesses zu stellen und dabei jene vergessen, denen sie ihre wirtschaftliche Existenz verdanken: die Kunden.

Der Eifer, mit dem neuerdings in Firmenseminaren Kundenorientierung gepredigt wird, ist nichts anderes als das Eingeständnis eines jahrzehntelangen Versäumnisses. Und die Lippenbekenntnisse der Unternehmer und Manager, im Kunden den Mittelpunkt aller betriebli-

16

chen Aktivitäten zu sehen, entlarven sich durch die Betonung einer Selbstverständlichkeit selber.

Unternehmensverbände und Gewerkschaften haben es in Deutschland verstanden, die Öffentlichkeit so nachhaltig zu beeinflussen, daß die Interessen der Kunden und Verbraucher – etwa bei der Diskussion um die Ladenschlußzeiten – kaum noch eine Rolle spielen. Gegen die Sparpläne der Bundesregierung brachte der DGB 400 000 Demonstranten auf die Straße – gegen die systematische Verschlechterung der Industrieprodukte rührte sich bisher keine Hand. Wenn ein Chemiekonzern wie Hoechst oder Bayer die Umwelt schädigt, hagelt es bundesweit Proteste; wenn ein Warenhauskonzern wie Karstadt oder Kaufhof Tausende Verkäuferinnen entläßt, klatscht die Börse Beifall. Gewiß, der Dienst am Kunden ist unbequem. Er erfordert Mühe und kostet Geld. Doch wer glaubt, auf diesen Aufwand verzichten zu können, wird sich am Ende keinen Aufwand mehr leisten können. Die Zeiten, da die deutsche Industrie vom guten Ruf ihrer Produkte leben konnte, sind endgültig vorbei. Zum einen hat sie viel dazu beigetragen, diesen Ruf zu ruinieren, zum anderen gibt es mittlerweile Wettbewerber in aller Welt, die oft besser und fast immer billiger sind als die heimischen Produzenten.

Das Abwimmeln zu hoher Kunst entwickelt
Vernachlässigt haben die deutschen Anbieter vor allem die Pflege der Stammkunden. Bei der Jagd nach Marktanteilen übersahen sie die schlichte Tatsache, daß es sechsmal mehr kostet, einen neuen Kunden zu gewinnen, als einen alten bei der Stange zu halten. Miserabler Service, nachlassende Produktqualität und ständige Preiserhöhungen ließen die Markentreue der deutschen Verbraucher schwinden. Jeder zweite, das ergaben Umfragen, ist sofort zum Wechsel bereit.

An der Mißhandlung der Kunden sind freilich nicht nur die Chefs schuld. Von der angestellten Führungskraft über den Sachbearbeiter bis hinunter zum jüngsten Azubi – alle eint der Eifer, es sich und ihrer Firma recht zu machen. Sie sind hinreichend damit beschäftigt, sich in ihrem beruflichen Umfeld zu behaupten, alle Vorschriften zu befolgen und keinen Fehler zu begehen. Kaum einer kommt von allein auf die Idee, daß die tägliche Betriebsamkeit in dem Ameisenhaufen namens Firma keinen Sinn machte, gäbe es da nicht in der Ferne jemanden, der das alles zu finanzieren hat.

Dieser Jemand zählt für die so emsig mit sich selbst beschäftigten Angestellten einer Firma jedoch häufig nur noch als Lästigkeitsfaktor, etwa wenn er die Lieferung anmahnt, einen Fehler am Produkt reklamiert oder mit der Rechnung nicht einverstanden ist. Ein Wust von Vorschriften und Anordnungen hemmt die Bereitschaft der Angestellten, den Kunden als jenen wahrzunehmen, von dem ihre gesamte Existenz abhängt. Zudem ist der Entscheidungsspielraum derer, die den direkten Kontakt zum Kunden halten, oft äußerst gering.

Weil sie nicht selbst entscheiden dürfen, ob dem Abnehmer zum Beispiel ein Umtausch des Produkts oder ein Rabatt auf die Rechnung gewährt werden kann, versuchen sie ihn abzuwimmeln. Um vor dem Kunden ihre Inkompetenz nicht eingestehen zu müssen, verschanzen sie sich hinter Vorschriften und greifen zu einem rüden Umgangston. Und je renommierter die Firma, der sie angehören, desto arroganter pflegen sie aufzutreten, denn hinter der Macht des großen Namens glauben sie sich geschützt vor Repressionen. Was ist schon der Inhaber eines Kontos etwa bei der Deutschen Bank gegen den Mitarbeiter des großmächtigen Geldhauses?

Wenn in vielen Firmen der Kunde dem Blickfeld der Mitarbeiter weitgehend entronnen ist, dann ist daran häufig das Kästchendenken schuld. Jede Abteilung pflegt sich gegen die andere schärfer abzugrenzen als zwei Staaten untereinander. An diesen Abteilungsgrenzen scheitern denn auch die meisten Kunden, wenn sie Sonderwünsche äußern oder Reklamationen vorbringen möchten. Ihnen geht es dann wie dem berühmten Buchbinder Wanninger, der von einer Abteilung zur anderen weitergereicht wurde, bis er wieder am Ausgangspunkt ankam, selbstverständlich ohne daß seine Reklamation erledigt wurde.

Weil die direkte Konfrontation mit seiner Majestät, dem Kunden, manchen Angestellten nach wie vor peinlich ist, ziehen sie es vor, mit ihm nur schriftlich zu verkehren, am besten mit Hilfe von Textbausteinen aus dem Computerprogramm, und zwar in einer Sprache, die jeden Widerspruch ausschließt. Wollen doch mal sehen, ob man im

18

gepflegten Juristendeutsch nicht jeden Einwand vom Tisch fegen, nicht jeden Kunden plattmachen kann!

Zu hoher Kunst entwickelt wurde das Abwimmeln von Kunden bei den Versicherungen. Wer immer einen Vertrag kündigen, einen Passus ändern oder den Tarif wechseln möchte, kann bei den Assekuranzkonzernen reichhaltige Erfahrungen in Sachen Kundenmißhandlung machen. Beschwerdeführer gelten in deutschen Firmen grundsätzlich als Nörgler und Querulanten, und nur selten wittert der Kundendienstleiter in ihnen eine Chance für ein neues Geschäft. Dabei könnten Reklamationen, behauptet etwa der Unternehmensberater Droege aus Düsseldorf, mehr zu einem erfolgreichen Marketing beitragen als viele teure Meinungsumfragen.

In den USA hingegen gehört die systematische Auswertung von Reklamationen zum Handwerkszeug eines jeden Marketingmannes. Zu den Zeiten eines Max Grundig, Heinz Nixdorf oder Heinz Nordhoff gaben auch in der deutschen Industrie Reklamationen nicht selten Anstoß zu Produktverbesserungen, doch seit die »Nieten in Nadelstreifen« das Kommando übernommen haben, zählt nur noch die kurzfristige Verbesserung des Ergebnisses. Deshalb werden allenthalben die Serviceabteilungen ausgedünnt oder ausgelagert, die Kulanzleistungen gestrichen. Dabei hat noch niemand je exakt nachgerechnet, was Kulanzleistungen wert sein können.

Die Erkenntnis, daß eine dauerhafte Geschäftsbeziehung zu einem guten Kunden ein Vielfaches dessen einbringt, was eine Garantie oder Kulanzleistung kostet, ist jedem Eigentümerunternehmer nur allzu vertraut. Den angestellten Managern in vielen Großunternehmen jedoch scheint sie abhanden gekommen zu sein, da sie bei solchen Überlegungen nur die Kosten-, nicht aber die Nutzenseite beachten. »Kein Rechnungswesen«, so monierte bereits der *Spiegel*, »hat die Kulanzkosten in Relation zur Kundentreue betrachtet.«

Gefügig soll der Kunde sein, duldsam und still. Und wenn an seinem teuer erstandenen Produkt etwas kaputtgeht, nun, dann ist er natürlich selber schuld. § 1 der ungeschriebenen Herstellergesetze lautet nämlich: »Ein Produkt made in Germany geht nie kaputt.« § 2: »Und wenn es doch kaputtgeht, tritt automatisch § 1 in Kraft.« Reklamiert der Kunde Mängel am Produkt, muß er in Deutschland zunächst mal seine Unschuld nachweisen. Er wird zum Bittsteller degradiert, dem man vorsichtshalber als erstes einen unsachgemäßen Umgang mit der Ware unterstellt.

Lebenslanges Rückgaberecht in den USA

Ganz anders in den USA. Geht dort ein Kunde zum Kadi, weil er sich etwa mit einer Säge an der Hand verletzt hat, dann muß der Hersteller nachweisen, daß bei der Konstruktion der Säge alle sicherheitsrelevanten Kriterien berücksichtigt wurden. Und für Versandhäuser wie etwa Lands-End ist es selbstverständlich, daß sie ihren Kunden für alle Produkte eine lebenslange Rücknahmegarantie geben. Wer bei diesen Firmen bestellt, kann die Ware selbst nach jahrelangem Gebrauch zurückgeben, wenn sie Schäden aufweist. Lands- End-Manager Nick Atkin: »Wir gehen davon aus, daß unsere Kunden ehrlich sind und uns nicht betrügen wollen.«

Dieses Vertrauen wurde bisher belohnt, denn von 22 Millionen Kunden machten gerade mal 2000 von ihrem Rückgaberecht Gebrauch. Bei Lands-End ist die Telefonzentrale rund um die Uhr besetzt, 24 Stunden lang, und das 365 Tage im Jahr. Jeder Anrufer wird innerhalb von fünf Sekunden mit der zuständigen Stelle verbunden. Atkins Motto: »Wenn unsere Kunden zufrieden sind, kommt der Profit von selbst.«

König ist der amerikanische Kunde auch beim Autokauf. Er muß nicht wie in Deutschland Wochen oder gar Monate auf seinen Wagen warten, wenn er ganz bestimmte Wünsche zu Farbe und Ausstattung hat. Für ihn ist es ganz selbstverständlich, daß ihm sein Autohändler sofort den Wagen liefert, den er sich wünscht, und daß er ihn innerhalb von 30 Tagen zurückgeben kann, wenn er ihm nicht gefällt. Einzige Einschränkung: Das Fahrzeug darf bei Rückgabe nicht mehr als 2500 Kilometer auf dem Tacho haben.

Von solchen Zuständen dürfen deutsche Kunden nur träumen. Sie finden an der Supermarktkasse nicht mal jemanden, der ihnen beim Einpacken hilft, geschweige denn eine geöffnete Kasse für Wenigkäufer – eine Selbstverständlichkeit im Land der unbegrenzten Serviceange-

20

bote. Da die großen Handelsorganisationen ihren Wettbewerb ausschließlich über den Preis austragen und weder der Qualität der Waren noch dem Service für den Kunden auch nur den geringsten Stellenwert einräumen, gerät das Einkaufen in Deutschland zur freudlosen, mitunter frustrierenden Angelegenheit.

In den Warenhäusern und Supermärkten stößt der Kunde auf vollgestopfte Regale, aber er findet niemanden, der ihn bei der Auswahl berät. An den wenigen geöffneten Kassen bilden sich zu den Haupteinkaufszeiten lange Schlangen, und die dicke Rechnung am Ende straft die scheinbar so günstigen Sonderangebote Hohn. Tatsächlich haben es die Händler vielfach nur darauf abgesehen, den Kunden damit in den Laden zu locken, um ihn dann gründlich abzuzocken. Die in der Werbung groß herausgestellten Lockofferten gelten für gewöhnlich nur »solange der Vorrat reicht«, und der ist oft allzu schnell verkauft.

Immer häufiger stößt der Kunde auf üble Preistricks und raffinierte Verführungstechniken, statt auf seriöse Angebote und hilfsbereites Personal. Weil die Handelshäuser ihre Verkäufer und Verkäuferinnen miserabel bezahlen, bekommen sie natürlich keine kompetenten Fachkräfte, sondern allenfalls ungelernte Gelegenheitsverkäufer. Wer im deutschen Einzelhandel über ein bißchen Sachverstand verfügt, der sitzt dort, wo der Profit gemacht wird, nämlich im Einkauf. Verkauft wird, so mutmaßen die Manager der Handelskonzerne, von allein, wenn nur der Preis stimmt.

Daß dies ein Trugschluß ist, müßten sie spätestens seit 1992 wissen, denn seither gehen die Umsätze zurück. Das fachlich kaum ausgebildete, schlecht bezahlte und darum desinteressierte Verkaufspersonal hat bis heute nicht begriffen, daß es sein Gehalt letztlich vom Kunden bekommt. Willig folgen die Anlernkräfte des Einzelhandels zwar den Streikparolen ihrer Gewerkschaften, nicht aber den Hilferufen der Kundschaft. Wer will es ihnen verübeln, solange die Arbeitgeber nicht bereit sind, in die Ausbildung ihrer Mitarbeiter an der Verkaufsfront zu investieren, Freundlichkeit und Hilfsbereitschaft mit Sonderzahlungen zu honorieren?

Zumindest die Anbieter von Waren des gehobenen Bedarfs sollten allmählich begreifen, daß zum Verkaufserfolg mehr gehört als nur ein günstiger Preis. Warenhäuser in Japan und in den USA beweisen, daß ein exzellenter Service zu besseren Ergebnissen führt als die gnadenlose Preisdrückerei der deutschen Handelsketten.

»Ohne Geld gibt es keine Leiche«

Das größte Potential indes verschenkt die deutsche Wirtschaft im Dienstleistungsbereich. Dieser sogenannte tertiäre Sektor der Volkswirtschaft wächst in allen Industrienationen seit etwa 1960 schneller als die Grundstoffindustrie und das verarbeitende Gewerbe, doch in Deutschland noch lange nicht schnell genug. In den USA zum Beispiel beträgt der Anteil des Dienstleistungssektors an der gesamten Wirtschaftsleistung bereits 78 Prozent, in Deutschland erst 56,5 Prozent. Viele Dienste werden in Deutschland gar nicht, andere in viel zu geringem Umfang offeriert. Und wenn Deutsche Dienste leisten, dann höchst unwillig und allzu oft unfreundlich.

Die klassischen Dienstleister wie Banken und Versicherungen nutzen ihren Know-how-Vorsprung, um ihre Kunden gnadenlos abzukassieren, und nicht, um ihnen behilflich zu sein. Sie versuchen immer mehr Arbeit auf die Kunden abzuwälzen und verlangen für jede Handreichung Extragebühren, obwohl sie am Zinsgeschäft, das früher ihre einzige Einnahmequelle war, mehr verdienen als je zuvor.

Monopolisten wie die Bahn, die Post und die Telekom versuchen zwar seit Jahren, sich in moderne Dienstleistungsunternehmen zu verwandeln, das Ergebnis ist für die Kunden bisher wenig ermutigend. Allzugern kehren die Mitarbeiter der ehemaligen Staatsbetriebe den Kunden gegenüber ihren Beamtenstatus heraus, der sie unangreifbar und unkündbar macht. Noch immer bieten die Bahnhöfe ein trostloses Bild, die Züge haben mehr Verspätung als je zuvor, und an den wenigen Ticketschaltern bilden sich für gewöhnlich lange Schlangen wie einst in der DDR. Kaum besser sieht es in den Postämtern aus, da der gelbe Riese zwar die Porti drastisch erhöhte, aber sein Schalterpersonal reduzierte. Briefe sind jetzt länger unterwegs als früher, und nur bei Päckchen und Paketen, wo ausländische Wettbewerber wie UPS und Fed Express auf den Plan traten, kam die Post auf Trab.

Zum Trio Infernale der Kundenmißhandler gesellte sich die Lufthansa, die ihren früher berühmten Service auf ein Minimum zusammenstrich. Besonders auf den innerdeutschen Flügen behandelt sie ihren Kunden inzwischen kaum besser als ein x-beliebiges Gepäckstück. Verspätete Abflüge erfahren die Passagiere oft erst im Warteraum, und manchmal entdecken sie mit Erstaunen, daß sie gar nicht mehr mit der Lufthansa befördert werden, obwohl sie bei der Lufthansa gebucht hatten.

Wohin der Kunde sich wendet, wessen Dienste er auch immer beanspruchen möchte – er muß stets damit rechnen, unfreundlich behandelt und brutal abkassiert zu werden. Das gilt für Hotels und Restaurants ebenso wie für Ärzte, Handwerker oder schlichte Fensterputzer. Viele Dienstleistungen, die der Kunde in anderen Ländern ganz selbstverständlich in Anspruch nimmt, sucht er hierzulande vergebens. Zustelldienste etwa, die ihm schwere oder voluminöse Waren aus der Innenstadt direkt ins Haus liefern, sind in Deutschland ebenso Mangelware wie Briefkästen, die man vom Auto aus erreichen kann, oder Kleinkinderbetreuungsdienste in Warenhäusern.

Spitze sind die deutschen Dienstleister nur in einem: beim Abkassieren. Vollendet beherrschen das Spiel jene, die auf alte, kranke oder schwache Kunden treffen, oder solche, die sich darauf spezialisiert haben, Notlagen ihrer Klientel auszunützen. Schlimm treiben sie es in Alten- oder Pflegeheimen, wo ihnen 680000 Senioren mehr oder weniger hilflos ausgeliefert sind. »Mangelhafte Kontrolle, schwache Lobby, desinteressierte Politiker, überforderte Senioren – das Altenheimthema in Deutschland ist ein dunkles Kapitel«, notierte das Wirtschaftsmagazin *Capital* von der Gerontokratenfront.

So erhöhte das Bayerische Rote Kreuz seine Preise zwischen 1990 und 1992 um satte 36 Prozent und kassierte selbst noch für verstorbene Heimbewohner so lange Geld, bis die Nachfolger eingezogen waren. Fährt der Kunde in die Grube, wird er von Bestattern, Friedhofsämtern und -gärtnern ein letztes Mal gemolken. Das kann so weit gehen wie im Fall einer Bürgerin aus Schwerin. Kaum war deren Mutter im Krankenhaus verschieden, bemächtigte sich ein örtliches Bestattungsinstitut der Toten und transportierte sie ohne Einwilligung der

Angehörigen ab. Die Tochter mußte ihre tote Mutter daraufhin regelrecht freikaufen, denn der Inhaber des Bestattungsgeschäfts beschied ihr lautstark am Telefon: »Ohne Geld gibt es keine Leiche.«

Kein Kunde ist in der Lage, alle Tricks der Hersteller, Händler und Dienstleister zu durchschauen, und auch dieses Buch kann nur den Blick schärfen und nicht für jede Situation ein passendes Rezept liefern. Wenn es dazu beiträgt, daß die Kunden kritischer werden und selbstbewußter auftreten, hat es seinen Zweck erfüllt.

»Viele Entwicklungsingenieure lehnen den Informationsaustausch ab, weil sie den Kunden für inkompetent halten. Wenn er die Produkte nicht gut findet, ist er in den Augen der Techniker nicht in der Lage zu begreifen, wie gut diese eigentlich sind.«

Christian Homburg, Professor für Betriebswirtschaftslehre an der Otto-Beisheim-Hochschule WHU in Vallendar

»Es fällt schon schwer, viel Geld zu machen. Aber es auszugeben ist die Hölle!«

Lee Iacocca, Ex-Chef des US-Konzerns Chrysler

Die Industrie: Sanierung auf Kosten der Kunden

Deutschlands Unternehmer und Manager vollbrachten in den vergangenen Jahren eine reife Leistung. Verblüffend schnell meisterten sie die »schwerste Krise seit Bestehen der Bundesrepublik« – so der langjährige Präsident des Deutschen Industrie- und Handelstages, Hans Peter Stihl.

Mit Brachialgewalt rissen die Nachfolger der »Nieten in Nadelstreifen« das Ruder herum, das ihren Vorgängern aus den Händen geglitten war. Konzerne wie Siemens, Daimler-Benz, VW oder Hoechst trimmten sich fit, indem sie ihre Betriebe bis in die letzten Winkel nach Schwachstellen durchkämmten, Zehntausende Mitarbeiter auf die Straße setzten und neue Produktionsstätten ins kostengünstigere Ausland verlagerten. Unzählige Klein- und Mittelbetriebe folgten ihrem Beispiel, so daß die deutsche Industrie alles in allem beinahe wieder den Anschluß ans Produktivitätsniveau ihrer Konkurrenten aus Japan und den USA fand.

Aus Millionenverlusten wurden so Milliardengewinne, doch die neu vergoldeten Bilanzen verschweigen, daß die Totalsanierung der deutschen Industrie enorme Opfer forderte. Das Comeback der Konzerne ging nämlich auf Kosten der Mitarbeiter und der Kunden.

Wird der Kahlschlag bei den Belegschaften – allein die deutschen Autobauer kappten über 100 000 Stellen – immerhin noch in der Arbeitslosenstatistik dokumentiert und vom Steuerzahler finanziert, so hat sich um die Kunden bislang noch niemand gekümmert. Verbraucherschutz wird kleingeschrieben in den harten Zeiten der Rezession: Der Bundeswirtschaftsminister kürzte den kärglich ausstaffierten Schutzverbänden die Mittel, und auch die Länder halten die Taschen zu.

Der Verbraucher, so die gängige Erklärung, brauche ja nicht zu kaufen. Und wenn, dann habe er die Freiheit, sich nach Lust und Laune aus einem nahezu unbegrenzten Angebot von Waren und Dienstleistungen zu bedienen. Der Wettbewerb, suggerieren uns die Vertreter der reinen Lehre von der Marktwirtschaft, sorge schon dafür, daß jeder für seinen Zweck das optimale Angebot bekomme.

Rosige Zeiten also für den Konsumenten? Ginge es nach den Theorien der Marktwirtschaftler, hätten in der Tat während der Krise die Preise fallen und die Angebote sich verbessern müssen. Tatsächlich aber geschah genau das Gegenteil: Nicht der Preis nahm ab, sondern die Qualität des Angebots, das Netz der Verkaufsstellen, der Umfang des Kundendienstes und die Bereitschaft zu Kulanzleistungen. Unauffällig, aber zielstrebig veränderten viele Hersteller das Preis-Leistungs-Verhältnis zu ihren Gunsten, indem sie billigere Materialien verwendeten, Qualitätskontrollen beseitigten, kleinere Mengen in gleich große Packungen füllten, ihre Sortimente bereinigten, ihre Vertriebs- und Servicenetze ausdünnten.

Deutlich wie nie zuvor zeigte sich in der Rezession, daß die Regulierung des Angebots über den Preis schon lange nicht mehr funktioniert. Die wichtigsten Märkte für Konsumgüter werden beherrscht von wenigen Großkonzernen, die ihren Wettbewerb mit milliardenschweren Marketingbudgets austragen, ansonsten aber sorgfältig darauf achten, daß der Verbraucher nicht zuviel für sein Geld bekommt. Vorbei sind die Zeiten, da ein Automobilhersteller wie Ford den Konsens der Branche verletzte, indem er seine Garantieleistungen ausweitete und für Leasingfahrzeuge zinsgünstigere Konditionen offerierte.

»Lean«, also schlank, wurden nicht nur die Fabriken, sondern auch die Offerten. Damit das die Kunden nicht so richtig mitbekamen, erhöhten die Herren Manager einfach ein bißchen die Werbeetats und redeten geschwollen von der »totalen Kundenorientierung«. Was wirklich passierte, soll an einem Beispiel erläutert werden.

Beiersdorf und Melitta optimierten ihre Produkte

Die Firma Beiersdorf AG in Hamburg, einer der bekanntesten Markenartikelhersteller Deutschlands, gestaltet seit Anfang 1994 den beliebten Klebestreifen »Tesa-Film« verbraucherfreundlicher. So jedenfalls bezeichnet der Kundendienst des Hauses die Tatsache, daß die Folie seither wesentlich dünner ausfällt, leichter reißt und längst nicht mehr so gut zu handhaben ist wie ihre Vorgängerin. Tatsächlich besteht das früher aus PVC gefertigte Produkt jetzt aus dem preisgünstigen Stoff PP, was beim Produzenten zu beträchtlichen Kosteneinsparungen geführt haben dürfte. Tapfer behauptete der Beiersdorf-Außendienst auf Anfrage, der Billigfilm würde jetzt »mehr den Anforderungen der Zeit entsprechen« und sei »besser zu entsorgen«. Selbstverständlich sei die Beschwerde über verschlechterte Abreiß- und Klebeigenschaften »ein Einzelfall«: »Da ist uns wohl eine schadhafte Rolle durch die Kontrolle geflutscht.« Wie viele solcher Rollen durchflutschten, will er natürlich nicht bekanntgeben.

Auch bei einem zweiten Produkt des Hauses Beiersdorf schlugen die Bemühungen des Managements um mehr Effizienz an. Die Hautpflegelotion »PH 5 – Eucerin«, die früher hauptsächlich in einer 500-ml-Packung verkauft wurde, steht jetzt in nahezu identischer Aufmachung und zum gleichen Preis wie früher in den Regalen der Apotheken, doch nur wenigen Kunden dürfte auffallen, daß die weiße Flasche ein bißchen kleiner geworden ist und nur noch 400 ml enthält.

Ähnlich geschickt ging die Firma Melitta vor, die nicht nur Kaffeefilter, sondern auch Verpackungsfolien aus Kunststoff und Aluminium im Angebot hat. Diese in den deutschen Haushalten sehr beliebten Produkte werden unter dem Namen »Toppits« verkauft und in TV-Spots heftig beworben. Kunden, die die durchsichtige PE-Folie seit Jahren benutzten, um darin Fisch, Fleisch und andere Nahrungsmittel aufzubewahren, zahlten willig einen etwas höheren Preis, weil sich das solide Markenprodukt wohltuend von der Vielzahl billiger No-name-Artikel gleicher Bauart durch die Stärke und Reißfestigkeit der Folie wie durch die Funktionstüchtigkeit der metallenen Abrißschiene an der soliden Verpackung abhob. Seit 1995 aber unterscheidet sich die »Toppits«-Folie im wesentlichen nur noch durch den Markennamen von den billigeren Konkurrenten. Melitta hat die Folienstärke reduziert und die Verpackung im betriebswirtschaftlichen Sinne optimiert: Statt aus Metall besteht die Abreißschiene seither aus einem billigeren Kunststoff, und auch der Karton wurde deutlich leichter. Während der Kundendienst des Mindener Unternehmens die Produktumstellung glatt ableugnete, gab die Melitta-Pressestelle immerhin zu, daß eine solche Umstellung stattgefunden habe. Sie sei freilich im Interesse des Verbrauchers erfolgt. Die »Toppits«-Folie sei jetzt leichter abzurollen und hafte besser. Das ist genau das Gegenteil dessen, was die »Toppits«-Kunden beim Gebrauch der Folie selbst feststellen können.

Die Hakle-Werke in Mainz, Hersteller feuchten Toilettenpapiers, mochten bei soviel Effizienzsteigerung nicht zurückstehen und ließen deshalb die Kunststoffpackungen ihrer Sorte »Camille Mild« neu gestalten, mit dem schönen betriebswirtschaftlichen Effekt, daß jetzt nur noch 70 statt vorher 77 Tücher darin Platz finden. Der Preis für den Endverbraucher blieb freilich gleich: DM 3,99 beim Drogeriemarkt Schlecker.

Sind die Tricks der Hersteller bei solch simplen Artikeln noch relativ leicht zu durchschauen, so steht der Kunde bei komplexeren Produkten auf verlorenem Posten. Egal, ob er sich eine moderne Spiegelreflexkamera, einen Camcorder, Videorecorder oder einen PC anschafft – er ist auf Gedeih und Verderb den Beteuerungen der Hersteller und Händler ausgeliefert. Jeder Versuch, sich selbst sachkundig zu machen, endet im Dickicht technischer Details, die selbst von Experten nicht immer zutreffend bewertet werden können.

Der Trick mit dem Sonderspülgang

Eine Hausfrau mit Abitur und technischem Sachverstand zum Beispiel will sich eine Waschmaschine kaufen. Also eilt sie zum nächsten Elektrohändler und stößt dort auf einen Verkäufer, der weder Lust, Zeit noch die Kompetenz hat, ihr die Unterschiede der diversen Fabrikate zu erläutern. Statt dessen packt er ihr eine Vielzahl von Prospekten in die Plastiktüte, und sie zieht ratloser denn je von dannen. Jetzt erwacht der Forscherdrang in ihr, und sie beschafft sich bei der Stiftung Warentest in Berlin den letzten Waschmaschinentest. Interessiert liest sie da, daß der »Öko-Lavamat Sensortronic 6950« von AEG am besten abschnitt. Fazit der Tester: Das AEG-Gerät schont die Umwelt, verbraucht weniger Wasser und weniger Strom als manch anderes Gerät. Spontan entschließt sie sich zum Kauf des »Öko-La-vamat«.

Doch die Freude an dem fortschrittlichen Produkt der AEG-Haus-geräte-AG schlägt nach den ersten Waschgängen schnell in Enttäu-schung um, als die Kundin feststellt, daß bei der Betriebsart »Öko« an dunklem Waschgut weiße Waschpulverrückstände haften bleiben. Als sie dann der Betriebsanleitung folgt und einen kleinen Schalter drückt, der hinter der Waschmittelschublade versteckt wurde, leitet sie einen »Sonderspülgang« ein. Nun bleiben zwar keine Rückstände mehr, doch im Endeffekt verbraucht der Lavamat nun ähnlich viel Strom und Wasser wie die ausgemusterte Uraltwaschmaschine der Kundin.

Enttäuscht konstatiert die verbrauchsbewußte Hausfrau: Entweder ich wasche sparsam und habe dann weiße Flecken auf meinem Pull-over, oder ich wasche sauber und verbrauche soviel Wasser und Strom wie früher. Dafür habe ich nun eine doppelt so teure Waschmaschine, die die Testempfehlung »sehr gut« erhielt.

Die Liste ließe sich beliebig fortsetzen, doch der Trend ist klar: Sy-stematisch versuchen die Anbieter aus der Industrie, die Geschäfts-bedingungen zu ihren Gunsten zu verbessern. Sie täuschen dem Ver-braucher Vorteile vor, die in Wahrheit eher nachteilig sind. Sie er-höhen die Preise, obwohl sie mit allen Mitteln versuchen, die Produkte billiger herzustellen und Dienstleistungen kostengünstiger zu erbrin-gen. Die Chancen, daß ihnen das gelingt, stehen um so besser, je kom-plizierter Produkte und Verfahren werden.

Und der Wettbewerb? Sorgt er nicht dafür, daß wir mehr und immer bessere Waren zu immer günstigeren Konditionen kaufen können? Wo wirklicher Wettbewerb besteht, mag das so sein. Bei Personal-computern zum Beispiel (obwohl auch da getrickst und getäuscht wird) oder auf dem hart umkämpften Sportschuhmarkt. Doch die meisten Märkte für Gebrauchsgüter werden von wenigen großen Anbietern beherrscht, die sorgfältig darauf achten, daß die Margen auskömmlich bleiben und der Kunde nicht zuviel Macht bekommt. Typisch dafür ist das Geschäft mit Autos und Elektrogeräten. Beide Branchen werden beherrscht von kapitalstarken Konzernen, die ihre Geschäfte weltweit betreiben und untereinander längst vielfältige Beziehungen pflegen. In dieser Welt der Konzernstrategen findet niemand etwas dabei, daß jeder mit jedem Geschäfte macht, auch wenn man sich offiziell auf den Märkten als Konkurrenten begegnet. Da liefert dann das österreichische Motorenwerk von BMW Dieselaggregate, die für die eigene Fahrzeugflotte entwickelt wurden, seelenruhig an die Konkurrenz, nämlich an Opel. Und Deutschlands Elektrogigant Siemens kauft, weil er die Entwicklung eigener Telefax-Geräte verschlafen hat, sogenannte OEM-Ware (*O*utstanding *E*quipment *M*anufacturer = fremder Hersteller) aus japanischen Werken, die er der Kundschaft ohne die geringsten Skrupel als Siemens-Geräte offeriert.

So findet man den gleichen Farbtintenstrahldrucker für den PC mal als japanischen Seikosha Speedjet 360 Color im Handel wie als Mannesmann Tally T 718 C, und bei den Hi-Fi-Tunern begegnet uns der Grundig »Finearts V3« auch als Quelle Universum im Angebot des Versandhauses aus Fürth. Da verwundert es dann nicht mehr, daß das Handy-Funktelefon S 3 von Siemens auch beim US-Konkurrenten AT & T als Typ 3245 und bei Mannesmann als 4024 zu haben ist. Den Preiskampf, der auf solchen mit sogenannten OEM-Waren vollgestopften Märkten herrscht, darf man sich lebhaft ausmalen.

Wir lernen: Die Industrie nutzt jede Möglichkeit, Kosten zu sparen, die Effizienz zu steigern und ihre Gewinne zu maximieren. Markennamen sind nicht mehr als Schall und Rauch; Qualitätsvorstellungen und Verbrauchernutzen gelten in der Industrie als vernachlässigbare Größen, wenn Kooperation und Tauschgeschäfte kurzfristigen Vorteil versprechen. Quer über ganze Kontinente hinweg beliefern sich die Hersteller in der Fahrzeug- wie in der Elektroindustrie mit Einzelteilen, Komponenten oder kompletten Endprodukten, wenn es gilt, vorhandene Vertriebsnetze auszunutzen und dabei auch Entwicklungskosten einzusparen.

Warum Autoreparaturen so teuer sind

Nur in einem sind sich die Produzenten einig: Die Geräte sollen toll aussehen und funktionieren – aber dies nicht allzu lange. Schließlich möchte man dem verehrten Kunden möglichst bald den Nachfolger des soeben frisch auf den Markt gebrachten, hoch innovativen Produkts verkaufen. Deshalb schadet es nicht, wenn nach einiger Zeit irgendein kleines, aber entscheidendes Bauteil in dem hervorragend durchgestylten Apparat seinen Geist aufgibt. Dann kann der Händler dem irritierten Kunden ohne allzu große Mühe klarmachen, daß eine Reparatur teurer käme als der Kauf des allerneuesten Modells. »Geplanten Verschleiß« werfen Verbraucherschützer und kritische Journalisten wie jene vom ARD-Magazin *Ratgeber Technik* der Industrie schon seit Jahren vor, doch bisher blieben alle Versuche, eine reparaturfreundlichere Gestaltung technischer Produkte zu erreichen, ziemlich ergebnislos.

Nicht einmal den ebenfalls kostenbewußten Herren der mächtigen Versicherungsbranche ist es gelungen, Deutschlands Automobilherstellern sinkende Reparaturkosten abzutrotzen. Obwohl sich beispielsweise Deutschlands größter Kfz-Versicherer, die Allianz-Gruppe, ein eigenes Technikzentrum leistet, in dem Vorschläge für reparaturfreundliche Konstruktionen entwickelt werden, kletterten die Reparaturkosten pro Schadensfall seit 1970 von 1500 auf 5794 Mark im Jahr 1994. Mit Recht sorgte sich die *Süddeutsche Zeitung*: »Sie (die Versicherer) müssen auf die Hersteller einwirken, daß sie ihre Autos viel reparaturfreundlicher bauen. Für ein zersprungenes Rücklichtglas muß nicht gleich das gesamte Rücklicht ausgetauscht werden. Und ohne Beifahrer muß auch nicht im Falle des Falles der zweite Airbag zünden.«

Tatsächlich geht die Politik des geplanten Verschleißes noch sehr viel weiter. Seit Jahr und Tag etwa weigert sich der Stuttgarter Bosch-Konzern, Marktführer bei der Erstausstattung deutscher Autos mit Scheibenwischern, die Wischerblätter so zu konstruieren, daß die verschlissenen Gummis schnell und leicht ausgetauscht werden können. Bosch beliefert den gesamten Kfz-Teile-Handel einschließlich der Tankstellen nur mit kompletten Wischblättern, die den Kunden pro Satz bis zu 100 Mark kosten.

»Wieso«, fragte der *ARD Ratgeber Technik*, »dreht einem die Autowerkstatt alle paar Jahre einen neuen Auspuff an, obwohl sie einen knapp 30 Prozent teureren auf Lager hat, der ein Autoleben lang hält?« Daß die Industrie in der Lage wäre, Autos herzustellen, die klaglos zehn oder zwanzig Jahre lang funktionieren, hat der Sportwagenbauer Porsche längst bewiesen.

Offenbar aus Verärgerung über einen zu kleinen Anteil an einem von Bonn mit mehreren hundert Millionen Mark geförderten Gemeinschaftsprojekt der deutschen Autohersteller stellten die Porsche-Ingenieure schon in den 80er Jahren den Prototyp eines sogenannten Langzeitautos vor, bei dem alle wesentlichen Verschleißteile so konstruiert waren, daß sie mindestens zehn Jahre lang nicht ausgetauscht werden müssen.

Die Studie sorgte zwar für Aufregung in den Chefetagen der Autokonzerne, blieb jedoch ansonsten ziemlich folgenlos. Nur Porsche und Audi bauen inzwischen voll verzinkte und daher korrosionsbeständige Karossen, die Ingolstädter VW-Tochter neuerdings sogar solche aus rostsicherem Aluminium.

Noch immer rosten in den meisten Fahrzeugen die Auspuffanlagen aus gewöhnlichem Stahl vor sich hin, noch immer befinden sich die Stoßstangen auf unterschiedlicher Höhe, noch immer sind bei vielen Typen die Kotflügel mit der Karosserie verschweißt und nicht verschraubt, obwohl der Austausch dadurch viel mehr kostet.

Bis zur Perfektion entwickelt hat auch die Elektroindustrie die Kunst, aus teuren Geräten kurzlebige Wegwerfartikel zu machen. Da werden in elektrischen Zahnbürsten oder Küchengeräten Akkus weiterhin so eingeschweißt, daß sie nicht ausgetauscht werden können, ohne daß das Plastikgehäuse zu Bruch geht. Folge: Ist der Akku leer, wird das ganze Gerät auf den Müll geworfen, und niemand macht sich die Mühe, die giftigen Stromspender extra zu entsorgen. Kein Wunder, daß die Berge aus Elektronikschrott sich zu beängstigenden Höhen auftürmen und die Müllhalden zu wahren Giftdeponien verkommen.

Selbst hochwertige Produkte wie Camcorder, Videorecorder oder CD-Player sind heutzutage so konstruiert, daß sie vom lokalen Fachhandel kaum noch repariert werden können. Sind keine passenden Ersatzteile zur Hand, bleiben die defekten Geräte in den Werkstätten der überlasteten Servicestationen nicht selten so lange liegen, bis der

Kunde zum Kauf eines neuen Modells überredet werden kann. Durch die Massenproduktion sind CD-Player zum Beispiel schon so preiswert geworden, daß sich der Austausch einer defekten Lasereinheit kaum mehr lohnt, da die Reparaturkosten höher sind als der Anschaffungspreis eines Neugeräts.

Die Beteuerungen der Industriebosse, den Kundennutzen in den Mittelpunkt aller Aktivitäten zu stellen, erscheinen deswegen nur noch als »blanker Hohn«, wie der Genfer Unternehmensberater Heinz Goldmann feststellt. Der Management-Guru, der die obersten Chefs von Konzernen wie Nestlé, Daimler-Benz und Deutscher Bank zu seinen Klienten zählt, über die Sprüche zur Kundenorientierung: »In neun von zehn Fällen sind die vom Kunden entweder überhaupt nicht oder nur sehr schwer nachvollziehbar.« In der Realität, das jedenfalls ergibt sich aus der jüngsten Studie des International Institute for Management Development (IMD) im schweizerischen Lausanne, scheren sich die deutschen Manager einen Dreck um die Kunden. Jedes Jahr untersuchen die Schweizer die Wettbewerbsfähigkeit der wichtigsten Volkswirtschaften sowie die Qualitäten der jeweiligen Manager. 1996 fiel das Ergebnis für die Deutschen blamabel aus. Belegte unsere Wirtschaft noch 1993 Platz 5 unter den stärksten Industrienationen, so rutschte sie nun auf Platz 10 ab. Die Führungskünste der deutschen Manager reichten gar nur noch zum 20. Rang. Die IMD-Jury unter Leitung des Ökonomie-Professors Stephane Garelli bemängelte insbesondere die mangelnde Innovationsfähigkeit und die fehlende Kundenorientierung der deutschen Führungskräfte. Auch die *Wirtschaftswoche* befand: »Die Parolen sind das eine, die Wirklichkeit sieht leider anders aus.«

Mäßige Qualität und lausiger Service
Tatsächlich scheinen viele Unternehmer den Kunden vor allem als Störfaktor zu empfinden. Umfragen und Untersuchungen unabhängiger Institute bestätigen den verheerenden Eindruck, den die deutsche Industrie mittlerweile bei ihren Kunden hinterläßt. Das von der Deutschen Post AG und der Deutschen Marketing Vereinigung in Zusammenarbeit mit dem Bielefelder Emnid-Institut herausgegebene

Deutsche Kundenbarometer zum Beispiel, das auf der Befragung von 38 000 Konsumenten beruht, zeigt seit Jahren eine wachsende Unzufriedenheit der Kundschaft an. Besonders schlecht schneiden unter den 42 untersuchten Branchen Banken und Sparkassen, Bausparkassen, Spendenorganisationen, aber auch Monopolisten wie die Telekom, die Deutsche Bahn sowie der öffentliche Nahverkehr ab.

Deprimierend für die deutsche Industrie ist das Ergebnis von 1995 bei den Autobauern, wo Toyota Mercedes vom Spitzenplatz verdrängte, BMW vom zweiten auf den sechsten und Audi vom vierten auf den achten Platz zurückfielen. Den schwindenden Nimbus deutscher Wertarbeit dokumentiert auch der sogenannte *Power-Report* über die Zufriedenheit amerikanischer Käufer mit den auf dem größten Markt der Welt vertretenen Automarken. Zum fünften Mal belegte 1995 der japanische »Lexus« den ersten Platz, gefolgt von Nissans Flaggschiff »Infinity«. Von den deutschen Herstellern schafften nur Audi und Mercedes-Benz den Sprung in die Top ten. BMW landete abgeschlagen auf Rang 15, Volkswagen noch weiter hinten, auf Rang 20. Befragt wurden die US-Käufer nach der Zuverlässigkeit des Autos, der Qualität des Werkstattservices und der Freundlichkeit der Händler.

Mäßige Qualität und ein lausiger Service auf der einen, superbe Preise auf der anderen Seite – dies ist das vorherrschende Bild, das die deutsche Industrie den Verbrauchern im In- und Ausland bietet. Allen gegenteiligen Beteuerungen unserer Manager und Unternehmer zum Trotz, verliert das »Made in Germany« immer mehr an Glanz. Als das amerikanische Meinungsforschungsinstitut Gallup zusammen mit der Werbeagentur Bozell Worldwide bei 20 000 Verbrauchern aus den verschiedensten Ländern 1994 nachfragte, woher die besten Produkte kämen, lautete die häufigste Antwort (39,4 Prozent): »Aus Japan.« Deutlich abgeschlagen landeten deutsche Erzeugnisse auf dem zweiten Platz mit 35,1 Prozent der Nennungen, gefolgt von US-Waren (32,2 Prozent). Bitter konstatierte die *Wirtschaftswoche*: »Das Gütesiegel Made in Germany, einst Synonym für Qualität, Solidität und beste Technik, hat im Ausland erheblich an Zugkraft verloren.«

Wohl wahr. Zwar zehren die deutschen Hersteller noch immer von ihrem Image aus jenen goldenen Zeiten, da sie in der ganzen Welt für hochwertige Technik, akkurate Fertigung und pünktliche Belieferung geschätzt waren. Doch die auf Effizienzsteigerung getrimmten Ur-enkel der deutschen Industriepioniere sind dabei, den noch vorhan-denen Vertrauensvorschuß ihrer Kundschaft zu verspielen.

Outsourcing führt zu Qualitätsverlust

Das fängt schon damit an, daß nahezu alle Hersteller danach trachten, ihre »Fertigungstiefe« zu verringern. Im Klartext bedeutet dies, daß ein Automobilbauer wie zum Beispiel Mercedes-Benz nur noch we-nige Aggregate des Autos selber herstellt und sich den großen Rest minutengenau ans Montageband zuliefern läßt. Steuerten die merce-deseigenen Produktionsstätten früher mehr als die Hälfte zum Wert eines Personenwagens bei, so sank dieser Wert in den letzten Jahren auf rund 30 Prozent ab.

Wurden bislang Fremdteile vornehmlich aus deutschen Landen einge-baut – viele der rund 10000 Mercedes-Zulieferer hatten sich in der Nachbarschaft der Montagewerke angesiedelt –, so gehen die Schwa-ben, wie die übrigen deutschen Autobauer auch, neuerdings weltweit einkaufen. Und dabei laufen sie, wie der Unternehmensberater Her-mann Simon aus Bonn feststellte, Gefahr, durch Qualitätseinbrüche ihre Markenidentität zu verlieren. Simon: »Eine einseitig kosten-orientierte Sicht von Outsourcing kann zu gravierenden Fehlern führen. Dauerhafte Wettbewerbsüberlegenheit wird nur aus den inne-ren Quellen eines Unternehmens genährt und läßt sich niemals durch Outsourcing zukaufen.« Aus gutem Grund halten denn auch Unter-nehmen, denen die Qualität ihrer Produkte über einen maximierten Ertrag geht, an einer hohen Fertigungstiefe fest – so der Waschmaschi-nenhersteller Miele, die Heidelberger Druckmaschinen AG, der Tur-binenbauer Voith oder der Kamerastativ-Hersteller Sachtler.

Keine Frage, daß das weltweit betriebene »Sourcing« das Qualitätsri-siko erhöht und das Image des »Made in Germany« aushöhlt. Was soll die Herkunftsbezeichnung denn beim Verbraucher noch bewirken, wenn in jedem komplexeren technischen Produkt Teile aus den ver-schiedensten Ländern stecken? Weitsichtige Unternehmenslenker wie Helmut Werner von Mercedes-Benz oder Bernd Pischetsrieder von BMW propagieren denn auch statt des überholten Begriffs »Made in Germany« lieber Ersatzlabel wie »Mady by Mercedes-Benz« oder »Powered bei BMW«.

Doch auch solche Versuche, den Firmennamen zum Synonym für Qualität hochzustilisieren, sind zum Scheitern verurteilt, wenn das Preis-Leistungs-Verhältnis nicht stimmt. Und da tun sich selbst die edelsten deutschen Marken zunehmend schwer, mit ihren internationalen Konkurrenten Schritt zu halten, wie der bereits zitierte *Power-Report* aus den USA beweist: Auch in Deutschland hat der Nimbus der Hersteller bereits arg gelitten, seit der ADAC seine jährliche Pannenstatistik und der TÜV den Mängelreport veröffentlichen. In beiden Ranglisten über die Zuverlässigkeit der Autos rangieren die heimischen Produzenten meist hinter japanischen Konkurrenten.

Premiumpreise lassen sich bekanntlich nur dann erzielen, wenn nicht nur ein von der Werbung suggerierter, sondern ein tatsächlicher Qualitätsvorsprung gegenüber den Wettbewerbern besteht. Und der ist mittlerweile längst verspielt, wie etwa die Umfrage der Londoner Unternehmensberatung Wolff Olins bei rund 200 Managern aus den größten Konzernen der Welt ergab.

60 Prozent dieser potenten Auftraggeber antworteten nämlich, daß das »Made in Germany« bei ihren Kaufentscheidungen keine Rolle mehr spiele. Und nur noch 17 Prozent attestierten deutschen Industrieprodukten ein gutes Preis-Leistungs-Verhältnis. Waren die befragten Wirtschaftsbosse von Technik, Qualität und Zuverlässigkeit der deutschen Exportartikel noch einigermaßen angetan, so bemängelten sie vor allem eine zu geringe Flexibilität im Angebot, zuwenig Innovationen, ein hausbackenes Design und das Fehlen jeglicher emotionaler Reize.

Wie sehr der Ruf unserer Industrie bereits gelitten hat, beweisen nicht zuletzt die erschreckend zunehmenden Reklamationen, Rückrufaktionen und Schadenersatzprozesse, mit denen die Hersteller der verschiedensten Branchen in der letzten Zeit zu kämpfen hatten. Am schlimmsten traf es wohl die Adam Opel AG in Rüsselsheim, die im Frühjahr 1995 2,3 Millionen Exemplare ihres Kleinwagens vom Typ »Astra« in die Werkstätten beordern mußte, nachdem mehrere Fahrzeuge dieses Typs beim Betanken in Flammen aufgegangen waren. Technischer Grund: Der metallene Einfüllstutzen war mangelhaft geerdet, so daß sich das eingefüllte Benzin durch elektrostatische Aufladung entzünden konnte. Kein besonders gravierender Fehler, sollte man meinen, doch der eigentliche Skandal war die Verhaltensweise der verantwortlichen Opel-Manager. Zwei Jahre lang hatten sie versucht, den ihnen längst bekannten Fehler totzuschweigen und reklamierende Kunden ruhigzustellen.

Abwiegeln, totschweigen, unter den Teppich kehren ...
Erst als *Auto-Bild* und das RTL-*Nachtjournal* den Skandal aufdeckten, entschloß sich Opel-Chef David Hermann zur Vorwärtsstrategie und entschuldigte sich öffentlich in Zeitungsanzeigen für das Malheur. Selbst der Autoindustrie wohlgesonnene Publikationen wie *auto motor sport* erregten sich: »Die Abwiegeltaktik von Opel war Öl ins Feuer jener Kritiker, die behaupten, daß in der Autoindustrie der Kunde statt König nur noch Bettelmann ist.« Die SPD-Abgeordnete Lilo Blunck legte nach: »Opel hat sich extrem dumm verhalten ...«
Abwiegeln, totschweigen, unter den Teppich kehren, das ist noch immer die übliche Reaktion, wenn Produktionsfehler und Qualitätsmängel vom Kunden entdeckt werden. So war es, als Porsche Ende 1994 Fahrer des Typs »911« wegen eines Fehlers am Heckheizgebläse in die Werkstatt beorderte, dies öffentlich aber dementierte. Auch die anderen sogenannten Edelmarken wie BMW und Mercedes-Benz versuchten derlei Pannen so diskret wie möglich auszubügeln, indem sie ihre Werkstätten anwiesen, schadhafte Teile bei den routinemäßigen Inspektionen der Fahrzeuge auszutauschen, ohne daß der Kunde dies zu erfahren brauchte. Und noch im Frühjahr 1996 weigerte sich die Adam Opel AG, rund 130000 bereits ausgelieferte Fahrzeuge des Typs »Vectra« in die Werkstätten zurückzubeordern, obwohl das Fachblatt *auto motor sport* nach einem Crashtest festgestellt hatte, daß eine Befestigungsschraube für den Sicherheitsgurt mangelhaft verankert war, so daß der Gurt ausreißen konnte.
Den Technischen Überwachungsvereinen und den Automobilclubs ist diese Praxis schon lange suspekt. Zusammen mit der Arbeitsgemein-

schaft der Verbraucherschutzverbände fordern sie deshalb klare gesetzliche Grundlagen für Rückrufaktionen – doch Bonn ziert sich. Seit 1994 weigert sich die Bundesregierung, eine entsprechende EU-Richtlinie in nationales Recht umzusetzen. Erst klagte sie vor dem Europäischen Gerichtshof gegen den Zwang der Umsetzung und unterlag. Dann ließ der Bundeswirtschaftsminister einen Gesetzesentwurf vorbereiten, der jedoch nach Meinung der Verbraucherschützer beim ADAC von der »Lobby der Hersteller« stark verwässert wurde.

Tatsache ist jedenfalls, daß die Zahl fehlerhafter Produkte rapide zunimmt und daß die Praxis der Rückrufaktionen bislang ziemlich willkürlich von den Entscheidungen der Hersteller abhängt.

Das seit 1. Januar 1990 gültige Produkthaftungsgesetz wirkt nach Meinung der Verbraucherschützer lediglich rückwirkend für bereits eingetretene Schäden, es ist jedoch nicht geeignet, die Verbraucher vor klar erkannten Gefahren vorbeugend zu schützen, die von technischen Geräten oder auch pharmazeutischen und chemischen Produkten auszugehen drohen. Wie notwendig ein solches Gesetz ist, zeigen die lange Liste der Rückrufaktionen aus den verschiedensten Branchen sowie die rapide zunehmenden Schadensersatzprozesse. Hier ein kurzer Auszug ohne Anspruch auf Vollständigkeit:

1. Im Juli 1993 mußte der Chemiekonzern Hoechst AG 750 Tonnen des Narkosemittels Stickoxydul, besser bekannt als Lachgas, aus dem Verkehr ziehen, weil diese Charge mit Methylnitrat verunreinigt war, was bei Patienten zu lebensgefährlichen Lungenödemen hätte führen können.

2. Im Januar 1994 mußte Blaupunkt die Farbfernsehgeräte vom Typ »MS 70-100 digital« wegen einer fehlerhaften Lötstelle, die einen Gerätebrand auslösen konnte, in die Werkstätten schaffen lassen.

3. Im April 1994 forderte die Firma Thompson in Düsseldorf, eine 100prozentige Tochtergesellschaft des Waschmittelkonzerns Henkel, ihre Kunden auf, rund 400000 Spraydosen mit den Produkten »Jubilee Bügelhilfe« und »Jubilee Sprühstärke« unverzüglich zu entsorgen, weil sie krebserregende Substanzen enthielten. Dafür erhielten die Kunden per Post einen Bonus von 5 Mark pro Dose.

4. Im Mai 1994 nahm der Chemiekonzern Bayer Spraydosen mit den Pflanzenschutzmitteln »Certan Rosen-Kombispray« und »Folimat Rosenspray« zurück, da die Dosen durch Korrosion und Alterung zu bersten drohten.

5. Im Juni 1994 mußte das Versandhaus Quelle die ausgelieferten Nähmaschinen vom Typ »Privileg Raffinesse Elektronik« zurückbeordern und kostenlos überprüfen lassen, weil durch einen Produktionsfehler die Gefahr bestand, daß ein Pedal unter Stromspannung geriet.

6. Im Juli 1994 mußte der Chemiekonzern Bayer das Desinfektionsmittel »Zephirol« vom Markt nehmen, da es teilweise bakteriell verunreinigt war.

7. Im Oktober 1994 mußten die Behring-Werke in Marburg, eine Tochterfirma des Chemiekonzerns Hoechst, von der Aufsichtsbehörde gezwungen werden, das AIDS-Testpräparat »Enzygnost« vom Markt zu nehmen, weil dessen Ergebnisse nicht zuverlässig genug waren.

8. Im Dezember 1994 forderte der Kondomhersteller London International Händler und Kunden auf, das Präservativ »Just for Fun« nicht mehr zu vertreiben und zu benutzen, da »in letzter Zeit Qualitätsmängel festgestellt worden« seien.

9. Im März 1995 rief der VW-Konzern in seiner bisher größten Aktion dieser Art insgesamt 1,9 Millionen Fahrzeuge der Typen Golf II und Jetta II in die Werkstätten zurück, nachdem festgestellt worden war, daß ein mangelhafter Wärmetauscher zu erheblichen Problemen im Kühlkreis der Fahrzeuge geführt hatte.

10. Im Juni 1995 mußte der Herzschrittmacher-Hersteller »Telectronics« die Elektrode »Accufix« austauschen, weil die Gefahr bestand, daß der Draht brach und sich durch die Herzwand bohrte, was zum sofortigen Tod des Patienten geführt hätte. Über das deutsche Zentralregister Herzschrittmacher an der Uni Gießen forderte der Hersteller Kliniken und Ärzte auf, sofort Kontakt zu jenen Patienten aufzunehmen, denen die 825 in Deutschland verkauften Elektroden eingepflanzt worden waren.

11. Im November 1995 riefen die Robert Bosch Hausgeräte GmbH und die Siemens-Electrogeräte GmbH zusammen mit der Constructa-Neff Vertriebs GmbH die Besitzer von Gaseinbauherden und Gaskochmulden auf, die nächste Kundendienststelle aufzusuchen, da bei bestimmten Modellen wegen eines undichten Hahns Gas austreten konnte.

12. Im Januar 1996 beorderte der Elektrokonzern Philips 100000 Dampfbügeleisen des Typs »Azur Supervapor« in die Werkstätten zurück, weil für die integrierten Boiler Explosionsgefahr bestand. Der gleiche Typ war neun Monate zuvor schon einmal zurückgerufen worden – wegen Mängeln am Sicherheitsventil.

13. Im Februar 1996 sammelte Mercedes-Benz in seiner bisher größten Rückrufaktion rund 545000 Modelle der C-Klasse ein, um den fehlerhaft konstruierten Sicherheitshaken für den Verschluß der Motorhaube auszutauschen. Grund: Bei sieben solcher Fahrzeuge hatte sich während der Fahrt die Motorhaube geöffnet.

14. Im Februar 1996 holte Mercedes-Benz 60000 S-, SL-, E- und C-Modelle in die Werkstätten zurück, um eine Feder an der Feststellbremse auszutauschen.

15. Im April 1996 bat Opel die Besitzer des Offroad-Modells Frontera, welches vor dem Februar 1995 hergestellt wurde, in die Werkstätten, um ein Abschirmblech über dem Auspuffrohr zu montieren und mangelhaft verlegte Bremsschläuche und Motorkabel zu korrigieren.

16. Im April 1996 wandte sich der Computerkonzern IBM an die Käufer der PC-Farbbildschirme des Typs 9527 und offerierte ihnen die kostenlose Reparatur, da durch eine zu lange Schraube ein Kurzschluß ausgelöst werden konnte.

17. Im Mai 1996 beorderte VW erneut 950000 Fahrzeuge der Typen Golf, Jetta, Passat und Corrado in die Werkstätten, weil die Gefahr bestand, daß heißes Kühlwasser oder Wasserdampf in den Passagierraum eindrang.

Und so weiter, und so weiter. Kaum ein Monat vergeht, ohne daß nicht irgendein vorher hochgelobtes Industrieprodukt nachträglich repariert werden muß.

Zwar sind wir in Deutschland noch weit von den Rechtsverhältnissen in den USA entfernt, wo Hersteller von schadhaften Waren und Leistungen zu Schadensersatzansprüchen in beträchtlicher Höhe verurteilt wurden, doch macht sich auch hierzulande allmählich die Erkenntnis breit, daß der Anspruch des Verbrauchers auf eine fehlerfreie Ware ein schützenswertes Gut ist.

Ein Paradigmenwechsel

Nicht ohne leise Verwunderung konstatieren konservative Juristen wie der Braunschweiger Rechtsprofessor Joachim Schmidt-Salzer einen Paradigmenwechsel in der Werteordnung unserer Gesellschaft, die sich früher eher um die Förderung der Industrie als um den Schutz des Verbrauchers vor derselben kümmerte. Und noch heute sehen maßgebliche Rechtsgelehrte in der Verbraucherschutzbewegung nicht mehr als eine aus den USA importierte kurzlebige Mode. Doch sowenig sich die Ökobewegung wegdiskutieren läßt, auch der Verbraucherschutz wird nicht verschwinden, da auf absehbare Zeit nicht die Herstellung von Gütern jeder Art ein Problem darstellt, sondern eher der Schutz des Konsumenten vor ihren schädlichen Folgen.

Das Produkthaftungsgesetz von 1990 jedenfalls ist zweifellos ein Schritt in die richtige Richtung, wenngleich nur ein kleiner. Noch immer sind die Schadensersatzleistungen, die Hersteller und Vertreiber mangelhafter Produkte für angerichtete Schäden zahlen müssen, weit vom amerikanischen Niveau entfernt, doch häufen sich in letzter Zeit die Verfahren, in denen anders als früher die geschädigten Verbraucher das Gericht als Sieger verlassen.

Nach dem neuen Produkthaftungsgesetz muß der Geschädigte nämlich nicht mehr die Schuld des Herstellers nachweisen; es genügt, wenn er glaubhaft machen kann, daß der behauptete Schaden tatsächlich durch ein bestimmtes fehlerhaftes Produkt verursacht wurde. Zudem ist es leichter, einen Hersteller auch dann dingfest zu machen, wenn das Produkt aus vielen, von anderen Firmen hergestellten Teilen besteht oder wenn es sich um sogenannte OEM-Ware handelt, die in Wahrheit von ganz anderen, dem Verbraucher unbekannten Produzenten stammt.

Die Hersteller können sich jetzt auch nicht mehr darauf berufen, daß es sich bei dem defekten Gerät um einen »einmaligen Ausreißer« gehandelt habe. Das Gesetz sagt klar: Wer eine schadhafte Ware herstellt oder ausliefert, hat für deren Schäden die Haftung zu übernehmen.

Die Härte des Gesetzes bekam zum Beispiel die Chemiegruppe Werner & Mertz zu spüren, weil nachgewiesen werden konnte, daß deren Schuhpflegemittel der Marke »Erdal« gesundheitsschädigende Substanzen enthielt. Noch offen war bis Redaktionsschluß die Schuldfrage in dem aufsehenerregenden Prozeß gegen den Holzschutzmittelproduzenten Desowag aus Solingen. Zwei frühere Geschäftsführer dieser Firma waren vom Landgericht Frankfurt zu Freiheitsstrafen von je einem Jahr auf Bewährung und zu Geldstrafen in Höhe von je 120 000 Mark verurteilt worden, weil sie zugelassen hatten, daß die Holzschutzmittel der Marken »Xyladecor« und »Xylamon« hergestellt und verkauft wurden, die gesundheitsschädigende Substanzen enthielten.

Der Bundesgerichtshof kassierte dieses Urteil zwar im August 1995, doch ging es dabei im wesentlichen nur um die Beweiskraft eines Gutachtens, nicht um eine grundsätzliche Lockerung der Haftungsvorschriften. Der Prozeß ist noch nicht zu Ende, und die Geschädigten, Tausende Patienten, die massive Gesundheitsstörungen auf die in den Holzschutzmitteln enthaltenen Substanzen zurückführen, hoffen darauf, daß der Staatsanwalt das Verfahren neu aufrollt.

Verurteilt wurde bereits der Babynahrungshersteller Hipp KG, weil er es versäumt hatte, Flaschen, die Frucht- und Gemüsesäfte enthielten, mit einem Hinweis auf die Gefahren des sogenannten Dauernuckelns zu versehen, das bei Kleinkindern zu schweren Kariesschädigungen führen kann. Kommentierte der Vorsitzende Richter Erich Steffen am Bundesgerichtshof: »Die Hipp KG ist für die durch ihre Fruchtsäfte verursachten Schäden verantwortlich.«

200 000 Kinder, so schätzt der Gießener Zahnarzt Willi Eckhard Wetzel, trugen nach längerem Nuckeln an Babyflaschen mit Säften oder gesüßtem Tee dauerhafte Zahnschäden davon. Noch einmal davongekommen ist der Hipp-Konkurrent Milupa, weil er nachweisen konn-

te, daß er auf seine Babyflaschen frühzeitig die von den Richtern verlangten Warenhinweise aufgedruckt hatte.

Die Schwächen der deutschen Hersteller

Den Herstellern werden die höheren Risiken, die durch das neue Produkthaftungsgesetz auf sie zukommen, offenbar erst allmählich bewußt. Zögerlich kommt deshalb die von Politikern und Wirtschaftsverbänden erwünschte »Qualitätsoffensive« voran, die der deutschen Industrie wieder zu einer besseren Wettbewerbsposition auf den Weltmärkten verhelfen soll. Als Anfang der 90er Jahre die Defizite unserer Produzenten entdeckt wurden, standen zwei Faktoren im Vordergrund:

- ein Produktivitätsrückstand von 35 bis 40 Prozent gegenüber den besten Konkurrenten;
- ein Qualitätsrückstand in der industriellen Fertigung, der durch einen hohen Nachbearbeitungsaufwand kompensiert werden mußte.

Beide Faktoren verschlechterten das Preis-Leistungs-Verhältnis deutscher Industriegüter so, daß die Wettbewerbsfähigkeit auf vielen Märkten zu schwinden drohte. Eine sogenannte Benchmark-Studie, die die IBM-Unternehmensberatung zusammen mit dem Institut für Wirtschaftsinformatik der Universität Regensburg bei 204 Betrieben der Fertigungsindustrie vornahm, förderte blamable Ergebnisse zutage.
Gemessen am Standard der jeweils besten Weltmarktkonkurrenten, zeigten viele deutsche Unternehmen erstaunliche Schwächen. Nur zwei Prozent der untersuchten Betriebe zum Beispiel erreichen beim Einsatz modernster Management- und Produktionstechniken tatsächlich Weltklasseniveau. Weitere 13 Prozent sind immerhin auf dem Weg, dieses Niveau zu erreichen. Bei dem Rest besteht begründete Sorge, daß sie den Anschluß nicht schaffen werden.
Dieses Ergebnis stand im krassen Gegensatz zur Selbsteinschätzung der untersuchten Firmen, von denen immerhin rund 60 Prozent glaubten, sie könnten ohne weiteres mit den besten Firmen der Welt kon-

kurrieren. IBM-Manager Roland Metzger: »Betriebe mit derartigen Fehleinschätzungen laufen Gefahr, den Weg zur Spitze zu verfehlen und ins Abseits zu geraten.«

Eine noch größer angelegte Studie bei insgesamt 650 europäischen Unternehmen, die von IBM zusammen mit der London Business School durchgeführt wurde, attestierte den deutschen Firmen zwar relativ gute Managementpraktiken, jedoch erstaunliche Schwächen bei der Qualität und Zuverlässigkeit der Produkte.

Inzwischen haben viele Unternehmen aus der Fertigungsindustrie, vor allem die Automobilkonzerne und ihre Zulieferer, aber auch die Elektroindustrie ebenso wie die Chemie, erstaunliche Fortschritte in der Verbesserung der Produktivität gemacht. Die Verbesserung der Produktqualität jedoch steckt, ebenso wie die des Kundendienstes und der gesamten Kundenorientierung, noch in den ersten Ansätzen. Und die Wege, die dabei beschritten werden, lassen für den Verbraucher nichts Gutes erwarten.

Zuviel Bürokratismus, zu viele Normen und viel zuwenig echtes Interesse an den Erwartungen und Bedürfnissen der Kundschaft kennzeichnen den Stand der Entwicklung.

Typisch hierfür ist der Umgang mit der vielgerühmten ISO-Norm 9000. Diese von der International Organization for Standardization (ISO) geschaffene Normenreihe 9000 (derzeit existieren bereits die Normen 9000 bis 9004) besteht im wesentlichen aus umfangreichen Checklisten, anhand deren ein Unternehmen seine Maßnahmen zur Qualitätssicherung dokumentieren kann. Erfüllt das Unternehmen die Anforderungen, erhält es ein Zertifikat. Das an sich vernünftig erscheinende Verfahren ist nach Meinung von Fachleuten jedoch »eher ein Rückschritt in stumpfsinnige Bürokratie«, so der Unternehmensberater Reinhard Sprenger aus Essen.

Der vielgelesene Autor mehrerer Managementbücher (*Mythos Motivation, Das Prinzip Selbstverantwortung*) weiter: »Qualitätssicherung nach ISO – das klingt so, als würde da Qualität produziert. Dem ist nicht so. Denn über Qualität sagt das Zertifikat nichts aus.«

ISO-Zertifikate sind kein Qualitätsausweis

Tatsächlich dienen die ISO-Zertifikate den Unternehmen eher zur Akquisition von Kundenaufträgen als zu einer echten Produktverbesserung. Über dreißig verschiedene Institutionen erteilen mittlerweile ISO-Zertifikate, die je nach Betriebsgröße zwischen zehn und 100 000 Mark kosten können. Neuerdings werden auch Dienstleister wie Banken, Reiseveranstalter oder Spediteure mit der ISO-Norm ausgezeichnet, obwohl gerade in diesen Bereichen menschliche Qualitäten sehr viel mehr zählen als Normblätter.

»Ob ein Produkt gleichbleibend schlecht ist oder ob der Verbraucher einen Nutzen hat, ist der ISO-Norm egal«, warnt Michael Bobrowski von der Arbeitsgemeinschaft der Verbraucherverbände in Bonn vor einer Überbewertung des Gütesiegels. In vielen Betrieben, dies jedenfalls beobachtete Berater Reinhard Sprenger, ersetzt das einmal erworbene Zertifikat das permanente Bemühen um eine Verbesserung des Kundennutzens: »Was hier stattfindet, ist das Fortstehlen aus der Qualitätsarbeit in die Qualitätsbehauptung.«

Rund 50 000 deutsche Unternehmen waren bei Drucklegung dieses Buches im Besitz eines ISO-Zertifikats. Aber nur ganz wenige von ihnen sind wirklich kundenorientiert. »Da wird vieles Unnötige beschrieben und dokumentiert, was im Endeffekt nur den Frust über den bürokratischen Ballast des Systems steigert. In einer Art vorauseilendem Gehorsam legen Handbücher Dinge fest, die in der Realität nicht einmal in Spuren anzutreffen sind«, beobachtete Rudolph Aita von der Qualikon Unternehmensberatung in Unterhaching.

Mehr Nutzen als die sture ISO-Zertifizierung brächte für den Kunden das sogenannte »Total Quality Management« (TQM). Dieses nach japanischen Vorbildern entwickelte Qualitätssicherungskonzept umfaßt sämtliche Bereiche eines Unternehmens bis hin zum Kundendienst und will erreichen, daß jede Tätigkeit auf Anhieb richtig ausgeführt wird, so daß Kontrollen und Nachbearbeitungen überflüssig werden.

Dies aber ist, darüber sind sich alle Experten einig, nicht mit simplen Formblättern zu erreichen, sondern nur durch den guten Willen aller Mitarbeiter. TQM stellt deshalb sehr viel höhere Anforderungen an das Management eines Unternehmens als zum Beispiel die ISO-Norm

9000. Johann Tikart, Geschäftsführer des Waagenherstellers Mettler Toledo GmbH in Albstadt und einer der angesehensten mittelständischen Unternehmer Deutschlands, erläutert die Philosophie des TQM so: »All unser Tun bedarf der ständigen kritischen Selbstprüfung nach dem Nutzen für den Kunden.« Seiner Auffassung nach kann ein Betrieb nur dann gute Qualität produzieren, wenn das Management folgende Aufgaben gelöst hat:

- Bedingungen schaffen, unter denen Menschen Spaß an ihrer Arbeit haben und Anerkennung für ihre Leistung finden.
- Bedingungen so gestalten, daß alle Mitarbeiter ihre Kreativität frei entfalten können.
- Alle Strukturen beseitigen, die Ängste erzeugen können.

Von derlei Einsichten freilich sind die meisten der deutschen Manager und Unternehmer noch weit entfernt. Für sie ist ein Betrieb eine Maschine zum Geldverdienen, die um so effizienter arbeitet, je weniger Aufwand getrieben wird. »Nicht eine müde Mark mehr zahlen unsere Kunden, nur weil wir besonders gute Beziehungen zu ihnen unterhalten«, zitiert Altmeister Heinz Goldmann den Vorstandsvorsitzenden eines Großkonzerns. Kundenorientierung und Kundenpflege sind deshalb Fremdwörter im Vokabular der Bosse, auch wenn sie nicht müde werden, das Gegenteil zu beteuern.

Die nachlassende Qualität der meisten Produkte aus industrieller Fertigung, ihre immer kürzere Lebensdauer, der rasant zunehmende Modellwechsel und ein miserabler Kundendienst – all das zeigt: Der Kunde wird in solchen Unternehmen nicht als Partner verstanden, dessen Gunst mit allen zur Verfügung stehenden Mitteln gewonnen werden muß, sondern eher als ein knauseriger Störenfried, der an allem herummäkelt.

Dies ergibt sich auch aus einer Umfrage der Düsseldorfer Unternehmensberatung Droege & Company, die 800 Unternehmen aus den verschiedensten Branchen und Größenklassen nach ihren Kundenbeziehungen befragte. Das Ergebnis in einem Satz: »Vielfach mit schäumenden Worten als König tituliert, ist der Kunde für die meisten Unternehmen nicht mehr als eine verpaßte Chance.« Die Studie offenbart, daß die meisten Unternehmen überhaupt nicht wissen, was ihre Kunden wollen:

- Nur 24 Prozent der Unternehmen haben »sehr zufriedene Kunden«.
- Die größten Defizite bestehen in der Kundennutzen-Kette.
- Zwei Drittel der Mitarbeiter und jeder fünfte Manager kennen ihre Kunden nicht.
- 5 von 10 Mitarbeitern ist die Bedeutung von zufriedenen Kunden für ihren Arbeitsplatz nicht bewußt.
- 86 Prozent der Marketingabteilungen haben Informationen über die Kundenzufriedenheit, aber noch nicht einmal jede zweite Forschungs- und -Entwicklungs-Abteilung.
- Knapp 60 Prozent führen keine regelmäßigen Gespräche mit untreuen Kunden.
- Zwei Drittel wissen nicht, wie viele Kunden wegen Unzufriedenheit abspringen.
- Preisnachteile sind zu 68 Prozent der Hauptgrund für den Kundenverlust.
- 42 Prozent sehen selbst große bis sehr große Servicedefizite.
- 40 Prozent der Mitarbeiter kennen die Serviceansprüche der Kunden nicht.
- Über 50 Prozent der Mitarbeiter kennen ihre internen Kunden »nicht oder wenig«.
- 70 Prozent haben keine internen Serviceleistungsstandards.

Die Studie bestätigte, was auch schon die *Wirtschaftswoche* entdeckt hatte: »Wenn es um den Umgang mit Kunden geht, wirken Deutschlands Arbeitnehmer und Unternehmer wie eine verschworene Clique mit dem Ziel, ihren Kunden das Leben zu vermiesen.«
Die Manager der meisten Industriebetriebe haben es offenbar versäumt, ihren Mitarbeitern einzubleuen, daß deren Arbeit keinen Pfifferling wert ist, wenn der Kunde sie nicht honoriert. Statt mit den Sorgen und Nöten ihrer Kunden beschäftigen sich die Angestellten in vielen Betrieben lieber mit sich selbst.

Alles für die Karriere – nichts für den Kunden

Während Führungskräfte zum Beispiel bis zu 60 Prozent ihrer Arbeitszeit damit zubringen, ihre Karriere zu organisieren, verschwenden sie an den eigentlichen Dreh- und Angelpunkt ihrer gesamten wirtschaftlichen Existenz, nämlich den Kunden, oft keinen einzigen Gedanken. Die routinemäßige Abwicklung der hereinkommenden Aufträge hält sie so in Atem, daß sie keine Zeit mehr finden, darüber nachzudenken, ob denn die ausgelieferte Ware beim Kunden auch Probleme schafft.

Weil der Abnehmer meist weit weg ist, läßt sich das Gefühl der Verantwortung für seine Sorgen und Nöte, sofern es denn überhaupt aufkommt, leicht verdrängen. Wie unwichtig den Managern der deutschen Industrieunternehmen das Wohl und Wehe ihrer Kunden ist, zeigt sich schon daran, daß sie ihm bei all ihren Reformbemühungen den geringsten Stellenwert beimessen. So stand zwar 1995 bei rund 71 Prozent der Unternehmen das Thema »mehr Kundennähe« auf der Tagesordnung. Doch nur bei mageren 9 Prozent wurde es tatsächlich angegangen. Dieses blamable Ergebnis ermittelte ebenfalls die Düsseldorfer Unternehmensberatung Droege nach einer Untersuchung bei rund 500 deutschen Unternehmen.

Auch wenn die Produkte des »Export-Weltmeisters« noch immer in aller Welt wegen ihrer Solidität gefragt sind, macht sich allmählich auch im Ausland die Erkenntnis breit, daß man als Kunde bei deutschen Firmen nicht gerade den roten Teppich ausgerollt bekommt: »Wenn es um den Dienst am Kunden geht, ist Deutschland ein armes, um nicht zu sagen ein rückschrittliches Land«, erkannte beispielsweise die englischsprachige Wochenzeitung *The European*. Deren nach Deutschland entsandte Reporter befanden: »Die Kellner sind gnadenlos überheblich, in Postämtern, bei der Eisenbahn oder den Behörden wird man wie das Allerletzte behandelt.«

Die Mißachtung des Kunden beginnt in den Betrieben freilich viel früher, nämlich schon bei der Entwicklung der Produkte. Noch immer dominieren in den Forschungs-und- Entwicklungs-Abteilungen deutscher Industriefirmen jene Diplomphysiker und Diplomingenieure, die der Welt endlich mal zeigen wollen, was »State of the Art« ist. Mit

50

dem geballten Wissen ihrer Zunft befrachtet, orientieren sie sich bei ihrer Arbeit lieber am Urteil ihrer Kollegen als an den Bedürfnissen der Kundschaft.

Deshalb kommen deutsche Neuentwicklungen häufig zu spät auf den Markt, sind überladen mit technischen Features, die niemand brauchen kann, deshalb sind sie häufig zu störanfällig und zu teuer.

Manchmal führen auch völlig praxisfremde Konstruktionskriterien zu unverkäuflichen Produkten wie zu jenem Telefonapparat der Telekom, der so unverwüstlich konstruiert war, daß er auch noch nach einem Sturz aus dem dritten Stock funktionierte, dafür aber nur einen Bruchteil jener Funktionen erfüllte, die fernöstliche Konkurrenzprodukte zum halben Preis offerierten. Der Telekom-Zulieferer Krone, der Hersteller des Apparates, gab nach dem Mißerfolg die Telefonfertigung enttäuscht auf, über 300 Mitarbeiter verloren ihren Job.

Grund für derlei Fehlentwicklungen ist die Souveränität, mit der manche Produzenten die Bedürfnisse des Marktes ignorieren. Bei den Herstellern von Investitionsgütern zum Beispiel hält es nur jeder zweite Manager für angebracht, die Anwender nach ihren Wünschen zu befragen. Und nur 45 Prozent sind der Meinung, dies ermittelte der Münsteraner Marketingprofessor Klaus Backhaus in einer Umfrage bei 270 Herstellern, daß der Kunde bei der Produktentwicklung mitzureden habe.

Reklamationen werden nicht ernst genommen

Andere Studien bestätigen das düstere Bild einer Industrie, der die Kunden im großen und ganzen ziemlich Wurst sind. Die Unternehmensberatung Diebold zum Beispiel kam nach einer Befragung von 1340 Unternehmen des deutschen Maschinenbaus und der Elektroindustrie zu dem deprimierenden Ergebnis: »Nur jedes siebte Unternehmen entwickelt Innovationsideen gemeinsam mit seinen Kunden.« Und wenn ein Hersteller schon mal bei jenen vorbeischaut, von denen sein gesamter Betrieb lebt, dann bleiben deren Wünsche und Reklamationen geheime Kommandosache. Allenfalls in jedem zweiten Unternehmen, behauptet Berater Walter Droege aus Düsseldorf, gelangen die Informationen von der Verkaufsfront auch an die Mitarbeiter anderer Abteilungen des Hauses. Allzuoft nämlich behalten die Mitarbeiter des Vertriebs oder des Marketingbereichs ihr Herrschaftswissen für sich und lassen die Kollegen etwa aus der Produktion oder aus der Entwicklungsabteilung im dunkeln tappen.

Dies hängt natürlich mit der inneren Organisation der Firmen zusammen, von denen bisher nur wenige jene Barrieren niedergerissen haben, die die einzelnen Abteilungen voneinander trennen. Das häufigste Beziehungsmuster in deutschen Unternehmen ist noch immer die Rivalität, und nur allmählich setzt sich die Erkenntnis durch, daß Kooperation zu besseren Resultaten für alle führen würde.

Die Idee, daß auch innerhalb eines Unternehmens jeder des anderen Kunde ist, weil alle miteinander in irgendeiner Beziehung stehen, ist den meisten Führungskräften so fremd wie die Rückseite des Mondes. Wohl deshalb gehen sie mit firmeninternen Abnehmern von Waren oder Dienstleistungen genauso ruppig um wie mit externen Kunden – und das hat natürlich Folgen. Das Betriebsklima verschlechtert sich, der Frust nimmt zu, und oft käme es die Firma billiger, sie würde bestimmte Teile von draußen kaufen, als sie selber anzufertigen.

Je mehr sich ein Produktionsapparat von der Außenwelt abkoppelt, desto fehlerhafter werden seine Produkte ausfallen. Und wie schnell enttäuschte Kunden zu Marktverlusten führen können, das hat das amerikanische Marktforschungsinstitut Technical Assistance Research Programm präzise ermittelt. Hinter jeder Reklamation, die einen Betrieb erreicht, stehen im Schnitt zwanzig weitere unzufriedene Kunden, die ihren Frust zwar nicht an den Hersteller, dafür aber an mindestens elf andere potentielle Käufer weitergeben. Schlechte Nachrichten verbreiten sich etwa drei- bis viermal so schnell wie positive, deshalb können die Imageverluste, die auf fehlerhaften Produkten oder schlechtem Service basieren, verheerende Wirkungen haben. Dennoch halten es viele deutsche Produzenten nicht für notwendig, Reklamationen enttäuschter Kunden ernst zu nehmen.

Obwohl längst erwiesen ist, daß einem unzufriedenen Konsumenten nichts mehr imponiert als eine prompte Reaktion auf seine Beschwerde, handelt die Mehrzahl der deutschen Produzenten noch immer so, als ob sie das alles gar nichts anginge. Der Münchener Marketingprofessor Anton Meyer warnt in seinem Kommentar zum Deutschen Kundenbarometer: »Es ist alarmierend, daß immer mehr Verbraucher mit ihren Beschwerden bei den Unternehmen und Behörden auf taube Ohren stoßen.«

Die *Wirtschaftswoche* schilderte zahlreiche Fälle, in denen namhafte Unternehmen, wie die Elektrokonzerne ABB in Mannheim und Bosch in Gerlingen, beschwerdeführende Kunden ebenso kaltschnäuzig abwimmelten wie der Computerhändler Escom in Heppenheim, der Warenhauskonzern Kaufhof in Köln und die Deutsche Lufthansa. Mal wurden die Anrufer so lange von einer Station zur anderen weitergereicht, bis sie die Lust verloren, mal erhielten sie die barsche Aufforderung, ihr Begehren schriftlich vorzutragen, mal legte der Mann vom Kundendienst sofort den Hörer auf, nachdem er mitbekommen hatte, daß es sich um eine Reklamation handelte.

Manager haben keine Zeit für Kunden

»Vor allem die Chefetagen schotten sich gegen lästige Anrufer ab«, bemerkte die *Wirtschaftswoche* und kritisierte: »Wer die von vielen Firmen vollmundig gepredigte Kundenorientierung ernst nimmt und meint, er hätte etwas Bedeutsames mitzuteilen, scheitert meist schon an der Telefonzentrale oder spätestens am Chefsekretariat.«

Während im Ausland Bosse vom Format eines Bill Gates (Gründer und Chef der Software-Firma Microsoft und mit einem geschätzten Vermögen von 10 Milliarden Dollar reichster Mann Amerikas) oder Nicolas Hayek (erster Mann beim größten Schweizer Uhrenhersteller SMH) in ihren Büros selbst den Hörer abnehmen, verschanzen sich hierzulande schon kleine Chargen hinter ihren Sekretärinnen. Klagt der Unternehmensberater und ehemalige Philips-Manager Manfred Garski: »Bei uns werden die Führungskräfte derart mit repräsentativen Aufgaben zugeschüttet, daß sie keine Zeit mehr haben, mit Mitarbeitern oder Kunden an der Basis zu reden.«

Die flotten Sprüche vieler Topmanager zur Kundenorientierung ihrer Unternehmen (VW-Chef Ferdinand Piëch: »Wir machen aus unzufriedenen Kunden zufriedene«) entpuppen sich denn auch mit schöner Regelmäßigkeit als reine Lippenbekenntnisse. Auch die vielen

Manager-Seminare zum Thema Kundenorientierung, die firmeninternen Schulungsprogramme, die Studien von Unternehmensberatern
und Hochschulprofessoren – sie alle brachten bisher nicht den gewünschten Erfolg. Denn praktisch alle Maßnahmen zur Verbesserung
des Kundendienstes haben einen entscheidenden Nachteil: Sie kosten
Geld.

Wenn aber die Senkung der Kosten das oberste Ziel der Unterneh-
menspolitik ist, dann wird überall dort der Rotstift angesetzt, wo der
geringste Widerstand zu erwarten ist. Also beim Kunden.

So führen denn die Bestrebungen von Unternehmen, die unter schwin-
dender Kundentreue zu leiden haben und dies gerne ändern möchten,
nicht selten zu grotesken Eiertänzen. Die Marketingabteilung des
VW-Konzerns zum Beispiel hatte die glorreiche Idee, Kunden zu Mitgliedern des »Volkswagen-Clubs« zu machen und sie dadurch am Abspringen zu anderen Marken zu hindern. Was bei den Prestigemarken
Mercedes-Benz und BMW bereits bestens funktioniert hatte, kam
beim Wolfsburger Massenproduzenten jedoch nur schwer in die Gänge. Grund: Die listigen Konzernmanager hofften, einen Teil der Club-
kosten auf ihre Händler abwälzen zu können, und die legten sich quer.
Jeder VW-Kunde, der die Clubkarte vorlegt, bekommt bei einem Kauf
oder jeder Reparatur automatisch einen Nachlaß von drei Prozent,
der ihm in Form von Treuepunkten gutgeschrieben wird. Ähnlich wie
beispielsweise der ADAC bietet der VW-Club einen kostenlosen Lot-
senservice, Meldungen über Verkehrsstaus, spezielle Reiseofferten,
ein Magazin und einen Ticketservice an. Lediglich diese Zugaben sowie die millionenschwere Werbung für den Club mochte der Konzern
finanzieren, die essentiellen Leistungen hingegen, vor allem die Rabatte, sollten größtenteils die Händler tragen. Besser wird der Service
deshalb in den Werkstätten mit Sicherheit nicht, da die Händler logischerweise darauf achten werden, daß sie Mehrausgaben für Club-
kunden auf andere Weise wieder hereinholen.

»Jemand, der nicht lächeln kann, sollte kein Geschäft aufmachen«, po-
stulierte einst Helmut Maucher, oberster Chef des Schweizer Nah-
rungsmittelmultis Nestlé. Er hat wohl recht, denn Freundlichkeit ist
eine Dreingabe, die jeder Kunde von seinem Lieferanten erwarten

darf. Doch die aufgesetzte Fröhlichkeit, die jene aufs Abwimmeln aufgebrachter Kunden getrimmten Damen und Herren an den Beschwerdetelefonen vieler deutscher Hersteller und Händler ausstrahlen, bringt die Stimmung schnell auf den Nullpunkt.

Seit die amerikanische Direct Sale Education Foundation herausgefunden hat, daß bei umgehender Reaktion auf Beschwerden 82 Prozent der unzufriedenen Kunden bei der Stange gehalten werden können, richteten viele Firmen sogenannte Mecker-Telefone ein. Der Filmhersteller Kodak zum Beispiel rühmt sich, jede Reklamation binnen 24 Stunden zu beantworten. Die gleiche Frist setzten sich der Computerhändler Vobis und der Heizungsbauer Vaillant, während sich der Kopiergerätehersteller Rank Xerox 48 Stunden Zeit läßt. Doch alle diese scheinbar kundenfreundlichen Aktivitäten sind nur Maskerade, wenn die Serviceleistung nicht stimmt.

Die Tricks der Räuber mit dem Schraubenschlüssel

Rechnen es sich die Firmen schon hoch an, daß sie dem Kunden, der sich über ein defektes Produkt ärgert, überhaupt ihr Ohr leihen, so lassen sie ihn doch bei der tatsächlichen Behebung des Schadens häufig im Stich. Denn im Zug der jüngsten Rationalisierungswelle, die das »schlanke« Unternehmen zum Ziel hatte, gliederten viele Hersteller ihre Serviceabteilungen aus. Manche gründeten für den Kundendienst eine eigene GmbH, andere schlossen die Serviceabteilung ganz und übertrugen das kostenintensive Geschäft einer fremden Firma.

Vor allem die Käufer von Telefonanrufbeantwortern, Stereoanlagen, Funktelefonen oder Waschmaschinen und Geschirrspülern mußten häufig die Erfahrung machen, daß sie ihre defekten Geräte plötzlich nicht mehr vom Hersteller, sondern von einem wildfremden Handwerkerbetrieb repariert bekamen. Und wer dabei nicht aufpaßt, wird leicht ein Opfer gewissenloser Geschäftemacher. Die beliebtesten Tricks der »Räuber mit dem Schraubenschlüssel«:

• Fahrtkosten: Die Besitzerin einer AEG-Waschmaschine in der Münchener Elvirastraße mußte allein für die Anfahrt eines Reparateurs von der nur 500 Meter entfernten AEG-Kundendienstzentrale in der Arnulfstraße 178 Mark Wegegeld bezahlen, weil der Helfer angeblich zuvor in einem weiter entfernten Stadtteil zu tun hatte. Ist die gesonderte Berechnung von Fahrtkosten für die Reparatur eines defekten Markengeräts ohnehin schon schwer verständlich, so zerstören derartige Berechnungsmethoden vollends die Glaubwürdigkeit des Begriffs »Kundendienst«.

- Terminabsprache: Der Besitzer eines Nordmende-Farbfernsehers in München mußte drei Stunden auf die Ankunft des Servicetechnikers warten, der sich für 8 Uhr angemeldet hatte. Die Reparatur dauerte nur fünf Minuten, doch der Vormittag des selbständigen Handelsvertreters war dahin. Geschätzter Schaden: 500 Mark.

- Auftragspauschale: Als in einem Hamburger Sportgeschäft plötzlich das Licht ausfiel, rief der Ladeninhaber den technischen Notdienst, der auch prompt einen Elektriker schickte. Doch bevor der Mann den Schraubenschlüssel zückte, verlangte er als erstes eine Unterschrift »zur Sicherstellung der Auftragspauschale von 380 Mark«, wie er treuherzig erklärte. Der Inhaber weigerte sich, schickte den Servicemann weg und reparierte den Schaden selber. Nach ein paar Tagen erhielt er eine Rechnung über 287 Mark für den ergebnislosen Einsatz des Servicetechnikers. Da er sich erneut weigerte, droht ihm jetzt Rechtsstreit mit der Notdienstzentrale.

- Eingebaute Fehler: Die Besitzerin eines BBC-Geschirrspülers aus Stuttgart rief den Kundendienst, weil an dem Gerät nach jahrelangem problemlosem Gebrauch plötzlich Wasser austrat. Der Schaden war schnell behoben, dennoch kostete die Reparatur 250 Mark. Um so ärgerlicher war es für die berufstätige Hausfrau, daß das Gerät am nächsten Tag schon wieder nicht funktionierte. Diesmal klumpte das Waschmittel in der Einfüllkammer, weil deren Deckel sich nicht öffnete. Der Reparateur kassierte erneut 150 Mark ab und zog von dannen. Am nächsten Tag gab es wieder Wasserprobleme. Der Flansch des Wasserzulaufs hatte sich wie zufällig gelöst. Für die Reparatur verlangte der Experte zwar nur 50 Mark, doch mit »Gebühren für An- und Abfahrt« wurden insgesamt nochmals 120 Mark fällig. Jetzt reichte es der Hausfrau, und sie beauftragte eine

56

andere Firma mit der Überprüfung des Gerätes. »Alles in Ordnung«, beruhigte sie der Servicemann und kassierte weitere 150 Mark.

- Ablehnung: Der Besitzer eines eineinhalb Jahre alten CD-Players der Firma Kenwood bringt das defekte Gerät in ein westdeutsches Schaulandgeschäft. Vor der Reparatur möchte er jedoch einen Kostenvoranschlag haben. Einige Tage später erfährt er erstaunt, daß sich die Reparatur nicht mehr lohne, das Gerät sei schrottreif. Dennoch verlangt die Schaulandwerkstatt 79 Mark für die Herausgabe des unreparierten Geräts. Er bezahlt zähneknirschend und trägt den CD-Player zu einer anderen Firma, die ihn anstandslos repariert. Das Gerät funktioniert wieder bestens, und nun verlangt der Besitzer von der Schaulandfirma die 79 Mark zurück. Sie zahlt und entschuldigt sich folgendermaßen: »Zu unserer Rechtfertigung möchten wir Ihnen mitteilen, daß der Kostenvoranschlag nicht von uns, sondern von einer autorisierten Kenwood-Vertragswerkstatt erstellt worden ist. Wir als Nichttechniker müssen uns auf solche Aussagen der Werkstätten verlassen.« Der Fall, aufgegriffen von der ARD-Sendung *Ratgeber Technik*, beleuchtet die im Elektrohandwerk gängige Praxis, kostenintensive Reparaturen möglichst zu vermeiden und dafür Neugeräte zu verkaufen.
- Ersatzteile: Ein besonderes Ärgernis angesichts immer schnellerer Modellwechsel vor allem bei Elektrogeräten ist die schlechte Versorgung der Reparaturwerkstätten mit Ersatzteilen. Nicht selten versuchen die Servicewerkstätten des Gerätehandels, den Kunden zum Kauf eines neuen Modells mit dem Argument zu überreden, für das defekte Gerät seien keine Ersatzteile mehr vorhanden. Es gibt jedoch eine Reihe von Spezialbetrieben, die viele Ersatzteile auch für ältere Modelle bereithalten. Eine Liste dieser Betriebe aus dem Bereich Elektrogeräte, Sanitärhandel, Feinmechanik, Foto- und Filmkameras, Musikinstrumente und Computer ist bei der Redaktion des ARD-Magazins *Ratgeber Technik* unter dem Stichwort »Ersatzteile« erhältlich. Adresse: 20649 Hamburg.

Hauptsache, die Kiste ist verkauft; was danach passiert, interessiert uns nicht. Dieses Motto scheint das Denken und Handeln vieler Hersteller von Konsumgütern zu bestimmen. Wie anders wäre es sonst zu erklären, daß sie die laufende Betreuung ihrer Kunden fremden Servicefirmen überlassen, auf deren Qualitätsvorstellungen und Preisgestaltung sie offenbar keinen Einfluß haben?

Die unter Managern hochgelobten Maßnahmen zur Festigung der Kundenbindung wie die überall installierten Telefon-Hotlines oder die freigebig verteilten Kundenkarten sind deshalb bei Licht besehen nicht mehr als ein bißchen Oberflächenkosmetik. Wenn der Hersteller seine Produkte zu aufwendig konstruiert und mit überflüssigen Funktionen ausstattet, wenn er hohe Preise verlangt und sich nicht darum kümmert, daß die Waren in fehlerfreiem Zustand ausgeliefert werden, wenn er unverständliche Betriebsanleitungen herausgibt und die Wartung seiner Geräte unqualifizierten Servicefirmen überträgt, wenn er alle paar Monate ein neues Modell auf den Markt wirft, für die alten Geräte aber keine Ersatzteile bereithält – dann braucht er sich nicht zu wundern, wenn ihm die Kunden den Rücken kehren. Dann kann er den Werbeetat noch so aufstocken, kann sich die nettesten Marketinggags einfallen lassen – er wird gegenüber der schlichteren Konkurrenz aus dem Ausland zweiter Sieger bleiben, sofern der Kunde dort das bessere Preis-Leistungs-Verhältnis vorfindet.

Wie zerrüttet mittlerweile bereits das Verhältnis zwischen Herstellern und Kunden vor allem in der Konsumgüterbranche geworden ist, zeigt sich bereits an der schnell wachsenden Zahl von Unternehmensberatern und Seminarveranstaltern, die sich mit dem Thema »Beschwerdemanagement« beschäftigen. Da bekommen dann die an ihren Abnehmern gescheiterten Produzenten zu hören, wie sie mit Nörglern umgehen sollen.

Fast immer fällt den pfiffigen Beratern dazu die gleiche Taktik ein: Der Hersteller soll den Problemfall als Chance begreifen, aus der gestörten Beziehung zum Kunden ein dauerhaftes Verhältnis zu machen. Dafür geben ihm zum Beispiel die beiden Beschwerdexperten Wolfgang Seidel und Bernd Stauss aus Ingolstadt folgende Checkliste an die Hand:

1. Suchen Sie einen ruhigen Ort für das Beschwerdegespräch.
2. Sprechen Sie den Kunden mit Namen an.
3. Signalisieren Sie Gesprächsbereitschaft.
4. Hören Sie gut zu.
5. Wählen Sie eine ruhige und höfliche Gesprächsart.
6. Stellen Sie inhaltliche Fragen so lange, bis die Situation eindeutig geklärt ist.
7. Versetzen Sie sich in die Lage des Kunden.
8. Machen Sie sich Notizen.
9. Vermeiden Sie Sofortdiagnosen.
10. Beschuldigen Sie keine Kollegen.
11. Leiten Sie sofort die Bearbeitung der Beschwerde ein.
12. Bieten Sie eine faire Lösung an.
13. Erkundigen Sie sich, ob der Kunde mit der Regelung einverstanden ist.
14. Ist eine unverzügliche Problemlösung nicht möglich, sagen Sie dem Kunden eine genaue Prüfung zu, und geben Sie an, wie lange es dauern wird.
15. Sind Sie nicht zuständig oder können Sie nichts tun, leiten Sie die Beschwerde eigenhändig weiter.
16. Beenden Sie das Gespräch mit einer positiven Formulierung.
17. Analysieren Sie den Beschwerdevorgang, und informieren Sie den Verantwortlichen.

Schon diese Anhäufung von Banalitäten zeigt, auf welchem Niveau die Begegnung mit dem Kunden stattfinden soll. In den Augen vieler Hersteller ist der Abnehmer nicht mehr als ein nützlicher Ochse, der den eigenen Karren antreiben, beziehungsweise eine Kuh, die ihm Milch geben soll. Und sobald die Rindviecher den Preis gelöhnt haben, brauchen sie einen nicht mehr zu interessieren.

Daß diese krasse Rollenbeschreibung durchaus zutrifft, zeigt sich zum Beispiel an dem Mißverhältnis zwischen dem Aufwand, den die Hersteller für Marketing, Werbung und Verpackung auf der einen Seite und für Betriebsanleitungen, Wartung und Reparatur auf der anderen Seite treiben. Alles, was der Kunde vor dem Kauf zu sehen bekommt, soll vom Feinsten sein; hat er endlich bezahlt, läßt man ihn fallen wie eine heiße Kartoffel.

Da nehmen einerseits die Werbeaufwendungen der deutschen Wirtschaft von Jahr zu Jahr mit vehementem Tempo zu – auf zuletzt rund 70 Milliarden Mark für rund 55 000 Markenartikel –, da wird andererseits der Kunde selbst bei komplizierten Produkten wie Videorecordern und Personalcomputern mit Betriebsanleitungen abgespeist, die allenfalls zum Sprachunterricht für Analphabeten tauglich wären.

Allein den materiellen Schaden, der in Deutschland durch fehlerhafte, unvollständige oder unverständliche Bedienungsanleitungen entsteht, taxierten Experten schon 1994 auf rund 800 Millionen Mark. Während die Hersteller in den USA, durch spektakuläre Produkthaftungsurteile und exorbitante Schadensersatzleistungen geschockt, bis zu 20 Prozent der Entwicklungskosten für ein neues Produkt in die Bedienungsanleitung investieren, machten sich ihre deutschen Konkurrenten bis vor kurzem kaum Gedanken über die Notwendigkeit solcher »Beipackzettel«.

Erst seit die Brüsseler EU-Behörde 1995 europaweit Mindestanforderungen für Bedienungsanleitungen durchsetzte, mußte die Industrie notgedrungen diesem lästigen Detail mehr Aufmerksamkeit widmen. Vergebens versuchte beispielsweise der Deutsche Industrie- und Handelstag zu verhindern, daß bei exportierten Waren die Bedienungsanleitung in der jeweiligen Landessprache und der Sprache des Herstellerlandes beiliegen muß – eigentlich eine Selbstverständlichkeit. Murrend nahmen deutsche Unternehmer auch zur Kenntnis, daß sie jetzt

- die Art der Verwendung des Produkts genau beschreiben,
- auf mögliche Benutzerfehler besonders hinweisen,
- eindeutige Schutzhinweise geben,
- den Kunden vollständig über mögliche Gefahren bei der Benutzung informieren müssen.

Nur wer diese Vorschriften erfüllt, darf seine Produkte mit dem begehrten CE-Zeichen (CE steht für Communauté Européenne) schmücken und damit anzeigen, daß sie den europäischen Normen entsprechen. Wer seit 1995 technische Produkte ohne dieses Zeichen auf dem europäischen Markt verkauft, riskiert Geldbußen bis zu 50 000 Mark.

Nicht wenige deutsche Hersteller versuchten freilich, den Kunden zu suggerieren, daß das notgedrungen erworbene CE-Zeichen ein besonderer Ausweis für Qualität sei, auch wenn es in Wahrheit nur signalisiert, daß die Mindestanforderungen innerhalb der EU erfüllt sind. Überhaupt wird mit Normen, Gütezeichen, Sicherheitsplaketten und ähnlichen Etiketten ein horrender Schwindel getrieben, der vom Verbraucher kaum mehr zu durchschauen ist.

Schwindel mit Normen und Prüfzeichen

Die wachsende Zahl dieser Signets sagt denn auch wenig über die wahre Qualität dieser Produkte, dafür aber sehr viel über die Mühe aus, die die Hersteller aufbringen müssen, ihre mißtrauisch gewordenen Kunden zu beruhigen. Als wahre Meister dieses Fachs gelten Deutschlands Hersteller von Elektrogeräten. Schon seit Beginn des Jahrhunderts verwendeten Konzerne wie Siemens, AEG oder BBC (heute ABB) technische Normen als wirksame Waffe im Wettbewerb mit ausländischen Konkurrenten.

So sinnvoll Normen und Qualitätsstandards an sich sein mögen, so verheerend kann ihre Wirkung auf den Wettbewerb sein, wenn sie zur Abschottung ganzer Märkte dienen. Bis heute ist es zum Beispiel den Elektrounternehmen aus Großbritannien, Frankreich oder Italien nicht gelungen, in Deutschland nennenswerte Marktanteile zu erkämpfen, weil sie von den einheimischen Platzhirschen, allen voran Siemens, mit List und Tücke ferngehalten werden.

Allein die über 23 000 DIN-Normen, die bis Ende 1995 verabschiedet waren – pro Jahr kommen rund 1400 neue dazu –, stellen für manchen ausländischen Hersteller ein unüberwindliches Hindernis dar. Einst hatten die Normgegner gehofft, die EU würde den Dschungel der nationalen Vorschriften lichten – sie haben sich gründlich getäuscht. Denn gerade wegen der europäischen Harmonisierung der technischen Regelwerke schwillt die Zahl der Normen immer weiter an. Mittlerweile gibt es nationale, europäische und weltweit gültige Normen. Trotz dieser Normenflut ist, wie jeder Verbraucher leicht erfahren kann, im Land der Technik offenbar nichts genormt. Da paßt der deutsche Schraubenschlüssel mitnichten zu der Schraube eines britischen PKW-Motors und der deutsche Schukostecker keineswegs in die italienische Steckdose. Nicht mal die Stromspannung in den europäischen Leitungsnetzen ist vereinheitlicht, geschweige denn Maße und Qualitätsstandards bei Baumaterialien oder schlichten Unterhosen.

Ein leuchtendes Beispiel für die trickreichen Gefechte an der Normenfront lieferten erst jüngst die unerschrockenen Bemühungen unserer Elektroindustrie um einen einheitlichen Haushaltsstecker. Während sie nach außen hin lautstark für die Vereinheitlichung der Steckersysteme plädierte, torpedierte sie intern über das Deutsche Institut für Normierung den schönen Plan, der ihr auch im Inland neue Konkurrenten beschert hätte. Allen Ernstes behaupteten nämlich die Berliner Normpäpste, der Nutzen einheitlicher elektrischer Steckvorrichtungen werde in der Öffentlichkeit überschätzt. Die Kosten hingegen, hochgerechnet aus den Angaben der betroffenen Hersteller, seien mit rund 240 Milliarden Mark anzusetzen und stünden deshalb in keinem Verhältnis zum erwarteten Nutzen. Niemand protestierte gegen eine derart blödsinnige Argumentation, die ausschließlich den Interessen der Industrie dient und den Verbraucher überhaupt nicht zur Kenntnis nimmt. So müssen wir denn weiterhin teure Adapter kaufen, wenn wir unseren Haarfön jenseits des Brenners benützen wollen ...

Die profitablen Prüfgeschäfte des TÜV

Der genervte Verbraucher wird den Verdacht nicht los, daß die Industrie unterm Deckel scheinbar vernünftiger Absichten, wie Vereinheitlichung der Maße und Formate oder der Standardisierung von Sicherheitsqualitätsmerkmalen, ein Süppchen kocht, das ihm, dem Kunden, immer saurer aufstößt. Kräftig angerührt wird es von scheinbar höheren Instanzen wie dem Deutschen Institut für Normierung, der Deutschen Gesellschaft für Qualität oder auch dem TÜV.

Die Technischen Überwachungsvereine, kurz vor der Jahrhundertwende als eine Art Selbsthilfeorganisation der Industrie für die Sicherheit von Dampfkesseln gegründet, entwickelten sich im Laufe der Zeit zu einem imposanten Wirtschaftsfaktor. 1995 setzten die deutschen TÜVs allein in den alten Bundesländern über 2 Milliarden Mark um und beschäftigten rund 17 000 Mitarbeiter. Für den Verbraucher freilich hat ihre an sich sinnvolle Tätigkeit nicht nur Vorteile, da die Vereine sich ihre Dienste immer teurer bezahlen lassen und mittlerweile auch Dinge prüfen, die gar nicht geprüft werden müssen.

Während Konkurrenten wie die Stuttgarter Dekra und die in der Gesellschaft für technische Überwachung (GTÜ) organisierten freiberuflichen Kfz-Sachverständigen am Monopol des TÜV kratzen, suchen die Vereinsprüfer verzweifelt nach neuen Geschäftsideen. Zu ihren bevorzugten Opfern gehören Deutschlands Autofahrer. Sie müssen mit deftigen Gebührenerhöhungen rechnen, wenn die TÜV-Ingenieure ihr Prüfprogramm wie geplant auf Windschutzscheiben, Stoßdämpfer, Bremsflüssigkeit und ABS-Systeme ausweiten. »Immer wieder fällt dem TÜV etwas ein, wie er unter Hinweis auf Umweltschonung oder höhere Verkehrssicherheit die Bürger regelrecht abzocken kann«, erregen sich darüber Fachleute wie der Leonberger Kraftfahrzeugingenieur Hans-Rüdiger Etzold.

Wehren kann sich der Bürger kaum, denn der Staat hat den Prüfvereinen hoheitliche Aufgaben übertragen und ihnen damit praktisch eine Lizenz zum Abkassieren ausgestellt. Und weil es bei Dampfkesseln und Autos so gut geklappt hat, überzieht der TÜV immer weitere Branchen mit seinen Prüfverfahren. In den Labors der Überwachungsvereine werden mittlerweile Kinderwagen, Fahrräder, Surfbretter, Skistiefel und sogar Backsteine getestet. Das sind dann freilich keine hoheitlichen, sondern hochrentable Aufgaben, die der TÜV von eigens gegründeten GmbHs ausführen läßt.

Auftraggeber sind Industriefirmen, die sich von der TÜV-Plakette eine erhöhte Werbewirkung versprechen und dafür gern ihren Obolus an die Prüfer abführen. Der Kunde freilich ist auch hier wieder der Dumme, denn er bezahlt das Prüfverfahren über den Preis und bekommt dafür auch nicht mehr als ein Produkt, das den gesetzlichen Vorschriften genügt. Die Inflation an TÜV-Plaketten beweist nur eines: daß die Firmen ihren eigenen Qualitätsbehauptungen nicht trauen.

Auch die Stiftung Warentest in Berlin, das Zentralorgan der kritischen Verbraucher, wird ihrer Rolle als unabhängiger Instanz in Sachen Qualität nur unzureichend gerecht. Zwar erreicht sie mit ihren Publikationen, den Zeitschriften *Test* und dem *Finanztest*, beachtliche Auflagen, doch von Jahr zu Jahr fallen die Urteile der Tester milder und differenzierter aus, so daß manche Verbraucherschützer schon argwöhnen, die Industrie habe der Berliner Stiftung den Schneid abgekauft.

Wirklich bissig wie etwa der amerikanische Verbraucherschützer Ralph Nader waren die Berliner nie. Dafür sorgte schon der öffentlich-rechtliche Stiftungsstatus, der sie von Zuwendungen des Bonner Wirtschaftsministeriums abhängig machte, und die Nähe zur Industrie, die ihre Vertreter in den Fachbeirat der Stiftung entsenden durfte, wo die jeweiligen Prüfprogramme festgelegt werden.

Stiftung Warentest auf Schmusekurs

Kein Wunder, wenn die einst von den Herstellern so gefürchtete Testnote »mangelhaft« immer seltener vergeben wird und dafür immer mehr Markenartikler mit ihren guten Testnoten in die Werbeoffensive gehen. Professor Dr. Carl-Heinz Moritz, der für die Warentests zuständige Geschäftsführer, zum Schmusekurs der Stiftung: »Die meisten Produkte sind im Lauf der Zeit zweifellos besser geworden, dafür verlagert sich der Ärger jetzt auf die schlechte Beratung beim Kauf und einen zu teuren und wenig effizienten Service.«

Daß sich durch diese Betrachtungsweise auch der Ärger der Stiftung verlagert, nämlich weg von furchteinflößenden Konzerngegnern hin zu kleinen Mittelständlern, versteht sich von selbst. Dennoch: Nützlich ist die Stiftung allemal, auch wenn ihre Testergebnisse, vor allem im Warenbereich, es verdienen, mit Distanz betrachtet zu werden.

Stets im Visier der Berliner Tester ist seit geraumer Zeit die Verpackungswut der Konsumgüterhersteller, die zu immer höheren Müllbergen führt und dem Verbraucher nicht selten herbe Enttäuschungen beschert. »Häßlichkeit verkauft sich schlecht«, erkannte schon in den fünfziger Jahren der amerikanische Stardesigner Raymond Loewy, und deshalb stecken die Produzenten vor allem unansehnliche Produkte in immer aufwendigere Hüllen. In manchen Kosmetikprodukten zum Beispiel, so notierten die Berliner Tester, »wogen Tiegelchen und Umkarton fünfmal soviel wie der eigentliche Inhalt. In einer Zeit, da uns die Müllberge über den Kopf wachsen, halten wir diesen Materialaufwand für nicht mehr akzeptabel.«

In der Tat: Sowohl die pharmazeutische Industrie als auch Kosmetikhersteller, Branntweindestillerien, Spielwarenproduzenten und viele Hausgerätehersteller feiern regelrechte Verpackungsorgien und täuschen so den Verbraucher nicht selten über die Dürftigkeit des Inhalts hinweg. Da werden Zahnpastatuben mit Luft zu praller Fülle aufgepumpt, winzige Fläschchen mit Augen- oder Hustentropfen in üppige Schachteln gesteckt, Süßigkeiten zusammen mit billigen Plastikfiguren zu großvolumigen Geschenkpaketen verschnürt, kleine Flakons mit Badesalz oder Duschgel mit Abstandshaltern in großräumige Kartons gepreßt – immer mit dem Ziel, dem Verbraucher mehr vorzutäuschen, als vorhanden ist.

Zwar müssen nach dem Eichgesetz (§ 7, Abs. 2) Packungen so gestaltet sein, daß sie keine größere Füllmenge vortäuschen, als in ihnen enthalten ist, doch nicht selten setzen sich die Hersteller großzügig über die Vorschriften hinweg und zahlen lieber die geringen Geldbußen, wenn sie dafür höhere Stückzahlen absetzen können. Besonders ärgerlich ist der Verpackungswahn der Hersteller, wenn er sich an kunstvollen Gebilden aus den verschiedensten Materialien wie Glas, Kunststoff, Pappe und Zellophan austobt, da eine effiziente Entsorgung dieses Materialgemischs kaum möglich ist.

Die Verpackung wird mitgewogen und -bezahlt

Doch auch wenn die Verpackung scheinbar schlicht gerät, wie zum Beispiel in der Lebensmittelabteilung, kann sie den Kunden teuer zu stehen kommen. Denn im deutschen Einzelhandel hat sich die Unsitte eingebürgert, dort, wo offene Ware nach Gewicht verkauft wird, die Verpackung einfach mitzuwiegen. Dies ist nach der Eichordnung zwar verboten, doch wo kein Kläger auf seinem Recht besteht, findet sich auch hier kein Richter.

Manchmal dient die Verpackung auch einem ganz anderen Zweck: der Ausschaltung der Konkurrenz. Seit zum Beispiel Großgetränkekonzerne wie Coca-Cola oder Gerolsteiner dazu übergegangen sind, die bisher übliche Glasflasche durch Behältnisse aus dem billigeren Kunststoff PET zu ersetzen, geraten kleinere Brunnenbetriebe, die sich die teure Umrüstaktion nicht leisten können, immer mehr in Bedrängnis.

Rund 40 Millionen Mark kostet für einen mittleren Abfüllbetrieb der Wechsel von Glas auf PET, und noch ist keineswegs erwiesen, daß die Kunststoffbuddel tatsächlich, wie ihre Promoter verheißen, erst nach mehrmaliger Nutzung entsorgt wird, denn nach den bisherigen Beobachtungen werfen die meisten Verbraucher die leere Hülse, die sich leicht zusammenknüllen läßt, in den Mülleimer. Das ärgert die Umweltschützer und freut den Hersteller Continental PET Europe, hundertprozentige Tochter des Verpackungskonzerns Schmalbach Lubeka, an dem neben dem Mehrheitsaktionär VIAG auch die Deutsche Bank beteiligt ist.

Wir lernen: Die deutsche Industrie rationalisiert auf Kosten der Kunden. Sie stellt heute die gleichen Produkte wie vor fünf Jahren mit wesentlich geringerem Aufwand her. Die Produkte werden trotz ständiger Qualitätsbeteuerungen der Hersteller nicht besser, sondern eher schlechter.

Selbst Topmanager wie Roland Mecklinger, Vorstandsvorsitzender des zum Mannesmann-Konzern gehörenden Autozulieferers Fichtel & Sachs, bekannte auf dem Bayerischen Zulieferertag im November 1995: »Es gab noch nie so viele Rückrufaktionen wie 1995. Der Qualitätseinbruch ist eine Katastrophe.«

Dabei machten gerade die Autozulieferer in puncto Qualität noch die meisten Fortschritte, wie die Untersuchungen von Unternehmensberatern und Hochschulinstituten ergeben haben – am Ende der Qualitätsskala marschiert die Textilindustrie.

Die Konstrukteure denken nie an Reparaturen

Weil die deutsche Industrie in Schlüsselbranchen wie der Mikroelektronik, der Gentechnik, der Telekommunikation und der Computer-Software den Anschluß an die anderen Wettbewerber verpaßt hat, konzentriert sie sich auf konventionelle Produkte, die in den industriellen Schwellenländern wie Korea, Taiwan, Malaysia oder Brasilien und Mexiko ebenso gut, aber billiger hergestellt werden können. Und deshalb auch versuchen die deutschen Hersteller, durch ständiges Upgrading ihre höheren Preise zu rechtfertigen, indem sie technische Geräte mit einer Vielzahl von Funktionen ausstatten, die der Verbraucher in der Regel gar nicht braucht.

Konnten die deutschen Hersteller früher ihre Spitzenpreise noch einigermaßen mit einem exzellenten Service rechtfertigen, so fiel auch dieser mittlerweile dem Rotstift zum Opfer. Schon bei der Konstruktion ihrer Geräte nehmen die Entwicklungsabteilungen kaum noch Rücksicht auf Reparaturfreundlichkeit und Wartung. Da ein ansprechendes Design und möglichst viel Bedienungsfunktionen für den Verkauf wichtiger erscheinen als preiswerte Reparaturen, können viele Elektrogeräte, wenn sie einen Defekt aufweisen, nur noch mit horrenden Kosten wieder instand gesetzt werden.

Unter dem gnadenlosen Diktat der Kostenrechner verlieren die Industriefirmen an Reparaturen jegliches Interesse. Was nicht ausgetauscht werden kann, wird weggeworfen. Monteurstunden sind mittlerweile so teuer, daß sich Reparaturen oft nicht mehr lohnen. Selbst der Austausch von Pfennigartikeln in komplexeren Geräten schlägt sich für den Kunden in Reparaturrechnungen von mehreren hundert Mark nieder.

Mißtrauen ist immer angesagt, wenn eine Firma schlagartig den Werbeetat erhöht – das Geld ist mit Sicherheit woanders eingespart worden. Auch wer ständig neue Produkte auf den Markt wirft, die sich nur wenig von älteren Modellen unterscheiden, macht sich verdächtig. Ein solcher Hersteller läßt erkennen, daß er nur sein Sortiment ausweiten, nicht aber den Kunden zufriedenstellen will.

Änderungen der Verpackung sind, sofern sie nicht eindeutig ökologischen Zielen dienen, stets kritisch zu bewerten, da der Hersteller bei solchen Gelegenheiten fast immer versucht, Geld einzusparen. Auch auf Prüfsiegel, Testergebnisse oder sonstige Auszeichnungen sollte der Kunde wenig geben.

Mangelhaften Service und unwirsche Reaktionen auf Beschwerden sollte ein Kunde nur dann akzeptieren, wenn der Hersteller ein konkurrenzlos günstiges Preis-Leistungs-Verhältnis bietet. Andernfalls hat er verdient, daß man ihm die kalte Schulter zeigt.

Häufig sind aber scheinbar besonders kundenfreundliche Aktionen wie die Einrichtung eines ständig besetzten Meckertelefons nur ein Alibi, das über die Schwächen des Angebots hinwegtäuschen soll.

Grundsätzlich gilt, daß man neu eingeführte Produkte, vor allem wenn es sich um komplizierte technische Geräte handelt, zunächst einmal nicht kaufen sollte. Kaum ein Hersteller ist nämlich in der Lage, vom ersten Tag der Produktion an eine astreine Ware auszuliefern. Die meisten industriell hergestellten Güter brauchen eine gewisse Anlaufzeit, ehe die Produktion einigermaßen fehlerfrei läuft. Dies gilt vor allem für Autos, aber auch für Motorräder, Rasenmäher, Videorecorder, CD-Player oder Videokameras.

Hersteller, die sich auf ein einziges Produkt oder eine Produktfamilie spezialisiert haben, liefern meist bessere Qualität als die vermeintlichen Alleskönner mit einem unübersehbaren Produktionsprogramm. Und Betriebe, die stolz ihr ISO-9000-Zertifikat vorweisen, produzieren erwiesenermaßen keine bessere Qualität als nicht zertifizierte Konkurrenten.

Otto Normalverbraucher ist sauer

Vom Auto bis zur Leberwurst, vom Anzug bis zur Halstablette reicht das Spektrum der Produkte, bei denen der Verbraucher heute mehr denn je auf der Hut sein muß, wenn er nicht mit vorgetäuschter Qualität zu erhöhten Preisen abgespeist werden will.

Natürlich wird die geballte Lobby der Industrie einschließlich der von ihren Anzeigen oder TV-Spots abhängigen Medien den Autor der Miesmacherei beschuldigen und darauf verweisen, daß alles ja nur halb so schlimm sei; und mit einigem Recht werden die angegriffenen Hersteller sogar behaupten können, daß der Kunde in anderen Ländern mit noch viel schlechteren Waren und Dienstleistungen zufrieden sein müsse.

Deshalb sei nicht verschwiegen, daß es auch hierzulande eine Reihe von Anbietern gibt, die sich wohltuend von der Masse ihrer Konkurrenten abheben. Zu den Produzenten beispielsweise, die sich um gute Qualität und eine intensive Kundenpflege bemühen, würde ich, ohne Anspruch auf Vollständigkeit, folgende Firmen zählen: den Waschmaschinen- und Geschirrspüler-Hersteller Miele, die Schott Glaswerke, den Motorsägenfabrikanten Stihl, den Maschinenbauer Trumpf, den Waagenproduzenten Mettler-Toledo, den Pressenproduzenten Schuler, den Turbinenbauer Voith.

Dabei fällt auf: Meist handelt es sich um Investitionsgüterhersteller, deren Kunden selber Fachleute sind, die ihre Anforderungen an ein Produkt haargenau definieren können. Bei den Lieferanten der Güter des täglichen Gebrauchs findet der Kunde nur selten Gehör. Kein Wunder, daß dieser »Otto Normalverbraucher« allmählich immer mißtrauischer und zurückhaltender wird.

Daß sich die deutschen Hersteller, Händler und Dienstleister so wenig um ihre Kunden bemühen, ist schon deswegen unverständlich, weil dieser vielfach geschmähte, mißachtete und übertölpelte Verbraucher die stärkste Wirtschaftskraft in diesem unserem Lande darstellt. Die privaten Haushalte steuern nämlich weit über 50 Prozent zum Bruttosozialprodukt der Bundesrepublik Deutschland bei und damit mehr als die Wirtschaftsgrößen »Staat« und »Unternehmen«.

Nimmt der private Verbrauch zum Beispiel nur um 1 Prozent zu, so hat dies auf die Wirtschaftsleistung die gleiche Auswirkung, wie wenn die verarbeitende Industrie ihre Bruttoanlageinvestitionen um satte 14 Prozent steigern würde. Mit anderen Worten: Stimmten die deutschen Anbieter ihre Kundschaft durch ein bißchen mehr Zuwendung freundlicher, erreichten sie soviel, als wenn die Industrie auf Teufel komm raus in Maschinen und Produktionsanlagen investierte.

Das Band, das Hersteller und Kundschaft einst im Wirtschaftswunderland glücklich vereinte, ist längst zerschnitten. Alle maßgeblichen Untersuchungen über das Verbraucherverhalten in den achtziger und neunziger Jahren kommen zum gleichen unbefriedigenden Schluß: Die Industrie weiß nicht mehr so recht, wie sie den angeblich so satten und gelangweilten Wohlstandsbürger noch aus der Reserve locken kann, und die Kunden verzweifeln allmählich angesichts eines scheinbar überbordenden Angebots, dessen tatsächlichen Nutzen sie kaum mehr richtig einschätzen können.

Etwas ratlos registriert der Verbraucherforscher Hans-Jürgen Anders in dem von Günther H. Rosenberger herausgegebenen Buch *Konsum 2000 – Veränderungen im Verbraucheralltag*: »Irgend etwas muß in unserer Gesellschaft und in uns als Konsument gefahren sein, daß man fast alles Gehabte über den Haufen wirft.« Es ist fast unmöglich geworden, den Konsumenten in fein säuberliche Gruppen mit vorausbestimmtem Verhalten einzuteilen. Es schert uns keinen Deut mehr, welcher Alters- oder welcher Berufskategorie wir angehören. Wir sind frei und benehmen uns »unüblich«.

Im Rotwelsch der Konsumforscher hat sich der schlichte Verbraucher von einst zu einem ziemlich rätselhaften »multidimensionalen« Wesen emanzipiert, dem man auch mit raffiniertesten demoskopischen Mitteln nicht mehr so recht auf die Schliche zu kommen vermag.

Was die Marktingexperten freilich verschweigen, ist die schlichte Tatsache, daß sie selbst viel dazu beigetragen haben, das Objekt ihres Interesses zu verunsichern. Denn die Ausforschung des sogenannten Verbraucherverhaltens hatte doch nur eins im Sinn: Sie sollte helfen, dem Kunden Dinge zu verkaufen, auf die er auch verzichten konnte. Setzte er dem Trommelfeuer der Werbestrategen noch in den späten achtziger Jahren kaum nennenswerten Widerstand entgegen, so ist der Kunde mittlerweile recht resistent geworden. Seit Beginn der neunziger Jahre stagniert der private Verbrauch, der Einzelhandel meldete 1995 sogar gravierende Absatzeinbrüche. *Zwischen Luxus und kalkulierter Bescheidenheit* – so ein Fachbuchtitel – wähnte die Konsumforschung den privaten Verbraucher in den vergangenen Jahren. Dabei war er ihr längst durch die Lappen gegangen und hatte sich dem derzeit beliebtesten Volkssport hingegeben: der Schnäppchenjagd.

Smart Shopper – die Guerilleros der Neunziger

»Smart Shopping« heißt die aus den USA importierte Massenbewegung der Verbraucher, die fest entschlossen sind, sich nicht mehr übers Ohr hauen zu lassen. Gleichgültig zappen sie Götz George vom Bildschirm, wenn er ihnen deutschen Sekt schmackhaft zu machen versucht – und holen sich bei Aldi französischen Champagner zum gleichen Preis. Für die meisten von ihnen ist es nicht pure Notwendigkeit, das jeweils preisgünstige Angebot auszumachen, sondern eine Art Sport.

Die Smart Shopper lassen sich von der gigantischen Marketingmaschine der Wirtschaft nicht mehr durch die Mangel drehen, sondern werfen ihr einen Prügel nach dem anderen ins Räderwerk. Wie einst die politisch motivierte Stadtguerilla der siebziger Jahre, pirschen die Konsumindianer der späten neunziger auf Schleichwegen durchs kapitalistische System.

Bliesen einst die Apo-Studenten den Muff unter den Talaren ihrer Professoren hinweg, so haben es die Schnäppchenjäger von heute auf die üppigen Handelsspannen der Verkäufer abgesehen. Smarte Kunden kaufen grundsätzlich nur zum EK (Einkaufspreis). Die Boutiquen und Fachgeschäfte des normalen Einzelhandels steuern sie nur zum Preisvergleich an, zugeschlagen wird dann woanders.

Um die Quellen für die jeweils günstigsten Einkaufsmöglichkeiten ausfindig zu machen, unterhalten sie mehr oder minder große Netzwerke. Per PC, Fax oder Telefon informieren sie sich laufend gegenseitig über Sonderverkäufe und günstige Gelegenheiten.

Das lukrative Geschäft der Presseagenturen

In Scharen steuern sie mittlerweile jene Hersteller an, die gute Markenware direkt ab Fabrik verkaufen, wie die Kleiderfabrikanten Boss im schwäbischen Metzingen, René Lazard in Schwarzach (Unterfranken), Jil Sander in Hamburg, Windsor in Bielefeld oder Bogner in Heimstetten. Besteck aus Chrom oder Silber holt man sich preisgünstig ab Werk bei WMF in Geislingen, Sportschuhe im Adidas-Shop in Herzogenaurach, preiswerte Ski bei Erbacher in Erbach an der Donau oder in Straubing bei Völkl.

Urlaubsflüge bucht man selbstverständlich Last Minute, etwa bei L'Tour in Baden-Baden, bei Aeroworld in Hamburg oder der Flugbörse in München und anderen Städten. Hotels handelt man entweder selbst auf den günstigsten Gruppentarif herunter, oder man beschafft sich das Bett im Fünf-Sterne-Haus über Spezialagenturen wie HRS in Köln oder FAO Travel in Frankfurt. So richtig Spaß macht das Smart Shopping natürlich erst bei größeren Beträgen, zum Beispiel für ein neues Auto.

Da heutzutage schon jede Hausfrau beim Händler nach Rabatten fragt, greifen die abgebrühten Preisjäger zu den Reimporten.

Computerfreaks, man ahnt es schon, verschmähen die trotz des rapiden Preisverfalls immer noch zu teuren Datenkisten und bauen sich für einen Bruchteil des Neupreises aus Einzelteilen, die sie bei Großhändlern wie Conrad aus Hirschau in der Oberpfalz spottbillig erstehen, für Kleckerbeträge komplette Hochleistungsrechner zusammen.

Reiselustige Smart Shopper finanzieren ihre Kurztrips nach Mailand, Paris, London oder New York mit gespartem Einkaufsgeld. Aus Mailand bringen sie Designerklamotten (zum Beispiel von Il Salvagente in der Via Fratelli Bronsetti) sowie Schuhe und Lederjacken zu günstigen Preisen mit. London lockt mit preiswertem Edelfummel (zum Beispiel in der South Molton Street) und Delikatessen (im Kaufhaus Harrods), Paris mit Parfüm und Pasteten, und in New York gibt es, bei Dollarkursen um DM 1,50, sowieso alles billiger.

Wer keine Lust hat, für ein paar gesparte Mäuse um die halbe Welt zu fahren, läßt sich von professionellen Preisjägern die günstigsten Angebote per Fax ins Haus kommen. Die Unlust der Verbraucher, überhöhte Preise zu bezahlen, brachte eine neue Dienstleistungsbranche zum Erblühen, die Preisagenturen. Im Kundenauftrag machen sie gegen ein Erfolgshonorar die günstigsten Angebote bei fast jeder Ware ausfindig.

Der Kunde braucht nur das Produkt genau zu beschreiben und den günstigsten Preis, den er erfahren hat, anzugeben, dann suchen die Agenturen über Netzwerke von Spähern mit Hilfe elektronischer Datenbanken nach noch vorteilhafteren Offerten. Von der Differenz zwacken sie zwischen 20 und 40 Prozent Provision ab. Das Geschäft boomt, denn trotz Agenturprovision fährt der Kunde mit den Preisprofis in der Regel besser, als wenn er selber einkaufen geht.

Wenn Cleverneß die wesentliche Eigenschaft des »neuen Konsumenten« ist, der die Marketingbranche gerade das Fürchten lehrt, dann besteht berechtigte Hoffnung, daß die Beutelschneiderei der Hersteller und Händler bald ein Ende findet. Qualität und Preis müssen wieder ins richtige Verhältnis gebracht werden, sonst droht der Industrie die Auszehrung und den Verbrauchern der Schwund ihrer Kaufkraft.

Noch aber ist es nicht soweit, noch wird jeder für dumm verkauft, der kein Experte ist, noch spielen Industrie und Handel mit dem Verbraucher Katz und Maus, wie die folgenden Beispiele aus den einzelnen Wirtschaftszweigen beweisen.

Auto: teuer und durstig

Wie kaum eine zweite Branche verstanden es die deutschen Autobauer, ihren Kunden das Geld schamlos aus der Tasche zu ziehen. Während andere technische Geräte, wie Fernseher, Stereoanlagen oder Personalcomputer, mit wachsenden Stückzahlen immer preiswerter wurden, verteuerten sich Personenwagen und Nutzfahrzeuge in einem durch nichts gerechtfertigten Ausmaß. Binnen 15 Jahren verfünffachten sich etwa die Preise der Personenwagen. Ein »Mercedes 220« zum Beispiel, der 1970 DM 12 655.– kostete, ist heute kaum unter 60000 Mark zu haben.

Die Gier der Kundschaft nach Geltung und Geschwindigkeit bescherte den Automobilherstellern einen Geldsegen ohnegleichen. Kein anderer Industriezweig wuchs in den vergangenen 20 Jahren so schnell und zu solcher Größe heran wie die Automobilindustrie. Der Nutzen für die Kunden freilich fiel erheblich bescheidener aus, da sie sich den knappen Bewegungsspielraum auf den Straßen und Autobahnen mit immer mehr Artgenossen teilen mußten. Zwar wurden die Autos immer schneller, komfortabler und auch sicherer, doch wirtschaftlicher wurden sie nicht.

Noch immer sind die Blechkarossen reparaturunfreundlich konstruiert, noch immer enthalten sie zahlreiche Verschleißteile, deren Lebensdauer nicht vom technisch machbaren, sondern vom Kalkül der Vertriebsstrategen bestimmt wird. Noch immer verbrauchen die viel zu schwer gebauten, viel zu üppig motorisierten Individualverkehrsmittel zuviel Sprit, noch immer werden viel zu viele der zum Fetisch erhobenen Blechkisten mit gravierenden Mängeln ausgeliefert. Noch immer mißbrauchen Deutschlands Automobilhersteller ihre Kunden als Versuchskaninchen, und noch immer verlangen sie im Inland höhere Preise als auf manchem hart umkämpften Exportmarkt.

Ein Ärgernis besonderer Art sind die Angaben der Hersteller über den Kraftstoff-Verbrauch ihrer Karossen. Sie stimmen so gut wie nie. Ermittelt werden die Prospektangaben nach einer EU-Norm, die sich stark an den Interessen der Autoindustrie orientiert. Und die möchte dem Käufer möglichst geringe Verbrauchswerte weismachen. Also lassen die Hersteller ihre Modelle unter idealen Bedingungen ein Fahrprogramm absolvieren, das zu je einem Drittel aus Stadtverkehr, Landstraßen und Autobahnen besteht. Die Verbrauchswerte auf den drei Abschnitten werden im sogenannten Drittelmix zu einer Zahl verdichtet, die der Autofahrer in der Praxis fast nie erreicht. Nach Beobachtungen des ADAC zum Beispiel liegen die echten Verbrauchswerte im praktischen Betrieb im Schnitt um 10 bis 30 Prozent höher als die von den Herstellern versprochenen.

Um möglichst niedrige Werte vorzutäuschen, schrecken manche Hersteller nicht einmal vor den übelsten Tricks zurück. Von einem süddeutschen Autobauer erzählen Konkurrenten folgende Geschichte: Weil dessen Modelle stets schwerer als die der Konkurrenz ausfielen und deshalb mehr Benzin verbrauchten, programmierten die Entwicklungsingenieure die Mikrochips, die Zündung und Benzinzufuhr des Motors regeln, so, daß beim Abfahren des EU-Normprogramms ein abgemagertes Benzingemisch eingespritzt wurde. Da dies im Dauerbetrieb einen baldigen Motorschaden zur Folge hätte, reichert die Elektronik das Benzingemisch sofort wieder an, sobald der Wagen das EU-Programm verläßt und wieder normal bewegt wird. Der Wagen verbraucht darum logischerweise mehr, als im Prospekt steht.

Ein Volvo, der zuviel Benzin verbrauchte ...

Der Fahrer eines Volvo war über die geschönte Verbrauchsangabe so erzürnt, daß er gegen den Hersteller seines Wagens einen Prozeß anstrengte und ihn bis zur letzten Instanz durchfocht. Und weil er nachweisen konnte, daß der Verbrauch selbst unter den Bedingungen der EU-Norm um 13 Prozent höher als im Prospekt angegeben lag, entschied der Bundesgerichtshof Anfang 1996, daß er den Wagen zurückgeben durfte und den vollen Kaufpreis erstattet bekam.

Auch bei den Leistungsangaben der Hersteller geht es nicht immer mit rechten Dingen zu. Um möglichst hohe PS-Zahlen vorweisen zu können, die zum Beispiel durch die Abgasreinigungsanlage (Kat) gemindert werden könnten, greifen manche Firmen zur Methode der »Vollast-Anreicherung«. Das heißt: Wenn der Fahrer Vollgas gibt, spritzt die Elektronik soviel Benzin in die Zylinder, daß es gar nicht vollständig verbrannt werden kann. Das unverbrannt ausgestoßene Gasgemisch würde aber den Katalysator ruinieren, deshalb wird es an der Abgasreinigungsanlage vorbei in den Auspuff und von dort ins Freie geleitet. Effekt: mehr giftige Abgase in der Umwelt, dafür aber mehr Leistung für den Fahrer. Bei regulärer Verbrennung und Abgas-Reinigung sänke die Motorleistung nämlich um bis zu zehn Prozent. Daß derlei Täuschungsmanöver den Herstellern allenfalls kurzfristige Vorteile verschaffen, liegt auf der Hand, denn irgendwann fliegt bekanntlich jeder Schwindel auf.

Obwohl sich die deutschen Hersteller, unterstützt von den nach Anzeigen und Spots lechzenden Medien, gern rühmen, die angeblich besten Autos der Welt herzustellen, landen ihre Produkte bei objektiven Qualitätstests eher auf den hinteren Rängen. Seit Jahr und Tag beweisen beispielsweise sowohl die Pannenstatistik des ADAC als auch die Mängelreports des TÜV, daß japanische Autos in der Regel weniger störanfällig sind als ihre deutschen Pendants. Eine Umfrage der Zeitschrift *Test*, bei der 14000 Leser nach den Stärken und Schwächen ihrer Autos befragt wurden, bestätigte dies: Die beste Gesamtnote erhielt ein japanisches Modell (»Mazda 626«), die schlechteste ein deutsches (»Ford Escort«).

Geht es um wirtschaftliche Kriterien wie Zuverlässigkeit, Langlebigkeit und Verarbeitungsqualität, kann mit dem besten japanischen Erzeugnis nur noch der deutsche Nobelwagenhersteller Mercedes-Benz mithalten, doch auch die teuren Schwaben pflegen seit geraumer Zeit ihre Kunden zumindest in der Anfangsphase eines Modellzyklus durch allerlei Mängel zu nerven.

... und ein Audi-Modell mit Mängeln

Die 1995 auf den Markt gebrachten Modelle der E-Klasse zum Beispiel verblüfften nicht wenige Kunden durch unangemessenes Verhalten. Bei rund 3000 Fahrzeugen der Anfangsserie mußten die Mercedes-Händler bis zu 33 Nachbesserungen vornehmen. Schon das Vorgängermodell hatte bei Kunden und Händlern durch zahlreiche schwerwiegende Mängel in der Anlaufphase für großen Verdruß gesorgt und das Vertrauen der Kundschaft in die Nobelmarke erheblich erschüttert.

Anlaufschwierigkeiten ähnlicher Art gibt es bei nahezu jedem Hersteller, da sie ihre neuen Modelle fast immer zu früh auf den Markt bringen und die Produktion zu schnell hochfahren. Die Kunden der ersten Serie müssen deshalb das Privileg, ein neues Modell zu fahren, meist teuer bezahlen. Das gilt selbst bei einem Hersteller wie Audi zum Beispiel, der sich viel auf seine hohe Fertigungsqualität einbildet.

Als das Fachmagazin *auto motor sport* im Sommer 1995 sechzig Käufer des damals nagelneuen Audi-Modells »A4« drei Monate lang Buch über ihre Erfahrungen führen ließ, stellte sich heraus, daß praktisch jedes zweite Fahrzeug mit Mängeln ausgeliefert worden war. Auf die Frage: »Gab es Mängel im Alltag?« antworteten sogar 74,5 Prozent der »A4«-Fahrer mit Ja. Die häufigsten Mängel: Windgeräusche an den Türen, defekte Türschlösser, schlecht eingepaßte Türen, klappernde Vorderachse, ungenaue Tankanzeige.

Als Makulatur entpuppen sich vor solchem Hintergrund die treuherzigen Bekenntnisse der Hersteller zum »Total Quality Management«, da die Verbesserung der Produkte auf der Prioritätenliste der Konzernmanager keineswegs ganz oben steht. Wichtigstes Unternehmensziel ist bei Mercedes-Benz zum Beispiel etwas ganz anderes: »Wir wollen,« tönte Vorstandschef Helmut Werner auf dem Jahreskongreß der European Foundation for Quality Management in Berlin im September 1995, »innerhalb von zehn Jahren zu den drei profitabelsten Automobilunternehmen der Welt gehören.«

Die nach Werner »einzigartige Effizienzoffensive« des Stuttgarter Konzerns soll zwar auch der Qualitätsverbesserung dienen, jedoch in erster Linie zu einer Steigerung der Produktivität um etwa 30 Prozent führen.

Die schmutzigen Tricks der Kfz-Werkstätten

Der Kunde hat bisher wenig von den Bemühungen der Industrie um eine bessere Qualität der Autos profitiert. Zwar jammern die Kfz-Werkstätten, weil die Autos dank längerer Wartungsintervalle seltener zu Inspektionen erscheinen – 1994 nahm die durchschnittliche Anzahl von Autos pro Werkstatt von 828 auf 815 ab –, doch hielten sie sich dafür mit höheren Preisen an ihren Kunden schadlos. Allein in den neuen Bundesländern erhöhten sich die Kosten für Wartungsarbeiten und Verschleißreparaturen pro Auto von 520 Mark auf 645 Mark. Die am meisten benötigten Verschleißteile waren Bremsbeläge und Auspuffanlagen.

Obwohl die Industrie seit Jahr und Tag Materialien kennt, die bei nur geringfügig höheren Kosten eine wesentlich längere Lebensdauer der Teile ermöglichen würden, verzichtet sie bisher weitgehend auf ihren Einsatz. Grund, nach Meinung von Experten beim ADAC: Die Autofahrer sollen gezwungen werden, regelmäßig die Werkstätten anzulaufen.

Die meisten Reparaturbetriebe befinden sich unterm Dach eines lizenzierten Autohändlers, und den muß sein Hersteller bei Laune halten, wenn er ihm schon die Rabatte kürzt und hohe Investitionen in Ausstellungsräume und den Werkstattservice verlangt. Da die Autos immer komplizierter werden, vor allem durch den verstärkten Einsatz elektronischer Bauteile wie ABS oder digitale Motorsteuerung, müssen die Werkstätten zwangsläufig mehr Geld in Werkzeuge und Prüfgeräte wie auch in die Schulung ihrer Monteure investieren.

Die Zeche freilich zahlt am Ende immer der Kunde, dem die Werkstätten heute pro Arbeitsstunde in Großstädten bereits 120 Mark und mehr abknöpfen. Damit liegen die heimischen Werkstätten innerhalb Europas mit großem Abstand an der Spitze. In Frankreich zum Beispiel liegt der Stundensatz bei 53 Mark, in Dänemark bei 48, in Italien gar nur bei 42 Mark.

Immer mehr Autofahrer, die in grenznahen Regionen wohnen, lassen sich deshalb ihre fahrbaren Untersätze im Ausland reparieren. Besonders günstig ist das in den osteuropäischen Nachbarländern möglich: Im polnischen Stettin zum Beispiel kostet eine Werkstattstunde 25 Mark, bei den grenznahen Vertragshändlern in der tschechischen Republik gar nur 22 Mark. Wer noch mehr sparen will, bringt sich seine Ersatzteile gleich selbst mit, denn bei deutschen Fahrzeugen sind diese wiederum hierzulande meist billiger zu haben als jenseits der Grenzen.

Für ihre horrenden Preise bieten die deutschen Vertragswerkstätten häufig einen miserablen Service. Als das Fachblatt *auto motor sport* 1995 insgesamt 48 Vertragswerkstätten von sechs Herstellern testen ließ, erhielten nur 16 das Prädikat »empfehlenswert«. Die Berichte der Tester enthüllten das ganze Repertoire an schmutzigen Tricks, mit denen die deutschen Autofahrer heutzutage über den Tisch gezogen werden.

Einfachste Methode: Der Kunde muß eine volle Inspektion bezahlen, bekommt jedoch nur eine halbe, weil der Mechaniker aus Faulheit oder Zeitmangel keine Lust verspürt, den Reifendruck oder die Leuchtweite der Scheinwerfer zu kontrollieren. »Daß dieses Vorgehen oft eher die Regel als die Ausnahme ist, das bestätigen nicht nur naive Händler ohne jedes Unrechtsbewußtsein, sondern auch Leser«, klagte *auto motor sport*.

Offenbar werden in vielen Werkstätten Kontrollarbeiten einfach nicht ausgeführt, aber dennoch in der Checkliste abgehakt und dem ahnungslosen Kunden in Rechnung gestellt. Weit verbreitet ist die Unsitte, dem Kunden die vorgegebene Arbeitszeit auch dann voll zu berechnen, wenn der Mechaniker fixer war, als das Werk verlangte. Mechaniker werden häufig nicht nach Zeit, sondern nach den erledigten

Arbeiten bezahlt und sind deshalb motiviert, flott zu arbeiten. Der Kunde aber muß die fiktiv angenommene Arbeitszeit bezahlen und erhält dafür nicht selten schlampige, weil hastig ausgeführte Arbeit. Der Kunde hat kaum eine Chance, den Pfusch zu entdecken, wenn er sein Fahrzeug abends nach einem harten Arbeitstag in der Werkstatt abholt – es sei denn, er ist selbst ein ausgebildeter Kfz-Mechaniker. Steht er mit dem Auftragszettel in der Hand in der Warteschlange vor der Kasse, ist er der Willkür des Servicepersonals beinahe wehrlos ausgeliefert. Denn die meisten Werkstätten geben das Fahrzeug erst heraus, nachdem der Kunde Bares über den Tisch geschoben hat. Ist er mit Art und Umfang der Leistungen nicht zufrieden, muß er entweder auf seinen Wagen verzichten oder erst bezahlen und hinterher versuchen, einen Teil des Geldes auf dem Klageweg wieder zu bekommen – ein ziemlich mühsames Unterfangen.

Zu den üblen Machenschaften unseriöser Werkstätten zählt der nachträgliche Einbau von Fehlern. Kommt zum Beispiel ein Kunde in die Werkstatt, weil die Bremsen einseitig ziehen, kann es vorkommen, daß der Monteur noch ein paar andere Mängel »entdeckt«, wie schadhafte Keilriemen oder eine undichte Ölwanne. Und kaum ein Kunde wird ihm nachweisen können, daß diese Teile vorher intakt waren.

Besonders schlechte Karten haben beim Fachgespräch mit dem geldgierigen Experten naturgemäß Techniklaien. Da vor allem Frauen ein starkes Sicherheitsbedürfnis haben, vom Innenleben ihres Autos aber meist wenig verstehen, müssen sie nicht selten mehr berappen, als eigentlich nötig wäre, wenn sie eine Werkstatt anlaufen. Rund 70 Prozent der Ersatzteile, die in den Werkstätten als defekt diagnostiziert und zum Hersteller geschickt werden, entpuppen sich nach einem Bericht der *Wirtschaftswoche* dort als völlig intakt.

Offen ist nur die Frage, ob die Mechaniker immer wissen, was sie tun, oder ob sie aus mangelnder Detailkenntnis zu schnell und zu viel austauschen. Nach einer Untersuchung des britischen Herstellers Rover jedenfalls muß ein Autofahrer bei einem Defekt an der Fahrzeugelektronik mindestens zweimal die Werkstatt aufsuchen, ehe der Schaden behoben wird. Doch egal ob der Kunde einem schlitzohrigen oder nur einem inkompetenten Servicemann in die Hände fällt, teuer wird es für ihn in jedem Fall.

Wenn Gutachter beide Augen zudrücken

Geradezu als Lizenz zum Abkassieren verstehen die Blaumänner in den Kfz-Werkstätten den Hinweis auf einen Versicherungsschaden. Da hier der Kunde nicht selbst löhnen muß, so vermuten die tüchtigen Reparateure, wird er auch weit überhöhte Rechnungsbeträge akzeptieren – die Versicherung wird's schon zahlen. Ein Team der Redaktion von *stern TV* konstruierte im Frühjahr 1995 bei zwei Autos, einem »Honda Civic« und einem »Audi 100«, veritable Blechschäden und ließ die Reparatur von verschiedenen Autohäusern kalkulieren. Ergebnis: Alle Kostenvoranschläge waren überhöht; beim Audi, dessen Reparatur Experten des ADAC auf 11 500 Mark kalkuliert hatten, wollte ein Autohaus im Frankfurter Ostend knapp 16 000 Mark abkassieren.

Die Versicherer sind dem einträglichen Spiel der Beutelschneider kaum gewachsen, da sie nicht über genügend eigene Sachverständige verfügen, um jeden einzelnen Schadensfall genau zu überprüfen. Rund 10 000 Gutachter rangeln in der Kfz-Branche um Aufträge. Darunter gibt es nicht wenige, die mitunter auch beide Augen zudrücken, wenn es darum geht, eine Versicherungsgesellschaft zu schröpfen.

Die Stiftung Warentest etwa holte 65 Gutachten bei verschiedenen Sachverständigen ein und befand, daß nicht einmal jedes zweite Gutachten in Ordnung war. Nur in 17 Fällen diagnostizierten die Sachverständigen richtig, 14 weitere Expertisen waren nur nach Korrekturen brauchbar. Der Rest lag voll daneben.

Für den düpierten Kunden haben die überhöhten Reparaturrechnungen zur Folge, daß er über kurz oder lang mit höheren Versicherungsprämien rechnen muß, denn die Assekuranzkonzerne pflegen die steigenden Reparaturkosten stets vollständig auf ihre Versicherten abzuwälzen. Kein Wunder, daß immer mehr Autofahrer zur Selbsthilfe greifen und die sündteuren Kfz-Werkstätten so selten wie möglich anlaufen.

Trotz der horrenden Werkstattpreise kämpfen viele Autohändler ums

Überleben. Mit überhöhten Reparaturrechnungen müssen sie sich bei den Kunden das Geld wiederholen, das ihnen die Hersteller beim Verkauf von Neuwagen abzwacken. Jahrzehntelang war der Kfz-Handel ein lukratives Geschäft, und nahezu täglich vermehrte sich infolgedessen die Zahl der Betriebe. Inzwischen freilich haben die großen Hersteller auf der Suche nach Einsparpotentialen auch den Handel ins Visier genommen. Sie kürzten die Rabatte, erhöhten die Anforderungen und begannen, die Vertriebs- und Servicenetze auszudünnen.

Auch wenn hin und wieder die Vertragshändler einzelner Marken den Aufstand probten, wie zuletzt bei BMW, so nützte das am Ende gar nichts, denn die Hersteller sitzen allemal am längeren Hebel. Mindestens ein Viertel der rund 25 000 Kfz-Händler in Deutschland werden in den nächsten Jahren vom Markt verschwinden, vermuten die Fachleute.

»Nur Dumme zahlen den vollen Listenpreis«

Allein bei VW stehen Hunderte von Händlern zur Disposition, denn der Wolfsburger Konzern kürzte ihnen drastisch die Rabatte und will künftig nur noch mit wenigen, dafür aber größeren Betrieben zusammenarbeiten. Vertriebsvorstand Robert Büchelhofer über seine Händlerorganisation: »Ihre Ertragskraft ist nicht mehr ausreichend.« Den Händlern machen vor allem die überhöhten deutschen Autopreise zu schaffen. »Es kann nicht sein, daß wir in Deutschland dafür zahlen, daß die Produzenten ihre Autos in anderen Ländern billiger anbieten können«, klagte beispielsweise Fritz Haberl, Mehrheitsaktionär der MAHAG-Gruppe in München und einer der größten Autohändler Deutschlands.

Tatsächlich müssen die deutschen Käufer für Autos aus heimischer Produktion tiefer in die Taschen greifen als fast alle anderen Europäer – die Strafe der Industrie für die ungebremste Autonarretei der Nation? Nirgendwo auf der Welt verstopfen so schnelle und so teure Vehikel die Straßen wie in Deutschland, und das hat natürlich Folgen. Nach einer Untersuchung der Brüsseler EU-Kommission waren zum Beispiel 1995 die meisten deutschen Personenwagenmodelle in Italien um ein Fünftel bis zu einem Viertel billiger als auf dem heimischen Markt. Aber auch in Belgien, Dänemark und anderen europäischen Ländern kann man deutsche Autos günstiger kaufen als hierzulande. Kein Wunder, daß clevere Händler daraus ein Geschäft machen und die ins Ausland gelieferten Fahrzeuge reimportieren.

1995 zum Beispiel entfielen bereits knapp 10 Prozent der neu zugelassenen Autos auf solche Reimporte. »Nur Dumme zahlen den vollen Listenpreis«, kommentierte ein Münchner Händler die Zustände auf dem deutschen Automarkt. Da die reimportierten Wagen, die sich technisch in nichts von den regulär angebotenen Inlandsmodellen unterscheiden, bis zu 25 Prozent billiger sind, müssen auch die deutschen Händler ihren Kunden immer höhere Rabatte einräumen, wenn sie sie nicht ganz an die Reimporteure verlieren wollen. Den Rahm schöpfen allemal die Hersteller ab, die selbst noch bei den nach Italien ausgelieferten Modellen nach Auskunft eines Stuttgarter Vertriebsleiters klotzig verdienen.

Da die Hersteller sich die Freiheit nehmen, für ihre Fahrzeuge in den einzelnen EU-Ländern je nach Kaufkraft, Steuerbelastung und Nachfrage ganz unterschiedliche Preise zu verlangen, erscheint es den mündigen Kunden nur recht und billig, wenn sie die Preisdifferenzen zu ihren Gunsten nutzen. Nach der jüngsten Rechtsprechung dürfen die Hersteller den reimportierten Fahrzeugen weder den Service noch die Garantieleistungen versagen – doch die Kosten hierfür pflegen sie in vielen Fällen auf ihre Händler abzuwälzen, die zusehen müssen, wie ihre Kollegen in anderen Ländern das Geschäft machen, während sie die Folgelasten zu tragen haben.

Die wohlhabenden Schweizer, die der EU fernblieben, müssen freilich noch tiefer in die Tasche greifen als ihre Nachbarn, denn ein Oligopol der Autoimporteure sorgt dort für geradezu prohibitive Preise. Besonders groß ist der Preisunterschied bei den Ersatzteilen: Während auf dem lukrativen Nachrüster-Markt in Österreich nach dem EU-Beitritt Preisrückgänge bis zu 70 Prozent beobachtet wurden, müssen die Eidgenossen für Auto-Ersatzteile um 30 bis 40 Prozent mehr berappen als etwa die Deutschen.

Die größte Preisdifferenz ermittelten Testkäufer im Frühjahr 1995 bei einem britischen »Rover 214«, der in Deutschland genau 50,8 Prozent mehr kostete als in Italien. Beim »VW Polo« betrug die Differenz 38,5 Prozent, beim »Ford Fiesta« gar 45,4 Prozent. Teurer als in Deutschland waren die meisten Modelle nur noch in Österreich.

Die wohlhabenden Schweizer, die der EU fernblieben, müssen freilich noch tiefer in die Tasche greifen als ihre Nachbarn, denn ein Oligopol der Autoimporteure sorgt dort für geradezu prohibitive Preise. Besonders groß ist der Preisunterschied bei den Ersatzteilen: Während auf dem lukrativen Nachrüster-Markt in Österreich nach dem EU-Beitritt Preisrückgänge bis zu 70 Prozent beobachtet wurden, müssen die Eidgenossen für Auto-Ersatzteile um 30 bis 40 Prozent mehr berappen als etwa die Deutschen.

Für den Autokäufer bedeutet dies, daß er feilschen muß bis zum Gehtnichtmehr, wenn er nicht die weit überhöhten Listenpreise bezahlen will. Rabatte im zweistelligen Bereich sind allemal drin, wie Umfragen und Tests bei verschiedenen Händlern bewiesen. Testkäufer von Fachblättern wie *DM*, *Wirtschaftswoche* oder *Autozeitung* handelten Nachlässe zwischen 12 (für einen »Opel Vectra«) und 19,9 Prozent (für einen »Mitsubishi Space Runner«) heraus.

Am günstigsten sind naturgemäß Auslaufmodelle zu erwerben, da Händler und Hersteller die Läger für die nachfolgende Modellreihe räumen wollen. Das Rabattgesetz, das offiziell nur Nachlässe bis zu 3 Prozent vorsieht, wird längst systematisch unterlaufen und hat damit keine Gültigkeit mehr. Die offiziellen Listenpreise dienen denn auch nur noch, wie beim Winterschlußverkauf, dazu, den Kunden anhand der Differenz zum tatsächlich zu zahlenden Preis einen Vorteil zu suggerieren, der in Wahrheit keiner ist.

Nur etwa 20 Prozent der Neuwagenkäufer zahlen, das ergaben Untersuchungen von Marktbeobachtern, den vollen Listenpreis, und der ist immer zu hoch. Die sogenannten Nobelwagenhersteller wie Mercedes-Benz und BMW lassen sich von vornherein ihr Image mit überhöhten Preisen bezahlen, und die übrigen versuchen, mit unterschiedlicher Ausstattung direkte Preisvergleiche zu erschweren.

Hat das eine Modell zum Beispiel serienmäßig elektrische Fensterheber, so muß der Kunde diese beim anderen in einem Ausstattungspaket erwerben, das, wie etwa beim »VW Polo 55«, auch noch eine Zentralverriegelung enthält. »Mit überteuerten Extras werfen viele Autohersteller dichten Preisnebel«, beobachtete *auto motor sport* und gab beim Essener Marktbeobachtungsinstitut Marketing Systems eine Untersuchung in Auftrag, um herauszufinden, wie groß die Preisunterschiede zwischen den verschiedenen Modellen bei identischer Ausstattung wären.

Ergebnis: In der oberen Mittelklasse zum Beispiel betrug der Preisunterschied zwischen dem billigsten (»Hyundai Sonata 2,0«) und dem teuersten Modell (»BMW 518 i 1,8«) genau 20551 Mark oder gut 60 Prozent. Die Studie zeigt, wieviel Spielraum der Kunde heutzutage bei Preisverhandlungen hat. Er sollte jedoch nicht vergessen, daß ein Auto erstens laufend hohe Ausgaben erfordert und zweitens an Wert verliert.

Schon in dem Moment, wo der Kunde vom Hof des Verkäufers losfährt, hat das Auto eine Wertminderung von mindestens 10 Prozent erlitten, und bereits nach zwei Jahren kann die Mühle, je nach Fabrikat und Zustand, nur noch die Hälfte dessen wert sein, was sie einst gekostet hat. Am meisten verlieren für gewöhnlich, und das bedenken die wenigsten Kunden, Allerweltsautos an Wert, während gefragte Exoten wie Cabrios oder Geländewagen erstaunlich preisrobust sind. Das »BMW 325 i-Cabrio« zum Beispiel verlor in vier Jahren nur etwa 35 Prozent, während die gleich starke 3er-Limousine über 40 Prozent einbüßte. Wenig gefragt und deshalb Ladenhüter auf dem Gebrauchtwagenmarkt sind Durchschnittsautos ausländischer Hersteller wie zum Beispiel Fiat, Alfa Romeo und Saab, während gut erhaltene japanische Kleinwagen relativ gut weggehen.

Mit Mager-Modellen auf Dummfang

Seit die Kunden preisbewußter kaufen, fangen einige Hersteller an, ihre Autos unauffällig abzumagern oder zu »entfeinern«. BMW zum Beispiel rüstet den neuen »Roadster Z3« nicht mit der aufwendigen Hinterachse der aktuellen 3-Reihe aus, sondern baut eine preiswertere Version aus dem Vorgängermodell ein. Und der französische Hersteller Renault liefert seit kurzem die einfacheren Versionen des Modells »Laguna« mit einer billigeren Trommelbremse an den Hinterrädern aus, während bisher dort eine höherwertige Scheibenbremse ihren Dienst versah. Beim Nissan-Modell »Sunny« wurden die Insassen mit einer komfortablen Einzelrad-Aufhängung verwöhnt – das Nachfolgemodell »Almera« indes hat hinten nur mehr eine simple Starrachse. Der Alfa-Romeo-Oberklassewagen vom Typ »164 Super V6« konnte bis Dezember 1995 für bescheidene 1000 Mark mit einer Klimaanlage ausgerüstet werden – danach kostete das Extra plötzlich doppelt soviel. Das Ziel all dieser Aktionen ist klar: Der Kunde erhält weniger für sein Geld, soll dies aber tunlichst nicht merken.

Noch immer lassen sich zu viele Autofahrer von den Werbetrommeln der Autohersteller beeindrucken. Sie entscheiden sich aufgrund unzeitgemäßer Parameter, wie PS-Zahl oder Höchstgeschwindigkeit, und vernachlässigen wirtschaftliche Kriterien. Kaum ein Neuwagenkäufer macht sich zum Beispiel die Mühe und vergleicht die Reparaturkosten der verschiedenen Modelle miteinander oder läßt sich die Gesamtkosten eines Fahrzeugs über dessen gesamte Lebensdauer errechnen. Dabei könnten viele ihr blaues Wunder erleben.

Vergleicht man zum Beispiel die Kosten für den Austausch einer Kupplung beim »Audi 100 2,8« mit der beim »Volvo 940«, so scheint zunächst der Audi günstiger zu sein, denn die Kupplung kostet zum Teilepreis nur 334 Mark, beim Volvo hingegen 414 Mark. Dafür ist der Einbau beim frontangetriebenen Audi teurer, denn hier müssen erst einmal Gelenkwellen ausgebaut und sämtliche Anbauten am Getriebe gelöst werden, ehe man die Kupplung austauschen kann. Der Arbeitslohn beträgt deshalb mindestens 470 Mark. Beim Volvo hingegen, einem heckangetriebenen Fahrzeug, läßt sich das Ganze für rund 200 Mark erledigen. Unterm Strich kostet der ganze Vorgang also beim Volvo um ungefähr 200 Mark weniger als beim Audi.

Die hohen Unterhaltskosten und der rapide Wertverlust, die kaum ein privater Autokäufer richtig ermitteln kann, machen den fahrbaren Untersatz zu einer permanenten Verlustquelle. Wer deshalb den Lockungen der Hersteller erliegt und auf die scheinbar günstigen Finanzierungsvorschläge eingeht, macht als Privatmann auf jeden Fall ein schlechtes Geschäft.

Beim Leasing kommt es auf den Restwert an

Autoleasing lohnt sich, bei Licht besehen, nur für einen Geschäftsbetrieb, da hier die Leasingraten als Betriebsausgaben von der Steuer abgesetzt werden können. Bei privat genutzten Fahrzeugen hingegen zahlt der Kunde fast immer drauf. Viele Leasingfirmen offerieren zum Beispiel scheinbar günstige monatliche Raten, doch das dicke Ende folgt, wenn das Fahrzeug nach drei oder vier Jahren zurückgegeben wird. Häufig beauftragt die Leasingfirma dann einen Sachverständigen, der den Verkaufswert des Fahrzeugs feststellen soll, und nicht selten ergeben sich bei dieser Gelegenheit Differenzen zu dem im Leasingvertrag vereinbarten Restwert.

Diese Differenz muß der Kunde zahlen, so daß sich der Gesamtpreis, zu dem er das Fahrzeug geleast hatte, drastisch erhöhen kann. Elmar Fuchs, Geschäftsführer des Bundesverbandes der freiberuflichen und unabhängigen Sachverständigen für das Kraftfahrzeugwesen (BVSK) weiß aus langjähriger Erfahrung: »Leider gibt es genug unseriöse Sachverständige, die den Leasingfirmen Gefälligkeitsgutachten erstellen.« Bei großen Wagen kann die Differenz zwischen solchen Gutachten und den vereinbarten Restwerten bis zu 10 000 Mark betragen, beobachtete das Nachrichtenmagazin *Focus*. Um sich vor derlei Überraschungen zu schützen, sollten die Kunden auf einem öffentlich bestellten und vereidigten Sachverständigen bestehen und von vornherein lieber einen etwas niedrigeren Restwert vereinbaren.

Wenn die Leasingfirma dennoch versucht, wegen kleinerer Lackkratzer oder sonstiger Schönheitsmängel herbe Abstriche vom Restwert vorzunehmen, sollte der Kunde sich kategorisch weigern, das Rückgabeprotokoll zu unterschreiben, Widerspruch einlegen, das Auto von allen Seiten fotografieren und auf der Einholung eines Gegengutachtens bestehen.

Besonders Pfiffige suchen kurz vor Ende des Vertrags selbst einen Interessenten für den Wagen und ersparen sich so den ganzen Ärger bei der Rückgabe. Die Leasingfirma muß dann an diesen Interessenten verkaufen, sofern im Vertrag nichts anderes vereinbart wurde.

Trickreich wie manche Leasingfirmen, versuchen gelegentlich auch die Autovermieter sich an den Kunden schadlos zu halten. Wegen des heftigen Wettbewerbs in der Vermieterbranche konkurrieren die einzelnen Anbieter vor allem an Flughäfen mit Kampfpreisen. Den entgangenen Gewinn versuchen manche von ihnen auf andere Weise hereinzuholen. So beklagten sich mehrere Leser von *auto motor sport* über zusätzlich in Rechnung gestellte Gebühren und Pauschalen; in einem Fall verdoppelte sich der Gesamtpreis von den vereinbarten DM 99,99 pro Tag auf DM 233,31. In solchen Fällen hilft auch hier nur die Drohung mit dem Gericht. Die Rechnung sollte auf keinen Fall beglichen werden, ehe man sich nicht über deren Höhe geeinigt hat.

Egal was der Autokäufer auch unternimmt, ob er den Kaufvertrag unterschreibt, den Wagen bei der Versicherung anmeldet oder auch nur die amtlichen Nummernschilder anschrauben läßt – stets muß er darauf gefaßt sein, über den Tisch gezogen zu werden. Beim Kauf kann es ihm passieren, daß er einen Wagen ausgeliefert bekommt, der schon monatelang im Hof des Verkäufers herumstand und deshalb im Lack nicht mehr ganz frisch aussieht.

Ebenso kann es vorkommen, daß das Fahrzeug einen schwer zu behebenden Mangel hat, etwa einen über Gebühr dröhnenden Motor, nicht genau eingepaßte Türen oder Vibrationen im Fahrbetrieb. Fast immer wird dann der Verkäufer versuchen, das Problem als Bagatelle hinzustellen und Abhilfe bei der nächsten Inspektion versprechen. Der Kunde sollte sich darauf jedoch nicht einlassen und das Fahrzeug erst dann akzeptieren, wenn es wirklich mängelfrei funktioniert.

Wurde der Kaufpreis bereits voll bezahlt, können Kunden nach dem HGB auf Wandlung bestehen, also den Wagen zurückgeben und den Kaufpreis zurückfordern. In mehreren Fällen bestätigten Gerichte dieses Recht des Kunden auf Wandlung und verurteilten die Händler zur Erstattung des Kaufpreises, sofern die festgestellten Mängel die Gebrauchsfähigkeit erheblich beeinträchtigten und maximal drei Nachbesserungsversuche keine Abhilfe gebracht haben.

Statt auf Wandlung, kann der Kunde natürlich auch auf eine Minderung des Kaufpreises abzielen. Das empfiehlt sich vor allem dann, wenn das fehlerhafte Auto längere Zeit gefahren wurde. Ziemlich eindeutig ist mittlerweile der Fall um das gefürchtete »Montagsauto« entschieden worden, das mit einer Vielzahl von Mängeln behaftet ist. Hier hat der Käufer immer das Recht, den Kaufpreis zurückzufordern. So entschied auch das Koblenzer Oberlandesgericht (Az.: 3 U 681/93) und betonte: Ein Käufer müsse sich bei einem Neuwagen grundsätzlich nicht auf eine Vielzahl von Reparaturen einlassen.

Auch wenn die Karre selbst in Ordnung ist, kann sie dem frischgebackenen Besitzer Ärger machen, zum Beispiel, wenn er sich für den falschen Typ entschieden hat. Das merkt er freilich erst dann, wenn er das schöne Stück bei der Versicherung anmeldet und die erste Prämienrechnung zu bezahlen hat. Seit der letzten Tarifumstellung der Kfz-Versicherer von 1995 wurden vor allem Teil- und Vollkaskoversicherungen bei vielen Autotypen teurer. Je nach der Häufigkeit der Schäden, die bei den einzelnen Wagentypen auftraten, erhöhten die Versicherer ihre Tarife oft um zweistellige Prozentsätze.

Die große Zahl der gestohlenen Autos schlägt sich in diesen Tarifen ebenso nieder wie die immer teurer werdenden Reparaturen. Für Fahrzeuge, die das besondere Interesse professioneller Autodiebe finden, werden jetzt sehr viel höhere Prämien verlangt als für weniger auffällige, ungeachtet ihrer Motorstärke oder ihres Kaufpreises. So ist zum Beispiel bei den meisten Versicherungen das zweitürige »Coupé 325 i« von BMW erheblich teurer als die gleich starke, gleich große und annähernd so teure Limousine. Vor der Entscheidung für einen bestimmten Autotyp empfiehlt es sich für den Interessenten, sich erst einmal über die entsprechenden Versicherungstarife zu informieren.

Wenn die Versicherer ihre exorbitanten Tariferhöhungen mit der hohen Zahl der Autodiebstähle motivieren, dann müssen sie sich freilich fragen lassen, warum sie nicht längst härtere Maßnahmen gegen die Diebe ergriffen haben. Die erst 1996 von den Autoherstellern verlangte Wegfahrsperre zum Beispiel hätte viel früher eingeführt werden können.

Ähnlich wie schon beim Abgaskatalysator, verschleppte die Autoindustrie jahrelang und offensichtlich systematisch alle ernsthaften Versuche, dem Treiben der Diebe einen Riegel vorzuschieben. Großzügig ignorierte sie die Patentanmeldungen von Diebstahlsicherungen, die von freien Erfindern eingereicht wurden, und widersetzte sich dem Drängen von Automobilclubs und Versicherern hartnäckig, bis der

Druck aus Bonn so groß wurde, daß die generelle Einrichtung elektronischer Wegfahrsperren nicht mehr zu verhindern war.

»Für die Hersteller ist ein geklautes Auto offenbar ein gutes Auto, weil es den Neuwagenabsatz fördert«, wetterte ein Münchner ADAC-Funktionär und sprach von einem »Fiasko in der Kasko«. Verbraucherschützer und Automobilclub sind sich längst einig darüber, daß Hersteller und Versicherer zumindest den organisierten Diebesbanden längst das Handwerk hätten legen können, wenn sie nur gewollt hätten. Sie wollten nicht, und deshalb müssen die Autofahrer heute schon bei der Teilkaskoversicherung Prämien zahlen, die doppelt oder sogar dreimal so hoch sind wie vor zehn Jahren.

Am Autofahrer versuchen sich alle schadlos zu halten, Hersteller genauso wie die Versicherer, Verleiher, Mineralölfirmen und, als gierigster von allen, der Staat. Zwar ist die Autobahngebühr vorerst auf Eis gelegt, doch insgeheim tüfteln die Experten im Bonner Verkehrsministerium längst an der Weiterentwicklung elektronischer Kontrollen der Autofahrer. Die neuen, europaweit geltenden Kennzeichen zum Beispiel tragen wie Eurocheques Ziffern in maschinenlesbarer Schrift. Sie sind sowohl auf Radarbildern als auch bei der Verkehrsüberwachung mit Videokameras leichter zu identifizieren als die bisherigen Kennzeichen.

Sind erst mal alle Fahrzeuge mit diesen Kennzeichen ausgerüstet, kann von heute auf morgen die totale Videoüberwachung eingeführt werden. Die Polizei kann dann nicht nur jede Geschwindigkeitsübertretung registrieren, sondern bei Einführung gestaffelter Straßenbenutzungsgebühren jedem Fahrer automatisch die entsprechende Monatsrechnung ins Haus schicken und, sofern sie das will, Bewegungsprofile einzelner Fahrzeuge anfertigen. George Orwells Überwachungsstaat läßt grüßen!

Ernährung: fad und giftig

Geht es beim Auto nur ums Geld, so riskiert der Verbraucher beim Einkauf von Lebensmitteln und Getränken mitunter seine Gesundheit. Allzu häufig kann es ihm nämlich mitten in Europa passieren, daß er in Fleischereien, Fisch- oder Geflügelhandlungen, Supermärkten und gewöhnlichen Lebensmittelgeschäften auf hygienische Zustände stößt, die jeder Beschreibung spotten. Und auch dann, wenn die Ware scheinbar einwandfrei ist, muß er damit rechnen, daß sie Substanzen enthält, die ihm langfristig gesundheitliche Schäden zufügen können und über deren Beschaffenheit ihm weder die Verpackung noch der Verkäufer zutreffende Auskünfte erteilen können.

Gerissen wie kaum eine andere Branche nutzt die Lebensmittelindustrie die Unkenntnis des Verbrauchers zu allerlei Täuschungsmanövern. Sie gaukelt ihm Frische vor, wo Abgestandenes an den Mann gebracht werden soll, suggeriert »natürliche« oder »naturbelassene« Bestandteile, wo längst synthetische Zusätze die Haltbarkeit verlängern sollen, oder manipuliert Naturprodukte beinahe nach Belieben, um die Absatzzahlen oder die Gewinnmargen zu steigern. Einzelne Anbieter scheuen auch nicht davor zurück, gesetzliche Vorschriften zu unterlaufen und Produkte mit besorgniserregenden Mengen an Giftstoffen zu verkaufen.

Schlagartig erfuhren die deutschen Verbraucher im März 1996, wie riskant der Gang zur Fleisch- und Wursttheke sein konnte. Als der britische Gesundheitsminister Stephen Dorell zuerst den Premierminister und dann die Öffentlichkeit davon unterrichtete, daß der seit 1985 in Großbritannien beobachtete Rinderwahnsinn auf den Menschen übertragbar sei, war das für die Fleischesser in ganz Europa ein Signal zur Enthaltsamkeit.

Mehr noch als die Gefahr durch den BSE-(Bovine Spongiforme Enzephalopathie-)Erreger erboste die Konsumenten die Art, wie Politiker und Fleischindustrie versucht hatten, das Problem zu vertuschen und zu verharmlosen. Obwohl die ersten britischen Kühe schon Mitte der achtziger Jahre am Hirnschwamm verendeten, durfte Babynahrung zum Beispiel noch bis zum Februar 1989 Rinderhirn enthalten. Die Tierärzte, die die Seuche entdeckt hatten, wurden vom Londoner Agrarministerium zum Schweigen verpflichtet, und bis zuletzt behaupteten britische Regierungsvertreter, BSE sei auf den Menschen nicht übertragbar. Dabei hatten Mediziner schon seit 1990 immer wieder den Verdacht geäußert, die auffällige Zunahme der Erkrankungen von Menschen an dem sogenannten Creutzfeldt-Jakob-Syndrom stünde im Zusammenhang mit BSE.

Der tödlichen Krankheit, die sich mit Wahnvorstellungen und Wutausbrüchen ankündigt und die zu einer völligen Zerstörung des Gehirns führt, fielen 1994 und 1995 zehn Engländer unter 42 Jahren zum Opfer, die meisten hatten beruflich mit der Fleischverarbeitung zu tun. Auch in Deutschland wurden die ersten CJK-Fälle bekannt.

Anstatt nun die Verbraucher sofort und konsequent zu schützen, ließen unsere von der Fleischlobby unter Druck gesetzten Politiker noch wochenlang den Verkauf britischen Rindfleischs und seiner Derivatprodukte (Gelatine, Kosmetika) zu. Und bei der Brüsseler EU-Behörde setzten die Briten durch, daß sich die europäischen Steuerzahler an den Kosten der »Entsorgung« der erkrankten Tiere beteiligen mußten. Da bis 15. März 1996 bereits über 150000 Rinder an BSE verendet waren, mußte mit Millionen infizierter Tiere gerechnet werden.

Tödliches Rindfleisch, verdorbener Fisch

Ursache der tödlichen Seuche war, wie könnte es anders sein, die Profitsucht der Tierverwerter. Die Kadaver britischer Schafe wurden nicht verbrannt, sondern, weil das billiger war, zu Tiermehl verarbeitet. Dabei sparten die Verwerter auch noch an Energie und erhitzten die Substanz nicht, wie vorgeschrieben, auf mindestens 140 Grad. Bei niedrigeren Temperaturen aber blieben die in den Tieren vorhandenen Erreger der weitverbreiteten Schafskrankheit Scrapie virulent.

Das so gewonnene Tiermehl wurde nun ausgerechnet an Rinder verfüttert, an Pflanzenfresser also, und dabei übersprang der Scrapie-Erreger die Artenschranke zwischen Schaf und Rind, später zwischen Rind und Mensch. Daß das Unheil in England seinen Anfang nahm, ist wohl reiner Zufall. Denn auch in Deutschland landete billiges Import-Tiermehl in den Trögen von Rindern, Schweinen und Hühnern. Der BSE-Skandal enthüllte in seltener Klarheit die Skrupellosigkeit, mit der in weiten Teilen der Ernährungswirtschaft die Interessen der Verbraucher mißachtet werden.

Am riskantesten ist stets der Einkauf von frischem Fisch, Fleisch oder

Geflügel, denn wenn die Kühlkette auf dem langen Weg vom Erzeuger zum Verbraucher auch nur an einer Stelle unterbrochen ist, können sich im Nu so viele Krankheitserreger einnisten, daß der Verzehr zu einem Risiko wird.

Als die Stiftung Warentest in ganz Deutschland 137 Proben von angeblich frischem Fisch einkaufte und sie toxikologisch untersuchen ließ, schauderte es die Tester noch im nachhinein. Denn nur eine einzige Probe – ein Forellenfilet, erstanden in einem Münchner Kaufhaus – war wirklich frisch! Jeder fünfte Fisch war schlichtweg verdorben und ungenießbar. Bei rohem Fisch kann eine derart hohe Keimbelastung, so notierten die Tester, gesundheitsgefährdend sein. Dennoch wird solche Ware nicht postwendend aus dem Verkehr gezogen, sondern täglich an die ahnungslosen Verbraucher verkauft.

Kaum besser ist die Lage an der Geflügelfront. Bei einem europaweiten Test der EU-Kommission zeigte sich, daß ein Fünftel aller gezogenen Proben mit Salmonellen, ein Drittel sogar mit Campylobacter (einem Krankheitserreger, der Fieber, Kopf- und Gliederschmerzen verursacht und zu Durchfall führen kann) verseucht war.

Bei frischem Fleisch sieht es offenbar nicht besser aus. 1994 machte die Verbraucherzentrale in Hamburg 47 Stichproben bei lokalen Fleischverkäufern und entdeckte bei 43 Gesetzesverstöße. Vor allem die abgepackte Ware in den Truhen und Regalen der Supermärkte erwies sich häufig als zu alt und mit Bakterien verseucht.

Selbst Großkonzerne mit einem erstklassigen Renommee sind offenbar keineswegs immer eine Gewähr für unbedenklichen Einkauf. In der Karstadt-Filiale in der Düsseldorfer Schadowstraße zum Beispiel wurde der Leiter der Fleischabteilung zu 2000 Mark Geldbuße verurteilt, weil Lebensmittelkontrolleure auf einem Rollwagen mehrere Päckchen verdorbenes Tatar und einen total verdreckten Fleischwolf entdeckt hatten.

Der Betrug mit der Trüffelwurst

Kein Wunder, daß immer mehr Menschen nach dem Essen krank werden. Die Zahl der registrierten Lebensmittelerkrankungen hat sich in den letzten zehn Jahren verdreifacht, und Vergiftungen sind schon so häufig wie Schnupfen. Mehr als eine Million Menschen sterben nach Untersuchungen der Weltgesundheitsbehörde WHO an verdorbenen Lebensmitteln.

Wenn immer mehr Konsumenten auf Fleisch verzichten, weil sie genug haben von Rinderwahn und Schweinepest, Salmonellen im Geflügel und Hormonen im Kalbfleisch, weil sie die Quälereien bei den Tiertransporten ebenso ablehnen wie die Zustände auf den Schlachthöfen, sind sie keineswegs davor gefeit, zu Opfern einer Industrie zu werden, die viel zuwenig Rücksicht auf das Wohl ihrer Kundschaft nimmt.

Schon unser täglich Brot zum Beispiel enthält meist allerlei Hilfs- und Zusatzstoffe, über die uns der Bäcker oder Brotverkäufer keine richtigen Auskünfte geben kann oder will. »Brotkauf wird zum Glücksspiel«, meint deshalb die Arbeitsgemeinschaft der Verbraucherschutzverbände (AGV) in Bonn.

Nicht viel besser sind unsere Chancen, wenn wir nach einem frischen, einwandfreien Brathähnchen Ausschau halten und dann nach so treudeutsch und naturverbunden klingenden Marken wie Astenhof, Erlenhof oder Gutsgold greifen. Mit großer Wahrscheinlichkeit handelt es sich hier nämlich um importiertes Federvieh aus irgendwelchen holländischen Legebatterien. Der Etikettenschwindel wird geduldet, sofern der Lieferant darauf verweisen kann, daß er irgendwo auf der Verpackung ein Kürzel für das Herkunftsland aufgedruckt hat.

Um die Wurst und das, was da hineingehört, tobt schon lange ein Streit innerhalb der EU, da die deutschen Fleischer, die ihre Pfründe bedroht sehen, Sturm laufen gegen die Neuzulassung von fremden Füllstoffen wie Eiweiß und Stärke, Soja und Gemüse. Dabei wissen sie selbst nur zu genau, daß auch ihr Leberkäse ohne Leber auskommt und in der Leberwurst allerlei Fremd- und Füllmaterial steckt.

Manche von ihnen schrecken nicht mal vor klarem Betrug zurück – etwa wenn sie nach nichts schmeckende schwarze Plastikwürfel in ihre Pasteten und Leberwürste kneten und diese dann als »getrüffelt« verkaufen. Der aromatische Pilz, von Kennern geschätzt und teuer bezahlt, hat auch nichts mit jenen »Sommertrüffeln« zu tun, die gewitzte Wirte ihren ahnungslosen Kunden gerne zum Preis der begehrten Ware aus Piemont oder dem Périgord auf den Teller packen.

Egal, ob man zu Milch und Honig, zu Früchtetee oder »Red Bull« greift, der Trank kann stets etwas ganz anderes enthalten, als man eigentlich erwartet hätte. Kunden der Milchwerke Westfalen eG zum Beispiel mußten sich damit abfinden, daß ihre Milch weniger Eiweiß als üblich enthielt, da es der Frischmilch mit Hilfe einer Ultrafiltrationsanlage zum Teil entzogen und teuer an Joghurtproduzenten verkauft wurde.

Und wer sich von einem der in Mode gekommenen sogenannten »Energy Drinks« wie »Red Bull« oder »Flying Horse« eine Art Gehirndoping verspricht, der wird ebenso enttäuscht wie jene naiven Käufer, die hinter der Marke »XTC« die Modedroge Extasy vermuten. Nichts von den geheimnisvollen Kräften, die die Werbung den Getränken zuschreibt, ist tatsächlich in ihnen enthalten, dafür jedoch viel Wasser, ein bißchen Koffein und reichlich Zucker.

Teures Leitungswasser in Light-Produkten

Noch teurer ist das Leitungswasser nur in manchen Light-Produkten, wie etwa der kalorienarmen Butter. Darf die normale Butter allenfalls 16 Prozent Wasser enthalten, sind es bei der Light-Butter 58 Prozent, und wenn der Hersteller eine genügend große Menge davon absetzt, kann er den Kubikmeter, der beim Wasserwerk etwa 7 Mark kostet, locker für 4000 Mark und mehr an den Mann bringen. »Lighter« verdient kaum jemand sein Geld.

Längst haben Ernährungswissenschaftler den Trend zur kalorienarmen Kost als Betrug am eigenen Geldbeutel entlarvt, denn ein an reichlich Kalorien gewöhnter Körper gibt sich mit Sparrationen nicht zufrieden; der typische Light-Esser ißt dann zwar möglicherweise leichter, dafür aber um so mehr.

Immer mehr Kunden von Supermärkten, Fleischereien und Obstverkäufern sind es leid, in Tomaten, Kartoffeln oder Äpfel zu beißen, die wie Plastik schmecken, und fades Hormonfleisch zu verzehren, das in der Pfanne auf die Hälfte seines ursprünglichen Volumens zusammenschnurrt. In immer größerer Zahl laufen sie deshalb Verkaufsstellen an, die ihnen Kost aus »biologischem Anbau«, aus »ökologisch einwandfreier Zucht« oder aus »naturbelassenen Früchten« verheißen.

Obwohl Bio-Produkte durchwegs teurer sind als das Normalangebot der Agrarindustrie, entwickelte sich die Naturkost zu dem am schnellsten wachsenden Marktsegment des Lebensmittelhandels. Gaben hier anfangs ideologisch gefestigte Naturapostel und kleine Bio-Bauern den Ton an, so sind mittlerweile die großen Lebensmittelkonzerne voll auf die grüne Welle abgefahren. Biofach, der Welt größte Fachmesse für Naturkost und Naturwaren, verzeichnete 1996 bei den Ausstellern einen Zuwachs von 46 Prozent.

Die Tricks der Bio- und Öko-Schwindler

Das Milliardengeschäft rief freilich eine ganze Reihe von Schwindlern und Scharlatanen auf den Plan, die es nur darauf abgesehen haben, die Kunden mit irreführenden Öko-Labels abzuzocken. Verbraucherschutzverbände klagten bereits gegen die Hersteller von Produkten wie »Biofrites«, »bellasan-« bzw. »butella-Bioreform-Margarine« und »Bioghurt«, weil bei ihrer Produktion der ökologische Anbau angeblich keine Rolle spielte.

Mittlerweile gibt es sogar eine Koordinationsstelle Irreführende Biokennzeichnungen (KIB) der Arbeitsgemeinschaft Ökologischer Landbauverbände. Sie soll Hersteller davon abhalten, Kunden über das »biologische Reinheitsgebot« ihrer Waren zu täuschen. Doch der Erfolg ist bescheiden. Zwar definiert die Europäische Bioverordnung 209291 genau, was unter Bioprodukten zu verstehen sei, das hält jedoch viele Anbieter nicht von weiterem Etikettenschwindel ab.

Obst und Gemüse aus »kontrolliertem Anbau« zum Beispiel muß keineswegs ohne Kunstdünger und Pestizide auskommen, schließlich ist jeder Anbau irgendwie »kontrolliert«. Und wenn der Metzger eine »Biowurst« verkauft, dann braucht er auch dann nichts zu befürchten, wenn ihm nachgewiesen wird, daß das Rohmaterial aus der Massentierhaltung stammt. Grund: Die EU-Bioverordnung gilt nur für pflanzliche, nicht aber für tierische Produkte.

Systematisch nutzen manche Hersteller Gesetzeslücken, um dem Verbraucher naturbelassene Zutaten vorzugaukeln. Der Heilbronner Nahrungsmittelkonzern CPC (»Maizena«) zum Beispiel wirbt geschickt für seine Kartoffelprodukte »aus kontrolliertem Pfanni-Anbau« und vermeidet so die gesetzlich geschützte Vorsilbe »Bio«.

Den Trick beherrschen mittlerweile die Produzenten von Eiern ebenso wie jene von Teppichböden, T-Shirts und Reinigungsmitteln. Überall wird mit Natur-Siegeln geworben, auch wenn die Natur bei den Herstellungsprozessen allenfalls vergewaltigt wird.

Wie sehr allein auf dem Eier-Markt gemogelt wird, beweisen zwei völlig unterschiedliche Zahlen: Die Gesellschaft für Konsumforschung in Nürnberg (GfK) meldet, daß annähernd 50 Prozent der in Deutschland verkauften Eier aus Boden- und Freilandhaltung stammten. Die Zentrale Markt- und Preisberichtstelle für Erzeugnisse der Landwirtschaft (ZMP) aber registrierte nur 8 Prozent Eier von freilaufenden Hühnern. Des Rätsels Lösung: Ein Großteil der von den Legebatterien ausgelieferten Eier der Käfighühner wird von den Verpackern und Händlern falsch deklariert.

Die *WiSo*-Redaktion des ZDF wies nach, daß in den wichtigsten Produktionsländern Deutschland, Frankreich, Holland und Belgien insgesamt nur 8 Millionen Öko-Hühner existieren, während gleichzeitig pro Tag rund 30 Millionen Eier in die Regale kommen. Der Schwindel lohnt sich, denn für ein Öko-Ei zahlt der Verbraucher durchschnittlich 60 Pfennig, während ein Käfig-Ei für 20 Pfennig zu haben ist (Stand Anfang 1996).

Das Weingesetz hilft bei der Täuschung

Mäßig, aber regelmäßig soll man nach Goethe Wein trinken, in dem bekanntlich (»in vino veritas«) die Wahrheit liegt. Auf den Etiketten freilich, die in immer phantasievollerer Gestaltung die Flaschen zieren, herrscht nicht nur in Deutschland die Freiheit des Dichters.

»Bedauerlicherweise«, meint zum Beispiel der britische Weinpapst Hugh Johnson, »betrügt das im Prinzip immer noch gültige Gesetz von 1971 sowohl Winzer als auch Verbraucher. Ein heilloses Durcheinander, weil es de facto keinen Unterschied macht zwischen traditionellen Weinberglagen und willkürlich zusammengelegten Großlagen und Bereichen.

Am Beispiel der Moselweine ›Piesporter Goldtröpfchen‹ und ›Piesporter Michelsberg‹ wird das Problem deutlich: Nur das ›Piesporter Goldtröpfchen‹ ist eine Spitzenlage. Der Michelsberg hingegen ist eine Großlage, die viel billigen Konsumwein hervorbringt und den unwissenden Verbraucher doppelt belügt. Ein Großteil des Weins kommt gar nicht aus Piesport, und die Lage Michelsberg ist eben kein eng eingegrenzter Weinberg, sondern zum Teil irgendeine Ackerfläche.«

Grämt sich der Brite: »Wenn schon die deutschen Verbraucher ihre Weinetiketten nicht verstehen, wie sollen es erst die ausländischen Käufer kapieren?«

Das von der Winzerlobby stark verwässerte deutsche Weingesetz erlaubt es den Produzenten beispielsweise, den Gärvorgang nahezu beliebig abzubrechen und die so erzeugte süßliche Brühe als »Liebfrauenmilch« oder unter anderen phantasievollen Bezeichnungen als Wein zu verkaufen.

Doch auch in den klassischen Weinbauländern Europas wird häufig der biblische Vorgang, nach dem Jesus auf der Hochzeit von Kanaan Wasser in Wein verwandelte, umgekehrt. Vieles von dem, was im November als »Beaujolais Nouveau« oder »Primeur« die Regale der Supermärkte und Weinhandlungen füllt, hat Burgund nie gesehen, sondern entpuppt sich bei näherem Hinschmecken als künstlich gesüßtes Gebräu aus Marokko und anderen preiswerten Gegenden.

Täuschung, Fehlinformationen und plumpe Lügen, wohin das Auge blickt: Im elementaren Geschäft mit der Nahrung ist nichts mehr so, wie es einstmals war. Da will die EU gentechnisch veränderte Lebensmittel ohne Kennzeichnung zulassen. Da werden leicht verderbliche Produkte wie etwa Shrimps radioaktiv bestrahlt, damit sie länger halten – und der Verbraucher erfährt nichts davon. Da herrscht auf den Etiketten eine babylonische Sprachverwirrung, die nicht einmal mehr die Experten durchschauen. Jüngster Fall: Das Omega-DHA-Ei. Gemeint ist Legeware von Käfighühnern, die jedoch zum Freilandpreis verkauft werden darf, weil die eingesperrten Kreaturen einen Futterzusatz auf Algenbasis erhalten, der die Eier angeblich bekömmlicher machen soll.

Horrorvisionen aus den Labors der Agrarindustrie

Kaum ein Verbraucher ist in der Lage, die raffinierten Tricks der Lebensmittelbranche zu durchschauen. Schmeckt zum Beispiel der Joghurt lecker nach frischen Erdbeeren, so kann das daran liegen, daß er mit einem Cocktail der verschiedensten synthetischen Erdbeeraromen versetzt wurde. Bevor die Lebensmittelindustrie ein neues Produkt auf den Markt bringt, wird es nach umfangreichen Geschmackstests mit Aroma und Farbstoffen so lange verändert, bis es beim Durchschnittskonsumenten optimal ankommt. Und nicht selten werden dem Produkt »Lockstoffe« beigegeben, die im Konsumenten schnell den Wunsch nach einem Nachschlag aufkommen lassen.

So tüftelt die von der Gentechnik begeisterte Nahrungsmittelindustrie bereits an schnell wachsenden Turboschweinen, an der Biokonservierung von Milchprodukten, sie erprobt Aromabakterien für die Wurst, fäulnisresistente Kartoffeln mit eingebautem Insektengift, widerstandsfähige Dauertomaten, und sie läßt Mikroorganismen entwickeln, die lasches Gemüse mit Vitaminen anreichern sollen. Kein Mensch schert sich darum, ob die gentechnisch manipulierten Lebensmittel nicht doch zu gesundheitlichen Schäden führen – die von der Agrarindustrie beherrschte EU-Behörde erlaubt den freien Verkauf ohne besondere Kennzeichnung.

Angesichts solcher Horrorvisionen braucht sich der Konsument nicht mehr zu wundern, wenn ihm heute schon die Appetitmacher aus der Retorte in verniedlichender und irreführender Form schmackhaft gemacht werden sollen. Auf den Etiketten von Gläsern, Dosen, Pappbechern heißt es dann eben, die Zusatzstoffe seien »naturidentisch« statt schlicht künstlich. Selbst Schimmelpilzaromen gelten dann noch als »natürliche Aromen«.

Auf derlei Wirkstoffe stößt der Kunde zum Beispiel, wenn er eine Tüte Kartoffelchips aufreißt und ihm ein intensiver Duft nach Bratkartoffeln entgegenströmt oder wenn er die Plastikverpackung einer trostlosen Fertigpizza aufreißt und ihm ein Duft wie in einem italienischen Restaurant um die Nase weht.

Dafür schützt ihn niemand vor den echten Gefahren, die im Essen lauern können, zum Beispiel vor dem hohen Gehalt an Schwermetallen, der vielen Möhren eigen ist, dem reichlich verteilten Insektengift DDT auf südländischen Trauben, dem viel zu hohen Nitratanteil im Spinat und dem ebenfalls gesundheitsgefährlichen Nitritpökelsalz, mit dem die Metzger das Fleisch behandeln, damit es immer schön rot aussieht, auch wenn es mehrere Tage alt ist. Und demnächst will die EU auch noch allen Ernstes Fleisch von hormonbehandelten Tieren zum Verkauf zulassen, obwohl Umfragen ergeben haben, daß über 80 Prozent der deutschen Kunden kein solches Fleisch essen wollen. Da ist es ein schwacher Trost, daß die Landwirtschaft auch außerhalb der EU oft einem Schweinestall gleicht. Selbst in der sonst so sauberen Schweiz häufen sich die Fälle von Rinderwahn und Kälberdoping, von illegaler Schweinemast und betrügerischen Öko-Bauern. Im März 1995 zum Beispiel beschlagnahmte die Polizei bei einem St. Gallener Tierfutterhändler 650 Kilogramm unerlaubter Medikamente – wie zum Beispiel das Antibiotikum Percrison, das an Schweine verfüttert wird, damit sie schneller wachsen.

Doch die Interessen der Erzeuger rangieren allemal vor den Interessen der Kunden, wie die europäische Agrarmarktordnung aufs schönste beweist. So wollen die Euro-Agrarier zum Beispiel, weil das mit den Bananen schon so schön geklappt hatte, künftig nahezu alle Obst- und Gemüsesorten, die außerhalb des Schutzgebietes erzeugt werden, vom gemeinsamen Markt abhalten, um den einheimischen Produzenten die überhöhten Preise zu sichern.

Importe aus Drittländern werden, wenn sie sich nicht schon durch Gesetz und Schutzzölle fernhalten lassen, notfalls durch bürokratische Hindernisse so lange an der Grenze festgehalten, daß sie verfaulen, bevor sie verkauft werden dürfen. Schon heute, das hat die Arbeitsgemeinschaft der Verbraucher ausgerechnet, subventioniert eine dreiköpfige Durchschnittsfamilie die europäischen Bauern mit etwa 1500 DM pro Jahr.

Als ob das noch nicht genug wäre, wird der Kunde dann auch noch an der Ladentheke abkassiert, daß ihm die Augen tränen – zum Beispiel, wenn die Verkäuferin den Parmaschinken Blatt für Blatt zwischen Pergamentpapier ablegt, die Nordseekrabben in einem Plastikbecher häuft oder den Ziegenkäse in Folie hüllt und jedesmal die komplette

Verpackung mitwiegt. Um rund 350 Millionen Mark im Jahr werden nach Schätzungen der AGV Deutschlands Konsumenten durch derlei Praktiken betrogen, denn mindestens jeder zweite Wurst- und Käseverkäufer berechnet bei seiner offenen Ware die Verpackung mit, dies beobachtete jedenfalls die Hamburger Verbraucherzentrale. Dabei legt die Eichordnung seit 1993 fest, daß Salate, Käse- und Wurstaufschnitt nur netto gewogen und berechnet werden dürfen. Also: Beim nächsten Mal darauf achten und notfalls eine Nachberechnung ohne Verpackung verlangen.

Eine Desinformationskampagne der CMA?

Gravierender als solche Mogeleien sind jedoch systematisch gesteuerte Kampagnen zur Fehlinformation der Verbraucher, wenn dies mit der Gefahr schwerer gesundheitlicher Schäden verbunden ist. Eine solche Kampagne ist zum Beispiel nach Meinung des Berliner Ernährungs-Fachjournalisten Hans-Joachim Maes in Gang, und als deren Urheber verdächtigt er Deutschlands größte und mächtigste Lobby-Organisation auf dem Gebiet der Ernährung, nämlich die Centrale Marketingagentur (CMA) der Landwirte und Fleischproduzenten.

»Von Schweinen und Menschen« betitelte bereits der Publizist Horst Stern in der Wochenzeitung *Die Woche* seine Kolumne, in der er die seiner Meinung nach geschmacklose Werbeaktion der CMA für frisches Fleisch anprangerte. Auf großflächigen Plakaten warb die Agentur mit dem lebensgroßen Bild eines laut Stern »halbgaren Macho«, der den Hosenbund seiner Jeans geöffnet und die Bauchhaare freigelegt hatte, und ließ ihn – in zweideutigem Zusammenhang mit einem Ministeak in der unteren rechten Ecke – lasziv grinsend sagen: »Ich mag es am liebsten mit jungem Gemüse!«

Hans-Joachim Maes geht noch viel weiter. In vielen Veröffentlichungen und gestützt auf handfeste Unterlagen, weist der Berliner Publizist nach, daß die CMA seit Jahren die deutschen Verbraucher über die schädlichen Auswirkungen eines zu hohen Cholesterinwertes im Blut falsch oder zumindest unvollständig informiert. Grund dafür ist nach Maes das Interesse der Organisation, die über einen jährlichen

Werbeetat von mehr als 200 Millionen Mark verfügt, an einem rei-bungslosen Absatz der Butterproduktion.

Da seit langem bekannt ist, daß der Konsum von tierischen Fetten zu erhöhten Cholesterinwerten führen kann, die wiederum von allen maßgeblichen Fachleuten als wesentliche Ursache von Herzinfarkten und koronaren Erkrankungen angesehen werden, versucht die CMA, diese Gefahren systematisch zu verharmlosen. Dazu bedient sie sich nach Maes' Recherchen dubioser Organisationen wie des »Deutschen Kassenarztverbands«, der häufig als Veranstalter von Kongressen und als Absender von Informationsschriften auftritt, die an die einschlä-gigen Medien verschickt werden.

In den angeblich der Fortbildung dienenden Seminaren wie in seinen schriftlichen Verlautbarungen zitiert der Kassenarztverband, hinter dem Maes lediglich eine Tarnadresse der CMA vermutet, häufig wis-senschaftliche Arbeiten, hauptsächlich aus den USA, in denen die Un-gefährlichkeit des Cholesterins nachgewiesen werden soll. Hans-Joa-chim Maes: »Eine Auswertung fast aller von der CMA seit 1979 ange-gebenen Quellen (rund 200 Nennungen) belegt, daß die Originaltexte vielfach entstellt und verfälscht wurden. Es sind der Fachwelt und der Öffentlichkeit sehr weitreichende Manipulationen – durch Hinzufü-gen, Weglassen, Erfinden von Textpassagen – präsentiert worden.«

Das angesehene *Deutsche Ärzteblatt* veröffentlichte Maes' Darstel-lung unter der Headline »Verfälschung mit System«.

Solange eine Institution wie die CMA, die von rund fünfzig Spitzen-verbänden der deutschen Agrarwirtschaft finanziert wird, die Öffent-lichkeit wie die Ärzteschaft systematisch in die Irre führen darf, steht der Verbraucherschutz in Deutschland auf verlorenem Posten. Nur viel Geschick und großes Mißtrauen bewahren den Kunden angesichts solcher Manipulationen davor, zwischen Suppe und Nachspeise seine Gesundheit und sein Geld zu verlieren.

Das kann ihm passieren, wenn er unbedacht eines der vielen Vit-aminpräparate einwirft, die nach Meinung der Pharmakonzerne eine Stärkung seines Immunsystems bewirken sollen, wenn er zu Schlank-heitspillen oder auch nur zu kalorienarmen Light-Produkten greift. Denn sosehr der Verzehr von echter Butter für Infarktkandidaten ge-

fährlich werden kann – auch die Fettersatzstoffe in den Schlankma-
chern lassen nichts Gutes erwarten.

Erlaubt ist, was den Erzeugern Gewinn bringt

Längst ist nämlich aus wissenschaftlichen Untersuchungen bekannt,
daß Versuchstiere, die mit solchen Fettersatzstoffen auf Eiweißbasis
gefüttert wurden, mehr fraßen als andere, die nach dem Konsum von
echtem Fett rasch satt waren. Manche dieser Pseudofette sind wie
Kunststoffe aus Riesenmolekülen aufgebaut und daher nahezu un-
verdaulich. Das Zeug liegt schwer im Magen und erzeugt, da es keinen Nährwert hat, nur immer neuen Hunger, ebenso wie die Ersatz-
droge »Süßstoff« den natürlichen Zucker nicht ersetzen kann, weil der
Körper den Betrug merkt.

Jedesmal wenn die Zunge das Signal »süß« aussendet, erwartet der
Magen nämlich nahrhaften Zucker, doch da beim Süßstoff die angekündigte Energie wegbleibt, reagiert der Körper reflexartig mit
einem Hungergefühl. Das bedeutet, daß der Süßstoffverbraucher
häufig mehr Kalorien aufnimmt, als er es täte, wenn er gleich ein
Stück Zucker gegessen hätte. Alle diese Zusammenhänge sind der
Ernährungswissenschaft seit langem bekannt, doch wenn es um die
Umsätze und Gewinne ganzer Branchen geht, wird der Kunde eben
immer wieder aufs neue für dumm verkauft.

Bisher blieben die Bemühungen der Verbraucherschutzverbände um
mehr Wahrheit (bei der Kennzeichnung) und Klarheit (bei den erlaubten Manipulationen) unserer Lebensmittel nur mäßig erfolgreich.
Beispiel: Während EU-Mitglied Schweden den von der Brüsseler
Kommission freigegebenen Süßstoff Cyclamat wegen gesundheitlicher Risiken nach wie vor verbietet, ist er in Deutschland für ein erheblich verbreitertes Anwendungsspektrum zugelassen. Obwohl der
Farbstoff Tartrazin (E 102) als häufiger Auslöser von Allergien bekannt ist, darf er jetzt auch in Deutschland in einer Vielzahl von Lebensmitteln verwendet werden, darunter auch solchen, die häufig von
Kindern verzehrt werden, wie Obstkonserven, Zuckerwaren, Spei-
seeis und alkoholfreien Getränken.

Als Erfolg kann es die Lebensmittellobby auch für sich verbuchen, daß selbst für solche kritischen Farbzusätze keinerlei Höchstwerte gelten sollen. Nach der jüngsten Farbstoffrichtlinie der EU können die Zusätze »gemäß dem redlichen Herstellerbrauch in einer Menge verwendet werden, die für den beabsichtigten Zweck erforderlich ist«. Für rund 106 »sonstige Zusatzstoffe« wie Konservierungsmittel, Antioxydationsmittel, Emulgatoren und Geschmacksverstärker gilt das gleiche Prinzip. »Besonders zu kritisieren ist«, klagte die Arbeitsgemeinschaft der Verbraucherschutzverbände, »daß ein weiteres Antibiotikum als Lebensmittelzusatzstoff zugelassen wird.« Nysin (E 234) darf zur Konservierung von Grieß und anderen Puddingerzeugnissen, für gereiften Käse und Schmelzkäse zur Anwendung kommen«, obwohl Antibiotika ansonsten nur vom Arzt verschrieben und in der Apotheke verkauft werden.

Vollen Erfolg meldet auch die Lobby der Fleischerzeuger aus Brüssel. Nach dem Entwurf der »4. Verordnung zur Änderung der Fleisch-Verordnung« sollen bisher verbotene Stoffe wie emulgierter Talg und emulgiertes Knochenfett, ferner Blutplasma und Blutserum, Schwartenpulver und Gelatine als Beimischung zu Fleischprodukten erlaubt sein.

Prost Mahlzeit!

Gesundheit: kassieren und kurieren

Daß das Gesundheitswesen in Deutschland krank ist, hat sich herumgesprochen. Seine Konstruktionsfehler sitzen offenbar so tief, daß selbst brachiale Versuche, die ausufernden Kosten des Faktors »Gesundheit« in den Griff zu bekommen, bisher kaum nennenswerte Erfolge erzielten. Für ihre Gesundheit mußten die Deutschen im letzten Jahr nämlich rund 410 Milliarden Mark ausgeben – mehr als fürs Essen und Trinken zusammen.

Als Wirtschaftsfaktor übertrifft das Gesundheitswesen sowohl nach dem Umsatz als auch nach der Zahl der Arbeitsplätze die Automobilindustrie und den Maschinenbau. Rund 2,5 Millionen Menschen stoßen sich in Deutschland an unseren Krankheiten gesund. Und wohl in keinem anderen Lebensbereich werden wir derartig gekonnt ausgeplündert wie in Krankenhäusern, Arztpraxen, Apotheken oder Kurkliniken. Der Trick dabei: Dank eines umfassenden Versicherungsschutzes merkt der Patient erst mittelbar und zeitversetzt, wie teuer die Inanspruchnahme des Molochs »Medizin« eigentlich war.

Da weitaus die meisten Leistungen und Medikamente nicht vom Patienten direkt, sondern von seiner Krankenkasse bezahlt werden, fiel es Krankenhäusern, Ärzten und Pharmakonzernen leicht, die Preise für ihre Leistungen und Produkte in schwindelerregende Höhen zu treiben. Das wirkungsvollste Argument gegen jeden Versuch, der Beutelschneiderei Einhalt zu gebieten, lautete stets: Für unsere Patienten darf uns nichts zu teuer sein.

Zu teuer ist mittlerweile fast alles, was den Patienten zur Erhaltung ihrer Gesundheit angeboten wird, vom Hustensaft in der Apotheke bis zur Herztransplantation in der Großklinik. Allein die Krankenhäuser zocken im Jahr die Wahnsinnssumme von rund 84 Milliarden Mark ab, weitere 66 Milliarden bleiben in den Taschen der 209 000 Ärzte hängen. Pro Jahr bekommen die Deutschen Arzneimittel für 51,7 Milliarden Mark verabreicht, und sogar noch ihren Zahnersatz lassen sie sich 12,8 Milliarden kosten. Daß alle diese Ausgaben weit überhöht sind, weiß der Bundesgesundheitsminister längst. Aber bis heute hat er kein wirksames Serum gegen das grassierende Geldfieber in der Gesundheitsbranche gefunden.

Zwar mußten die Patienten schon nach dem Gesundheitsreformgesetz von 1989 für jeden Tag, den sie im Krankenhaus zubrachten, kräftig zuzahlen, die Kosten ihres Zahnersatzes zu 40 Prozent selbst tragen und erhielten für neue Brillengestelle nur noch 20 Mark Zuschuß. Und das Gesundheitsstrukturgesetz vom Januar 1993 verlangte ihnen, weit über die kräftig gestiegenen Kassenbeiträge hinaus, weitere Eigenmittel ab. Arzneimittel gab es jetzt nicht mehr nur gegen Rezept, ein Teil der Kosten mußte aus eigener Tasche beigesteuert werden. Erstmals packte Bonn nun auch die Ärzte am Wickel: Sie sollten auf die Verschreibung extrem teurer Medikamente verzichten und mußten am Jahresende, wenn sie den Durchschnittswert weit überschritten hatten, einen Teil ihrer Einnahmen wieder zurückzahlen. Das erboste manche Mediziner so sehr, daß sie ihre Kassenzulassung zurückgaben und fortan nur noch Privatpatienten behandelten.

Wer krank wird, muß jetzt doppelt blechen
Die jüngsten Vorschläge des Sachverständigenrates zielen darauf ab, weitere Kosten auf die Patienten abzuwälzen. Wer krank wird, muß jetzt also doppelt blechen: Einerseits steigen die Prämien für die Krankenversicherung munter weiter, andererseits soll der Patient immer mehr Leistungen selbst bezahlen. Der zweifache Griff in seine Taschen spiegelt die wahren Machtverhältnisse wider: Da sich der Staat an der harten Front der Interessen- und Standesvertreter die Zähne ausbeißt, läßt er die Ausbeutung der nicht organisierten Patienten zu.
Kaum eine Lobby ist mächtiger als jene der vereinigten Gesundheitsfunktionäre. Vor allem die Standesvertreter der deutschen Ärzteschaft verstanden es immer wieder, ernsthafte Eingriffe in ihre Praxispfründen wegzutherapieren. Ihr wirkungsvollstes Argument ist stets der Hinweis auf die angeblich unerreichte Qualität ihrer Arbeit und den hohen Stand der medizinischen Versorgung in Deutschland. Dabei ist längst erwiesen, daß in Deutschlands Krankenhäusern ein in anderen Wirtschaftsbereichen unbekanntes Maß an Mißmanagement regiert und daß die so teuer bezahlte ärztliche Kunst mit zu vielen Fehlern behaftet ist.
»Für rund zwei Drittel der Krankenkassendefizite sind heute allein die Krankenhäuser verantwortlich«, ermittelte die *Wirtschaftswoche* und befand: »Deutschlands Kliniken sind zu teuer und nur zu rund 85 Prozent ausgelastet.« Wegen des Bettenüberangebotes mußten bereits zwischen 1990 und 1993 93 Krankenhäuser dichtmachen. Weitere werden folgen. Weil in vielen Kliniken und Krankenhäusern wirtschaftliches Kalkül ein Fremdwort ist und moderne Managementmethoden großzügig ignoriert werden, kostet ein Krankenbett, bei Tagessätzen von 500 Mark und mehr, soviel wie eine Suite im Luxushotel.
Mehrere Studien unabhängiger Unternehmensberater bescheinigten den Krankenhausverwaltungen Mißmanagement und Schlamperei:

- Bröker und Partner aus Hamburg befragte rund 1000 Ärzte und Klinik-Mitarbeiter und kam zu dem Schluß, daß mindestens 30 Prozent der Kosten eingespart werden könnten, wenn in den Krankenhäusern besser gewirtschaftet würde.
- Köhler, Frost und Partner aus Berlin diagnostizierte, daß die »ständigen Managementfehlentscheidungen zu existenzgefährdenden finanziellen Verlusten« führen könnten.
- Kienbaum & Partner aus Gummersbach befand: »Den meisten Kliniken fehlt professionelles Management.« Im einzelnen entdeckte Kienbaum-Projektleiter Friedhelm Klingenburg bei einer Vielzahl deutscher Krankenhäuser eine falsche Personalpolitik, zu lange Entscheidungswege, eine praxisferne Verwaltung, mangelhafte Koordination, rückständige Organisationsformen und last, but not least, eine kaum vorhandene Qualitätssicherung. Kein Wunder, daß bei solchen Zuständen die Patienten zu kurz kommen und die Kosten explodieren.

Viele Patienten übersehen, daß auch das ausufernde Kur-Unwesen in Deutschland letztlich zu ihren Lasten geht. Seit 1990 steigen die Kosten für Aufenthalte in Bade-, Kur- und Rehabilitationskliniken schneller als die meisten anderen Ausgaben der Krankenkassen. Gab es im wiedervereinigten Deutschland anno 1991 schon 987 Kur- und Reha-Kliniken, so waren es 1995 bereits 1393. Zuletzt erzielte die auf 300 Kurorte verteilte Bäderbranche einen stattlichen Jahresumsatz von 21,3 Milliarden Mark. Kein Wunder: Eine vierwöchige Kur kostete durchschnittlich 7000 Mark. Zugute kommt der warme Geldregen aus den Taschen der Krankenversicherten vor allem den privaten Betreibern der Bäder wie etwa dem wegen seiner Steueraffäre bekannt gewordenen niederbayerischen »Bäderkönig« Eduard Zwick. Jahr für Jahr überweisen die Kassen höhere Beträge an die Badebetriebe – 1994 und 1995 betrug der Zuwachs je 14 Prozent. An einen Zweig der Gesundheitsbranche also, der in den meisten anderen Ländern gänzlich unbekannt ist. Nur die Deutschen leisten sich einen derart überdimensionierten Kurbetrieb, dessen Nutzen für die Volksgesundheit höchst zweifelhaft erscheint.

Am Renommee der deutschen Ärzte, die trotz aller Kostendämpfungsgesetze noch immer zu den Spitzenverdienern der Nation gehören, kratzen in letzter Zeit die Gerichte, die den Opfern ärztlicher Kunstfehler zunehmend höhere Entschädigungen zusprechen. Die Patientenschutzorganisation »Arbeitskreis Kunstfehler in der Geburtshilfe« mit Sitz in Dortmund schätzt, daß die deutschen Mediziner pro Jahr wenigstens 100 000 Patienten schädigen. Der Verband der Schadensversicherer registrierte bereits 1993 23 734 Fälle mit einem Schaden von 300 Millionen Mark, Tendenz steigend. Allein die Winterthurer Versicherung, die rund 65 000 Ärzte versichert, meldet einen Anstieg der Schadenssumme seit 1983 um 611 Prozent.

Laut *Focus* kommen in Deutschland über 40 000 behinderte Kinder pro Jahr zur Welt, und ein Viertel davon geht nach Meinung des Dortmunder Arbeitskreises auf das Konto ärztlicher Kunstfehler. Als Ursachen für das Versagen der Ärzte diagnostiziert der Medizingutachter Professor Jürgen Stoffregen »gravierende Mängel in der Organisation, lückenhaftes Fachwissen und ein gehöriges Maß Selbstüberschätzung«.

Kunstfehler, vertuscht vom Kartell des Schweigens

Die wohl umfangreichste Kunstfehlerfallsammlung hat der Tübinger Jurist Bernhard Giese zusammengetragen – eine Dokumentation des Grauens. Da mußte eine Patientin namens Inge Jahn aus Nürnberg dreizehn Jahre lang mit einer 12 Zentimeter langen Edelstahlklemme im Bauch leben, die nach einer Gallensteinoperation vergessen wurde. Der zehnjährige Ferdinand Schädelbauer wurde im Februar 1991 mit einem Schienbeinbruch ins Kreiskrankenhaus Cham eingeliefert, blieb dort 48 Stunden lang unversorgt und starb 14 Tage später an einer vom Notarzt nicht erkannten Gehirnhautentzündung – wahrscheinlich infolge einer Infektion, hervorgerufen durch mangelhafte hygienische Verhältnisse. Im oberbayerischen Weilheim machen Christine und Robert Rothwinkler das Kreiskrankenhaus dafür verantwortlich, daß ihr 1986 geborener Sohn Daniel heute schwerstbehindert ist. Daniel kam zu früh auf die Welt, wurde per Kaiserschnitt entbunden und blieb über 45 Minuten lang ohne Sauerstoffbeatmung, wodurch sein Gehirn schwer geschädigt wurde. Jetzt kämpfen die Eltern vor Gericht für eine Entschädigung.

Patienten, deren Gesundheit durch die Kunst von Ärzten Schaden nahm, haben es trotz einer zunehmend patientenfreundlichen Rechtsprechung noch immer schwer, wenn sie gegen das Kartell des Schweigens von Medizinern, Krankenhausverwaltungen und Versicherern ins Feld ziehen. Wer einem Arzt einen Kunstfehler nachweisen will, braucht mehr als eine überzeugende Krankengeschichte. Die Gerichte verlangen als Beweismittel fast immer das Gutachten einer medizinischen Autorität. Und Sachverständige, die bereit sind, entgegen den ungeschriebenen Standesregeln einem Arzt die Schuld für sein Versagen anzulasten, haben Seltenheitswert.

Wie Pech und Schwefel pflegen die Jünger des Hippokrates zusammenzuhalten, wenn einem der ihren Ungemach droht. So hüten die Ärztekammern die ihnen gemeldeten Schadensdaten »wie einen bösen Geist«, fand das Nachrichtenmagazin *Focus*. Von den rund 8200 Fällen zum Beispiel, die 1995 vor den Schlichtungsstellen der Ärztekammern verhandelt wurden, endete nur etwa ein Drittel günstig für die Geschädigten.

Nur wenige Anwälte haben sich bisher auf Prozesse gegen Ärzte und Krankenhäuser spezialisiert, da solche Fälle wegen der schwierigen Beweislage als undankbar gelten. Einer von ihnen ist der Kölner Patientenanwalt Boris Meinecke, der schon Hunderten von Patienten Beistand leistete und auch nicht davor zurückschreckt, seine Kontrahenten notfalls mit Hilfe der Medien unter Druck zu setzen. Schwierig ist der Kampf geschädigter Patienten um Entschädigungen vor allem deshalb, weil die Gegenseite über das totale Informationsmonopol verfügt. Als Zeugen für den Kunstfehler eines Chirurgen zum Beispiel kommen nur dessen Assistenzärzte und Schwestern in Frage. Doch aus diesem Kreis wird kaum einer die Hand erheben. Und schriftliche Belege für Pfusch und Schlamperei in Krankenhäusern pflegen vor gerichtlichen Untersuchungen für gewöhnlich spurlos zu verschwinden. *Focus* zitiert dazu den Juristen Walter Opitz aus Mönchengladbach: »Krankenunterlagen werden gefälscht, Röntgenbilder verschwinden – es wird manchmal systematisch vertuscht.«

Hoffnung schöpfen Patientenanwälte aus der Tatsache, daß der Konkurrenzdruck innerhalb der Ärzteschaft größer wird und daß die Solidarität allmählich schwindet. Vor allem jüngere Ärzte sind offenbar immer seltener bereit, Pfuschereien älterer Standeskollegen zu decken. Figuren wie jener berühmte Orthopädieprofessor aus Bayern, der trotz nachlassender Fähigkeiten bis ins hohe Alter operierte und Dutzende von Patienten irreparabel schädigen konnte, ohne daß irgendeiner seiner Assistenzärzte Einspruch erhob, gehören wohl der Vergangenheit an.

Ein Zahnarzt hält seiner Zunft den Spiegel vor

Ein Indiz dafür, daß die früher so geschlossene Front der Ärzteschaft aufzuweichen beginnt, sind die zahlreicher werdenden kritischen Veröffentlichungen von Medizinern. Aufsehen erregte zum Beispiel der Münchner Zahnarzt Dr. Eberhard Riedel mit seinem Buch *Patient beim Zahnarzt – Bohrer, Brecher, Beutelschneider!*, in dem er schonungslos mit seiner Zunft abrechnet. Der häufig als Gutachter eingesetzte Dentist schildert aus eigener Erfahrung, wie stümperhaft viele seiner Berufskollegen arbeiten und mit welchen Methoden sie den Patienten das Geld aus der Tasche ziehen.

Gestützt auf eine Studie der Betriebskrankenkassen, die die Qualität zahnärztlicher Leistungen bei 18 000 Patienten untersuchen ließen, kommt Riedel zum Schluß, daß mindestens 17 Prozent der insgesamt 54 000 Zahnärzte Deutschlands als »schwarze Schafe« anzusehen seien. Patienten, die einem dieser rund 10 000 Pfuscher in die Hände fallen, dürfen sich gratulieren, wenn sie nur ihr Geld losgeworden sind. Riedel beschreibt zahlreiche Fälle, in denen Klienten solcher Koryphäen ihrer gesunden Zahnsubstanz beraubt, entstellt oder gar jahrelang von Schmerzen gepeinigt wurden. Nur gut 63 Prozent seiner Kollegen attestiert der Kritiker ausreichende Qualifikation. Über ein Drittel hingegen sei in ihren Leistungen schlichtweg unakzeptabel. Bestätigt wird dieser Befund durch eine Studie der Universität Münster, aus der hervorgeht, daß rund 52 Prozent aller untersuchten Zahnersatzarbeiten so schlecht ausgeführt waren, daß sie sofort entfernt werden sollten. Das heißt im Klartext: Wer zu seinem Zahnarzt geht, muß mit großer

Wahrscheinlichkeit damit rechnen, daß er unsachgemäß behandelt wird. Alles hängt also von der Auswahl des richtigen Arztes ab. Doch wie soll man den fachlich kompetenten, menschlich sympathischen und korrekt abrechnenden Doktor finden? Nützliche Informationsquellen können hierbei unter Umständen die Sachbearbeiter von Krankenkassen sein, die zumindest die Abrechnungspraktiken der einzelnen Mediziner kennen und durch ihre vielen Kundenkontakte einiges über die Qualität der in ihrem Bereich tätigen Ärzte erfahren. Nachdem im Januar 1993 das Gesundheitsstrukturgesetz in Kraft trat, gaben nicht wenige niedergelassene Ärzte, vor allem Zahnärzte, ihre Kassenzulassung zurück und behandelten fortan nur noch Privatpatienten. »Auf diese Weise verliere ich zwar ein bißchen Umsatz, erziele aber eine höhere Rentabilität und habe am Ende genauso viel in der Kasse bei weniger Arbeit«, begründet der Inhaber einer gutgehenden Praxis im Münchener Stadtteil Schwabing bündig seinen Verzicht auf Kassenpatienten.

Der Patient als Punktelieferant
Doch wer als privat versicherter Patient eine solche Praxis betritt, muß auf der Hut sein, wenn er nicht bereit ist, die kürzeren Wartezeiten und den höheren Komfort mit weit überhöhten Rechnungen zu bezahlen. In dieser Zahnarztpraxis zum Beispiel kostet schon das einfache Entfernen von Zahnstein selten weniger als 500 Mark.
Wie sehr insbesondere Privatpatienten heutzutage in den Arztpraxen abkassiert werden, dokumentierte im Sommer 1995 das Verbrauchermagazin *Quint-essenz* des Westdeutschen Rundfunks. Die Redaktion hatte Testpersonen mit genau definierten Krankheitssymptomen in zwölf verschiedenen Arztpraxen als Privatpatienten untersuchen lassen. Die Behandlung hätte nach den gültigen Tarifen zwischen 150 und 200 Mark kosten dürfen. Tatsächlich rechneten die konsultierten Ärzte Beträge bis zu 813 Mark ab.
Die unverschämte Beutelschneiderei vieler Ärzte geht einher mit einer drastischen Reduzierung ihrer Leistungen und erheblichen Gesundheitsrisiken für die Patienten. War es früher selbstverständlich, daß der Arzt ins Haus kam, um gebrechliche und bettlägerige Patien-

ten medizinisch zu versorgen, so ist, zumindest in den Großstädten, heutzutage kaum noch ein Jünger des Hippokrates zu Hausbesuchen bereit. Warum auch – das kostet doch nur Zeit, für die es keine (Kranken-) Scheine gibt!

Betriebswirtschaftliche Optimierung ist angesagt, und das System der totalen Absicherung macht das Abkassieren kinderleicht! Also packt man seine Praxis mit Patienten voll und nudelt einen nach dem anderen ab, so schnell es irgend geht! Und ergibt sich eine Gelegenheit zum Schneiden, dann nichts wie in den OP, das bringt erst die dicke Kohle. Empfehlungen zu unnötigen Operationen und ein übertriebener Einsatz der Apparatemedizin sind denn auch die gravierendsten Vorwürfe, die Verbraucherschützer den deutschen Medizinern machen.

Gewitzte Praxisbetreiber bedienen sich schon seit Jahren spezieller EDV-Programme, die, gefüttert mit den Abrechnungsmodalitäten der Krankenkassen, dem Arzt stets die noch erlaubten Behandlungspunkte für den laufenden Monat mitteilen. So kann der Mediziner seine Praxis im Sinne des betriebswirtschaftlichen Ergebnisses optimieren, wenn er sich bevorzugt um solche Patienten kümmert, die in den noch nicht ausgeschöpften Behandlungsrahmen passen. Die anderen müssen dann eben ein wenig länger auf den Onkel Doktor warten.

Den gesetzlichen Krankenkassen sind die fetten Pfründen der Mediziner zwar schon lange ein Dorn im Auge, doch haben sie es bis heute nicht verstanden, die mächtige Lobby der ärztlichen Standesvertreter in ihre Schranken zu weisen. Denn einerseits fehlte ihnen bisher die Motivation zum Kampf, da sie ihre Defizite umgehend durch Beitragserhöhungen wieder ausgleichen konnten, andererseits müssen sie sich selber allerlei Sünden gegen die Versicherten vorhalten lassen. Süffisant fragte etwa der Marburger Bund, in dem vor allem die angestellten Krankenhausärzte organisiert sind, warum die Kassen ihre Ausgaben für den Posten »Gesundheitsförderung« in den letzten Jahren so exorbitant gesteigert hätten.

Fragwürdige Werbeaktionen der Krankenkassen
Tatsächlich gaben die Allgemeinen Ortskrankenkassen (AOK) Millionen für fragwürdige Werbeaktionen aus. Mit dem Geld ihrer Ver-

sicherten finanzierten sie Snowboardkurse in den bayerischen Alpen ebenso wie Kochlehrgänge, Yoga-Kurse und Fitneß-Veranstaltungen in den Großstädten. Derlei Aktivitäten sollen, im Verein mit TV-Spots, Anzeigenkampagnen und Directmailing-Aktionen, die Kassen von ihrem biederen Opa-Image befreien und sie bei jüngeren Zielgruppen wieder interessant machen. Fragt sich nur, ob das der richtige Weg ist, die Kosten im Gesundheitswesen einzudämmen, wenn die Kassen selber nicht haushalten können. Immerhin haben sie ihre Verwaltungsausgaben in den alten Bundesländern in den letzten zehn Jahren von 4,9 auf 9,3 Prozent fast verdoppelt, obwohl sie kaum mehr Versicherte betreuen als damals. Den Kassen-Kunden jedenfalls helfen sie mit ihrer Verschwendungssucht nicht.

Das heutige System mit der Krankenversicherung, darüber sind sich die Experten einig, verführt sowohl Kassen als auch Privatpatienten dazu, bei Arztbesuchen nicht auf den Pfennig zu achten. Umfragen bei Verbraucherzentralen ergaben, daß die wenigsten Privatpatienten bereit sind, vor der ärztlichen Untersuchung die Kostenfrage zu klären. Die Absicht des Bundesgesundheitsministers, den Anteil der Selbstbeteiligung an den Kosten zu erhöhen, mag grundsätzlich richtig sein – doch solange die Prämien zur Krankenversicherung immer weiter steigen, muß er sich den Vorwurf gefallen lassen, daß er das Gesundheitswesen auf Kosten der Patienten sanieren will.

Der Verschwendung in Krankenhäusern und Arztpraxen wäre nur beizukommen, wenn die gesetzlichen wie privaten Krankenkassen bereit und in der Lage wären, die Abrechnungspraktiken schärfer zu kontrollieren. Dazu bräuchten sie leistungsfähige Kontrollapparate, bestehend aus Medizinern, Computerexperten und Finanzkaufleuten. Doch anstatt in das Controlling zu investieren, ziehen die Krankenkassen es offenbar vor, sich an den Versicherten schadlos zu halten.

Natürlich könnten auch die Patienten dazu beitragen, das einträgliche Gewinnspiel der Ärzteschaft zu stören. Dazu müßte man schon bei der ersten Konsultation nach den Kosten jeder einzelnen Maßnahme und jedes verschriebenen Medikaments fragen und den Arzt auffordern, seine Rechnungen so detailliert wie möglich auszustellen, und zwar in einer für den Patienten verständlichen Form.

Ebenso könnte der Gesetzgeber zum Beispiel Ärzte und Krankenhäuser verpflichten, ihre Preise und Tarife offen auszuhängen, wie dies
in den Schalterhallen der Banken längst üblich ist. Und je stärker die
Patienten mit ihrer Selbstbeteiligung zur Kasse gebeten werden, desto nachhaltiger sollten sie aus eigenem Interesse darauf achten, daß
die Arztrechnung so niedrig wie möglich ausfällt. Denn wenn die Ärzte in Verkennung ihres hippokratischen Eides nur noch am Geldverdienen interessiert sind, empfiehlt es sich für den Patienten, sie nicht
anders zu behandeln als jeden anderen Lieferanten. Man will eine Leistung, fragt nach dem Preis, holt verschiedene Angebote ein und entscheidet sich für die günstigste Offerte, Punktum. Erst wenn der
Gleichstand der Waffen wieder erreicht ist, kann das viel beschwore-
ne Vertrauensverhältnis, das von vielen Medizinern als Lizenz zum
Abkassieren verstanden wurde, wieder entstehen.

Arzneimittel sind in Deutschland am teuersten
Im Naturschutzpark »Gesundheitswesen«, wo bis heute kein echter
Wettbewerb herrscht und ein Oligopol aus Medizinern, Versicherern
und Pharmakonzernen die Spielregeln bestimmt, gediehen die Preise
für nahezu alle Dienstleistungen und Produkte prächtig. Die frei prak-
tizierenden Ärzte entwickelten sich zu den Spitzenverdienern der Nation, die Versicherungen bauten immer schönere Paläste, und die
Pharmakonzerne scheffelten mehr Geld als jede andere Branche in
Deutschland.
Wie lukrativ das Arzneimittelgeschäft ist, zeigen aufs schönste die Geschäftsberichte und Bilanzen der großen Pharmakonzerne. Beim Che-
mieriesen Bayer zum Beispiel macht die Pharmasparte nur ein Fünftel des Jahresumsatzes aus, aber sie steuert fast 75 Prozent zum Gewinn bei. Die satten Erträge der Pillenproduzenten stammen zum erheblichen Teil aus deutschen Apotheken. Denn auf dem abgeschirm-
ten heimischen Markt, das ergab eine Untersuchung der europäischen
Kommission, verkauft die Pharmaindustrie ihre Produkte teurer als
fast überall sonst auf der Welt.
»Die Preise ab Werk«, klagte das Magazin *stern*, »sind im Schnitt
80 Prozent höher als in Frankreich und 78 Prozent höher als in Spa-

nien. In Österreich sind Medikamente durchschnittlich um 27, in Großbritannien um 14 Prozent billiger zu haben als bei uns.«

An den hohen Preisen laben sich jedoch nicht nur die Produzenten, sondern ebenso die Groß- und Einzelhändler, die Apotheken. Alle zusammen eint das Interesse an hohen Preisen, und so fällt es den Oligarchen aus der Pharmaindustrie leicht, die Marktgesetze auszuhebeln und Billiganbietern das Geschäft zu versalzen. Wie die Autohersteller, nur viel wirkungsvoller, bekämpfen die Pharmakonzerne den Reimport ihrer ins Ausland gelieferten Produkte ebenso wie die Einfuhr preiswerter Nachahmerprodukte (sogenannte Generika), indem sie jedem Händler, der sich auf solche Geschäfte einläßt, mit einem totalen Lieferboykott drohen.

Ins Wanken kam das Bollwerk der Pillendreher erst, als der Frankfurter Rentner Heinz Schumacher vor dem Europäischen Gerichtshof gegen das sogenannte Verbringungsverbot innerhalb der EU klagte. Schumacher hatte sich darüber geärgert, daß der Zoll die Auslieferung eines Präparates gegen Leberbeschwerden verweigerte, das sich der Rentner von einer Straßburger Apotheke zu einem Viertel des in Deutschland verlangten Preises hatte schicken lassen wollen. Der Europäische Gerichtshof gab dem Frankfurter recht. Seither können sich deutsche Patienten viele Präparate von speziellen Versandhändlern wie etwa dem Hamburger Unternehmen Express Medical Services (EMS) preiswert aus dem Ausland besorgen. Manche Antibabypillen sind dort nur halb so teuer wie in der heimischen Apotheke.

Fast jedes zweite Präparat »nicht empfehlenswert«

Wenn die Patienten preisbewußter einkauften, könnten sie nach Schätzung von Experten bis zur Hälfte jener 51,7 Milliarden Mark sparen, die sie pro Jahr für die Versorgung mit Arzneimitteln ausgeben. Viele der in den Apotheken offerierten Präparate enthalten nämlich dieselben Wirkstoffe, allerdings zu sehr unterschiedlichen Preisen. Mit allen Mitteln versucht deshalb die Pharmaindustrie, die Veröffentlichung einer sogenannten Positivliste zu verhindern, mit der der Präsident der Berliner Ärztekammer, Ellis Huber, die Arzneimittelflut

114

eindämmen möchte. Die Liste enthält eine Auswahl von nur 600 preiswerten und guten Medikamenten aus dem Riesenangebot der Industrie.

Bereits am 22. Februar 1995 zeigte der Bundesgerichtshof in Karlsruhe an, daß er mit dem Preiskartell der Pharmaproduzenten nicht einverstanden ist. An diesem Tag bestätigte er nämlich eine Verfügung des Bundeskartellamtes in Berlin, wonach der Pharmagroßhandel künftig verpflichtet ist, Apotheken mit reimportierten Arzneimitteln zu beliefern.

Bedeutsam ist dies vor allem für die sogenannte Selbstmedikation der Patienten, wenn sie in der Apotheke rezeptfreie Mittel, etwa gegen Kopfschmerzen, grippale Infekte oder Magenbeschwerden, einkaufen und diese aus eigener Tasche bar bezahlen. Allein für rezeptfreie Magen- und Verdauungsmittel gaben die Deutschen 1995 rund 750 Millionen Mark aus, und vieles davon hätten sie sich sparen können. Denn von rund 116 angebotenen Mitteln, fand die Zeitschrift *Öko-Test* heraus, »können wir nur 14 wirklich empfehlen«.

Fast jedes zweite Präparat erhielt von *Öko-Test* das Prädikat »nicht empfehlenswert«. Das Blatt, das zwei medizinische Experten mit der Untersuchung der Medikamente beauftragt hatte, kam zu dem Schluß: »Bei vielen Medikamenten ist nicht ausreichend nachgewiesen, ob sie überhaupt wirken, andere enthalten Wirkstoffe, die im günstigsten Fall überflüssig sind. Manche können aber auch bei unkontrollierter Einnahme Vergiftungen hervorrufen ... Höchste Zeit also, daß die Spreu vom Weizen getrennt wird, die ebenso teuren wie nutzlosen Präparate aus den Apotheken verschwinden und die Preise unter dem Druck des europäischen Wettbewerbs endlich ins Rutschen geraten.« Welche Fortschritte hier möglich sind, demonstrierten die Apotheker des Freiburger Universitätsklinikums, die seit 1990 über eine zentrale Apotheke sämtliche 13 Universitätskliniken mit Arzneimitteln versorgen und so die Kosten drastisch reduzierten. Die Apotheker beraten mittlerweile die Ärzte auf jeder Station, damit sie das jeweils günstigste Präparat für die jeweilige Therapie herausfinden. Sie sorgen auch dafür, daß nicht mehr benötigte Arzneien in anderen Abteilungen weiterverwendet werden.

Ein Apotheker kürt den »Scheiß des Monats«

Besonders stolz ist Egid Strehl, der Direktor der Klinikapotheke, auf die günstigen Einkaufspreise, die er in harten Verhandlungen mit den Pharmaherstellern erzielt. Ein Präparat zum Beispiel, das früher 25 Mark pro Packung kostete, bezieht er jetzt für den zehnten Teil davon, nämlich für 2,50 Mark. Gesundheitsexperten schätzen, daß die Krankenkassen rund 560 Millionen Mark im Jahr einsparen könnten, wenn die Patienten mit reimportierten Arzneimitteln versorgt würden.

Neue Vertriebsformen wie Apothekenfilialketten oder Versandapotheken könnten viel dazu beitragen, die allzu üppigen Handelsspannen im Geschäft mit Arzneimitteln zu verringern und den Patienten einen besseren Gegenwert fürs Geld zu liefern. Denn vom etablierten Zwischenhandel hat der Kunde nichts Gutes zu erwarten. Den Pharmagroßhandel beherrschen vier Unternehmen – Phoenix, Gehe, Sanacorp und Anzag – zu fast 75 Prozent, und bisher schaffte die Pharmaindustrie noch immer, Händler und Apotheken zur Preisdisziplin zu zwingen.

Wer billige Arzneimittel aus dem Ausland importierte, wurde einfach nicht mehr beliefert. Auch der bundesweit bekannt gewordene Apotheker Gregor Huesmann aus Marburg bekam die Macht der Industrie zu spüren, nachdem er sich entschlossen hatte, »Pseudoarzneimittel und überflüssige Nahrungsergänzungsmittel zu entlarven«. Im Schaufenster seiner Apotheke kürte er ab Juli 1995 auf großen Plakaten regelmäßig den »Scheiß des Monats – Präparate, die wir Ihnen nicht empfehlen können«. Weiter hieß es da: »Zu Lug und Trug der Werbeaussagen fragen Sie uns in der Apotheke.«

Angetan hatten es ihm Präparate wie ein Haiknochenpulver zu 122 Mark die Packung, das dem Käufer Kraft und Elastizität sowie Schutz vor Krankheiten verleihen soll, oder Bronchialtees, die angeblich vor Erkältungskrankheiten schützten. Huesmann: »Wir verlieren unsere Glaubwürdigkeit als Apotheker, wenn wir solchen Quatsch verkaufen.« Doch per einstweiliger Verfügung ließ der Hersteller des Haipräparates den »Scheiß des Monats« verbieten und sandte Huesmann eine Schadenersatzklage über 200 000 Mark ins Haus.

Doch der streitbare Apotheker gibt nicht auf. Auf seine Anregung hin
beschloß die hessische Apothekenkammer, in deren Vorstand er sitzt,
die Gründung einer »Stiftung Arzneimitteltest« nach dem Vorbild der
Berliner Stiftung Warentest. Huesmann: »Die Apotheke hat ein se-
riöses Image. Der Kunde glaubt, bei uns würden nur wirksame Sachen
verkauft. Das nutzen viele Hersteller schamlos aus.« Von 100 Präparaten, die auf dem deutschen Gesundheitsmarkt verkauft werden, haben nur 30 einen Wirkungsnachweis, der Rest ist Pharmaschrott.
Solange die Gerichte aufklärerische Aktionen wie diese untersagen,
den millionenfachen Betrug am Verbraucher aber tolerieren, ist beim
Gang zur Apotheke große Vorsicht geboten.

Schönheit: versprechen und verkaufen

Funktioniert das Geschäft mit der Gesundheit vor allem deshalb so
gut, weil es Ärzten, Kliniken, Pharmafirmen und Apotheken im Verein mit den Krankenkassen gelang, den Patienten total zu entmündi-
gen, so läuft der Hase im Beauty Business genau andersherum. Schön-
heit ist ein Versprechen, mit dem man offenbar nahezu alles verkaufen kann, von der Schlankheitspille über die Antifalten-Creme bis hin
zum Dauerabonnement im Fitneß-Studio – und der Kunde zahlt freu-
dig und aus freien Stücken den (meist überhöhten) Preis.
Die Illusion eines makellosen Körpers, mit Trug- und Traumbildern
der Medien millionenfach in die Gehirne der Konsumenten gestampft,
bescherte der Fitneß-Branche einen Boom ohnegleichen. Manchmal
scheint es fast so, als ob es zwischen den Verführern, die es nur auf das
Geld in den Taschen ihrer Klientel abgesehen haben, und den Ver-
führten, die alle wenigstens einen Spiegel besitzen dürften, ein gehei-
mes Einverständnis darüber gäbe, den Erfolg ihrer Bemühungen nicht
allzugenau unter die Lupe zu nehmen.
Die Übergewichtigen zum Beispiel müssen ganz schön blauäugig sein,
wenn sie ernsthaft annehmen, der Kauf von Diätkost oder die Einnahme irgendwelcher Schlankheitspillen würde sie dauerhaft von
ihren Pfunden befreien. Denn zur Hatz auf die Dicken setzten nicht

nur seriöse Anbieter bewährter Abmagerungskuren an, sondern eine Vielzahl windiger Geschäftemacher, die auch nicht davor zurückschrecken, ausgesprochen gesundheitsschädliche Produkte und Kuren zu verabreichen.

Die Affäre um den belgischen Arzt Ivan Cuesens vom Sommer 1995 machte schlagartig klar, wie bedenkenlos auch deutsche Apotheker und Mediziner diätsüchtigen Patienten lebensgefährliche Mixturen verabreichen, wenn damit ein Reibach zu machen ist. Jahrelang konnte der Belgier seine weißen, etwa zwei Zentimeter langen Kapseln in Deutschland verkaufen – die Sechs-Wochen-Packung zu 250 Mark –, obwohl ihm schon 1984 in Belgien die Approbation entzogen worden war.

Erst nachdem im Sommer 1995 vier Frauen starben, die alle Cuesens' Pillen genommen hatten, wurde die Staatsanwaltschaft aktiv. Bei ihren Ermittlungen stießen die Strafverfolger auf einen ganzen Ring von Ärzten und Apothekern, die die gefährlichen Pillen ohne die geringsten Skrupel im großen Stil verscherbelten. Festgenommen wurden der Arzt Dr. Reinhard Jansen aus Euskirchen und der Sportmediziner Horst Morawitz aus Düsseldorf, ebenso der Apotheker Thomas Weppelmann aus Erftstadt und zwei weitere Berufskollegen.

Im Zuge der Ermittlungen gerieten jedoch immer weitere Verdächtige auf die Liste der Fahnder. Allein in Koblenz wurde gegen 25 Personen ermittelt, und selbst in entfernten Gegenden wie Berlin, München und dem Ruhrgebiet stießen sie auf die Spuren des untergetauchten Schlankheitsdoktors, der zuletzt vom Großherzogtum Luxemburg aus den deutschen Markt beliefert hatte. Cuesens ließ seine Pillen, die eine gefährliche Mixtur aus Schilddrüsenhormonen, Amphetaminen und anderen Substanzen enthielten, von der Firma Herbamed GmbH in Euskirchen im großen Stil herstellen und offenbar bundesweit vertreiben.

Diätprodukte erleichtern nur den Geldbeutel
Der Bedarf an Präparaten, die scheinbar müheloses Abspecken garantieren, scheint grenzenlos zu sein, denn nahezu jede zweite Frau und jeder dritte Mann in Deutschland schleppen zuviel Pfunde mit

sich herum. Allein die Apotheken verkaufen pro Jahr für etwa 27 Millionen Mark rezeptpflichtige und für 93 Millionen Mark rezeptfreie Schlankmacher, und noch mal 414 Millionen setzen sie mit diätetischen Lebensmitteln um. Den gesamten Abspeckmarkt taxieren Experten auf mehrere Milliarden Mark, denn an den Profiten mit den Fetten wollen neben den Apothekern auch Fitneß-Studios und Fastfood-Lieferanten, Gastronomen und Getränkehersteller, Heilpraktiker und Hoteliers, Kurorte und Kliniken, Pharmafirmen und Verleger teilhaben.

Sowenig gegen die Abmagerungsabsichten der Dicken einzuwenden ist, so konsequent sollten unhaltbare Versprechungen, wirkungslose Präparate und überteuerte Medikamente verboten werden. Doch die Lobby der Hungergewinnler blockte bisher noch alle Versuche, dem Treiben der Diätbranche Einhalt zu gebieten, erfolgreich ab. Marcel Kisseler zum Beispiel, Geschäftsführer der Zentrale zur Bekämpfung des unlauteren Wettbewerbs, kennt »keine Branche, die so irreführt«. Zu dieser Branche gehören, neben allerlei dubiosen Firmen, die mit hohem Werbeeinsatz schnell ein Wundermittel in den Markt drücken und genauso schnell wieder verschwinden, wenn die Kunden den Schwindel gemerkt haben, auch renommierte Konzerne wie Van Houten International mit der Marke »Pea«, Kraft Jacobs Suchard mit »Milka« Diät-Schokoladen und -Pralinen sowie die Huxel KG mit dem Vielmann-Sortiment. Allein mit Diätprodukten setzen die Hersteller über 300 Millionen Mark im Jahr um, und etwa ein Viertel davon geben sie für die Werbung aus.

Die Wirkungsweise vieler Schlankmacherprodukte ist recht simpel. Sie enthalten statt fettreicher Bestandteile Quellstoffe, die zu Suppen oder Getränken angerührt werden und im Magen ein vorübergehendes Völlegefühl erzeugen. Füllig sind auch die Verdienstspannen, wie das Beispiel des Marktführers Slim Fast aufs schönste beweist. Eine Packung dieses Schlankheitsmittels kostete bei seinem Verkaufsstart 1993 69 Mark – die Herstellung soll, wie die *Wirtschaftswoche* mutmaßte, nur 4 Mark erfordern. Dabei bewirkt die teure Magerkost, ebenso wie die meisten Diäten und Fastenkuren, nur eine vorübergehende Gewichtsabnahme. Sobald das Programm zu Ende ist, holt sich der Körper die vermißten Kalorien schneller als je zuvor zurück. Helmut Oberritter, wissenschaftlicher Leiter der deutschen Gesellschaft für Ernährung, hält denn auch nichts von Pulvern oder Pillen zur Gewichtsabnahme: »Zwei Wochen macht man das, hat nichts dazugelernt und kehrt gleich wieder zum alten Fehlverhalten zurück.« Dauerhaften Erfolg verspricht nach übereinstimmender Ansicht der Ernährungswissenschaftler noch am ehesten die älteste, billigste und seriöseste Fastenkur: FdH (im Volksmund: Friß die Hälfte). Würden sich Deutschlands Dicke daran halten, könnten sie einen Großteil jener 2,4 Milliarden Mark einsparen, die sie nach den Berechnungen des Euro-Handelsinstituts (EHI) in Köln jährlich für ihre Diätkost ausgeben.

Bei den Brillenpreisen fehlt der Durchblick
Wie die Leibesstarken werden auch die Augenschwachen zur Kasse gebeten, bis ihnen die Tränen kommen. Daß Brillengestelle, Gläser und Kontaktlinsen, gemessen am wahren Wert, in Deutschland viel zu teuer verkauft werden, weiß mittlerweile jedes Kind. Doch trotz unbestreitbarer Markterfolge von Filialketten wie Fielmann oder Apollo, die die hohen Optikerpreise systematisch unterboten und dennoch ordentliche Gewinne erzielten, zahlen die meisten Brillenträger noch immer zuviel für ihre Sehhilfen. Denn kaum eine Brille, egal von welchem Designer sie stammt und welches Label sie ziert, ist nach Material und Bearbeitung mehr wert als ein beliebiges Kassengestell, das der Optiker für 20 oder 30 Mark im Regal führt.
Hersteller und Importeure – es gibt rund 700 davon – verstanden es mit Hilfe der Optikerzunft, einen Großteil der Kundschaft vom preiswerten AOK-Gestell weg und hin zu zehn- bis zwanzigfach überteuerten Designermodellen zu locken. Rund ums Auge blüht das Geschäft mit der Eitelkeit so prächtig, daß die Qualität der Gestelle und Gläser offenbar eine immer unwichtigere Rolle spielt. »Billige Scharniere sind die Schwachstellen vieler Brillen«, diagnostizierte der *ARD Ratgeber Technik* und stellte süffisant fest: »Angeblich nur bei Brillen aus einigen asiatischen Ländern brechen gern die Bügel ab.«
Manche Augenärzte raten deshalb ihren Kunden, schon im Laden Bie-

120

getests zu machen sowie Scharniere und Fassungen genau zu überprüfen. Auch bei den Gläsern gibt es nach Beobachtungen der Mediziner zuviel Pfusch. Häufig versuchen die Optiker, ihren Kunden die teuersten Ausführungen aufzuschwatzen, auch wenn diese für den Zweck des Kunden keineswegs optimal sind. Lesebrillen mit getönten und entspiegelten Gläsern zum Beispiel sind ein Witz, da sie das einfallende Licht abdunkeln, so daß das Auge schnell ermüdet; außerdem stören beim Lesen keinerlei Reflexe. Nur Fernbrillen, zum Beispiel für Autofahrer, sollten entspiegelt sein. Nicht selten stimmen bei den nach Rezept gefertigten Gläsern die optischen Werte nicht, weshalb um ihren Ruf bedachte Augenärzte wie der Münchner Richard Fuchs am liebsten jede von ihnen verordnete Brille nachmessen würden.

Um Optiker, die ihren Kunden selbst für eine Tagesbrille zu Gläsern mit 40- oder gar 60prozentiger Tönung raten, sollten gesundheitsbewußte Brillenträger einen großen Bogen machen. Derart dunkle Gläser ermüden das Auge nämlich zu schnell. Großzügiger Umgang mit den physikalischen Gesetzen bestimmt offenbar auch das Geschäft mit einfachen Sonnenbrillen ohne optischen Schliff. Häufig stimmen nämlich die angegebenen Werte für die Absorption schädlicher UV-Strahlen nicht, wie zahlreiche Tests bewiesen haben.

Gute Sonnenschutzbrillen aus Kunststoff absorbieren 100 Prozent der UV-Strahlen, weniger gute oft nicht mal 40 Prozent. Den Preis der Brille bestimmen jedoch nicht so sehr die Gläser als vielmehr das Label des Designers oder Herstellers. Gewinnspannen bis zu 300 Prozent sind in diesem Geschäft keine Seltenheit. Brillenträger, die einen vernünftigen Gegenwert für ihr Geld erwarten, können sich am besten bei vertrauenswürdigen Augenärzten informieren.

Kosmetikpräparate mit trügerischer Wirkung

Ist das Preis-Leistungs-Verhältnis schon bei Brillen unbefriedigend, so gerät es auf dem Markt für Kosmetika vollends aus dem Lot. Nirgendwo, außer vielleicht im Drogenhandel, klafft zwischen dem Herstellungswert und dem Preis, den der Verbraucher zu bezahlen hat, eine solche Spanne wie im Geschäft mit dem schönen Schein. Über 12 Milliarden Mark gaben Deutschlands Verbraucherinnen und Verbraucher letztes Jahr für Cremes und Lotions, Duft- und Gesichtswasser aus. Und ein großer Teil davon war für die Katz. Denn zwischen Versprechungen und Wirklichkeit liegt auch in der Kosmetikindustrie ein tiefer Graben.

Die Nachtcreme für 17,95 Mark aus der Drogeriekette zum Beispiel erfüllt ihren Zweck nicht weniger gut als das Pendant zu 195 Mark aus der Edelparfümerie in bester Citylage. Und bei Licht besehen, wäre jeder bessere Apotheker in der Lage, die gleiche Mixtur für etwa 5 Mark anzurühren. Der kleine Unterschied: Der Apotheker käme wohl nie auf die Idee, das bißchen Fett- und Feuchtigkeitsgemisch als »Night Repair« in einem güldenen Tiegelchen zu verkaufen und Claudia Schiffer als Werbeträger anzuheuern.

Augenwischerei, wo man hinguckt: Der Mode- und Kosmetikkonzern Christian Dior zum Beispiel mußte ein sogenanntes Lifting Serum mit dem schönen Namen »Capture« wieder vom Markt nehmen, nachdem sich herausgestellt hatte, daß die versprochene Wirkung (»In einer Woche sind Ihre Falten weg«) übertrieben war. Und da kaum eine der Kundinnen hinreichend Nutzen und Schaden der unter den phantasievollsten Bezeichnungen offerierten Wirkstoffe Liposome, Kollagen oder sauerstoffaktive Biosimulatoren beurteilen kann, versprechen die Hersteller oft mehr, als auf eine Kuhhaut geht. Seit Dermatologen in den USA entdeckten, daß sich mit Cremes, denen reichlich Vitam-in A beigegeben wird, altersbedingte Hautfalten glätten lassen, drängen immer mehr solcher Präparate auf den Markt. Sie sind freilich von bedingtem Nutzen, weil die Gesundheitsbehörden nur eine minimale Vitamin-Dosierung erlauben. Grund: bei zu hohem Vitamin-A-Anteil besteht die Gefahr einer dauerhaften Schädigung der Haut, vor allem dann, wenn sie der natürlichen UV-Strahlung ausgesetzt wird. Dennoch werben manche Hersteller ungeniert für ihre »Falten-Weg-Cremes«.

Geschickt versteht es die Kosmetikindustrie, den Verbrauchern Wirkungen ihrer Präparate vorzugaukeln, die in Wahrheit höchst zweifelhaft sind. Zum Beispiel bei Sonnenschutzcremes und -lotions: Da wird mit Lichtschutzfaktoren geworben, die anzeigen sollen, um wieviel länger eine eingecremte Haut der Sonne standhält als eine ungeschützte. Tatsächlich aber sind die auf den Tuben und Tiegeln der Präparate aufgedruckten Faktoren nicht sehr aussagefähig. Die behauptete Schutzwirkung ist nämlich nur ein Durchschnittswert aus mehreren Messungen und unterliegt starken Schwankungen.

Sie hängst zunächst einmal vom Hauttyp des Verbrauchers ab, außerdem enthalten die Cremes und Lotions offenbar ganz unterschiedlich wirksame Substanzen. Dies jedenfalls ergibt sich aus den Tests des schweizerischen Konsumentenmagazins *Kassensturz*. Da wurde zum Beispiel bei einem Produkt mit deklariertem Lichtschutzfaktor 6 mal der Faktor 2,6, ein anderes Mal 11,8 gemessen, und zwar beim gleichen Hauttyp und unter identischen Bedingungen. Interne Prüfunterlagen der Hersteller bestätigten den Befund: Auf die Lichtschutzfaktoren ist kein Verlaß, da die Schwankungsbreite innerhalb einer Produktionsserie außerordentlich groß sein kann. Wieder einmal wird der Konsument für dumm verkauft, weil er für sein Geld nicht das bekommt, was ihm die Werbung verspricht.

Selbst beim edelsten Produkt der Parfümerie, dem Parfüm, ist die Kundin nicht davor gefeit, für teures Geld Schadstoffe einzukaufen, die nicht nur die Haut angreifen, sondern denen in der Medizin sogar einen krebserregende Wirkung zugeschrieben wird. Verdächtig sind zum Beispiel alle Produkte, die Duftstoffe auf der Basis von Nitromotials-Verbindungen enthalten. Diese künstlich hergestellten Substanzen – die Jahresproduktion betrug über 1000 Tonnen – finden sich sowohl in Waschmitteln als auch in vielen Kosmetikpräparaten und Parfüms, obwohl Tierversuche die krebsauslösende Wirkung etwa des besonders häufig verwendeten Moschus-Xylols gezeigt haben.

Als das Fachblatt *Öko-Test* 23 Parfüms auf ihre Verträglichkeit hin untersuchte, erhielten nur zwei das Prädikat »empfehlenswert« (»Dune« von Christian Dior und »Gabriela Sabatini« von Muehlens). Als nicht empfehlenswert stuften die Öko-Tester die Parfüm-Bestseller »Chanel No. 5« und »Jil Sander No. 4« ein. Abzulehnen sind nach dem heutigen Stand der Erkenntnis Produkte mit Nitro-Moschus-Verbindungen ebenso wie solche, die sogenannte Vergällungsmittel enthalten, da diese zu Hautreizungen führen können.

Haut und Geldbeutel in Gefahr

Gefährdet ist beim Gang in die Parfümerie jedoch nicht nur die Haut, sondern auch der Geldbeutel. Rechtfertigen die Hersteller der teuren Duftwässer ihre prohibitiven Preise gerne mit der Verwendung kostbarer Substanzen wie Rosenöl, so sind es in Wahrheit eher ihre exzessiven Ausgaben für Verpackung, Vertrieb und Werbung, die die Bilanzen belasten. Denn natürliche Essenzen finden sich nur noch selten in den Flakons der Parfümhersteller, die ihre synthetischen Duftcocktails meist von fremden Chemiefirmen anrichten lassen und sich auf das Vermarkten ihres Labels beschränken.

Die Verpackung ist darum häufig mehr wert als ihr Inhalt, vor allem wenn sie in »limitierter« Auflage angeboten wird. Weil Preis und Menge sich pro Kaufvorgang kaum noch wesentlich erhöhen ließen, verfielen die Marketingexperten der Parfümindustrie auf die Idee, den Mehrwert aus der Flasche zu holen. Also beauftragten sie Glaskünstler wie die Pariser Manufaktur Lalique oder teure Designer wie den Hanseaten Peter Schmidt mit der Gestaltung aufwendiger Flakons.

So kosten denn ein paar Tropfen des Duftes »Liu« von Guerlain im »Liebhaberflakon« aus schwarzem Glas muntere 950 Mark, und schon für wenig mehr als 600 Mark ist Cutys »Ambre Antique« im Flakon von Lalique wohlfeil. Kein Wunder, daß es der Parfümindustrie gelingt, Duftwässer für nahezu 2,5 Milliarden Mark an die deutsche Frau zu verkaufen. Und weil das Geschäft so einträglich ist, brachten die Hersteller 1995 nicht weniger als 120 neue Damen- und Herrendüfte auf den Markt.

Das stinkt zum Himmel, und es fragt sich, wann der Kunde endlich die Nase voll hat von den ätzenden Abstaubermethoden einer Branche, in der Täuschungsmanöver zum Tagesgeschäft gehören. Höchst anrüchig ist die Methode, Kunden über den Hersteller der Essenzen im unklaren zu lassen. Ein Parfüm zum Beispiel, das als »Jil Sander« verkauft wird, entstand keineswegs in den Ateliers der gleichnamigen Hamburger Modefirma, sondern wird in einem anonymen Schweizer Chemielabor destilliert. Und den Herrenduft »Alain Delon« hat mitnichten der französische Schauspieler kreiert, sondern irgendein unbekannter Parfümeur. Und sowenig die Namen etwas über Qua-

lität und Duftnote eines Eau de Toilette aussagen, so wenig erfährt
der Kunde, ob es sich um ein Produkt handelt, das aus natürlichen oder synthetischen Stoffen besteht – nicht umsonst haben Aller-
giker so große Mühen, hautverträgliche Parfüms und Kosmetika zu
finden.

Sauberkeit: waschen und draufzahlen

Kein anderes Produkt wird so intensiv beworben wie Waschpulver,
und bei kaum einem anderen ist das Mißverhältnis zwischen Preis und
Leistung so groß. Rund 4 Milliarden Mark gaben Deutschlands Hausfrauen 1995 für Haupt- und Vollwaschmittel aus, doch der Produk-
tionswert des Pulvers, den sie dafür erhielten, beträgt nur einen Bruchteil davon.

Allein 15 Prozent, nämlich über 600 Millionen Mark, gaben die Hersteller im gleichen Zeitraum für die klassische Mediawerbung aus, und
noch mal so viel dürften die sonstigen Marketingmaßnahmen ver-
schlungen haben. Das heißt, bei jedem Paket »Persil«, »Omo« oder
»Ariel« zahlt der Kunde etwa ein Drittel des Preises allein dafür, daß
er sich den Markennamen merkte.

Drei Konzerne beherrschen den Waschmittelmarkt zu über 80 Prozent, nämlich der weltweite Branchenführer Procter & Gamble aus
den USA (»Ariel«), der deutsch-niederländische Unilever-Konzern
(»Omo«) sowie der deutsche Wettbewerber Henkel (»Persil«), und
die drei Saubermänner liefern sich eine Werbeschlacht ohnegleichen.
Über alle Massenmedien verbreiten sie millionenfach die schlichte
Botschaft, daß gerade ihr Produkt noch reiner, weißer, sauberer wasche als alles andere.

Daß es dabei auf die eine oder andere Übertreibung nicht ankommt,
versteht sich von selbst, doch hin und wieder versteigen sie sich auch
zu Aussagen, die der Konkurrenz einen willkommenen Anlaß für juristische Attacken bieten. Unvergessen ist der monatelang schwelen-
de Waschpulverkrieg zwischen Unilever und Procter & Gamble vom
Frühjahr 1995. Unilever hatte mit großem Tamtam eine Produkt-

innovation unter dem Namen »Omo-Power« und »Persil-Power« (die Rechte für Henkels Markennamen »Persil« liegen, als Spätfolge des Weltkriegs, für Großbritannien immer noch bei Unilever) in den Markt geboxt und damit den US-Konzern in die Defensive gedrängt. Procter & Gamble jedoch revanchierte sich mit der Aussage, Unilevers Power-Pulver schädige die Wäsche.

Tatsächlich konnten die US-Chemiker nachweisen, daß der im Power-Pulver verwendete Katalysator das Gewebe angreift und daß bereits nach zwölfmaligem Waschen mit diesem Pulver bei Baumwollgeweben Schäden nachgewiesen werden konnten. Unilever war gezwungen, sein Pulver neu zu mischen, derweil die Chemiker bei Procter & Gamble fieberhaft daran arbeiteten, ihr Produkt »Ariel« mit einem neuen Wasserenthärter auszustatten.

Das teuerste an den »Megaperls« ist die Werbung

Ziel der Hersteller ist es nämlich seit Jahren, das Volumen ihrer Pulver zu reduzieren: Das spart Material- und Verpackungskosten und läßt sich der Hausfrau leicht als »Steigerung der Waschkraft« verkaufen. »Ariel« jedenfalls erhielt an Stelle des bisherigen Wirkstoffes Ceolid einen Wasserenthärter auf der Basis von Natriumschichtsilikat mit dem Namen SKS-6, worauf die Werbelyriker für Procter & Gamble trompeteten: »Ein neuer Meilenstein in der Geschichte des umweltbewußten Waschens.«

Die Werber verschweigen freilich, daß der neue Wasserenthärter keine P & G-Erfindung war, sondern daß er von Hans-Peter Rieck, einem Angestellten des Frankfurter Chemiekonzerns Hoechst, entwickelt worden war und von jedem Waschmittelhersteller verwendet werden konnte. Einen anderen Weg, das Pulvervolumen zu reduzieren, wählte der Düsseldorfer Henkel-Konzern mit seinem Persil »Megaperls«. Die Fertigung ist im Grunde simpel: Die Paste aus den Waschrohstoffen wird mit hohem Druck in einem rotierenden Zylinder durch Lochplatten gedrückt. Dabei entstehen spaghettiähnliche Röhren, die durch rotierende Messer an der Lochplatte abgeschnitten werden. Die kleinen zylindrischen Stücke gelangen dann auf eine rotierende Platte, wo sie sich zu gleichmäßigen Kügelchen verformen.

Gegenüber herkömmlichem Pulver sind die Kügelchen stark verdichtet, so daß sie praktisch keine Luft mehr enthalten. Etwa 600 Gramm der Kugeln enthalten soviel Waschpulversubstanz wie zuvor 800 Gramm Pulver.

Entscheidend ist dabei jedoch nicht so sehr das Herstellungsverfahren, sondern die Tatsache, daß sich das Ganze als wundersame Waschkraftvermehrung verkaufen läßt. Daß damit vor allem eine wundersame Gewinnvermehrung beim Henkel-Konzern verbunden ist, beweisen dessen Geschäftsberichte aufs eindrucksvollste. Die für die »Megaperls« erforderliche Produktionsstätte kostete nämlich alles in allem nur etwa 115 Millionen Mark – davon entfielen etwa 35 Millionen auf die Gebäude und nur 70 Millionen auf die eigentliche Produktionsanlage –, während der Konzern allein im ersten Halbjahr 1995 mehr als doppelt soviel, nämlich 146 Millionen Mark, für Werbung ausgab. Nichts zeigt deutlicher das Mißverhältnis zwischen Produktions- und Reklameaufwand in der Waschmittelindustrie. Die Kundin erhält für ihr Geld immer weniger Pulver, dafür um so mehr dumme Sprüche.

Übler Schwindel mit Waschhilfen

Noch sauberer abkassiert wird die reinlichkeitsbewußte Hausfrau dann, wenn sie glaubt, das Preis-Leistungs-Verhältnis mit Hilfe neuartiger Waschhilfen zu ihren Gunsten verbessern zu können. Die meisten dieser Karten, Kugeln, Ringe oder Bälle, die zusammen mit der Wäsche in die Maschine gesteckt werden sollen, sind nämlich bei weitem nicht das Geld wert, das sie kosten. Die von der Schweizer Firma Fun World angepriesene »Clean Card« zum Beispiel soll angeblich helfen, 90 Prozent der für einen Waschvorgang nötigen Menge Waschpulver einzusparen. Tatsächlich aber ist die 179 Mark teure Waschkarte nach einem Gutachten der Bundesanstalt für Materialforschung ziemlich wirkungslos: »Es wurde festgestellt, daß kein Unterschied zwischen den Behandlungen mit und ohne Waschkarte besteht«, notierten die Prüfer. Auch andere Hilfen wie die »Öko-Max-Soft-Magnetkugel«, »Sannol's«, »Ökis-Waschbälle«, »Tri-Clean-Waschringe« oder »Clean-World-Waschkarten« konnten bei einem Test des Österreichischen Vereins für Konsumenteninformation (VKI) keineswegs überzeugen. In vielen Fällen ermittelt bereits der Staatsanwalt.

Es sind beileibe nicht nur obskure Anbieter, die dem Kunden Sand in die Augen zu streuen versuchen. Manchmal bedient sich auch ein durchaus seriöser Hersteller zweifelhafter Argumente – so etwa, wenn der Waschmittelriese Henkel auf die Etiketten seines Reinigungsmittels »Der General« den Zusatz »mit Bio-Alkohol« setzt. Obwohl das Berliner Umweltbundesamt darin eine irreführende Werbung sieht, weil die Herstellung des Industriealkohols mit chemischen Mitteln erfolgt, greift es nicht ein. »Das müssen die Wettbewerber untereinander ausmachen«, meint Referatsleiter Harold Neitzel.

Seit der Umweltschutz begann, das Kaufverhalten der Verbraucher nachhaltig zu beeinflussen, wimmelt es in den Bädern und Waschküchen der Haushalte nur so von Tiegeln und Töpfen, Flaschen und Flakons mit grünen Blättchen und anderen Öko-Symbolen. Allzuoft freilich versprechen Angaben wie »biologisch abbaubar« oder »phosphatfrei« nur Selbstverständliches, und manchmal zeichnen sich die »grünen« Produkte vor allem dadurch aus, daß sie ziemlich wirkungslos bleiben. So etwa jener Rohr-Reiniger mit dem schönen Namen »Bio-Abfluß-frei«, der das Geheimnis der »chemischen Formel für biologische Wirkung« birgt und angeblich mit Hilfe von Bakterien verstopfte Abflußrohre im Nu sauber bekommt. Ein Test der Redaktion des NDR *Ratgeber Technik* kam jedoch zu dem Ergebnis: »Nach einer Stunde hat sich leider so gut wie nichts getan.«

Mit Vorsicht zu genießen sind auch einige Haarwaschmittel, denn nicht wenigen Herstellern von Shampoos sind die Gewinne wichtiger als die Gesundheit ihrer Kunden. Obwohl seit langem klar ist, daß Formaldehyd-Verbindungen ebenso wie die sogenannten polyzyklischen Kohlenwasserstoffe im Verdacht stehen, Krebs auszulösen, enthalten noch immer viele Shampoos derartige Verbindungen. Besonders solche Shampoos, die Steinkohlenteer als Wirkstoff gegen Schuppen enthalten, können die Gesundheit gefährden.

Vor diesem Teer warnte bereits 1992 eine Gutachterkommission, die im Auftrag des Bundesgesundheitsamtes Arzneimittel bewertete: »Bei unkontrollierter, regelmäßiger und langjähriger Anwendung muß mit Karzinogenese gerechnet werden.« Und die Zeitschrift *Öko-Test* warnte: »Jeder kann Schuppenkuren kaufen, sie tragen noch nicht einmal Warnhinweise für Schwangere.« Die Tester halten manche Teershampoos für »so giftig wie das verbotene Holzschutzmittel« und warnen dringend vor deren regelmäßigem Gebrauch.

Wo bei der täglichen Haarwäsche nicht die Gesundheit geschädigt wird, ist es mit ziemlicher Sicherheit der Geldbeutel. Mit Hilfe überdrehter Werbesprüche (»Spannkraft für Ihr Haar«) verstand es die Haarpflegebranche, die zu den lukrativsten Wirtschaftsbereichen zählt, die Preise für ihre, technisch betrachtet, simplen Produkte in erstaunliche Höhen zu treiben. So kosten 100 ml Shampoo bis zu 10 Mark und mehr, obwohl sich in den Regalen von Aldi zum Beispiel auch schon ein durchaus empfehlenswertes Haarwaschmittel (»Karibik Shampoo Aktiv«) zu 53 Pfennig pro 100 ml auftreiben läßt, wie die Zeitschrift *Öko-Test* herausfand.

Den meisten der in der Werbung groß herausgestellten Zusatzstoffe wie Ringelblumen, Kastanien, Orangen oder Rosenblüten fehlt ein objektiver Wirkungsnachweis. Dafür geben sich die Hersteller große Mühe mit der Schaumschlägerei. Denn in zahlreichen Verbrauchertests haben sie herausgefunden, daß die Kunden im Schaum den ersten Erfolgsnachweis eines Shampoos sehen. Daß dies ein Irrtum ist, wissen natürlich alle Hersteller, doch sie hüten sich, ihre Kunden aufzuklären. Schäumende Shampoos sind viel leichter herzustellen als solche, die die Haare pflegen. Also zeigt sich hier wieder das vertraute Bild: Die Industrie versucht den Verbraucher zu täuschen, sie verkauft ihm bedenkenlos Produkte, die seine Gesundheit gefährden können, und verlangt für vorgetäuschte Effekte einen viel zu hohen Preis.

Bekleidung: probieren und reklamieren

Es soll Zeiten gegeben haben, in denen der Einkauf neuer Garderobe Spaß machte und bei der Kundin oder dem Kunden ein Gefühl der Befriedigung hervorrief. Diese Zeiten sind für die Mehrzahl der Deutschen nur noch eine blasse Erinnerung. Im Modehaus der Gegenwart regiert der Frust, denn die Chancen des Kunden, daß er das passende Kleidungsstück in erwünschter Qualität zum angemessenen Preis bekommt, stehen nicht allzu günstig.

Die Enttäuschung beginnt bereits beim Betreten des Ladens, gleich ob es sich um die Herren- oder Damenabteilung eines Kaufhauses, das Fachgeschäft in der City oder um eine Boutique für Ausgefallenes handelt – das Personal ist überall gleich schlecht. Man muß schon unverschämtes Glück haben, um noch auf eine Verkäuferin oder einen Verkäufer zu treffen, der sich erstens ein bißchen bemüht und zweitens auch noch eine gewisse Ahnung von der Ware hat, die er verkaufen soll. Zu Recht klagte etwa das *Handelsblatt*: »Man trifft kaum noch Fachpersonal, das die Ware kennt, einen Kunden beraten, einen Kauf begleiten könnte. In Kaufhäusern gar ist entweder niemand zu finden oder gleich zwei, die dann meist miteinander plaudern. Das klassische Verkaufsgespräch beginnt heutzutage viel zu oft: ›Darf ich mal stören?‹ Wer sich seufzend selbst bedient, sucht die Kasse und findet eine lange Schlange.«

Die Szene ließe sich beliebig variieren, das Ergebnis ist zwischen Füssen und Flensburg überall ähnlich. Mürrische Verkäufer auf der einen, gereizte Kunden auf der anderen Seite. Die Ursachen sind bekannt. Wie die Industrie haben auch die Einzelhändler versucht, alle Rationalisierungsreserven auszuschöpfen. Sie reduzierten die Zahl ihrer Mitarbeiter auf ein gerade noch vertretbares Maß, entließen das geschulte, weil teure Fachpersonal und beschäftigen derzeit hauptsächlich junge Anlernkräfte, die im Schnitt kaum mehr als 2000 Mark im Monat verdienen. Daß von solchen Verlegenheitsverkäufern keine fundierte Beratung zu erwarten ist, versteht sich von selbst.

Der Kunde indes weiß beim Betreten des Ladens von vornherein, daß er viel Geld dort lassen wird, und erwartet nicht zu Unrecht wenigstens eine freundliche Bedienung. Doch auch damit liegt er, wie jeder weiß, in vielen Häusern gründlich schief. Fühlt er sich nun bereits als unerwünschter Eindringling, als Bittsteller oder zumindest als Störenfried, so befällt ihn, wenn er die Ware besichtigt und anprobiert, oft schieres Entsetzen.

Zum Beispiel, wenn er an einem schönen Spätsommertag der Lamm-fellmäntel, Daunenjacken und Winterpullover ansichtig wird, die da in der wohlig warmen Mittagssonne vor sich hindämmern. Denn in ihrem Bemühen, den Kunden stets noch früher zum Kauf der jeweils nächsten Kollektion anzustacheln, haben sich die modebewußten Ein-zelhändler mittlerweile selbst überholt. Unverfroren bieten sie mitten im Sommer Winterware und schon vor Weihnachten die Frühjahrs-garderobe an. Zur Unzeit muß sich der Kunde also für Klamotten ent-scheiden, die er momentan gar nicht gebrauchen kann.

Naive Kunden, die auf die verrückte Idee verfallen, Sommergardero-be im Sommer und Wintergarderobe im Winter zu kaufen, haben für gewöhnlich mit Zitronen gehandelt. Häufig ist zu dieser Zeit bereits der Ausverkauf gelaufen, und der Verkäufer schleppt allenfalls noch ein paar liegengebliebene Ladenhüter an. Erst wenn der Handel noch eine halbe Umdrehung zulegt und im Sommer 1997 bereits die Som-merkollektion 1998 verkauft, brechen für den Kunden wieder erträg-liche Zustände an.

Jeder Hersteller legt die Größen anders aus
Die Freude dürfte sich freilich auch dann in Grenzen halten, denn an der Einkaufspraxis der Modehäuser wird sich wohl kaum etwas än-dern. Und die sieht heute so aus: Geordert werden grundsätzlich nur die von irgendwelchen Designern ausgeheckten Modefarben der Sai-son. Sind Pastelltöne angesagt, hat die Kundin keine Chance, knallig Buntes vorzufinden. Und wenn das Diktat der Modepäpste Rot- und Grüntöne verordnet, gehen Kunden mit der Vorliebe für Braunes oder Beigefarbenes leer aus.

Was bei den Farben recht ist, sollte bei den Schnitten billig sein. Ist der Mini angesagt, gibt es nur kurze Röcke, basta, auch wenn die Kun-din noch so stämmige Beine hat. Überhaupt die Figur: Die Fülle der Kollektionen erschließt sich für gewöhnlich sowieso nur den Norm-größen. Frauen, die nach Größen über 40 Ausschau halten, ergeht es ähnlich wie Männern, die weniger als 48 oder mehr als 54 benötigen: Ebbe, soweit das Auge reicht.

Die scheinbare Vielfalt des Angebots überdeckt die schlichte Tatsache, daß es sich stets nur auf wenige Größen und immer die gleichen Farben und Modelle konzentriert. Wirklich Ausgefallenes und Individuelles findet sich im Sortiment der meisten Bekleidungshäuser so selten wie ein Topmodell der Claudia-Schiffer-Klasse auf dem Laufsteg bei C & A.

Hat sich der Kunde schließlich doch zu einer Anprobe entschlossen, harret seiner die nächste Klippe: Das gute Stück ist fast immer zu weit, zu eng, zu lang oder zu kurz. Das passiert auch dann, wenn er sich für »seine« passende Größe entschieden hat. Denn jeder Hersteller legt die Maße anders aus. Die Frauenstandardgröße 38 zum Beispiel kann beim einen locker füllige 40er-Hüften umspannen, beim anderen paßt nicht mal eine 36er-Figur hinein.

Grund: Mancher Hersteller, wie etwa der Sportmodenfabrikant Bogner, leistet sich großzügige Schnittmaße, um füllig er gewordenen Kundinnen die Illusion zu vermitteln, sie hätten sich ihre frühere Figur erhalten. Andere Lieferanten kalkulieren ökonomischer und lassen grundsätzlich so knapp wie möglich zuschneiden, um den Materialverbrauch gering zu halten. Einige Schlauberger unter den Herstellern sind sogar bereits dazu übergegangen, anstatt der üblichen abgestuften Größenklassen nur noch vier Formate anzubieten (S für Small, M für Medium, L für Large und XL für Extra Large), und der Einfachheit halber schneidern sie diese Formate für Herren und Damen gleich groß.

Die zunehmenden Reklamationen der Kundschaft wegen schlecht sitzender Kleider kontern Handel und Hersteller gern mit dem Verweis auf die sich ändernden Durchschnittsmaße der Bevölkerung. Tatsächlich wird der Durchschnittsdeutsche im Laufe der Jahre offenbar immer größer und auch gewichtiger. Doch die Bekleidungsindustrie pflegt dies nur alle 15 Jahre zur Kenntnis zu nehmen. Erst 1995 zum Beispiel ließ der Verband der Damenoberbekleidungsindustrie (DOB) wieder einmal 10 000 Frauen und Mädchen neu vermessen. Dabei stellte sich heraus, daß seit 1981 die Brust um durchschnittlich 1,7 Zentimeter, Taille und Hüfte um 2,2 Zentimeter zugenommen hatten. Noch immer aber liegt auf den Tischen vieler Zuschneider die alte Schablone von 1981.

Warum das teure Stück so viele Fehler hat

Klar, daß der Kunde bei solcher Großzügigkeit immer mehr Zeit für Auswahl und Anprobe aufwenden muß. Hat er sich dann endlich entschieden, die erforderlichen Änderungen bezahlt und nach zwei Wochen das gute Stück tatsächlich in Empfang nehmen dürfen, beginnt der zweite Teil des Abenteuers Klamottenkauf. In Ruhe wird er jetzt, unbehelligt von den Sprüchen des Verkäufers, die Qualität des erstandenen Kleidungsstücks einer eingehenden Prüfung unterziehen. Er wird das Etikett studieren, auf dem die verwendeten Materialien angegeben sein sollten, wird Nähte, Knöpfe oder Reißverschlüsse betrachten und auch den Futterstoff befühlen, und nicht selten wird er feststellen müssen, daß der Gegenwert für sein Geld ein bißchen dürftig ausgefallen ist.

Denn auch im Geschäft mit Textilien wird recht üppig kalkuliert. Weil der Zwang zu schnellen Modellwechseln für den Hersteller das Risiko, auf unverkaufter Ware sitzenzubleiben, stark erhöht, muß er, um zu überleben, wenigstens das Doppelte der Herstellungskosten vom Handel verlangen. Und die Händler schlagen auf den Einkaufspreis noch mal mindestens 100 Prozent drauf – bei besonders modischen oder hochwertigen Teilen wird auch mal mit 150 oder 200 Prozent kalkuliert –, so daß der Kunde, wenn er den regulären Preis bezahlt, etwa vier- bis fünfmal so viel löhnen muß, wie das Kleidungsstück in der Herstellung gekostet hat. Und was er dafür erhält, zeichnet sich nicht selten durch erhebliche Qualitätsmängel aus.

Grund ist die Misere der deutschen Bekleidungsindustrie. Weil die Hersteller bei den hohen deutschen Lohn- und Lohnnebenkosten mit ihrer Inlandsproduktion kaum noch konkurrenzfähig sind, lassen sie immer mehr Teile in Billiglohnländern fertigen. Zwischen 1991 und 1994 zum Beispiel halbierte sich die Zahl der Mitarbeiter in der Bekleidungsindustrie von 214000 auf knapp 124000. Die meisten Kleidungsstücke, die wir heute im Laden kaufen, kommen aus Niedrigpreisländern wie Portugal, Tunesien, Polen, Tschechien oder auch aus Südostasien.

Zwar werden in allen diesen Ländern teilweise ordentliche Qualitäten produziert – aber eben nur dann, wenn der deutsche Anbieter wirklich auf Qualität achtet. In den meisten Fällen läßt er nämlich die Kleidungsstücke gar nicht mehr in eigenen Fabriken fertigen, sondern beauftragt fremde Unternehmen mit der Herstellung. Organisiert wird diese sogenannte Lohnfertigung in vielen Fällen von freien Agenten, die auch die Termine überwachen und die Qualität der Produktion kontrollieren sollen. Da sie ihre Provision meist erst erhalten, wenn die Ware ausgeliefert ist, nehmen sie es häufig mit der Qualitätskontrolle nicht allzu ernst.

Viele Produzenten sind nur noch Inkassobüros

So kommt es dann bei solcherart produzierten Kleidungsstücken zu den bekannten Erscheinungen: Die Knöpfe fallen noch vor der ersten Reinigung ab, Reißverschlüsse haben einen anderen Farbton als der Stoff, Nähte gehen auf, der Futterstoff löst sich ab, und auch das Material hält nicht, was es versprach. Gelegentlich sind auch die Einzelhändler unangenehm berührt, wenn sie der neuen Kollektion ansichtig werden. Denn geködert wurden sie von den Vertretern des Herstellers, der in Wahrheit ja kein Hersteller mehr ist, mit einwandfrei gefertigten Musterteilen. Die stammten unter Umständen aus der stark geschrumpften deutschen Fertigung, während Serienmodelle (die sogenannte Verdoppelung) irgendwo im fernen Malaysia entstanden sind und eine wesentlich großzügigere Auslegung des Begriffs »Wertarbeit« erkennen lassen.

Aus Rationalisierungsgründen verzichten viele dieser Konfektionäre, die eigentlich nur noch Stylingbüros und Vertriebsagenturen sind, auf eine sorgfältige Endkontrolle der gelieferten Waren und überlassen es dem Verbraucher, herauszufinden, welche Markenlabels und Firmenlogos noch für ein Mindestmaß an Qualität stehen. Gespart wird für gewöhnlich überall da, wo es der Kunde nicht auf den ersten Blick sieht, also bei den Futterstoffen, den Innennähten, den Applikationen.

Es gibt namhafte Firmen in der Textilbranche, die nicht viel mehr sind als reine Inkassobüros. Sie unterhalten keinen Fabrikationsbetrieb mehr und beschäftigen nur noch freiberufliche Designer, Werbeagenturen und Vertreter. Die virtuelle Firma – in der deutschen Bekleidungsbranche ist sie bereits verwirklicht. Doch kaum ein Kunde erkennt auf Anhieb, ob hinter einem Label wie, sagen wir René Lezard, noch eine eigene Fertigung steht oder ob das Jil-Sander-Kostüm, das die Kundin soeben für teures Geld erstanden hat, in Deutschland oder in Portugal gefertigt wurde.

Natürlich ist es legitim, wenn die Industrie versucht, auf dem Weg internationaler Arbeitsteilung ihre Kosten zu minimieren. Doch wenn ihr die Qualitätskontrolle entgleitet, ist es nur noch eine Frage der Zeit, bis die Kunden jedes Vertrauen in die einzelnen Marken verlieren. Sie werden dann auch nicht mehr bereit sein, in das Image einer Marke zu investieren, und ihre Kaufentscheidung ausschließlich vom Preis abhängig machen.

Kaschmir ist nicht gleich Kaschmir

Wie schnell das Vertrauen der Kundschaft verspielt werden kann, zeigte sich deutlich beim Imageverfall der einst hochgeschätzten Kaschmirmode. Pullover, Sakkos und Mäntel aus der Wolle der Kaschmirziege zählten einst wegen ihrer unerreichten Weichheit zu den begehrtesten Statussymbolen einer gutbetuchten Käuferschicht.

Teuer waren Kaschmirgewebe schon immer, da sich die Herden der Kaschmirziegen in der Inneren Mongolei, in Tibet oder in den Hochtälern Indiens und Afghanistans nicht beliebig vermehren ließen und die Verarbeitung der extrem dünnen und weichen Haare von nur wenigen, ausschließlich in Norditalien beheimateten Tuchwebereien beherrscht wurde. Doch in dem Maße, wie immer mehr Kunden nach der weichen Ware verlangten, trieben viele Hersteller die Preise nach oben und ließen die Qualität verkümmern.

Da wurde manche Merinoschafwolle so lange bearbeitet, bis sie sich im Griff ein bißchen nach Kaschmir anfühlte, da erhielten die in den Himalaya entsandten Einkäufer Weisung, nicht mehr nur das flauschige Bauchhaar der Ziegen zu ersteigern, sondern ruhig ein wenig von dem härteren Deckhaar mitzunehmen, und schließlich begannen die Tuchweber, die teure Kaschmirware mit gewöhnlicher Wolle zu vermischen. Mancher angebliche Kaschmirpulli enthielt dann schließlich allenfalls nur noch einen Anflug aus den weichen Ziegenhaaren, nur der Preis war 100 Prozent Kaschmir.

Wie beim Kaschmir muß der Verbraucher auch bei anderen Materialien darauf achten, daß er den Stoff, aus dem seine Träume sind, tatsächlich auch bekommt. Denn das Textilkennzeichnungsgesetz ist, wie der NDR *Ratgeber Technik* bündig feststellte, »schlichte Volksverdummung«. Zwar soll der Stoff auf dem Etikett korrekt definiert werden, doch gilt das lediglich für das Grundmaterial. Spitzen und Besatz, Bordüren, Abzeichen, Etiketten, Knöpfe, aber auch der komplette Chemiecocktail, mit dem der Stoff behandelt wurde, sind, ebenso wie die enthaltenen Farb- und Lösungsmittel, von der Kennzeichnungspflicht ausgenommen. Und bei Gewebemischungen erfährt der Kunde nur dann etwas von den Zusatzstoffen, wenn deren Anteil mehr als zehn Prozent beträgt.

Gefährlicher Chemie-Cocktail in den Stoffen

Um einem Etikettenschwindel auf die Spur zu kommen, muß der Kunde erst mal viel Geld investieren, denn eine Materialanalyse, zum Beispiel beim Deutschen Wollforschungsinstitut in Aachen, kostet je nach Materialmix bis zu 1000 Mark. Viel zu selten werden die Materialkennzeichnungen in der Textilwirtschaft kontrolliert, klagen selbst Brancheninsider. Und wenn ein Hersteller mal beim Schwindeln erwischt wird, dann kostet ihn dies höchstens 10000 Mark Geldbuße.

Zum Ärgernis wird der laxe Umgang mit der Kennzeichnungspflicht spätestens dann, wenn der Kunde beim Tragen des neuen Kleidungsstücks plötzlich allergische Reaktionen seiner Haut feststellt. Tatsächlich nehmen die Klagen über Rötungen, Ausschläge oder gar Ekzeme, die durch giftige Farb- und Ausrüstungsstoffe in Textilien verursacht werden, in erschreckendem Maß zu, wie führende Dermatologen bestätigen. Berüchtigt sind zum Beispiel jene Allergien, die bei Jeans- und Leggingsträgerinnen festgestellt wurden; und neuerdings häufen sich Hautkrankheiten nach dem Tragen von Kleidern, Blusen oder Röcken aus Cupro-Fasern und Geweben mit Teflonbeschichtung.

Textilausrüster verwenden nämlich bis zu 400 chemische Hilfsmittel, um die Stoffe in ihrem Aussehen so hinzutrimmen, daß sie dem Geschmack der Designer und den Wünschen der Fabrikanten entsprechen. Da werden allen ökologischen Bedenken zum Trotz weiterhin Chromate, Nitro- und Azofarbstoffe verwendet, die längst als Allergieauslöser bekannt sind. Da gibt es sogar, vor allem in importierten Kleidern aus Billigländern, Fasern, die mit dem krebserregenden Benzidin eingefärbt wurden, oder Baumwollstoffe, die mit formaldehydhaltigen Kunstharzen knitterfrei oder pflegeleicht ausgerüstet wurden. Auch wenn ein Hersteller auf das giftige Formaldehyd verzichtet und den Ersatzstoff Glyoxal verwendet, erreicht er damit für die Gesundheit der Kunden nicht viel, denn diese Substanz kann zu Funktionsstörungen der Nieren führen.

Mehr als 90 verschiedene Chemikalien und Farbstoffe läßt das Umweltbundesamt in der Kleidung zu, davon stuft die Behörde jedoch nur knapp ein Drittel als unbedenklich ein. Etwa 32 Prozent der erlaubten Mittel gelten sogar als gesundheitsgefährlich. Das brachte mittlerweile selbst die CSU in Rage, wo sich die bayerische Landtagsabgeordnete Christl Schweder des brisanten Themas angenommen hat. Da die Vergiftung der Textilien jedoch bereits auf den mit Pestiziden vollgepumpten Baumwollfeldern Ägyptens oder der USA beginnt, könnte wohl nur ein weltweiter Verbraucherboykott zu einer Änderung führen.

Viele Öko-Siegel sind Muster ohne Wert
Dennoch: Seit das Thema »Gift in der Kleidung« die Verbraucher in zunehmendem Maß sensibilisiert, versuchen immer mehr Hersteller, die Öko-Welle für sich zu nutzen. Britta Steilmann, Tochter des größten deutschen Bekleidungsherstellers (1,4 Milliarden Mark Umsatz, 5000 Beschäftigte), kreierte eine eigene Kollektion aus naturbelassener Baumwolle, und viele andere Produzenten folgten ihr auf dem Naturpfad. Doch das Fachblatt *Öko-Test* entlarvte viele Ökosiegel als Muster ohne Wert.

Selbst der von der Textilindustrie ins Leben gerufene Verein für verbraucher- und umweltfreundliche Textilien fand mit seinem »Markenzeichen schadstoffgeprüfte Textilien« (MST) bei Verbraucher-

137

schützern keine Gnade. Das Siegel, kritisierte zum Beispiel Thomas Schlier von der Arbeitsgemeinschaft der Verbraucherverbände, »schreibt nur den bisher üblichen Qualitätsstandard fest und schafft mehr Verwirrung als Klarheit«. Sinn macht ein Ökolabel nur dann, wenn die gesamte Herstellungskette, vom Anbau der Baumwollpflanze bis zur Auslieferung des fertigen Kleidungsstücks, konsequent auf Chemieprodukte verzichtet. Und das ist bisher nur bei ganz wenigen Herstellern der Fall.

Die meisten Ökolabels in Textilien sollen nur der Verkaufsförderung dienen und sind nicht geeignet, die Benutzer vor einer Beeinträchtigung ihrer Gesundheit wirklich zu schützen. Insbesondere gilt dies für Kinderkleidung, wo weiterhin schadstoffhaltige Materialien Verwendung finden und wo die Etiketten keinerlei Angaben zum Beispiel über die Pestizidbelastung der verwendeten Baumwolle enthalten.

Daß es der Industrie nur darauf ankommt, viel Ware abzusetzen, und daß ihr die Probleme der Kunden egal sind, zeigt sich auch an der Gestaltung der Pflegeanweisungen. Wenn sie überhaupt vorhanden sind, sollen sie vor allem dazu dienen, den Hersteller vor Reklamationen zu schützen. Sie verpflichten den Kunden deshalb zu übervorsichtigem Umgang und schreiben beispielsweise vor, daß auch stark verschwitzte Teile bei 30 Grad gewaschen werden dürfen, obwohl die in der Kleidung enthaltenen Bakterien erst bei 60 Grad verschwinden. Häufig bestehen sie auf einer chemischen Reinigung, wo eine Kaltwäsche in der Waschmaschine durchaus ausreichen würde. Zeigen sich nach der ersten Wäsche tatsächlich Mängel in Farbe oder Struktur des Gewebes, so ist der Umtausch praktisch unmöglich, da der Hersteller sich stets darauf berufen kann, daß der Kunde bei der Wäsche irgendwelche Fehler gemacht habe.

Die meisten Einzelhändler gewähren selbst den Umtausch nagelneuer Stücke nur gegen Gutschein und verweigern die Rückgabe des bezahlten Geldes. Und läßt man das Kleidungsstück chemisch reinigen, sieht die Bilanz nicht viel besser aus, denn die Reinigungen haften nur bis zum 15fachen des Reinigungspreises – die meisten Teile jedoch kosten sehr viel mehr. Außerdem ist längst erwiesen, daß die Umweltschäden bei der chemischen Reinigung noch größer sind als beim Waschen.

Wer zu früh kauft, den bestraft das Sonderangebot

So verfestigt sich das Bild einer Industrie, die zwar immer neue Moden und Maschen kreiert, dabei aber nicht die geringste Bereitschaft erkennen läßt, Verantwortung für Qualität, Haltbarkeit und Pflege ihrer Produkte zu übernehmen. Willig folgt die Branche dem Ökotrend genauso bedenkenlos wie dem Gegenteil, wenn irgendwelche Designer mal wieder Chemiefasern oder beschichtete Stoffe als letzten Schrei ausrufen.

Anders als bei technischen Geräten gibt es in der Bekleidungsindustrie nur ganz wenige Hersteller, die so etwas wie eine Markenidentität anstreben. Hinter den meisten Marken steckt nicht viel mehr als eine Handelsagentur, und die Zahl der Hersteller mit eigenen Fabrikationen nimmt immer mehr ab. Da der Grundbedarf der Kundschaft an Bekleidung für jede Jahreszeit gedeckt ist, lebt die Branche von der Jagd nach kurzlebigen optischen Reizen, von der Veränderung um der Veränderung willen.

Wirkliche Innovationen sind äußerst selten – vor allem solche, die den Nutzen verbessern. Die Preise scheinen recht willkürlich festgelegt zu sein, denn sie gelten oft nur für kurze Zeit. Was der Handel nicht nach zwei, drei Monaten abgesetzt hat, wandert in den Schlußverkauf. Da die Kunden längst gemerkt haben, daß gerade die sogenannten modischen Teile schon nach kurzer Zeit erheblich billiger zu haben sind, warten viele einfach ab, bis die laufende Kollektion verramscht wird. »Es sind 40 Prozent zuviel Mode auf dem Markt«, klagt Deutschlands größter Kleiderproduzent Klaus Steilmann – und produziert munter weiter.

Beträgt die normale Spanne bei hochwertigen und modischen Teilen bis zu 200 Prozent, so bietet der Saisonschlußverkauf die Gelegenheit, einzelne Teile praktisch zum Einkaufspreis zu erwerben. Bei solchen Verhältnissen wundert man sich nicht, daß die Branche seit Jahren einen Schrumpfungsprozeß durchmacht. Setzte sie 1991 noch 29 Milliarden Mark um, so waren es 1994 nur noch 25 Milliarden, und der Trend hält an.

Seit der Erfindung des Parkas gelang der Bekleidungsbranche kein wirklich überzeugender Wurf mehr. Zwar wechseln die Schnitte und

Farben, doch selbst Branchengrößen wie der frühere Boss-Eigner Jochen Holy stellen resignierend fest: »Eigentlich ist heutzutage alles tragbar, und man kann jedes Teil mit jedem beliebig kombinieren.« Untragbar ist freilich das Gebaren einer Branche, die den schönen Schein zum Geschäftszweck erklärt hat und sich um den Kundennutzen keinen Deut mehr kümmert.

Hausgeräte: kaufen und kapitulieren

Etwa 100000mal im Jahr verursachen mangelhafte Geräte in deutschen Haushalten und bei Freizeitaktivitäten einen Versicherungsschaden. Dies haben der HUK-Verband und die Bundesanstalt für Unfallforschung festgestellt. Doch niemand hat bisher den Ärger, den Zeitverlust und den Schaden beziffert, der den Verbrauchern dadurch entsteht, daß sie den für teures Geld angeschafften CD-Player, Geschirrspüler, Mikrowellenofen, Personalcomputer oder Videorecorder nicht richtig benutzen können, weil ihnen weder die Verkäufer noch die beigelegten Bedienungsanleitungen den Gebrauch erklären konnten.

Längst haben nämlich Hersteller wie Händler hochwertiger Haus- und Kommunikationsgeräte den Kunden aus den Augen verloren. Weil die moderne Elektronik praktisch jede Steuerungsmöglichkeit erlaubt, trachten die Hersteller danach, so viele Funktionen wie nur irgend möglich in die Geräte zu integrieren, und übersehen dabei, daß die meisten Kunden den Zusatznutzen weder benötigen, noch ihn sich erschließen können.

Idiotische Bedienungsanleitungen ...

Wer zum Beispiel ein gewöhnliches Handy-Funktelefon wie etwa das »Nokia 2110« erwirbt, kann damit nicht bloß telefonieren, sondern auch noch eine Vielzahl von Nummern abrufbereit einspeichern, Faxe versenden, mit PCs kommunizieren, Anrufe weiterleiten usw. Bevor der Kunde freilich mit dem Gerät klarkommt, muß er sich durch eine viele Seiten lange Bedienungsanleitung quälen, die in mehreren

Sprachen abgefaßt und in jeder davon gleich schwer verständlich ist. Nicht viel anders ergeht es dem stolzen Besitzer eines neuen Videorecorders, wenn er in der Gebrauchsanleitung folgende Sätze liest: »Die mikrotasta ausführt viele Funtkionen. Einschließlich ein, An-Kraft selbst-prüfen während its von der System-Einheit verbraucht. Diese prüfung des Mikrocomputer prüft die Erinnerung, und für die Stück Tasten. Übrige Funktionen sind.«

Das Lehrstück in Sachen Gebrauchsanleitung stammt aus dem Buch *Jetzt zieh den Zipfel durch die Masche* von Jürgen H. Hahn. Der Autor hat eine Vielzahl von Stilblüten in Gebrauchsanweisungen aufgespürt, wie zum Beispiel die folgende, ebenfalls für einen Videorecorder: »Der ›Piep-Piep‹-, ›Piep-Piep‹-, ›Piep-Piep‹-, ›Piep-Piep‹-, ›Piep-Piep‹-, ›Piep-Piep‹-Ton zeigt an, daß die Programmierung in den Rekorder übertragen und damit beendet ist. Falls die Übertragung nicht korrekt empfangen ist, macht der ›Piep-Piep‹-, ›Piep-Piep‹-, ›Piep-Piep‹-, ›Piep-Piep‹-, ›Piep-Piep‹-, ›Piep-Piep‹-Ton vom Rekorder darauf aufmerksam. Wenn bereits alle Timer-Programmnummern belegt sind, macht der ›Piep-Piep‹-, ›Piep-Piep‹-, ›Piep-Piep‹-, ›Piep-Piep‹-, ›Piep-Piep‹-, ›Piep-Piep‹-Ton darauf aufmerksam, daß die Timer-Programmierung nicht gemacht werden kann.«

Alles klar? Das Dilemma beginnt jedoch lange vor dem Abfassen der Gebrauchsanleitungen, nämlich bei der Entwicklung der Geräte. Um sich von der Vielzahl der Mitbewerber abzuheben, trachtet jeder Hersteller danach, seine Verkaufschancen durch ein dem Zeitgeschmack entsprechendes Design und eben die zitierten Zusatzfunktionen zu verbessern. Insbesondere die deutschen Hersteller, die durch ihre Produktionskosten dazu verurteilt sind, möglichst viel hochwertige Technik in die Geräte zu packen, überfordern dabei nicht selten den Kunden total. Raimund Tillack, Vorsitzender des Fachverbandes Elektrohaushaltkleingeräte im Elektronik- und Elektrotechnikbranchenverband ZVEI, gibt die Schuld freilich nicht den Herstellern, sondern dem Handel: »Wie soll der Verbraucher bei dem Mangel an Beratung im Handel überhaupt noch Qualität und Ausstattung des Produkts beurteilen können?«

... und überflüssige Zusatzfunktionen

Tatsächlich kann der Kunde an den meisten Verkaufsstellen, vor allem in den Großmärkten und Discountläden, kaum noch mit einer vernünftigen Beratung rechnen. Aber auch die Hersteller sollten sich fragen, ob sie in ihrem steten Drang, ständig »innovative« Produkte auf den Markt zu werfen, noch auf dem richtigen Weg sind. Die immer neuen Gags, etwa bei Fernsehern, Videorecordern, CD-Playern und Stereoanlagen, entwerten nur die bisher verkauften Geräte und liefern kaum einen wirklichen Zusatznutzen.

Die Sucht der Hersteller, den Kunden mit hochgezüchteter, aber störanfälliger Technik in die obersten Preissegmente der jeweiligen Produktgruppe zu locken, war bisher schon nicht sehr erfolgreich, und sie dürfte es in Zukunft immer weniger sein. Denn die Kunden durchschauen das von den Marketingprofis der Hersteller inszenierte Spiel immer besser. Ihnen sind normalerweise preiswerte, robuste und problemlos funktionierende Geräte lieber als sogenannte »Orchideen«, die allein wegen ihres ausgefallenen Designs und ein paar überflüssiger Funktionen das Doppelte oder Dreifache eines Basisgerätes kosten.

Natürlich ist es richtig, daß auch der Handel total versagt. Selbst die meisten Fachgeschäfte haben zuwenig Personal, vor allem keine geschulten Verkäufer, und auch die wenigen einigermaßen informierten Experten fühlen sich vom Innovationstempo der Hersteller überfordert. Die Verkäufer, etwa in einem Media- oder Saturn-Markt, haben gewiß keinen beneidenswerten Job. Einerseits sollen sie stets auf dem laufenden bleiben und sämtliche Produktneuheiten der europäischen und asiatischen Hersteller im Kopf haben, andererseits müssen sie absolut uninformierten Kunden hundertmal am Tag das kleine Einmaleins eines Gerätetyps erklären. Auf sie entlädt sich der ganze Frust enttäuschter Käufer, die mit ihren Geräten nicht klarkommen, sie werden für die Produktionsfehler ebenso verantwortlich gemacht wie für die lächerlichen Bedienungsanleitungen. Schließlich sollen sie auch noch die richtige Antwort parat haben, wenn ein Kunde fragt, warum ein bestimmtes Produkt im Geschäft gegenüber fünf Prozent billiger angeboten wird.

Wie überzüchtet und wie schwer bedienbar manche Geräte heute schon sind, belegen zahlreiche Beispiele, vom einfachen Staubsauger bis hin zum PC. Da gibt es einen Sauger von Philips mit einer rot-grünen Signallampe, genannt Staubcontrol. Solange die rote Lampe leuchtet, ist die gesaugte Stelle noch schmutzig, wenn sie auf grün schaltet, ist die Arbeit erledigt. »Wann er rot oder grün anzeigen soll«, bemerken die Tester vom NDR *Ratgeber Technik*, »weiß der 400 Mark teure Sauger allerdings selbst nicht so genau.«

Genauso überflüssig wie die Saugeranzeige ist eine sogenannte Booster-Taste an einem Miele-Gerät. Durch Drücken der Taste läßt sich die Saugerleistung für 10 Sekunden von 1400 auf 1600 Watt steigern, danach beginnt eine Warnlampe zu blinken, und das Gerät muß sich erst einmal eine Minute erholen.

Viel Unfug wird auch bei den Mikrowellenöfen angerichtet, die es in einfacher Ausführung für kaum mehr als 100 Mark gibt. Weil das vielen Herstellern offenbar zuwenig ist, reichern sie ihre Geräte mit allerlei Speicher- und sonstigen Funktionen an. Da gibt es Geräte, die haargenau den Kalorienverbrauch ausrechnen, sofern die Codeziffern sämtlicher Lebensmittel eingegeben werden. Die digitale Codierung ist jedoch nicht ganz einfach, da die Ziffern für jeden Bestandteil des Mikrowellenmenüs in einer Tabelle nachgeschlagen und dann eingegeben werden muß. Für eilige und hungrige Kunden ein überaus lästiges Unterfangen.

Ingenieure entwickeln am Bedarf vorbei

Kaum eine Hausfrau nutzt, wie Umfragen ergeben haben, die vielseitigen Möglichkeiten zur Programmierung moderner Elektrobacköfen. Da können Koch-, Gar- und Bratzeiten nach Belieben eingegeben, können ganze Speisefolgen nacheinander abgekocht werden, und alles läßt sich von vornherein per Programm regeln. Nur: Volumen, Gewicht und Konsistenz der einzelnen Fleischsorten müssen vorher genau definiert und per Codenummer eingegeben werden. Das alles nervt, deswegen bleibt es in den meisten Küchen bei der herkömmlichen Zubereitungsweise: Die Hausfrau stellt die passende Temperatur per Hand ein und prüft die Garzeit nach Erfahrungswerten, ehe sie den Weihnachtsbraten aus dem Ofen nimmt.

»Ingenieure, die nie selbst Hausarbeit geleistet haben, sind nicht in der Lage, ausgefeilte Haushaltsgeräte zu entwickeln«, postuliert Sylvie Gräbe von der Stiftung »Der private Haushalt« in Düsseldorf. Wohl wahr: Warum gäbe es sonst so viele überflüssige Produkte wie elektrische Eierkocher, Tischstaubsauger und Elektromesser?

Daß in den Entwicklungsabteilungen der Hersteller von »weißen« (Kühlschränke, Waschmaschinen, Geschirrspüler) und »braunen« Geräten (Radios, Fernseher, Hi-Fi-Anlagen, Videorecorder, CD-Player) kaum an den Kunden, dafür aber ständig an den Konkurrenten gedacht wird, zeigt sich schon an dem unseligen Trend zur Miniaturisierung. Die winzigen Dimensionen der Mikrochips animieren die Entwicklungsingenieure offensichtlich zur Verringerung der Geräteformate bis zur Sinnlosigkeit.

Die digitale Armbanduhr von Casio zum Beispiel, die gleichzeitig auch noch Taschenrechner sein will, läßt sich mit normalen Fingern nicht mehr bedienen. Nähnadeln und andere spitze Gegenstände sollen zum Drücken der Tasten nicht verwendet werden, heißt es in der Gebrauchsanleitung. Erhebt sich die Frage, welchen Nutzen der Kunde davon hat, wenn er zum Ablesen des winzigen Displays ständig eine Lupe mit sich führen muß. Auch manche elektronischen Notiz- und Telefonbücher sind so winzig geraten, daß sie eher Liliputanern als gestandenen Mitteleuropäern nützlich sein können.

Programmier-Dilemma bei Videorecordern

Vollends zum Geduldsspiel wird die moderne Elektronik dann, wenn sie im Gehäuse eines Videorecorders steckt. Die Hersteller der an sich praktischen Geräte haben es in zwanzig Jahren nicht geschafft, ihre Bedienung wirklich narrensicher zu gestalten. Noch immer haben viele Kunden selbst bei den neuesten Modellen Probleme mit der Programmierung, obwohl es dazu mittlerweile drei verschiedene, eigentlich recht einfache Systeme gibt: das Strichcode-Verfahren, bei dem man einen Lichtgriffel über ein Balkendiagramm ziehen muß, die Videotextprogrammierung, bei der es genügt, die entsprechende Datenzeile anzuklicken, und das Show-View-Verfahren, das angeblich »so einfach wie telefonieren« ist.

Doch als die Zeitschrift *Test* im Frühjahr 1995 zwanzig in Deutschland verkaufte Geräte auf ihre Bedienungsfreundlichkeit hin untersuchte, entdeckte das aus Psychologen, Technikern und Laien zusammengesetzte Testteam noch immer bei den meisten Geräten gravierende Schwächen. Kein einziges Modell erhielt das Prädikat »sehr gut«, jedoch jedes zweite die Note »mangelhaft«. Die Tester bemängelten insbesondere die Bedienungsanleitungen, in denen sie über 250 erklärungsbedürftige Fachausdrücke entdeckten, die nicht erklärt wurden. Dafür stießen sie auf »Begriffe und Wendungen, die zu schwammig formuliert, mißverständlich oder regelrecht falsch sind«.

Entnervt resümierten die Tester: »Daß ein unkundiger Nutzer auch an banalen Dingen scheitern kann, scheint manchen Ingenieuren schwer vorstellbar.« Allein bei der Timerprogrammierung entdeckten sie bis zu zwanzig Logikbarrieren, die von Laien nur unter Schwierigkeiten überwunden werden konnten. Daß die Hersteller ihren Kunden zumuten, den deutschen Teil der Bedienungsanleitung aus einem Konvolut von bis zu sechs Sprachen herauszusuchen, daß sie Grundbedienungstasten doppelt oder dreifach mit verschiedenen Funktionen belegen und die Zuordnung höchst unklar definieren, dies alles läßt darauf schließen, daß der Kunde den Herstellern ziemlich egal ist. Hauptsache, er läßt sich dazu überreden, die Kiste zu kaufen.

Typisch für den rücksichtslosen Egoismus der Hersteller sind die Systemkämpfe in der Unterhaltungselektronik. Immer dann, wenn eine neue Technik einsatzreif ist, kommen die einzelnen Marken mit unterschiedlichen, nicht kompatiblen Systemen auf den Markt. Obwohl von vornherein klar ist, daß sich am Ende nur eines dieser Systeme durchsetzen wird, versucht jeder zunächst einmal, den Markt zu dominieren. Der Kunde ist bei diesen Hahnenkämpfen der Entwickler immer der Dumme: Wenn er zu früh kauft und sich für das System entscheidet, das am Ende unterliegt, hat er sein Geld umsonst ausgegeben, da die benötigte Software schließlich nur noch für den Sieger hergestellt wird.

So war es bei den Videorecordern, als Sonys Beta-System und Grundigs Video 2000 am Ende dem konkurrierenden VHS von Matsushita unterlagen. Der gleiche Kampf spielte sich ein paar Jahre später bei den neuen Tonaufzeichnungssystemen (Minidisc oder Digital Compact Cassette) ab, und zuletzt wiederholte sich das kundenverachtende Ritual beim Digital-Decoder für den Fernseher.

Anstatt sich auf eine Technik zu einigen, ließen die rivalisierenden Konzerne Bertelsmann und Kirch zwei völlig unterschiedliche Decoder (Mediabox und d-box) entwickeln – mit dem schönen Effekt, daß der Kunde, wenn er sich für den einen oder anderen entscheidet, unwiderruflich auf die Programme »seines« Lieferanten angewiesen ist. »Kurzsichtiger unternehmerischer Egoismus«, so rügte die Arbeitsgemeinschaft der Verbraucherverbände (AGV), triumphiere hier wieder mal über die Wünsche der Verbraucher nach einem einheitlichen Standard.

Gesundheitsschädliche Konstruktionen

Diese kundenverachtende Einstellung prägt bis heute auch das immer noch boomende Geschäft mit Personalcomputern. Hard- und Software-Lieferanten haben es im Verbund mit florierenden Handelsketten geschafft, das komplexe Produkt PC zu einem Massenartikel, vergleichbar dem Fernseher oder Kühlschrank, zu machen. Rund 60 Millionen Personalcomputer wurden 1995 weltweit verkauft, und bereits in etwa 14 Millionen deutschen Haushalten steht ein solches Gerät.

Obwohl die PCs im Verlauf der letzten Jahre bei sinkenden Kosten unerhört leistungsfähig wurden, befinden sie sich heute, was die Bedienungsfreundlichkeit betrifft, nach dem Urteil namhafter Fachleute noch immer auf dem Entwicklungsstand des Automobils aus dem Jahre 1911. Wie keiner zweiten Branche ist es der Computerindustrie gelungen, Millionen von Kunden zum Erlernen komplizierter Regeln und Handlungsanweisungen zu zwingen.

Denn während sich die Hersteller der Geräte darauf konzentrierten, die Leistungsfähigkeit der wichtigsten Komponenten wie Prozessoren, Arbeitsspeicher, Disketten oder Festplatten laufend zu steigern, vernachlässigten sie mit einer Arroganz ohnegleichen ihre Aufgabe, den Kunden die Bedienung der Geräte zu erleichtern. Nicht die Maschinen wurden den Bedürfnissen der Kunden angepaßt, sondern die

146

Kunden mußten sich der Logik der Schaltkreise total unterwerfen, wenn sie die Vorteile der elektronischen Datenverarbeitung nutzen wollten.

Beherrschten früher nur wenige Profis, die von ihren Firmen für teures Geld geschult wurden, die fremdartigen Regeln der Bits und Bytes, so zwang der Siegeszug des PCs mittlerweile die halbe Bevölkerung in ihren Bann. Niemand hat bisher errechnet, wieviel Zeit, Nerven und Geld der Run auf die neue Technologie gekostet hat, doch immerhin läßt sich abschätzen, daß nahezu jeder zweite verkaufte PC nur unzureichend oder gar nicht genutzt wird.

Bei der Umfrage für das Deutsche Kundenbarometer zum Beispiel äußerten fast 40 Prozent der Computerbesitzer Unzufriedenheit mit dem Service. Die Käufer der Geräte fühlten sich von Händlern und Herstellern im Stich gelassen. Kommentierte das Nachrichtenmagazin *Focus*: »Wer niemanden kennt, der beim Installieren von Software oder Einrichten von Druckern und Modem hilft, ist schnell verloren. Nach Vertragsabschluß interessieren sich die meisten Computerhändler nicht mehr für ihre Klienten.«

Das Magazin testete die Qualität der sogenannten Hotlines – das sind Servicestationen von Herstellern und Händlern, die anrufenden Kunden Hilfe bei der Installation oder auftretenden Fehlern versprechen – und kam zu dem Schluß: »Besonders mies schneiden die Firmen ab, die die meisten Rechner in deutsche Haushalte lieferten.« Das waren Siemens Nixdorf (SNI), Vobis und Escom. Spitzenwerte in bezug auf Erreichbarkeit, Kompetenz und Freundlichkeit erzielten der Außenseiter Apricot und der Branchenriese IBM.

Die meisten Hersteller und Händler beschränkten sich nämlich darauf, ihre Datenkisten mit ein paar vorinstallierten Programmen im Karton über die Ladentheke zu schieben, als ob es sich um ein fahrbereites Fahrrad handelte. Doch schon beim Anschluß der verschiedenen Rechnerteile geraten die frischgebackenen Computerbesitzer in Streß. Allein das Kauderwelsch der mitgelieferten Handbücher stiftet in den Köpfen der Kunden fast nur Verwirrung, und ohne Hilfe von Computerveteranen ist bisher kaum ein Rechner in Gang gebracht worden.

Stil der Branche: viel versprechen, wenig halten

Schuld an der Misere ist natürlich auch die überzogene Werbung der PC-Hersteller, die vor allem zwei Elemente in den Vordergrund stellt: den Preis und die Rechnerleistung. Beide Kriterien aber sagen wenig über den tatsächlichen Nutzen aus, den der Kunde von dem komplexen Produkt hat. Wichtiger als ein Hochleistungsprozessor mit extremer Rechengeschwindigkeit, als ein gigantischer Arbeitsspeicher oder eine Festplatte mit unendlicher Speicherkapazität ist das, was man im Computerdeutsch »Benutzeroberfläche« nennt: jener Teil der installierten Software, der die Handhabung des Geräts regelt. Diese sollte, wenn schon die Hersteller keinerlei Hilfestellung geben, so einfach und logisch wie möglich sein.

In den meisten Fällen ist sie es freilich nicht, und deshalb müssen die alleingelassenen Kunden selber sehen, wie sie mit dem CD-ROM-Laufwerk, dem Online-Anschluß, dem Soundsystem, der Videokarte und dem Tintenstrahl- oder Laserdrucker klarkommen, die heute als selbstverständliche Bestandteile eines PC-Systems gelten.

Abgesehen davon sind viele PCs noch immer geradezu gesundheitsschädlich konstruiert. Da die Hersteller vor allem auf die prospektwirksamen Merkmale wie Rechner- und Speicherleistung achten, sind ihnen die Augenkrankheiten ihrer Kunden, die durch schlechte Bildschirme entstehen, ebenso egal wie der Lärm, den ihre billigen Lüftergebläse entwickeln und die den Benützer an der Konzentration hindern. Auch der Energieverbrauch scheint bei den Desktops kein Thema zu sein, obwohl mindestens 70 Prozent von ihnen in privaten Haushalten stehen, ganz zu schweigen vom tückischen Ozon, das bei der Benützung von Laserdruckern entweicht.

Ist der Kunde durch Hartnäckigkeit und Freundeshilfe doch nicht baden, sondern »Online« gegangen, erwartet ihn weiteres Ungemach, wenn er die falsche Software installiert hat. Denn auch die Anbieter der Programme pflegen den in dieser Branche üblichen Stil, erst mal viel zu versprechen und wenig zu halten. Ähnlich wie der Hardware-Hersteller Apple, der im Herbst 1995 viele Kunden verärgerte, weil er die mit großem Tamtam angekündigten neuen Rechnermodelle nicht in genügender Stückzahl ausliefern konnte, machen auch manche Anbieter von Programmen der Kundschaft viel zu früh den Mund wäßrig.

Fehler und Versäumnisse der Software-Lieferanten

Mehrfach mußte beispielsweise der Branchenriese Microsoft den Start seines Betriebssystems »Windows 95« hinausschieben, und als das allseits gepriesene Produkt dann im Herbst 1995 mit einem beispiellosen Werbeaufwand von mehr als 200 Millionen Dollar auf den Markt gedrückt wurde, wies es einen entscheidenden Mangel auf. Die Kunden konnten zunächst keineswegs, wie die Windows-Werbung versprochen hatte, über das Microsoft Network (MSN) per Knopfdruck ins weltumspannende Datennetz Internet surfen. Der für viele Kunden interessanteste Bereich des Internet, das World Wide Web (WWW), blieb den deutschen Kunden zunächst verschlossen, da der hier verkauften »Windows 95«-Version ein entscheidendes Element fehlte.

Da Microsoft aber behauptete, mit »Windows 95« sei ein »integrierter Zugang zur Welt der Online-Dienste mit MSN einschließlich Internet« möglich, warfen Konkurrenten wie der Computergigant IBM und das Software-Haus Brokat Informationssysteme in Böblingen dem Programmlieferanten wettbewerbswidriges Verhalten vor. IBM-Geschäftsführer Richard Seibt: »Der Verbraucher bekommt nicht das, was ihm versprochen wurde.« Auch wenn Microsoft versprach, die fehlenden Bestandteile nachzuliefern, konnte der weltgrößte Software-Hersteller den Eindruck nicht verwischen, daß er zumindest seine deutschen Erstkäufer über die Fähigkeit des »Windows 95«-Systems im unklaren gelassen hat.

Veralbert durften sich auch jene PC-Besitzer fühlen, die eine vom Nachrichtenmagazin *Der Spiegel* hochgelobte Software namens »Softram 95« erwarben. Denn dieses von der Computer-Handelskette Escom für den Verkauf vorbereitete Programmpaket sollte laut *Spiegel* »durch raffiniertes Datenmanagement eine sofortige Verdoppelung des Arbeitsspeichers im PC bewirken«. Kurz vor Auslieferung entlarvte jedoch das Computer-Magazin *c't* das 169 Mark teure Programm als Mogelpackung, und Escom verzichtete daraufhin auf die Auslieferung.

Nicht weniger fragwürdig war das Versprechen des Escom-Konkurrenten Vobis, der seinen Schweizer Kunden in einem massenhaft verteilten Prospekt den kostengünstigen Zugang zum Internet versprach, wenn sie einen PC der Hausmarke »High Screen« kauften. Tatsächlich konnte von kostengünstig keine Rede sein, denn für jede Minute im Internet verrechnete Vobis 50 Rappen, also 30 Franken pro Stunde. Da es in der Schweiz wesentlich günstigere Anbieter gibt, titelte die *Züricher Sonntagszeitung*: »Vobis legt Internet-Surfer aufs Kreuz.«

So richtig spannend wird das Computerabenteuer für den privaten Käufer aber erst dann, wenn der erste Störfall auftritt. Und das passiert häufiger, als man glauben möchte. Nach einer Umfrage der Fachzeitschrift *PC-Welt* muß jeder zweite Personalcomputer in den ersten sechs Monaten nach dem Kauf zur Reparatur. Am häufigsten fallen dem Magazin zufolge Festplatte und Monitor aus. Für Laien ist die Fehlersuche fast aussichtslos, denn mal handelt es sich um ein Software-Problem, mal um einen Hardware-Fehler, mal streikt eines der Peripheriegeräte. Die Handbücher helfen, selbst wenn man sie einigermaßen kapiert, selten weiter, und die Lieferanten sind oft schwer erreichbar. Beim deutschen Marktführer Siemens Nixdorf bekannte sich Marketingleiter Klaus Hommer gegenüber den Testern von *Focus* uneingeschränkt schuldig: »Es gibt nichts zu beschönigen, wir haben zu wenige Ressourcen und zu viele Anrufer.«.

Nur jeder zweite Händler zur Reparatur bereit
Kaum besser ist der Kunde dran, wenn er sich statt an die Hersteller an den Händler hält, der ihm den Rechner verkauft hat. Im Frühjahr 1995 testete die Münchner Unternehmensberatung Tetralog im Auftrag des – inzwischen eingestellten – Wirtschaftsmagazins *Forbes* den Service im PC-Handel. Am Telefon fragten sie nach den Kosten für den Anschluß eines Modems und den Austausch eines fehlerhaften Prozessors vom Typ »Intel Pentium«. Ergebnis: Von 343 Händlern gingen 291 ans Telefon, aber nur 55,2 Prozent davon nahmen den Auftrag an.

150

Verheerend war das Ergebnis der Umfrage vor allem für Warenhäuser: »Oft kennen sich die Verkäufer in der Materie nicht oder nur ungenügend aus, wollen keine Preise nennen und lehnen Aufträge ab, hinter denen Arbeit stecken könnte«, beschrieb *Forbes* das Debakel. Beim Kaufhof in Hamburg zum Beispiel mußte der Testkunde allein auf den Anschluß des Modems 20 Tage warten, und bei Horten in Hamburg lehnte man den Auftrag glatt ab: »Gibt's nicht, werden wir nicht haben.«

In unseren Nachbarländern sieht es freilich kaum besser aus, wie Tests der Verbraucherschützer in Österreich und der Schweiz ergeben haben: „Der Kundendienst wird in der Computerbranche besonders klein geschrieben", resümierte etwa die SKS (Stiftung für Konsumentenschutz) nach einem Test von 13 Computerfachgeschäften zwischen Aarau und Zürich.

Wenig generös zeigte sich auch der Weltmarktführer Intel beim Austausch des »Pentium«-Prozessors. Nachdem die Medien darüber berichtet hatten, daß dieser Chip, der in nahezu allen PCs der oberen Preisklasse steckt, anfangs einen Rechenfehler produzierte, verkündete der Hersteller Intel, er wolle 800 Millionen Dollar dafür aufwenden, die Kunden zufriedenzustellen, und ihnen die fehlerhaften Chips kostenlos austauschen. Doch beim *Forbes*-Test waren nur 22 Prozent der unabhängigen Händler bereit, den Umtausch vorzunehmen, bei den Filialisten großer Computerketten waren es nur 11 Prozent, und Kaufhäuser wie Karstadt und Kaufhof verweigerten sich total. Bei der Handelskette Vobis erklärten sich zwar 35 Prozent der Filialen zum Umtausch bereit, verlangten dafür jedoch Preise zwischen 50 und 120 Mark. »Service ist eben Glückssache«, notierten die Tester.

Hersteller drücken sich vor Garantieleistungen

Ob es sich um einen Computer handelt, der seinen Geist aufgibt, um einen elektrischen Lockenstab namens »Il Bano« mit TÜV-Prüfsiegel, der bei Benützung in Flammen aufgeht, um eine ebenfalls vom TÜV geprüfte Stehlampe aus Thailand, die dem Kunden beim Einschalten einen elektrischen Schlag versetzt – stets hat der Kunde Mühe, seine Ansprüche gegen die Interessen von Händlern und Herstellern durchzusetzen. Denn viele Kaufverträge enthalten tückische Klauseln, die etwa so lauten:»Gewährleistungsansprüche bestehen nicht, wenn der Fehler oder Schaden dadurch entstanden ist, daß in den Kaufgegenstand Teile eingebaut worden sind, deren Verwendung der Hersteller/Importeur nicht genehmigt hat oder der Kaufgegenstand in einer vom Hersteller/Importeur nicht genehmigten Weise verändert worden ist.«

Der martialisch klingende Text soll freilich nur der Einschüchterung dienen, denn rechtswirksam ist er nicht. Sollte sich ein Händler mit Hinweis auf derartige Klauseln weigern, seinen Garantieverpflichtungen nachzukommen, so kann der Kunde auf Paragraph 11, Nr. 10a, AGB verweisen, der den Ausschluß von Gewährleistungsansprüchen untersagt.

Geräte, die durch ihre elektromagnetische Eigenstrahlung andere Geräte stören, dürfen seit 1. Januar 1995 offiziell nicht mehr verkauft werden. Doch weil viele Hersteller versäumten, ihre Produkte rechtzeitig auf die elektromagnetische Verträglichkeit überprüfen zu lassen, fehlt ihnen für diese das CE-Siegel als Beweis, daß sie den harmonisierten EU-Normen genügen. Viele dieser siegellosen Elektrogeräte, vom Anrufbeantworter bis zur elektrischen Zahnbürste, kamen dennoch 1996 in den Handel.

Einige große Hersteller hatten nämlich rechtzeitig vor Ablauf der Frist neue Vertriebsgesellschaften gegründet und an diese die siegellosen Lagerbestände weiterverkauft. Somit sind sie selber aus der Haftung und können nicht mehr belangt werden, wenn die Sanktionen greifen. Und die sind nicht von Pappe: Einem Hersteller drohen bei Verstoß gegen das EMV-Gesetz Bußgelder bis zu 100 000 Mark und sogar strafrechtliche Konsequenzen. Manche Händler gingen noch einen Schritt weiter und klebten das CE-Zeichen auch auf ungeprüfte Geräte – in der Hoffnung, der Kunde werde den Schwindel nicht merken. Wer Störprobleme mit einem neu gekauften Elektrogerät hat, sollte sich deshalb an das Mainzer Bundesamt für Post- und Telekommunikation (BAPT) oder an das nächstgelegene Landeskriminalamt (LKA) wenden.

152

Die Täuschungsmanöver der Anbieter

Ein anderer übler Trick im Elektrogerätehandel ist es, dem Verbraucher Auslaufmodelle anzudrehen. Das kann vor allem bei langlebigen Verbrauchsgütern wie Waschmaschinen, Geschirrspülern oder Wäschetrocknern zu Problemen führen, weil irgendwann keine Ersatzteile mehr verfügbar sind. Auch wenn solche Geräte mit Rabatten angeboten werden, müssen sie deshalb als Auslaufmodelle gekennzeichnet sein. Dies hat das Oberlandesgericht in Koblenz in einem Grundsatzurteil vom Frühjahr 1995 entschieden (Az.: Z6 U1731/92). Unterläßt ein Händler in der Werbung den Hinweis, daß es sich bei den preiswert angebotenen Geräten um Auslaufmodelle handelt, dann führt er die Kunden in die Irre und begeht einen Wettbewerbsverstoß, begründeten die Koblenzer Richter ihr Urteil.

Wir lernen: Je komplizierter die Geräte, desto vielfältiger die Tricks und Täuschungsmanöver der Anbieter. Besonders verfänglich sind Niedrigpreisangebote, bei denen der Kunde weder eine vernünftige Gebrauchsanleitung noch die ihm zustehenden Garantieleistungen und schon gar nicht einen vernünftigen Reparaturservice zugesichert bekommt. Im Endeffekt ist ein solches scheinbares »Schnäppchen« teurer als ein Qualitätsprodukt, bei dem Installation, Wartung und Reparatur keine Probleme bereiten.

Auf keinen Fall sollte sich der Kunde von einer Werbung blenden lassen, die ihm ein technisches Wunderwerk vorgaukelt, das in Wirklichkeit doch nur eine sehr simple Funktion zu erfüllen hat. Ein Weltempfänger für 500 Mark zum Beispiel, der sich nicht richtig bedienen läßt, hat für den Kunden keinen größeren Nutzen als ein simples Küchenradio für 50 Mark. Und eine Spiegelreflexkamera, deren Belichtungstechnik den Hobbyknipser total überfordert, ist genauso überflüssig wie ein Handy, zu dessen Gebrauch man ein Ingenieursstudium benötigt.

Ein Kapitel für sich sind technische Geräte, die ständig bestimmte Verschleißteile wie Farbbänder, Kassetten, Toner-Kartuschen, Spezialpapiere oder Filme benötigen. Gibt es hier nicht eine herstellerunabhängige Norm wie VHS bei Videorecordern, dann läuft der Kunde immer Gefahr, daß ihn der Produzent des Geräts mit überhöhten Preisen über den Tisch zieht. Beispiel: Jahrelang zwangen die Hersteller von Kopiergeräten und Computer-Druckern die Kundschaft zum Kauf neuer (und sündhaft teurer) Toner-Kartuschen. Als ein paar kleine Spezialfirmen anfingen, die leeren Kartuschen wieder aufzufüllen, drohten die Hersteller ihren Kunden sogar mit dem Verlust der Garantie, falls sie ihre Geräte mit aufgefüllten Kartuschen betrieben. Inzwischen mußten sie dem Druck des Marktes nachgeben und den Nachfüll-Service akzeptieren, der obendrein noch den Vorzug hat, daß er Müll vermeiden hilft, indem er aus früheren Wegwerfartikeln zehnfach wiederverwendbare Mehrwegprodukte macht.

In den Kinderschuhen steckt noch das Recycling-Konzept der Industrie. Zwar versuchen einzelne Hersteller dem gesetzlichen Zwang zur Rücknahme ihrer ausgedienten Produkte zuvorzukommen, doch mancher nimmt dabei den Mund zu voll. Als Grundig zum Beispiel seine Fernsehgeräte mit einer Recycling-Garantie versah, da verfügte die Fürther Firma noch gar nicht über die technischen Voraussetzungen für ein vollkommenes Wiederaufarbeitungskonzept. Bis zu 40 Prozent besteht ein Fernseher nämlich aus einem praktisch unentwirrbaren Materialgemisch, dem nur beizukommen wäre, wenn schon bei der Konstruktion auf die Kennzeichnung jeder Materialsorte und die Verwendung leicht trennbarer Verbindungen geachtet würde. Soweit sind aber die meisten Hersteller technischer Geräte noch lange nicht. Also dient das Recycling-Versprechen bis auf weiteres auch nur wieder dem Kundenfang.

Hoher Stromverbrauch im Standby-Betrieb

Bleibt noch zu erwähnen, daß alle diese Geräte zum Funktionieren etwas brauchen, was in Deutschland teurer ist als fast überall auf der Welt: elektrischen Strom. Die von drei riesigen Konzernen – dem RWE, VEBA/Preußen Elektra und Viag/Bayernwerk – beherrschte Branche der Energieversorger hat praktisch den Wettbewerb ausgeschaltet. Tag und Nacht schöpft das Kartell der Stromer bei Privatkunden wie der Industrie überhöhte Preise ab und verwendet seine Milliardengewinne dazu, in immer neue Branchen einzusteigen.

Eine Kilowattstunde Industriestrom kostet deshalb in Düsseldorf mit rund 17 Pfennig nahezu doppelt soviel wie in Athen oder Helsinki und immerhin noch 6 Pfennig mehr als in Paris. Für Privathaushalte verteuerte sich die elektrische Energie seit 1980 um 50 Prozent. Um so wichtiger ist es deshalb für jeden Stromverbraucher, daß er bei der Auswahl elektrischer Geräte auf möglichst geringen Energieverbrauch achtet.

Die Geräteindustrie freilich hat keinerlei Interesse an geringen Verbräuchen; sie will möglichst teure Produkte verkaufen und wirbt deshalb mit sogenannten Standby-Funktionen. Fernseher, Computer, Telefaxgeräte, Videorecorder oder Hi-Fi-Anlagen verbrauchen jedoch auch beim Standby-Betrieb Strom. Ein Fernseher in Wartestellung zum Beispiel schluckt selbst dann, wenn er nicht eine einzige Minute lang eingeschaltet wird, pro Jahr Strom für etwa 26 Mark, ein Faxgerät gar für 78 Mark.

So summieren sich die Kosten der stillen Stromverbraucher nach Untersuchungen der Hamburger Verbraucherzentrale jährlich auf etwa 150 Mark pro Haushalt. Insgesamt geben die deutschen Verbraucher im Jahr rund 7 Milliarden Mark für den Energieverbrauch von »heimlichen Stromfressern« aus, hat die Arbeitsgemeinschaft der Verbraucherschutzverbände ausgerechnet. Insbesondere beim Kauf von Computern sollte deshalb stets nach dem Stromverbrauch gefragt werden, da diese Geräte sogar in abgeschaltetem Zustand Energie aus der Stromleitung saugen.

Als der Stromerzeuger RWE, um von seinen Monopolgewinnen abzulenken, eine 100 Millionen Mark teure Werbeaktion startete, die jedem Käufer eines Großgerätes, das bestimmte Verbrauchswerte nicht überschreitet, eine Prämie bescherte, brachte dies die Elektroindustrie auf die Palme. Denn plötzlich blieben Händler auf solchen Produkten sitzen, die das RWE-Limit nicht erfüllten. Karsten Jaspersen, Vorsitzender des Zentralverbandes der Elektroindustrie, jammerte: »Die Qualität eines Produkts wird nicht allein vom Energiekonsum bestimmt.« Damit hat er zweifellos recht, doch für den Verbraucher bestimmt nun mal die Stromrechnung entscheidend das Preis-Leistungs-Verhältnis eines jeden Elektrogeräts.

Telefon: beschweren und bezahlen

So kräftig, wie die Stromerzeuger ihre hilflos am Netz zappelnden Kunden zur Kasse bitten, kassiert der zweite Monopolbetrieb im Bereich der Elektrotechnik ab, die Telekom. Wohl kein anderes Unternehmen zog in den vergangenen Jahren ob seiner kundenverachtenden Tarifpolitik so viel Kritik auf sich wie das zur Privatisierung anstehende ehemalige Staatsunternehmen aus dem Bestand der Deutschen Bundespost.

Allen Liberalisierungs-Versprechungen zum Trotz verteidigt die Telekom ihr Hochpreisrevier mit List und Tücke überall dort, wo sie keine Konkurrenz zu befürchten hat. Und nach wie vor behandelt die einstige Staatsbehörde die Teilnehmer am Telefon-, Telefax- oder Datennetz nicht wie umworbene Kunden, sondern wie rechtlose Untertanen.

Wie weit der einstige Monopolbetrieb mit seiner verkrusteten Beamtenstruktur von einem modernen Dienstleistungsunternehmen entfernt ist, beweist er immer wieder aufs neue mit skandalträchtigen Aktionen. Egal ob er seinen Telefonkunden überhöhte Rechnungen aufbrummt, ob er sie für technische Pannen im Netz verantwortlich macht, ob er Neukunden wochenlang auf ihren Anschluß warten läßt, ob er mit den Adressen seiner Kunden einen schwunghaften Handel treibt oder ob er die ohnehin schon überhöhten Gebühren mit einer neuen Tarifstruktur nochmals aufstockt – der Koloß aus wilhelminischer Zeit, der eine Aktiengesellschaft sein möchte, duldet keine Insubordination.

Als sich zum Beispiel im Jahr 1993 die Beschwerden aufgebrachter Telefonkunden über überhöhte Gebührenrechnungen zu häufen begannen – am Jahresende waren es über 634 000 Reklamationen –, da setzte beim angeblichen Dienstleistungsunternehmen Telekom keine systematische und mit allem Nachdruck betriebene Suche nach den Ursachen ein. Der an obrigkeitsstaatliches Denken gewöhnte Behördenapparat wiegelte erst einmal ab.

Unnachsichtig bestand die Telekom auf der Bezahlung absurd hoher Telefonrechnungen – auch dann, wenn die näheren Umstände eher für

156

eine technische Panne als für ein Verschulden des Kunden sprachen. Da mußten plötzlich Hausfrauen, die vorher für vielleicht 150 Mark telefoniert hatten, Rechnungen über mehrere tausend Mark begleichen. Bei manchen Teilnehmern, wie dem Berliner Werner Köhler oder dem Siegerländer Exportkaufmann Alfred Neufurth, liefen monatlich Beträge bis zu 20 000 Mark auf.

An Fehlern ist erst mal der Kunde schuld

Unterstützung erhielten die Geldeintreiber der Telekom zunächst bei der Justiz, da die Richter volles Vertrauen in die Abrechnungspraktiken des Staatsbetriebs hatten und den Kunden blindlings unterstellten, sie würden mehr telefonieren, als ihr Geldbeutel verkraften konnte. Erst als die Zahl der Beschwerden im folgenden Jahr auf über 900 000 anstieg und in den Medien die ersten Berichte über die Tricks und Techniken der Telefonpiraten erschienen, kamen Zweifel an den Abrechnungspraktiken der Telekom auf.

In Essen konstituierte sich ein Verein der Telekom-Geschädigten, und in Bonn meldete sich die Arbeitsgemeinschaft der Verbraucherverbände zu Wort: »Es ist inakzeptabel, daß die Telekom ihre Risiken auf die Kunden abwälzt«, wetterte AGV-Referentin Monika Gebauer-Roloff. Doch mit beispielloser Arroganz ignorierte der Monopolbetrieb weiterhin die meisten Kundenbeschwerden: »Die Telefonkunden wollen oft nicht wahrhaben, was ihre Verbindungen kosten«, blockte Telekom-Sprecher Jürgen Kindervater ab.

Tatsächlich akzeptierte die Telekom 1994 nur knapp ein Fünftel der Beschwerden und trieb bei einer Vielzahl von Kunden zu hohe Gebühren ein. Erst als das Landgericht Aachen im Dezember 1994 die Klage der Telekom auf Zahlung einer Telefonrechnung in Höhe von 12 721,27 Mark abwies, weil, so die Richter, »Manipulationen bei der Telekom« vorkommen können, mußte der Monopolist zurückstecken. Jetzt lag die Beweispflicht, daß die Abrechnungen korrekt waren, bei der Telekom, während sich vorher die Kunden vom Verdacht befreien mußten, sie hätten zuviel telefoniert. Das Urteil (Az.: 110 284/94) zwang die Telefongesellschaft, auf Beschwerden vorsichtiger zu reagieren, doch wirklich kundenfreundlich wurde die Telekom dadurch nicht. Denn nach wie vor knöpft sie Telefonbenützern, die auf einem sogenannten Einzelverbindungsnachweis bestehen, mit dem sie die Höhe ihrer Telefonrechnung genau kontrollieren können, im ersten Monat 19 und in jedem weiteren Monat 5 Mark für bis zu fünf Nachweise ab.

Schuld an der ganzen Misere war zweifellos die Telefongesellschaft selber, da sie einerseits, um noch mehr Geld zu kassieren, ihr Netz fremden Service-Providern zur Verfügung stellte und andererseits nicht rechtzeitig die Gefahren erkannte, die von einem Mißbrauch dieser Konstellation durch findige Hacker drohten. Die Telefonpiraten telefonierten entweder selbst gratis auf Kosten irgendwelcher anderer Telekom-Kunden rund um die Welt, oder sie machten sich ganz gezielt die Preisdifferenz in den einzelnen Telefontarifen zunutze.

Geschädigt wurden durch solche Manipulationen sowohl die Telekom selbst, die ihren Verlust 1994 auf rund 2 Milliarden Mark bezifferte, als auch unzählige Kunden, deren Gebührenzähler mit Gesprächen belastet wurden, die sie nie geführt hatten.

Eine Tarifreform zugunsten der Großkunden

Wer heute den Verdacht hat, daß seine Telefonrechnung zu hoch ausgefallen ist, sollte sich entweder an die Arbeitsgemeinschaft der Verbraucherverbände in Bonn, die Interessengemeinschaft der Telekom-Kunden in Essen oder an den Verband der Postbenutzer in Offenbach wenden. In jedem Fall aber empfiehlt es sich, die überhöhte Rechnung nicht zu bezahlen, sondern im Zweifelsfall höchstens den Betrag, den man im vergangenen halben Jahr durchschnittlich pro Monat entrichten mußte.

Hat der Kunde der Telekom eine Bankeinzugsermächtigung erteilt, so kann er die Bank zur Rückbuchung veranlassen. Auch wenn die Telekom den Anschluß daraufhin sperren läßt, braucht der Kunde nicht zu verzweifeln, denn nach der seit 1996 geltenden Verbraucherschutzverordnung (VTSV) muß ihm die Telekom den Schaden ersetzen, der durch die Sperrung entstanden ist.

Ist die Telekom ob ihres kundenunfreundlichen Verhaltens bei den Verbraucherschutzverbänden und bei der satirischen RTL-Sendung

Wie bitte? bereits zum Dauerthema geworden, so gibt sich der Postbetrieb gegenüber seinen wehrhaften Großkunden seit einiger Zeit etwas generöser. Dies jedoch nicht etwa wegen eines plötzlich entdeckten Defizits in Sachen Servicefreundlichkeit, sondern weil immer mehr Vieltelefonierer den Fangarmen des Monopolisten entschlüpften. Sie bedienten sich vielfach der Dienste sogenannter Callback-Firmen, die die beträchtlichen Preisdifferenzen zwischen den Tarifen ausländischer Telefongesellschaften und der deutschen Telekom ausnutzten.

Callback-Firmen wie Telegroup, Telepassport oder Global Net buchten erhebliche Leitungskontingente zu günstigen Konditionen bei amerikanischen, aber auch britischen oder finnischen Telefongesellschaften und verkauften diese portionsweise mit einem kleinen Aufschlag an ihre deutschen Kunden weiter.

In der Praxis funktioniert das so: Der deutsche Telefonkunde wählt über die nur ihm bekannte Nummer den ausländischen Callback-Computer an und legt sofort wieder auf. Nach wenigen Sekunden meldet sich der Rechner und stellt eine amerikanische oder englische Amtsleitung zur Verfügung. Von Deutschland aus kann der Kunde jetzt also über ein ausländisches Netz mit jedem beliebigen Gesprächspartner telefonieren, auch wenn dieser nur ein paar Kilometer weit entfernt ist.

Trotz des riesigen Umwegs kosteten Ferngespräche im Callback-Verfahren bis Ende 1995 weit weniger als eine Direktverbindung bei der deutschen Telekom. Firmen wie Daimler-Benz, Thyssen oder Bayer sparten auf diese Weise pro Jahr Millionenbeträge ein, denn Callback-Anrufe waren bis zu 80 Prozent billiger als Gespräche zum Telekom-Tarif. Mittlerweile zählen die Callback-Dienste Hunderttausende deutsche Vieltelefonierer zu ihren Kunden. Und noch immer lohnt sich der Umweg über die ausländischen Netzbetreiber, wie die Tarife der drei Branchenführer Telepassport in Frankfurt, Telegroup in Hamburg und Callback im amerikanischen Seattle aufs schönste beweisen. Im März 1996 zum Beispiel kostete eine Gesprächsminute von Frankfurt nach New York bei Telepassport und Telegroup rund 74 Pfennig, bei der Deutschen Telekom hingegen DM 1,44. Sogar

Europa-Gespräche oder Telefonate vom Handy zum Festanschluß innerhalb Deutschlands sind bei den Callback-Diensten billiger zu führen als bei der Telekom.

Der zunehmende Konkurrenzdruck ausländischer Telefongesellschaften war es denn auch, der die Telekom zu ihrer unseligen Tarifreform von 1996 veranlaßte. Die Absicht war klar: Der Staatskonzern wollte sich von seinen Privatkunden das zurückholen, was er Firmen und Freiberuflern an Preisnachlässen zugestehen mußte. Damit das nicht so auffiel, ersannen die Tüftler der Telekom mit deutscher Gründlichkeit ein Tarifwerk, das an Unübersichtlichkeit kaum mehr zu überbieten war.

Die Frechheiten häufen sich

Auch wenn manche Medien, am üppigen Werbeetat der Telekom durchaus interessiert, die Komplexität des Gesamtkunstwerks aus der Tarifabteilung der Telekom mit Hinweis auf die ebenfalls nicht gerade transparenten deutschen Steuergesetze zu rechtfertigen versuchten, so war das Echo dennoch verheerend. 83 Prozent der Telefonkunden lehnten, wie Umfragen ergaben, das neue Gebührengesetz ab, Politiker aller Couleur entrüsteten sich über die »ausgesprochen unsoziale« (so Bayerns Ministerpräsident Edmund Stoiber) Tarifreform.

Doch alles Lamentieren half nichts, die wehrlos am Netz hängenden Kunden mußten »die Kröte aus Bonn« schlucken. Das Gemisch aus verkürzten Zeittakten, unterschiedlichen Tarifzonen und drastisch erhöhten Grundgebühren (um 50 Prozent beim Erst- und gar um 100 Prozent beim Zweitanschluß) führte bei einer Vielzahl von Kunden zu Telefonrechnungen, die nach der Reform wesentlich höher ausfielen als zuvor. Wer zu den Hauptgeschäftszeiten viele Ortsgespräche zu führen hatte, mußte unter Umständen doppelt so viel zahlen wie vorher.

Geschädigt durften sich auch die Besitzer von Telefonkarten fühlen, denn die Tarifreform entwertete auf einen Schlag die bereits bezahlten Guthaben an Gesprächseinheiten. Bei einer 50-Mark-Karte zum Beispiel betrug die Differenz zwischen der gekauften Gesprächsdauer und dem Gebührenwert nach der Umstellung satte 7,40 Mark oder 14,8 Prozent.

Just am Neujahrstag 1996 leistete sich der kundenfeindliche Staatsbetrieb eine Panne, die ihn nach dem Tarifdebakel weitere Sympathien kostete. Wegen eines Fehlers in der von der deutsch-französischen Firma Alcatel-SEL angelieferten Vermittlungs-Software mußten rund 12 Millionen Telefonkunden für ihre Gespräche am Neujahrsmontag den normalen Werktagtarif anstelle der günstigeren Feiertagsgebühren bezahlen.

Kaum hatten die Kunden diesen Schock verdaut, langte der Telefonmonopolist vielen von ihnen schon wieder zu tief in die Tasche. Schuld war diesmal eine technische Innovation, auf die sich die Telekom viel einbildete. Anfang 1996 hatte sie etwa 60 Prozent ihrer Kunden mit modernen Digital- anstelle der alten Analog-Anschlüsse versorgt. Diese Technik erlaubte Serviceleistungen wie die »Dreierkonferenz«, bei der drei Teilnehmer per Telefon miteinander reden, des »Anklopfens«, wo jemand auch dann angerufen werden kann, wenn er gerade auf dieser Leistung spricht, oder des »Makelns«, bei dem ein Anruf automatisch weitergeleitet wird. Infolge einer unausgereiften Steuerungstechnik kamen nun zahlreiche Telekomkunden in den »Genuß« dieser Dienste, auch wenn sie diese gar nicht in Anspruch nehmen wollten. Beispiel: Wenn ein Vieltelefonierer zwischen zwei Gesprächen den Hörer kürzer als 0,9 Sekunden auf die Gabel legte, aktivierte er, ohne es zu bemerken, den Konferenz-Service. Als sich derart düpierte Kunden über ihre zu hohen Rechnungen beschwerten, reagierte die Telekom wie gehabt: Wer einen Bedienungsfehler mache, meinte Telekom-Sprecher Ulrich Lissek dreist, sei eben selbst schuld. Erbost konterte Wilhelm Hübner vom Verband der Postbenützer: »Es ist eine Frechheit, wenn man dem Kunden einen Bedienungsfehler vorwirft, wenn der überhaupt nicht weiß, daß er etwas falsch machen kann.«

Als ob das noch nicht genug gewesen wäre, machten Telekom-Kunden Anfang 1996 die Entdeckung, daß sie, wenn sie aus einer öffentlichen Zelle in einem Postamt telefonieren wollten, neuerdings eine Benutzungsgebühr von 2 Mark zu zahlen hatten – natürlich zusätzlich zu den normalen Telefonkosten. Die Zellenmiete wird nicht von der gelben Post erhoben, der die Postämter gehören, sondern fließt, kaum gekürzt um eine Personalpauschale, voll in die Taschen der Telekom, die spätestens im Herbst 1996 ihre Anteilsscheine an der Börse verkaufen möchte.

Service made in USA

Rund 15 Milliarden Mark sollen Deutschlands Geldanleger allein für die erste Tranche der Telekom-Aktien hinblättern, deren Gesamtwert auf etwa 60 bis 90 Milliarden taxiert wird. Selten hat sich ein Unternehmen in so kurzer Zeit so viele Sympathien verscherzt wie der ehemalige Staatsbetrieb, der trotz seiner horrenden Gebühren, die höher sind als in den meisten anderen Industriestaaten der Erde, zuwenig verdient und über ein zu geringes Eigenkapital verfügt.

Die Telekom müßte nahezu die Hälfte ihrer 210000 Mitarbeiter, darunter viele unkündbare Beamte, entlassen und dem Rest kundenfreundliches Verhalten beibringen, ehe sie gerüstet wäre für den Wettbewerb mit den privaten Konkurrenten aus anderen Ländern. Die träge Mammutbehörde, hervorgegangen aus dem einstigen Staatsunternehmen Bundespost, beweist durch ihr Verhalten aufs schönste, was passiert, wenn der Wettbewerb ausgeschaltet ist. Im abgeschotteten Revier jedes Monopolisten steigen die Preise, sinkt die Leistung und verkümmert die Bereitschaft, echten Dienst am Kunden zu leisten.

Sicher, Deutschland verfügt über ein recht gut funktionierendes Telefonnetz, und das Tempo, mit dem die Telekom die maroden Leitungen in der ehemaligen DDR auswechselte, verdient Beifall. Auch bei der Verlegung moderner Glasfaserkabel und der Installation effizienter ISDN-Anschlüsse leisteten die Techniker der Telekom gute Arbeit. Doch überall da, wo es auf Kundenfreundlichkeit ankommt, zeigt der ehemals gelbe, heute lila Riese das arrogante Gesicht der Macht.

Von dem Service, den etwa die amerikanischen Telefongesellschaften ihren Kunden bieten, können die Deutschen deshalb nur träumen. Zwischen Boston und Washington beispielsweise bietet die US-Gesellschaft Bell Atlantic ihren Kunden die Möglichkeit zu telefonieren, ohne zu wählen. Man spricht einfach den gewünschten Namen und den Ort in die Muschel, und der Telefoncomputer stellt die gewünschte Verbindung her.

R-Gespräche, die vom Empfänger bezahlt werden, gehören in der Neuen Welt ebenso zum Telefonalltag wie ein umfassender Auskunftsdienst durch ebenso höfliche wie stets dienstbereite »Fräulein vom Amt«, die hierzulande immer mehr durch armselige Computeransagen ersetzt werden. Statt sich mit umständlichen Telefonkarten zu plagen, telefoniert man drüben überall mit der jederzeit verfügbaren Kreditkarte, und wer auf seinem eigenen Apparat nicht jeden Anruf entgegennehmen möchte, kann ihn für bestimmte Teilnehmer sperren lassen.

Das Besetztzeichen, die Geißel deutscher Vieltelefonierer, ist drüben praktisch außer Kraft gesetzt, denn wenn ein neuer Anruf eingeht, während man gerade telefoniert, ist im Hörer ein leises Signal vernehmbar. Man kann also das laufende Gespräch beenden und den neuen Anruf entgegennehmen.

Trotz des höheren Komforts ist das Telefonieren in den USA nach wie vor billiger als in Deutschland. Ein Gespräch quer über den Kontinent, von New York nach Los Angeles zum Beispiel, kostet tagsüber nur etwa 15 Pfennig pro Minute, und in den meisten Ostküstenstädten sind auch die Ortsgespräche preiswerter als hierzulande. In Washington kann man bei einer Grundgebühr von 8 Mark Stadtgespräche für umgerechnet 10 Pfennig führen.

Seit die US-Regierung vor gut zehn Jahren die Zerschlagung der einst allmächtigen Telefongesellschaft AT & T in sechs selbständige Unternehmen befahl, sanken die durchschnittlichen Telefonkosten für Fernverbindungen um nahezu zwei Drittel, und dennoch verdienen die Töchter der »Ma Bell« klotzig Geld, während die Telekom nur mit immer neuen Preiserhöhungen über die Runden kommt.

Die Telekom unterstützt amtliche Schnüffler

Dafür dürfen die deutschen Telefonkunden dann auch wesentlich länger auf einen neuen Anschluß warten – Mitte 1994 waren es durchschnittlich 42 Tage gegenüber nur einem Tag in den USA – und müssen zulassen, daß die Telekom mit ihren persönlichen Daten auch noch einen schwunghaften Handel treibt. So jedenfalls sieht es eine ISDN-Richtlinie der Brüsseler EU-Behörde vor, nach der personenbezogene Daten der Telekom-Kunden dem kommerziellen Adressenhandel zugänglich gemacht werden sollen.

Je weiter die Telefontechnik voranschreitet, desto vielfältiger sind offenbar die Gefahren für den Telefonkunden, geneppt, betrogen oder abgehört zu werden. Mit den modernen ISDN-Anschlüssen zum Beispiel ist es nach Erkenntnissen des Bundesamtes für Sicherheit in der Informationstechnik (BSI) möglich, jeden Raum heimlich abzuhören, in dem ein entsprechend ausgerüsteter Telefonapparat steht. Der Bespitzelung etwa von Mitarbeitern oder Familienangehörigen ist damit Tür und Tor geöffnet.

Kaum geringer sind die Zugriffsmöglichkeiten staatlicher Ermittlungsbehörden auf den Telefon- und Faxverkehr. Die Schnüffelpraxis von Kripo, Steuerfahndung und Geheimdiensten, die in Deutschland bisher schon viel umfangreicher war als etwa in den USA und den meisten anderen europäischen Ländern, wird von der Telekom nach Kräften unterstützt. Zwar brauchen die Ermittler zum Abhören von Telefon- oder Faxanschlüssen nach jetziger Gesetzeslage eine richterliche Anordnung, doch die wird ihnen erstens nur selten verwehrt, und zweitens schaut ihnen niemand über die Schulter, wenn sie in den Fernmeldeämtern ein und aus gehen.

Genehmigt ein Richter zum Beispiel das Abhören eines bestimmten Anschlusses, dann kann der zuständige Kripobeamte in der Praxis mit Hilfe der Telekom-Techniker gleich eine ganze Handvoll Anschlüsse anzapfen. Die Willfährigkeit, mit der die Telekom den Forderungen der Fahnder nachkommt, stempelt das im Grundgesetz verankerte Fernmeldegeheimnis zur Makulatur.

Weil Staatsanwälte und Kriminalpolizisten beim Abhören von Anschlüssen, die auf Anrufweiterleitung geschaltet waren, ihre Schwierigkeiten hatten, den Empfänger einer Telefonbotschaft zu identifizieren, stoppte die Telekom im Herbst 1994 diesen in anderen Ländern längst problemlos funktionierenden Service. Und als die Strafverfolger entdeckten, daß ihnen fürs Abhören der sich schnell ausbreitenden Funktelefone die nötigen Gerätschaften fehlten, übten sie auf die Netzbetreiber, also die Telekom und das Mannesmann-Mobilfunk-Konsortium, so lange Druck aus, bis diese nachgaben und nun ihre Netze für rund 150 Millionen Mark abhörfähig machen. Unnötig zu betonen, daß die Kosten für den Komfort der Schnüffler letztlich der Kunde zu tragen hat – in Form weiter steigender Gebühren.

Servicenummern haben ihre Tücken
Wenn die Telefonrechnung ins Haus flattert, ist stets größtes Mißtrauen angezeigt. Der Kunde sollte nicht nur die berechneten Einheiten genau kontrollieren, sondern auch auf die Tarifarten achten. Teuer können zum Beispiel die sogenannten Sprachmehrwertdienste der Telekom werden. Unter der Servicenummer 01 80 können Kunden bei den verschiedensten Firmen Bestellungen aufgeben. Dabei ist jedoch keineswegs sichergestellt, daß das Gespräch zum Ortstarif gerechnet wird.
Entscheidend ist vielmehr die Ziffer der Servicenummer 01 80. Folgt zum Beispiel eine 5, heißt das, daß das Gespräch zum inländischen Ferntarif abgerechnet wird, die 3 steht für eine Fernverbindung bis 50 Kilometer und die 2 für ein Ortsgespräch. Der Kunde kann also böse Überraschungen erleben, wenn er längere Zeit zum teuren Ferntarif auf der scheinbar günstigen Servicenummer telefoniert. Und häufig meldet sich unter der angegebenen Servicenummer auch nur ein Band mit Werbesprüchen oder ein angeheuerter Telefonverkäufer, der keine andere Aufgabe hat, als den Kunden zur Produktion teurer Leitungskosten zu veranlassen.
Auch die 0 10-Nummern haben ihre Tücken, wie die Skandale um Telefonsex-Anbieter aus der Karibik hinreichend bewiesen haben. Also: Im Zweifelsfalle Hände weg von allen Servicenummern, die mit 0 10 und 01 80 beginnen! Getrost darf der genervte Telefonkunde davon ausgehen, daß alles, was ihm die Netzbetreiber, Service-Provider, Dienstleistungsanbieter an fortschrittlichen Ideen offerieren, beim täglichen Gebrauch den Charme hübsch verpackter Giftpillen entfaltet.
Alle diese neuen Produkte und Dienstleistungen, ohne die er bisher

ganz gut ausgekommen war, haben einen entscheidenden Nachteil: Sie kosten im Endeffekt fast immer wesentlich mehr, als es zuerst den Anschein hat. Denn die Taktik der Anbieter zielt stets darauf ab, dem Kunden den wahren Preis zu verschleiern. Das geschieht entweder über einen heillosen Tarifwirrwarr wie bei der Telekom oder mit einer Preisgestaltung, die Vergleiche absolut unmöglich macht.

Billiges Handy, teure Gespräche

Zu den Tricks der Anbieter von Hard- und Software gehört es, die Kundschaft mit scheinbar günstigen Einstiegspreisen und -tarifen zu ködern, um ihnen dann, wenn sie Geschmack an der Sache gewonnen haben, das Geld aus der Tasche zu ziehen. Besonders erfolgreich auf diesem Gebiet waren die Organisatoren des sogenannten Mobilfunks. Annähernd drei Millionen Deutsche besaßen Anfang 1996 ein sogenanntes Handy oder ein ins Auto installiertes Funktelefon, so daß sich das praktische Gerät zu einer Landplage entwickelte, weil seine Besitzer auch dann ihrem Drang zur Telequasselei freien Lauf ließen, wenn die Umgebung eigentlich Diskretion erwartete.

Mancher Gastwirt, Konzertveranstalter oder Beerdigungsunternehmer sah sich deshalb bereits veranlaßt, in seinen Räumlichkeiten Handy-Besitzer mit einem Quasselverbot zu belegen. Die seuchenartige Ausbreitung der schnurlosen Minitelefone wurde begünstigt durch rapide sinkende Gerätepreise wie auch durch exzessive Werbemaßnahmen der Netzbetreiber. Doch nicht wenige Mobilfunkkunden mußten bereits erfahren, daß das strippenlose Telegeschnatter nicht nur der Gesundheit (wegen der schädlichen elektromagnetischen Strahlen), sondern auch dem Geldbeutel schadet.

Viele der sogenannten »Provider«, ohne deren Telefonkarte (SIM oder Plug-in-SIM) kein Handy-Besitzer den Weg ins Netz findet, verkaufen nämlich mit dem Gerät gleich ein ganzes Tarifsystem, dessen Tücken der Kunde meist erst viel später erkennt. Die Kombination aus einem niedrigen Gerätepreis und saftigen Gesprächsgebühren erwies sich als außerordentlich erfolgreich, und allzu viele Kunden verfingen sich bereits in den Fallstricken raffinierter Diensteanbieter. Je billiger das Gerät, desto teurer die Leitung, dieser Grundsatz bestimmt bis heute die Tarifpolitik bei den drahtlosen Netzen, und so werden vor allem die Vieltelefonierer unter den Handy-Besitzern kräftig abkassiert. Bei durchschnittlichen Minutenpreisen von rund 1 Mark 50 für Inlands- und bis zu 4 Mark für Auslandsgespräche sowie monatlichen Grundgebühren in Höhe von etwa 80 Mark kann sich der Handy-Besitz zu einem teuren Vergnügen auswachsen.

Auch dann, wenn D- und C-Netz-Anbieter mit besonders vorteilhaften Minutenpreisen werben, ist Vorsicht angesagt, denn die Billigofferten gelten oft nur für ganz bestimmte Verbindungen im gleichen Netz. Ein anderer beliebter Dreh ist es, jede angefangene Minute auch dann voll abzurechnen, wenn der Teilnehmer nur ein paar Sekunden lang geredet hat. Und wie neuerdings die Telekom bei ihrem Normalnetz verlangen auch die Mobilfunkbetreiber je nach Tages- und Nachtzeit unterschiedlich hohe Gesprächsgebühren.

Hinterhältige Mischung aus vielen Faktoren

»Die fast schon hinterhältige Mischung aus Taktzeiten, Minutenpreisen, Grundgebühr, den Minutenpreisen in der Hauptzeit (meist Montag bis Freitag) und Nebenzeit (nachts sowie an Sonn- und Feiertagen) ist kaum mehr zu überschauen«, empörte sich die Stiftung Warentest. Wer den für seine Bedürfnisse optimalen Tarif unter den weit über 150 Möglichkeiten herausfinden will, muß einen Rechercheaufwand wie für eine Doktorarbeit betreiben. Und da dies kaum ein Telefonkunde macht, zahlen fast alle zuviel.

Gebührenfallen verbergen sich nicht selten im Kleingedruckten der Tarifverträge, etwa wenn die teure Hauptzeit, die normalerweise von 7 Uhr morgens bis 18 Uhr abends dauert, willkürlich verlängert wird oder wenn beim sogenannten Busineßtarif für Geschäftsleute nicht sekundengenau abgerechnet wird, sondern die angefangene Minute voll zählt.

Ebenso nachteilig für den Kunden sind die langen Laufzeiten (mindestens ein Jahr) der Provider-Verträge, vor allem dann, wenn er feststellt, daß er den falschen Tarif gewählt hat. Ins Visier der Verbraucherschützer geriet zum Beispiel bereits der Diensteanbieter Debitel Kommunikationstechnik GmbH & Co. KG, in dessen Verträgen insgesamt 14 Klauseln beanstandet wurden. Beispiel: »Der Kunde ist damit einverstanden, sollte Debitel ... zu einer außerordentlichen Kündigung berechtigt sein, daß Debitel Name und Adresse sowie den Tatbestand der Leistungsstörung ... an Wirtschaftsauskunfteien und Warendienste sowie andere Telekommunikationsanbieter übermittelt. Bei Nichteinwilligung behält sich Debitel vor, den Kundenantrag abzulehnen.« Nach Ansicht des Verbraucherschutzverbandes verstößt diese Klausel gegen den Datenschutz.

Der Handy-Kunde wird also von einem Abkassierer zum anderen weitergereicht, und am Ende erhält er dann vielleicht noch ein bereits fertig ausgefülltes Überweisungsformular ins Haus geschickt, das er nur noch zu unterschreiben braucht, um ein paar hundert Mark loszuwerden. Absender ist entweder ein bundesdeutscher »Verlag für Firmenregister«, der den Bundesadler als Firmenzeichen führt, oder auch ein eher technisch orientierter »Mobitel Verlag GmbH«, der so tut, als hätte jeder Empfänger seiner Rechnungen die Pflicht, sich gegen Gebühr in das aktuelle Mobilfunkverzeichnis eintragen zu lassen. Gegen beide Firmen wurden zwar Abmahnungs- bzw. Gerichtsverfahren eingeleitet, doch das hält die Nachahmer offenbar nicht ab, Deutschlands Funktelefonierer immer wieder zur Kasse zu bitten. Die von solchen Verlagen herausgegebenen Verzeichnisse sind nämlich von sehr begrenztem Wert, da sie meist nur eine geringe Anzahl von Teilnehmern auflisten und keineswegs offiziellen Charakter haben.

Verlage treten zum finalen Dummenfang an

Offenbar ist auf dem boomenden Markt der Telekommunikation, von dem sich Wirtschaftsexperten in den kommenden Jahren die größten Zuwächse erwarten, alles erlaubt, wenn es nur dazu dient, den Verbrauchern das Geld aus der Tasche zu ziehen. Da dürfen Herstellerfirmen unausgereifte Geräte mit miserabler Tonqualität, unpraktischer Bedienung und viel zu geringen Akku-Kapazitäten auf den Markt werfen, dürfen die Netzbetreiber die Umwelt mit gesundheitsschädlichem Elektrosmog belasten, kommen Telefone mit zu hoher und deshalb gefährlicher Wattzahl in den Handel, da werden Kunden scharenweise in halbfertige Netze gelockt, die nur in wenigen Ballungsräumen

168

eine störungssichere Kommunikation erlauben, dürfen private Dienstanbieter mit den schäbigsten Tariftricks operieren und schließlich betrügerische Verlage zum finalen Dummenfang antreten.

So richtig schön aber wird dieses Geschäft erst 1998, wenn die totale Liberalisierung des Telekommunikationsmarktes über uns hereinbricht und unzählige neue Anbieter auf ihre Chance lauern. Dann muß nämlich, das steht längst fest, ein völlig neues Nummernsystem eingeführt werden, weil dann jeder seinen Dritt- oder Viertapparat anmeldet und die Kapazität der heutigen Kennzeichnungsordnung überfordert. Mit Sicherheit wird das wieder ein einträgliches Geschäft für die ganze Branche, und schon heute reiben sich Telefonbuchhersteller, Akzidenzdruckereien und Papierlieferanten die Hände, wenn Millionen deutscher Telefonbesitzer ihre neuen Nummern auf Briefbögen, Visitenkarten und in Telefonbücher drucken lassen müssen. Merke: Reden ist Silber, Telefonieren ist Gold.

»Die Deutschen kennen Begriffe wie Kundenzufriedenheit und Kundenbegeisterung überhaupt nicht. Wenn ich in ein Kaufhaus gehe und nach der Toilette frage, dann ist die meistens irgendwo versteckt. In Japan ist das ganz anders: Da sind die Toiletten sehr pompös.«

Minoru Tominaga, Unternehmensberater in Düsseldorf

Der Handel:
Bitte nicht stören!

Oberflächlich betrachtet, ist Deutschland ein fast vollkommenes Einkaufsparadies. Besucher von einem anderen Stern würden, wenn sie sich aufmachten, die Erde zu inspizieren, wahrscheinlich den Eindruck gewinnen, das Leben der Menschen in Deutschland drehe sich ausschließlich um den Konsum. Gab es in früheren Jahrhunderten ein religiöses, ein soziales, ein familiäres und nicht selten ein militärisches Dasein, so hat mittlerweile im Nachfolgestaat des Heiligen Römischen Reiches Deutscher Nation der Kommerz die totale Herrschaft übernommen.

In den Städten und Dörfern dreht sich nahezu alles ums Geldverdienen und Geldausgeben. Die sozialen Interaktionen werden bestimmt von Job und Shop. Der Einkauf soll, so postulieren es die Päpste des Handels, mehr sein als die nüchterne Eindeckung mit den Gütern des täglichen Bedarfs; er soll den vereinsamten Bürgern Kirchgang und Nachbarplausch, Familienfeier und Stammtisch ersetzen. Konsum heißt des Bürgers erste Pflicht, und die Besucher vom fernen Mars würden, an einem Samstagvormittag etwa in der Kaufingerstraße zu München, in den Alsterpassagen zu Hamburg oder am Berliner Kudamm keinen Augenblick daran zweifeln, daß der deutsche Bürger seine Pflichten ernst nimmt.

Nur wenn die Besucher ein wenig länger verweilten und sich in die einsame Masse der Kunden einreihten, würden sie gewahr, daß der Garten Eden auf Erden in Wahrheit ein verlorenes Paradies ist. Die Fülle des Warenangebots, die Pracht der Auslagen, die Raffinesse der Schaufensterdekorationen – nichts als Tinnef. Hinter dem Blendwerk der Marktwirtschaft lauert, gieriger als je zuvor, der Handel auf Kundschaft. Bis zur Perfektion hat er die Kunst entwickelt, dem Auge viel, dem Geldbeutel aber wenig zu bieten. Wer sich nicht bluffen läßt von der noblen Ausstattung der Läden und der geschickten Präsentation der Waren, erkennt sehr schnell, daß die Konsumtempel eher Schlachtfeldern als Kultstätten ähneln. Der erbitterte Kampf ums Geld der Kunden tobt zwischen Fachhändlern und Großmärkten, Warenhäusern und Discountern, Einkaufszentren und Versandhäusern, zwischen Tante Emma und Onkel (»Aldi«) Albrecht.

Dem gnadenlosen Verteilungskampf im deutschen Einzelhandel fielen Tausende selbständiger Ladengeschäfte zum Opfer, allein im Jahr 1994 mußten 2527 Handelsfirmen dichtmachen. Die meisten Pleiten hagelte es bei den Lebensmittelgeschäften, Bekleidungshäusern und Sportartikelfachhändlern. 1995 erwischte es so große Unternehmen wie Möbel Franz in Haiger (350 Millionen Mark Umsatz), Schuh-Mayer in Bad Ditzenbach (300 Millionen Mark Umsatz), Dyckhoff in Köln (500 Millionen Mark Umsatz), und nur mit knapper Not entging das weltbekannte Münchner Textilkaufhaus Ludwig Beck am Rathaus-Eck (240 Millionen Mark) dem Strudel der Pleite, nachdem eine Kölner Niederlassung horrende Verluste eingefahren hatte.

Warum das Einkaufen keinen Spaß mehr macht

Das Massensterben der Handelsfirmen signalisiert jedoch nicht den Sieg der Kundschaft, sondern ist eher ein Indiz für ein drohendes Waterloo. Mißmanagement und ein gnadenloser Verdrängungswettbewerb kapitalstarker Großkonzerne beschleunigten den Untergang vieler Einzelhändler. Auf der Strecke blieb im knallharten Preiskampf alles, was das Einkaufen angenehm machte: der Service, die Freundlichkeit und Kompetenz des Personals.

Durchgesetzt haben sich nämlich jene Unternehmen, die ihre betriebswirtschaftlichen Kalkulationen von jedem überflüssigen Ballast befreiten, die Aldis, Metros, Tengelmanns und Schleckers. Im Lebensmittelhandel zum Beispiel bleiben 80 Prozent des gesamten Umsatzes der Branche in den Kassen der zehn größten Unternehmen hängen. Gemeinsames Kennzeichen der erfolgreichen Händler-Trusts sind extreme Sparsamkeit bei der Ausstattung, perfektionierte Logistik des Warendurchsatzes, fragwürdige Einkaufsmethoden und eine dürftige Bezahlung des minimierten Verkaufspersonals.

Wenn das Einkaufen in den letzten Jahren seinen Erlebnischarakter verlor und immer mehr zur nervtötenden Beschaffungsaktion mutierte, dann sind die Verbraucher daran sicher nicht ganz unschuldig. Indem sie nämlich stets dem billigsten Anbieter den Vorzug gaben, förderten sie die negative Auslese bei den Einzelhändlern.

Reihenweise entließen die Handelsbetriebe ihre geschulten und deshalb teuren Verkäufer, und für zwei geschaßte heuerten sie eine billige, weil angelernte Teilzeitkraft an. Gleichzeitig strafften sie die Sortimente und beschränkten ihr Angebot auf wenige, schnelldrehende Artikel in den gängigen Formaten. Ein Modellfall für diese Art des Handelsbetriebs, der auf Beratung völlig verzichtet und dem Kunden außer einem vergleichsweise günstigen Preis keinerlei Annehmlichkeiten bietet, ist der größte, erfolgreichste und auch bedrohlichste Handelskonzern Europas: die Metro.

Mit der Präzision eines Müllschluckers verleibte sich der in den 60er Jahren von dem ehemaligen IBM-Organisationsexperten Otto Beisheim gegründete und heute von der schweizerischen Steueroase Zug aus gesteuerte Handelsriese einen Konkurrenten nach dem anderen ein. Von Anfang an wuchs das nach amerikanischen Vorbildern entstandene Cash-and-carry-Unternehmen schneller als alle seine Konkurrenten.

In den Billigmärkten der Metro, zu denen nur Zutritt findet, wer einen Gewerbeschein besitzt, deckt ein Großteil der zwei Millionen Selbständigen in Deutschland seinen Bedarf an Lebensmitteln, Hausrat und auch Textilien. Nirgendwo sonst wurde die Stapelware so kostengünstig zum Verbraucher expediert wie in den an Lagerhallen gemahnenden Verkaufsstätten der Metro, und nirgendwo sonst wurden die Läger mit einer solchen Geschwindigkeit umgeschlagen.

Der stetig fließende Geldstrom versetzte die Metro-Manager, angeführt vom Beisheim-Vertrauten Erwin Conradi, in die Lage, ihre Fangarme in nahezu alle Bereiche des Einzelhandels auszustrecken. Unterm Dach der Metro AG, die Ende 1995 in Deutschland über 60, in Europa nahezu 80 Milliarden Mark umsetzte, versammeln sich neben

den Cash-and-carry-Märkten Warenhauskonzerne wie Asko, Kaufhof, Horten, Kaufhalle, Fachmärkte wie Media Markt, Saturn-Hansa,
Vobis Computer, Praktiker Baumärkte und Adler Modemärkte, Ver-
sandhändler wie Reno, Friedrich Wenz und Oppermann, Verbrauchermärkte wie Massa, Meister, Realkauf, Huma und Dive sowie Spezialisten wie die Weinhändler Hawesco und Jacques' Weindepot. Egal
wohin der Kunde sich auch wendet – sein Geld landet mit Sicherheit
irgendwann im großen Topf des Metro-Konzerns.

Der schlimmste Fehler der Bonner Wirtschaftspolitik

Mit seiner gewaltigen Nachfragemacht kann der Konzern heute schon
jedem Lieferanten die Preise diktieren – und eines Tages wird dies
wohl auch den Kunden blühen. Denn nach kapitalistischer Schul-
buchweisheit wird der Wettbewerb nur so lange über den Preis aus-
getragen, bis der Markt vermachtet ist. Dann bildet sich ein Oligopol
aus wenigen Anbietern, die den Kunden die Preise nach Belieben diktieren können. Daß der Staat, vertreten durch das Bundeskartellamt
und die Monopolkommisson, kein Interesse daran zeigte, den für die
Verbraucher verheerenden Konzentrationsprozeß im Einzelhandel zu
stoppen, gehört zu den schlimmsten Versäumnissen der Wirtschafts-
politik in den vergangenen zwanzig Jahren.
Zwar beklagte sich der frühere Präsident des Bundeskartellamtes,
Wolfgang Kartte, Journalisten gegenüber mehrfach, daß er die Bün-
delung der Nachfragemacht im Handel für äußerst verhängnisvoll hal-
te, doch biß er sich an seiner vorgesetzten Behörde, dem Bundeswirtschaftsministerium, die Zähne aus. Die Regierung kuschte stets, wenn
Unternehmer mit Verlegung von Arbeitsplätzen ins Ausland drohten
oder wenn Gewerkschaften und Bauernverbände zu Protestdemon-
strationen aufriefen.
Bonn öffnete zwar jede Menge Schlupflöcher, durch die Großkonzerne ihre Milliardengewinne unversteuert außer Landes bringen
konnten, doch die Regierung unternahm nichts, um die Konzentration im Handel zu stoppen, und sie verteidigte bis zuletzt eisern veral-
tete Gesetze zum Schutz der Wirtschaft. Bestes Beispiel dafür ist die
im übrigen Europa mit Hohn, Spott und Unverständnis verfolgte De-

batte über deutsche Kuriositäten wie die Ladenöffnungszeiten und das Rabattgesetz.

Allein die Tatsache, daß sich der Staat anmaßt, von Gesetzes wegen vorzuschreiben, von wann bis wann die Verbraucher einkaufen dürfen, stößt in unseren Nachbarländern fast überall auf tiefes Unverständnis. Und als unter dem Eindruck der Rezession in einigen Zirkeln der deutschen Regierungsparteien die Idee geboren wurde, mit Hilfe längerer Ladenöffnungszeiten die Konjunktur anzukurbeln, da dachte kaum jemand an die Interessen der Verbraucher. Das ganze Bonner Ballyhoo mit dem Ladenschluß drehte sich ausschließlich um die Frage, ob man den Ladenbesitzern und ihrem Verkaufspersonal die längeren Öffnungszeiten zumuten könne.

Während Länder wie die USA, Frankreich, Spanien, Großbritannien oder Dänemark keinerlei Begrenzung für die Geschäftszeiten kennen und viele andere Staaten wie Belgien, die Niederlande und Italien das Einkaufen bis zum späten Abend erlauben, klammerte sich die Bundesregierung bis zuletzt an das aus dem Jahr 1956 stammende Ladenschlußgesetz, das dem Verbraucher praktisch keine Chance mehr läßt, nach Ende der Bürozeit noch etwas zum Abendessen einzukaufen.

Anstatt dem Verbraucher das Geldausgeben so leicht und bequem wie nur möglich zu machen, sorgte sich der Bonner Lobbystaat lieber um seine Klientel aus der Wirtschaft. Und wahrscheinlich wäre es den Politikern in Bonn nicht einmal im Traum eingefallen, sich mit dem heißen Thema, das eigentlich gar keines sein dürfte, zu beschäftigen, wenn der Anstoß nicht mitten aus der Wirtschaft gekommen wäre. So beschwerte sich der Deutschland-Chef der Fast-food-Kette McDonald's, Raupeter: »Statt vom Verbraucher als kritischem Partner zu schwadronieren, sollten sich die Verantwortlichen des Handels lieber den Marktwünschen von König Kunde beugen.« Die Verteidiger des Ladenschlußgesetzes, meinte der Hamburger-Bräter, wollten einfach nicht länger arbeiten.

Das absurde Theater um den Ladenschluß

Neiderfüllt registrierten die Manager großer Handelskonzerne, in welchen Scharen Deutschlands gebeutelte Verbraucher spätabends zu den länger geöffneten Kiosken in Flughäfen, Bahnhöfen und Tank-stellen strömten, wo sie sich mit dem Nötigsten für die Verpflegung am Abend versorgen konnten. Doch als dann das Münchener Ifo-In-stitut für Wirtschaftsforschung in einer von der Bundesregierung in Auftrag gegebenen Studie zu dem Ergebnis kam, daß mehr als die Hälfte aller Verbraucher an längeren Ladenöffnungszeiten interes-siert sind und daß sich auf diese Weise zusätzliche Milliardenumsätze machen ließen, formierte sich sofort der Widerstand der Betroffenen. Sowohl die Mittelstandsvereinigungen der Unternehmer wie die Deutsche Angestelltengewerkschaft (DAG) und die Gewerkschaft Handel, Banken und Versicherungen (HBV) kündigten erbitterten Widerstand gegen alle Versuche an, das Uraltgesetz aus dem Jahr 1956, zu dem es nur noch in Irland ein Pendant gibt, zu lockern.

Hatte Wirtschaftsminister Günter Rexrodt zunächst noch gehofft, sich mit einer Liberalisierung der Ladenöffnungszeiten bei seiner Wähler-klientel in der Wirtschaft profilieren zu können, so wurde er im Ver-lauf der öffentlichen Debatte, die bald nur noch die Sprecher der Kon-trafraktion bestimmten, immer kleinlauter. Unverblümt drohten Ge-werkschaftler wie die HBV-Funktionärin Franziska Widhold Pro-testaktionen und Großkundgebungen an, falls die Geschäftszeiten ver-längert würden. Die Funktionäre der mächtigen Hauptgemeinschaft des deutschen Einzelhandels (HDE) antichambrierten bei den Hin-terbänklern von CDU und SPD gegen eine Freigabe. Um die Inter-essen der Verbraucher kümmerte sich niemand.

Die Kundschaft hat die Nase voll

Erst als große Einzelhändler wie Ludwig Goertz, Inhaber einer Schuh-filialkette, und Erivan Haub, Chef des Tengelmann-Konzerns, öffent-lich die Umsatzchancen längerer Öffnungszeiten diskutierten (»etwa 10 Prozent wären drin«), lenkte Bonn schließlich doch noch ein. Der halbherzige Kompromiß jedoch kam – fast – zu spät, denn die Kunden gingen verschnupft auf Distanz. Wer wollte ihnen verübeln, daß sie ge-nug hatten vom Gezeter der Lobbyisten?

Jahrelang hatten sie mit ansehen müssen, wie die Wirtschaft ihre Arbeitszeiten flexibilisierte; geduldig hatten sie es hingenommen, daß sie vom Handel immer ruppiger behandelt wurden; sie hatten sich über die tausenderlei Tricks und Täuschungsmanöver beim täglichen Einkaufen geärgert, hatten die unfreundliche und inkompetente Bedienung durch Teilzeitverkäufer ertragen, hatten sich bei Reklamationen wie Bittsteller abbürsten lassen und die Einschränkungen des Kundendienstes geschluckt.

Da sie über keine wirksame Lobby verfügen, die ihren Interessen auf politischer Bühne Gehör verschafft hätte, blieb ihnen am Ende nur eines übrig: die Verweigerung.

Kontinuierlich sinkt seit 1992 der Umsatz im deutschen Einzelhandel, obwohl Kaufkraft und Bevölkerungszahl weiter zunahmen. Die Kunden sind es leid, für die gravierenden Managementfehler der Handelsunternehmen büßen zu müssen. Sie haben genug von der Mißachtung durch die Politik, genug von der unwilligen Behandlung in den Geschäften und sind es satt, den Mächtigen in Politik und Wirtschaft lediglich als Spielball und Manövriermasse zu dienen. »Wir befinden uns in einem totalen Stimmungstief. Die Menschen haben keine Lust mehr am Kaufen«, klagte Willem G. van Agtmael, Chef des Stuttgarter Warenhauskonzerns Breuninger, Anfang 1996.

In einem Land, wo der größte Teil der Bevölkerung seinen Grundbedarf an Gebrauchsgütern längst gedeckt hat, wo seine Haushalte mit Fernsehern, HiFi-Anlagen, Waschmaschinen, Geschirrspülern, Tiefkühltruhen, Personalcomputern ausgestattet sind, wo der Zweitwagen die Norm ist und wo es bei Lebensmitteln, Kleidung und Sportgeräten nur noch auf geschmäcklerische Nuancen ankommt, da wirkt sich schon ein bißchen Kaufzurückhaltung verheerend für die Wirtschaft aus. Da neuer Bedarf nur durch wirklich innovative Produkte geweckt werden kann und Spontankäufe durch eine freundliche Atmosphäre in den Läden ebenso begünstigt werden wie durch zuvorkommende und kompetente Beratung, brauchen sich Unternehmer wie Gewerkschaftsfunktionäre nicht zu wundern, wenn der Kunde sein Geld zur Bank trägt, anstatt es auszugeben.

»Die Arbeitslosigkeit ist auf Rekordhöhe, und man kann sonntags noch immer keine Milch kaufen«, notierte ein Reporter des amerikanischen Nachrichtenmagazins *Newsweek* fassungslos im Frühjahr 1996 und diagnostizierte die »Deutsche Krankheit« als »eine tödliche Kombination aus überbezahlten und unterbeschäftigten Arbeitnehmern, rigidem Arbeitsrecht, risikoscheuen Managern und übereifrigem Staat, der zu Tode besteuert und reguliert, was einst eine der kraftvollsten Wirtschaften der Welt war«.

König ist der Kunde nur noch anderswo

Am schlechten Konsumklima, das belegen zahlreiche Umfragen, ist der Handel mitschuldig. Wenn der Kunde schon beim Betreten eines Ladens spürt, daß er unerwünscht ist, weil er den Plausch des Verkaufspersonals stört, wird er eben nur das Nötigste mitnehmen und schleunigst wieder verschwinden.

Ein Blick über die Landesgrenzen zeigt ihm, daß es auch anders geht. Die beiden wichtigsten Weltmarktkonkurrenten der deutschen Wirtschaft, Japan und die USA, machen vor, wie Kundenfreundlichkeit im Handel aussieht. Wer das Gedränge in deutschen Kaufhäusern kennt und sich gelegentlich in den vollgestopften Warenlabyrinthen verirrt, weil er die geschickt versteckten Hinweisschilder nicht entdeckt, fühlt sich wie im Märchenland des Konsums, wenn er in der Innenstadt von Tokio das Kaufhaus Mitsukoshi betritt.

Bereits am Eingang wartet eine Schar einheitlich kostümierter Hostessen auf ihn, und freundlich lächelnd fragt ihn eines der Mädchen, ob es ihm beim Gang durch das Kaufhaus behilflich sein darf. Wird das akzeptiert, begleitet die Hosteß den Kunden so lange, wie er dies wünscht. Der Service wirkt nie aufdringlich, und man hat keine Sekunde das Gefühl, zum Kaufen genötigt zu werden.

Die Hosteß erklärt dem Kunden, wo er was findet, sie berät ihn bei der Auswahl, begleitet ihn zur Kasse und trägt ihm die Ware notfalls bis zur U-Bahn-Station nach. Ganz anders auch die Atmosphäre im Kaufhaus. Nirgendwo hat man das Gefühl, gedrängt zu werden oder den Überblick zu verlieren. Die Auslagen sind nicht überfüllt, die Gänge breit genug. Das Warenangebot ist in seiner Vielfalt überwältigend, die Präsentation geschmackvoll und appetitlich. Vor den Kassen gibt es kaum Warteschlangen, alles ist blitzsauber und die Raumtemperatur selbst im Hochsommer angenehm.

Sicher, Mitsukoshi ist nicht irgendein Kaufhaus, sondern das eleganteste und teuerste der Stadt, doch es setzt die Maßstäbe für viele andere Warentempel in Tokio. Entscheidend ist nicht das Qualitäts- und Preisniveau des Angebots, sondern das Gefühl, als Kunde überall willkommen zu sein. Der Kunde, so scheint es, hat in Japan stets den höchsten Stellenwert, und jeder Verkäufer scheint zu wissen, daß seine Arbeit nichts wert ist, wenn sie nicht vom Kunden akzeptiert wird.

Die Amerikaner, nicht so höflich und geduldig wie Japans Salesmen, umwerben den Kunden auf andere Art. In Großstädten verblüfft vor allem die Vielzahl der offerierten Dienstleistungen. Wer will, kann sich Frühstück, Mittagessen und Abendessen ins Haus kommen lassen. Der Lieferservice umfaßt nahezu alle Güter des täglichen Bedarfs, und das Einkaufen in den Shopping Malls zwischen New York und San Francisco macht einfach Spaß. Nur selten trifft man auf muffige, uninteressierte Verkäufer, die meisten wollen einen schnellen Dollar machen. Weil sie auf Provisionsbasis bezahlt werden, sind sie oft ein wenig übereifrig.

In vielen Department Stores und Discount Shops trifft man auf beflissene, gut geschulte Verkäufer, die gelernt haben, daß der ganze Zweck ihres Daseins ein zufriedener Kunde ist. In der Nordstrom Warenhauskette zum Beispiel bekommt jeder Kunde, sofern er dies wünscht, wie in Japan einen ständigen Begleiter, der ihn quer durch alle Abteilungen bedient.

»Team Member« heißen bei der Filialkette Target die Verkäufer, die auf einer eigenen »Target University« auf kundenfreundliches Verhalten getrimmt werden. Die Kunden werden in diesen Läden wie in einem besseren Hotel als »Guests« angesprochen und mit größter Zuvorkommenheit bedient. Von gelegentlichen Ausnahmen abgesehen, etwa in Billigläden in der New Yorker Upperside oder auch in manchem Gemischtwarenladen irgendwo im Mittleren Westen, präsentiert sich Nordamerika als ein Land, in dem sich alles um den Kunden dreht.

Wer einen Kunden übersieht, verärgert oder mißachtet, gilt in den USA schlicht als bekloppt. Geradezu hilflos muten angesichts des gewaltigen Aufwands für das Training und die Motivation der Mitarbeiter in den amerikanischen Filialketten die Bekenntnisse von Karstadt-Chef Walter Deuss zu mehr Kundennähe an: »Wir müssen auf der Bühne das spielen, was die Konsumenten gerne hätten«, machte sich der Vorstandsvorsitzende des größten deutschen Warenhauskonzerns Mut. Leider wird bisher immer wieder dasselbe Stück gegeben: Publikumsbeschimpfung.

Discounter: Sieger ohne Service

Rein kommerziell betrachtet, zählen die deutschen Handelskonzerne sicherlich zu den erfolgreichsten in Europa. Vor allem die Discounter, die sich schon in Deutschland ausbreiteten wie die Pest, eroberten ein Nachbarland nach dem anderen. Die Lidl & Schwarz-Gruppe beispielsweise ist bereits Branchenführer in Frankreich, Aldi in England, und die zur Metro-Gruppe zählenden Plus-Märkte sind es in Spanien. Im deutschen Lebensmittelhandel wiederum schafften es die Top ten der Branche, 80 Prozent des Marktes an sich zu reißen. Der kommerzielle Siegeszug der Pfennigfuchser freilich ging einher mit einem trostlosen Kahlschlag im Kundenservice.

Das Aldi-Konzept der rigorosen Kostenvermeidung, das mehr oder weniger von allen Discountern übernommen wurde, bescherte den deutschen Verbrauchern zwar ein relativ günstiges Preis-Leistungs-Verhältnis, doch es verlangte von ihnen auf der anderen Seite auch den totalen Verzicht auf alles, was das Einkaufen angenehm machen könnte. Die Märkte der Billigheimer verströmen den Charme einer Lagerhalle für Briketts, die Waren werden lieblos und häufig in viel zu großen Einheiten gestapelt, sie haben oft ein zu kurzes Verfallsdatum, und in der Warteschlange an der Kasse schrumpft der Kunde zum bloßen Zahlvorgang. Der Service des auf ein Minimum reduzierten Personals beschränkt sich aufs Auffüllen der Bestände und das Abkassieren der Kunden.

Rigoros nützten die Discounter ihre wachsende Marktmacht, um die teuren Markenartikel aus ihren Regalen zu verdrängen und sie durch billigere Eigenmarken zu ersetzen. Während sie einerseits von den

Herstellern immer höhere »Eintrittsgelder« für die Aufnahme von Markenartikeln in ihr Sortiment verlangten, ließen sie in großem Stil ebenjene Markenartikel im In- und Ausland kopieren, verkauften sie dann unter dem eigenen Label wie A & P (Tengelmann), Die Weißen (Leibrandt) oder Die Gelben (Deutscher Supermarkt).

Der programmierte Tod des Markenartikels
Bei den Herstellern gedieh derweil die Heuchelei zum Geschäftsprinzip. Denn während sie mit der einen Hand dem Fachhandel weiterhin ihre überteuerten Markenartikel mit der Versicherung aufs Auge drückten, Billigheimer nicht zu beliefern, grapschten sie mit der anderen seelenruhig nach den Produktionsaufträgen der Discounter. Um in die Sortimente der großen Handelskonzerne aufgenommen zu werden, akzeptierte die Hersteller die dreistesten Forderungen. Willig zahlten sie sechsstellige »Eintrittsgelder«, »Werbebeihilfen« oder »Hochzeitsprämien« (wenn mal wieder zwei Konzerne fusioniert hatten) und ließen die unverschämtesten Rabattforderungen durchgehen. Im Frühjahr 1996 zum Beispiel teilte der REWE-Konzern seinen Lieferanten mit, sämtliche Rechnungen würden künftig um ein Prozent gekürzt, »sofern wir nichts Gegenteiliges von Ihnen hören«.
Da mochten sich Markenartikler wie etwa Unilever-Chairman Sir Michael Perry noch so sehr über die unfaire Konkurrenz erregen (»Ich hasse es, wenn einer von meinem Teller ißt«), solange sein Konzern gleichzeitig die Billigheimer mit anonymer Ware belieferte, wirkte sein Gezeter so überzeugend wie der Ruf »Haltet den Dieb« des auf frischer Tat ertappten Einbrechers.
Den Kunden konnte der Machtkampf zwischen Handel und Herstellern nur recht sein, denn sie profitierten, sofern sie dem Werbetrommelfeuer der Markenartikler zu widerstehen vermochten, von den gleich guten Billigangeboten der Discounter. Zahlreiche Produktvergleiche der Stiftung Warentest bewiesen nämlich, daß es zwischen den Eigenmarken der großen Discountketten und den mit horrendem Werbeaufwand propagierten »echten« Markenartikeln kaum noch wesentliche Qualitätsunterschiede gibt.

Bei manchen Produkten, wie tiefgekühlten Fertiggerichten, Handgeschirrspülmitteln oder auch Schaumweinen, schnitten Eigenmarken etwa von Aldi, Tengelmann, Edeka oder Rewe mitunter sogar besser ab als die teureren Herstellermarken. So nimmt es nicht wunder, wenn die Handelsmarken immer größere Marktanteile eroberten. Bei den Discountern trägt nahezu jedes fünfte verkaufte Produkt den Namen einer Handelsmarke, bei Haushaltswaren ohne Prestigewert, wie Müllbeuteln, Folien, Toilettenpapier oder Küchentüchern, liegt der Anteil der Handelsmarken sogar schon nahezu bei einem Drittel.

Es spricht zwar für das Preisbewußtsein der deutschen Verbraucher, wenn sie den Werbesprüchen der Markenartikler immer weniger Glauben schenken und unbesehen zum günstigsten Angebot greifen, doch laufen sie dadurch Gefahr, vom Regen in die Traufe zu geraten. Wenn die Konzentrationswelle im Handel mit dem gleichen Tempo weiterrollt wie bisher, werden am Ende ein paar Riesenkonzerne übrigbleiben, die uns ihre Preise nach Belieben diktieren können. Nur solange der Kampf um die Marktmacht nicht entschieden ist, zählt der Preis als Waffe um die Gunst der Verbraucher.

Vorsicht bei vermeintlichen Super-Schnäppchen

Zu welchen Höchstleistungen da beispielsweise im Lebensmittelhandel einzelne Konzerne fähig sind, zeigte die Dumping-Offensive, die Marktführer Aldi gegen seinen Erzrivalen Lidl eröffnete. Da gab es plötzlich Schnäppchen wie ein Pfund Butter zu 1,49 Mark, einen Liter Milch zu 89 Pfennig zu kaufen.

Wer nun freilich glaubte, das gesamte Aldi-Sortiment werde verschleudert, der hatte sich natürlich getäuscht. Denn Sonderpreise gab es nur für wenige, besonders auffällige Artikel. Für die Kunden sind derlei Preisschlachten ein Signal für erhöhte Wachsamkeit, denn wenn sie die Vorteile nutzen wollen, müssen sie noch genauer als sonst Preise, Mengen und Qualitäten miteinander vergleichen. Haben sich die Konkurrenten auf bestimmte Marktanteile geeinigt, pflegen die Preise nämlich ganz schnell wieder auf Normalniveau zu klettern.

Doch nicht nur die Kunden müssen auf der Hut sein, wenn sie einen Discountladen betreten, das Gelände hat mitunter auch für denjeni-

gen seine Tücken, der den Laden betreibt. Mit geschönten Hoch-
rechnungen, so der *Spiegel*, habe die Handelskette Spar Hunderte kleiner Kaufleute dazu überredet, Läden, die der Konzern loswerden wollte, in eigener Regie zu übernehmen – viele von ihnen wurden dadurch
in den sicheren Ruin getrieben. Allein in den neuen Bundesländern,
wo die Spar das komplette Filialnetz der ehemaligen HO-Läden übernommen hatte, verkaufte der Konzern rund 650 Läden, und nicht wenige davon sind mittlerweile in Konkurs gegangen.

Warenhäuser: Verlierer ohne Verkäufer

Die einstigen Stars des deutschen Einzelhandels sind die heutigen Ver-
lierer im Rennen um die Gunst der Kunden. Obwohl die Kaufhauskonzerne über die besten Innenstadtlagen, den höchsten Bekannt-
heitsgrad und die dicksten Kapitalpolster in der gesamten Händler-
branche verfügten, schafften sie es durch grobe Managementfehler, auf
den letzten Platz in der Kundengunst abzusinken. Seit Jahren tragen
sie bei den Umfragen zum Deutschen Kundenbarometer das Schlußlicht einer Branche spazieren, die ohnehin nicht gerade durch hohen
Zufriedenheitswert glänzt. Der Münchner Marketing-Professor Anton Meyer, Organisator des Kundenbarometers, düster: »In deutschen
Kaufhäusern liebt die Verkäuferin die Ware und nicht den Kunden.«
Entsprechend lieben die Kunden das Einkaufen in den Konsumtem-
peln der Warenhäuser immer weniger. Denn dort finden sie häufig
Preise wie im Fachhandel oder im Feinkostladen vor, ohne jedoch
mehr Beratung und Service zu erhalten als beim wesentlich billigeren
Discounter auf der grünen Wiese. »Die Warenhauskonzerne«, notierte das Wirtschaftsmagazin *Top Business* im April 1995, »müssen
jetzt dafür bezahlen, daß sie ihre Kunden durch platte Profillosigkeit,
pomadige Präsentation und miserablen Service selbst verprellten.«
Tatsächlich schrumpfen die Marktanteile der Kaufhauskonzerne seit
Jahren, und nirgendwo ist, wie in der Fernsehserie mit Mario Adorf,
»Der große Bellheim« in Sicht, der den Warenhäusern den Schlen-
drian austreiben und dem Personal das Desinteresse am Kunden ab-

gewöhnen könnte. Zwei der großen vier Konzerne, die einst das Warenhausgeschäft dominierten, verloren nach bitteren Verlustjahren bereits die Selbständigkeit: Hertie, ein Unternehmen, das »durch 15 Jahre Mißwirtschaft zutiefst gebeutelt worden ist«, so Handels-Professor Bruno Tietz von der Uni Saarbrücken, flüchtete unters Dach des Karstadt-Konzerns, und Horten gehört heute zur Metro-Tochter Kaufhof AG.

18 000 Verkäufer an die Luft gesetzt

Gelähmt wurden die Warenhauskonzerne von überdimensionierten Wasserköpfen in den Zentralverwaltungen. Die ferngesteuerten Warensortimente trafen häufig nicht den Geschmack der Kunden, und die Chefs vor Ort hatten zu wenig Handlungsfreiheit, um auf wechselnde Trends und Moden rasch genug reagieren zu können. Am verhängnisvollsten aber wirkte sich die verfehlte Personalpolitik aus. Während die Manager in den Konzernzentralen ihre gut dotierten Posten verteidigten, setzten sie in den vergangenen zehn Jahren rund 18 000 Verkäufer und Verkäuferinnen an die Luft.

Das verbliebene Stammpersonal, darunter viele Teilzeitkräfte, mußte nach Untersuchungen der Frankfurter Unternehmensberatung MSR bis zu 75 Prozent der Arbeitszeit dafür aufwenden, die Waren auszupacken, zu etikettieren und zu sortieren. Für den Kunden, für den dies ja eigentlich alles geschehen sollte, hatten die gestreßten Verkäuferinnen kaum noch Zeit.

Klar, daß die dürftig entlohnten Teilzeitkräfte kein gesteigertes Interesse am Kunden an den Tag legen, auch klar, daß ein Ganztagsverkäufer, der nicht mit Erfolgsprämien motiviert wird, der Arbeit aus dem Weg geht. Inzwischen haben die Chefs der verbliebenen Konzerne wohl gemerkt, daß es so nicht weitergehen kann, deshalb versuchen sie jetzt, mit neuen Konzepten die Kunden bei der Stange zu halten. Doch ob sie nun in ihren Warenhäusern »Gallerias« einrichten wie der Kaufhof oder ob sie ihre Läden in einzelne »Divisions« aufteilen wie Karstadt – alle Mühe wird vergebens sein, wenn sie nicht jedem einzelnen Mitarbeiter beibringen, daß er sein Gehalt allein dem Kunden verdankt.

186

Am radikalsten hat bisher der von der Metro beherrschte Kaufhof die Richtung geändert und praktisch den gesamten Vorstand ausgewechselt. Doch ob die neuen Besen wirklich besser kehren, muß sich erst noch erweisen. Eines ist sicher: Der Kunde wird erst dann wieder in die teuren Einkaufstempel der Innenstädte zurückkehren, wenn ihn dort mehr erwartet als beim Discounter vor den Toren der Stadt.

Ein überzeugendes Warensortiment, optisch ansprechende Präsentation und ebenso hilfsbereite wie kompetente Verkäufer sind das Mindeste, was Karstadt, Kaufhof und Co. ihren Kunden bieten müssen. Während der japanische Warenhauskonzern Daiei Inc. in Kobe das erste Kaufhaus eröffnete, das rund um die Uhr geöffnet hat und nach Mitternacht sogar die Preise reduziert, sollten die Verkäufer zwischen München und Hamburg erst mal wieder lernen, einen Kunden freundlich zu begrüßen.

Supermärkte:
Verführer ohne Verantwortung

Ist das Warenhaus für gewöhnlich schon ein recht freudloser Ort, so gleicht mancher Supermarkt geradezu einer Kundenfalle. Das beginnt bereits mit dem Aufbau des Warenangebots, das den Kunden stets zu mehr Einkäufen verführen soll, als er beim Betreten des SB-Ladens geplant hat. Dutzende von Psychologen und Marketingexperten pflegen bei der Einrichtung eines jeden neuen Ladens darüber nachzugrübeln, ob die erwartete Kundschaft zuerst mit der Salat- und Obsttheke in Stimmung gebracht werden kann, wo die Tiefkühltruhen plaziert werden sollen oder wann es Zeit ist, den vom Slalom durch die Wandelgänge ermatteten Kunden mit kulinarischen Leckereien wieder munter zu machen, und wie man ihm kurz vor der Kasse nochmals mit üppig kalkulierten Quengelartikeln das Geld aus der Tasche ziehen kann.

Die auf ständige Umsatzzuwächse getrimmten Supermarktmanager scheuen vor keinem noch so infamen Trick zurück, die Kunden zu übertölpeln. Aus Amerika importierten sie die sogenannten Augenkameras, die versteckt in die Regale von Testmärkten eingebaut wurden und dort die Pupillen der Kunden fotografierten, während deren Blicke über das Warenangebot in den Regalen huschten. Wenn sich die Pupillen mal weiteten, mal zusammenzogen, vermochten die Auswerter der Filme zu erkennen, welche Waren einen besonderen Reiz auf die Kunden ausübten.

Manchmal werden die Kunden bereits beobachtet, bevor sie den Laden betreten, etwa mit dem Sensor vom Typ 72 142 der Wuppertaler Elektronikfirma Wiesemann & Theis, der mit Hilfe von Bewegungs- und Körperwärmefühlern das Verhalten von Passanten vor dem Schaufenster registriert. Die aufgezeichneten Daten liefern Hinweise darauf, wie lange jemand vor dem Fenster verharrt und welche der ausgestellten Waren sein besonderes Interesse erregte.

Mit Schmusemusik in den Kaufrausch getrieben

Als Psychologen herausfanden, daß Schmusemusik die Kauflust anregt, setzte in Deutschlands Supermärkten die akustische Dauerberieselung ein. Mit pausenlosem Gedudel, nur unterbrochen von permanenten Hinweisen auf einzelne Schlager im Angebot, soll der Kunde in eine Art hypnotischen Kaufrausch versetzt werden, und nur widerstandsfähige Naturen sind, wenn sie an den Hochpreisartikeln vorbeiflanieren, noch bei Sinnen. Räsonierte die *Wirtschaftswoche*: »Wer ratlos vor dem Süßwarenregal steht, weiß spätestens beim dritten ›Lila Ladilo‹, wohin er zu greifen hat.«

Über 60 Prozent aller Kaufentscheidungen, so haben die Experten der CMA (Centrale Marketinggesellschaft der deutschen Agrarwirtschaft) herausgefunden, werden erst unmittelbar am »Point of Sales«, also dem gut gefüllten Warenregal, gefällt. Schon gibt es große Ladenfunkanstalten wie Radio Spar, Radio Edeka oder Radio Toys ’Я’US, die die Konzernläden mit verkaufsfördernden Musikprogrammen beschallen.

Die Technik der »geheimen Verführer« geht jedoch noch viel weiter. Vieles von dem, was ein Kunde beim Einkaufen als lästig und vermeidbar empfindet, ist nämlich durchaus gewollt. Hier ein paar Beispiele:

1. *Einkaufswagen:*
   Sie sind fast immer zu groß, und das hat seinen Grund. Seit Verkaufspsychologen herausgefunden haben, daß Kunden, die mit fast leerem Wagen vor der Kasse stehen, Schuld und Unterlegenheitsgefühle gegenüber den vollgepackten Mitkunden entwickeln, finden sich in den meisten Supermärkten fast nur noch fahrbare Behältnisse im Kingsize-Format. Und weil diese beträchtliche Investitionen erforderten, erfanden die SB-Ladenbetreiber den Pfandverschluß, der den angeketteten Einkaufswagen nur freigibt, nachdem man eine Münze eingeschoben hat. Neuester Schrei sind Einkaufswagen mit einem ferngesteuerten Werbedisplay. Über den von Solarbatterien mit Strom versorgten Minibildschirm flimmern ständig Werbebotschaften, die den Kunden zu Spontankäufen veranlassen sollen. Die Spots können automatisch so gesteuert werden, daß der Kunde stets auf die Produkte hingewiesen wird, vor denen er gerade steht.
2. *Vorschub:*
   Früher waren die Märkte so angelegt, daß der Kunde schnell und systematisch das gesamte Warenangebot abfahren konnte. Heute werden die Märkte so gestaltet, daß der Kunde möglichst viel Zeit braucht, ehe er die Kassenzeile erreicht. Es hat sich nämlich herausgestellt, daß der Kunde um so mehr Waren einkauft, je länger er im Markt verweilt. Auf diese Weise konnten manche Märkte ihre Umsätze bis zu 50 Prozent steigern.
3. *Kasse:*
   Dem gleichen Zweck dienen die langen Warteschlangen an der Kassenzeile. Die Geschäftsführer der einzelnen Märkte sind stets gehalten, so wenig wie möglich Kassen zu besetzen, damit sich stets Schlangen bilden. Grund: Direkt an der Kasse sind die Spielzeug- und Süßigkeitenfallen für Kinder aufgebaut, und auch Erwachsene greifen gern zu Schokolade und Zigaretten, wenn sie an der Kasse warten müssen.
4. *Düfte:*
   Ein anderer beliebter Trick ist es, mitten in einem SB-Markt einen Schaubackofen zu installieren, wo vorgefertigte Brötchen und Bre-

zen, während sie kroß gebacken werden, einen appetitanregenden Duft verbreiten, der nach bisherigen Erfahrungen Umsatzzuwächse von bis zu 30 Prozent bei Backwaren bringt.

5. *Licht:*
Klar, daß ein Laden gut ausgeleuchtet werden soll, damit die Kunden nicht im Dunkeln tappen müssen. Doch ziemlich fies ist die Methode, die Fleischtheke in ein sanftes Rotlicht zu tauchen, damit die grau angelaufene Ware immer schön frisch und rosig wirkt. Dafür sticht das Obst und Gemüse um so appetitlicher heraus, wenn es von Spots mit einem warmen Gelbton angestrahlt wird.

6. *Probierecken:*
Die meist von den Herstellern gesponserten Verkaufsstände für Käse, Schinken oder Wein, an denen den Kunden Gratisproben verabreicht werden, brachten bei diesen Produktgruppen bis zu 70 Prozent mehr Umsatz. Außerdem erhöhen sie die Verweildauer des Kunden beträchtlich und animieren ihn so zu weiteren Spontankäufen.

7. *Grifflücken:*
Regale mit teurem Stückgut, etwa Weinflaschen oder Spirituosen, sollten aus der Sicht der Verkaufspsychologen nie ganz voll sein, da nach ihren Erkenntnissen bewußt offengelassene »Grifflücken« die Kunden zum Zugreifen animieren.

8. *Käse:*
Weil sich Käufer erfahrungsgemäß ungern anstrengen, bleiben in der Käsetheke jene Sorten am längsten liegen, die sich außerhalb der normalen Reichweite befinden. Ein findiger SB-Markt-Ausstatter liefert deshalb bereits Truhen mit einer beheizten Metalleiste, die dem Käufer wohlig den Bauch wärmt, wenn er sich weit nach vorne beugt, um entfernt liegende Käsesorten herauszuholen.

9. *Barcode:*
Seit die Ladenkassen überall mit Scannern ausgerüstet sind, verzichten viele SB-Märkte darauf, sämtliche Waren mit Preisschildern auszuzeichnen. Statt dessen sieht der Kunde nur den unlesbaren Strichcode, der offenbar schon manchen Ladenboß dazu verführte, ein wenig zu mogeln. Testkäufer des NDR *Ratgeber Tech-*

nik jedenfalls hatten festgestellt, daß zum Beispiel ein für 3 Mark 33 offeriertes Sonderangebot auf dem Strichcode plötzlich 3 Mark 77 kostete, und auch die Verbraucherschutzverbände bekommen immer wieder Klagen empörter Kunden zu hören, die sich durch den unlesbaren Strichcode übertölpelt fühlten.

10. *Preisschilder:*

Dasselbe gilt für Warengruppen, denen Preisschilder zugeordnet sind, denn häufig steht auf diesen Schildern ein anderer Preis als der für die aktuellen Produkte. Oder sie gehören zu einer Warengruppe, die auf einen anderen Platz verbannt wurde. Unaufmerksame Kunden können auf diese Weise leicht getäuscht werden.

11. *Verfallsdatum:*

Zum Standardrepertoire jedes besseren Ladenchefs gehört es, bei verderblichen Waren stets jene Packungen mit dem kürzesten Verfalldatum ganz vorne in Griffweite der Kunden zu plazieren. Die frischeren Produkte mit längeren Haltbarkeitszeiten bleiben derweil versteckt und rücken erst mit dem Abverkauf der Ladenhüter langsam nach vorne.

Alle diese Tricks sollen dazu dienen, dem Kunden mehr zu verkaufen, als er eigentlich benötigt. Man will ihn über Preis, Frische und Qualität der Waren täuschen und bürdet ihm überdies immer mehr Arbeit auf. Fleisch und Wurst werden nicht eigens für ihn zusammengestellt, sondern bereits abgepackt präsentiert, an den Gemüse- und Obstständen muß der Kunde die Ware selbst verpacken und abwiegen, und künftig soll er auch noch selbst die Scanner-Kasse bedienen.

Aus Kostengründen verzichten manche Supermarktbetreiber häufig sogar auf das Preisschild. Der Kunde erfährt dann erst an der Kasse, was die Ware kostet – ein klarer Verstoß gegen die Preisauszeichnungspflicht. Man sollte sich ihn ebensowenig gefallen lassen wie eine andere Unsitte: den falschen Preis. Bei Sonderangeboten zum Beispiel, das registrierte etwa das schweizerische Verbrauchermagazin *K-tip*, versäumen manche Supermärkte, den Strichcode anzupassen. Folge: Der Code zeigt den Normalpreis an, der Kunde zahlt zuvie. Bei Testkäufen in der Schweiz betrug die Differenz bis zu 25 Prozent.

Schnelle Preisänderungen überfordern jedoch nicht nur die Ladenkassen, sondern oft auch die Kunden. Bei einer Umfrage des österreichischen Verbrauchermagazins *Konsument* erwiesen sich knapp bemessene Lockvogelangebote als das größte Ärgernis. Rund 53 Prozent der befragten Käufer antworteten auf die Frage, was ihnen beim Einkaufen am meisten mißfällt: Sonderangebote aus Inseraten, die nicht mehr vorrätig sind. 52 Prozent störten sich an unklaren oder fehlenden Preisschildern, und immerhin 33 Prozent bemängelten Verrechnungsfehler an der Supermarktkasse.

Ein ständiges Ärgernis sind die viel zu großen Portionen bei den Lebensmitteln. Immerhin leben bereits rund 36 Millionen Deutsche allein oder allenfalls zu zweit, und für diese Single-Haushalte sind die meisten Packungen einfach zu groß. Nach einer Untersuchung von Professor Christian Behrends von der Fachhochschule Fulda sind 33,6 Prozent der Single-Männer und 53,9 Prozent der Single-Frauen mit dem Angebot an verpackten Lebensmitteln nicht zufrieden, die meisten beklagen die zu großen Portionen. Dennoch macht die Lebensmittelindustrie keine Anstalten, den veränderten Lebensgewohnheiten der Bevölkerung Rechnung zu tragen, da sie offenbar befürchtet, weniger Ware abzusetzen, wenn sie kleinere Einheiten ausliefert.

Und häufig ist in den Verpackungen weniger drin, als der Hersteller verspricht. Bei einer Stichprobenanalyse entdeckten 1996 die Prüfer der nordrhein-westfälischen Eichämter gravierende Mängel. Untersucht wurden mehr als 400 000 Packungen von rund 2100 Herstellern. Ergebnis: In mehr als 8 Prozent aller Packungen unterschritt die Füllmenge die erlaubte Toleranz. Im Klartext: Nahezu jede zehnte Packung ist eine Mogelpackung.

Das Personal will keine Kunden-Könige

Kein Wunder, daß rund ein Drittel aller Kunden den Einkauf ihrer Lebensmittel als lästig und nervtötend empfinden. Die ständige Umgruppierung des Warensortiments, die dazu dienen soll, den Umsatz pro Quadratmeter Verkaufsfläche noch mehr zu steigern, führt letztlich nur zu mehr Unzufriedenheit. Wenn der Kunde eine bestimmte Ware jedesmal woanders findet, wenn ihm keine Hinweisschilder die Orientierung erleichtern, wenn er statt der gewohnten Markenartikel plötzlich unbekannte Handelsmarken vorfindet, wenn er beim Einkauf von Tiefkühlkost ständig Gefahr läuft, sich an Salmonellen zu vergiften, weil die Mindesttemperatur von minus 18 Grad nicht eingehalten wird, um Strom zu sparen, oder wenn er sich in eine lange Schlange von Wartenden einreihen muß, um lediglich ein halbes Pfund Butter zu kaufen, weil der Laden keine spezielle Kasse für Wenigkäufer unterhält, dann wird er bei der erstbesten Gelegenheit von der Rolle springen und künftig seinen Bedarf woanders decken.

Wie schwer es deutschen Verkäufern fällt, dem Kunden wirklich zu dienen und ihn nicht als lästige Unterbrechung schöner Tagträume zu empfinden, erfuhr zum Beispiel Thomas Ludwig, Geschäftsführer der Center Management Müller Nord GmbH in Hamburg. Der Chef des großen Einkaufscenters in der Hansestadt lernte in den USA den Charme eines guten Kundendienstes schätzen und startete deshalb bei seinem deutschen Personal eine umfassende Serviceoffensive.

Die Bedienungen bekamen pinkfarbene Buttons ans Revers geheftet, auf denen sie den Wahlspruch »Bei mir ist der Kunde König« persönlich zu unterschreiben hatten. Nur murrend fügten sich die gewerkschaftlich organisierten Dienstleister, und gar nicht einverstanden waren sie mit Ludwigs zweiter Idee, nämlich Woche für Woche von den Kunden per Stimmzettel den besten Verkäufer oder die beste Verkäuferin küren zu lassen.

Das Fachblatt *Die Lebensmittelzeitung* zitierte einen Ludwig-Angestellten mit den Worten: »Diesen Wettbewerb unter uns Kollegen finde ich ein Stück daneben.« Total daneben fand die Gewerkschaft Handel, Banken und Versicherungen (HBV) Ludwigs nächsten Streich: verkaufsoffene Sonntage, die er den hanseatischen Aufsichtsbehörden mühsam abgetrotzt hatte.

Warum der Zustellservice nicht funktioniert

Angesichts solcher Unlust bei den Betroffenen, mehr Engagement für den Kunden aufzubringen und durch verlängerte Öffnungszeiten Umsatzchancen zu nutzen, nimmt es nicht wunder, wenn der Handel über sinkende Umsätze klagt und der Dienstleistungsbereich die von ihm erwarteten Zuwächse bei weitem nicht erreicht.

Ein Paradebeispiel für nicht genutzte Chancen im Handel ist der in Deutschland nahezu überall fehlende Zustellservice. Während in den USA in den letzten Jahren Zehntausende von Jobs entstanden, weil neugegründete Servicefirmen es sich zur Aufgabe machten, Waren jeder Art direkt zum Kunden ins Haus zu transportieren, blieben derartige Initiativen hierzulande schon in den Ansätzen stecken.

»Call a Pizza« ist eine der wenigen Ausnahmen für einen solchen Zustellservice, der auch im dienstleistungsunwilligen Germany hie und da Fuß fassen konnte. Doch während man sich in den Vereinigten Staaten fast in jeder größeren Stadt nahezu alles, was das Herz begehrt, ins Haus schicken lassen kann, bieten in Deutschland nur wenige Einzelhändler einen Zustellservice an. »Die Einzelhändler verstehen den Zustellservice primär als Kostenfaktor und nicht als Teil einer Marketingstrategie«, klagt Dr. Herbert Kämming vom Dortmunder Institut für Landes- und Entwicklungsforschung des Landes Nordrhein-Westfalen und bedauert: »Auf individuelle Wünsche wie den Zeitpunkt der Anlieferung gehen die Betriebe kaum ein.«

Nach Beobachtungen von Hubertus Tessar, dem Geschäftsführer der Hauptgemeinschaft des deutschen Einzelhandels (HDE), scheuen Deutschlands Händler vor allem die zusätzlichen Kosten und Mühen eines Zustellservices. Dabei übersehen sie freilich, wie Marketingspezialisten festgestellt haben, daß die meisten Kunden durchaus bereit sind, für ins Haus gelieferte Waren, vom ofenfrischen Frühstücksbrötchen bis zum sperrigen Kühlschrank, einen Aufpreis zu bezahlen. Doch während Stadtplaner überall an Konzepten feilen, wie sie den Individualverkehr völlig aus den Innenstädten verbannen können, sinnen die Gewerkschaften an Abwehrkonzepten gegen jede Ausweitung der Pflichten und Arbeitszeiten ihrer Mitglieder nach. Auf der Strecke bleibt dabei der Kunde, dem es einerseits verwehrt wird, mit dem Auto die Innenstädte zu erreichen, und dem andererseits niemand dabei hilft, schwere, sperrige oder leicht verderbliche Waren schnell und bequem nach Hause zu bringen.

Der Preiskrampf:
Tricks und Täuschungsmanöver

Die Tatsache, daß Beratung, Service, Zuverlässigkeit und Termin-
treue im Handel kaum Pluspunkte bringen und daß sich das gesamte
Geschäft fast nur um den Preis dreht, ist zum Teil auf ein Nazi-Gesetz
aus dem Jahr 1933 zurückzuführen. Das sogenannte Rabattgesetz, das
den Händlern Nachlässe von mehr als 3 Prozent auf den Listenpreis
einer Ware verbietet, hielt sich hartnäckig bis heute, obwohl es längst
wie ein exotischer Fremdkörper in unserer wettbewerbsorientierten
Marktwirtschaft wirkt und das einzige seiner Art in der Europäischen
Union ist.

Wie beim unseligen Ladenschluß halten auch hier die Wirtschaftsverbände an einem Relikt fest, das von ihren Mitgliedern längst systematisch unterlaufen wird. Das Rabattgesetz blendete die Verbraucher, weil es ihnen jahrzehntelang vorgaukelte, ein bestimmter Artikel koste überall dasselbe. Als dann die Festpreise durch sogenannte
empfohlene Richtpreise ersetzt wurden, gingen sie auf Entdeckungs-
jagd und kauften stets dort, wo sie glaubten, den höchsten Rabatt zu
bekommen.

Diese Fixierung auf den Preis als alleiniges Kaufkriterium begünstig-
te den Erfolg von Billiganbietern wie Metro, Aldi oder Spar, und sie
verhinderte, daß die sogenannten »weichen Faktoren«, die für die
Kundenzufriedenheit oft eine größere Bedeutung haben als der Preis,
eine kaufentscheidende Rolle spielen konnten.

Indem es den Schein einer Legalität aufrechterhielt, die Preisnach-
lässe nur in minimalem Umfang zuließ, unterdrückte das Rabatt
gesetz die bei den Deutschen ohnehin kaum ausgeprägte Lust am
Feilschen. Nur eine Minderheit wagte es, das vom Rabattgesetz
für sakrosankt erklärte Thema »Preis« zum Gegenstand intensiver Verhandlungen zu machen. Das hat sich mittlerweile gründlich
geändert, und zwar nicht wegen, sondern trotz des umstrittenen Gesetzes.

Als Bundeswirtschaftsminister Günter Rexrodt (FDP) im Frühjahr
1995 einen Versuch startete, das Rabattgesetz zu kippen, stieß er bei

den Interessenvertretern des Einzelhandels und der Mittelstands-
organisationen von CDU und FDP sowie beim Gewerkschaftsflügel
der FDP auf erbitterten Widerstand. Ihr Argument: Die Aufhebung
des Gesetzes führte zu Zuständen wie auf einem orientalischen Basar,
die Verbraucher fänden sich nicht mehr zurecht, und die kleinen
Einzelhändler hätten noch weniger Chancen gegen die Großen ihrer
Branche.

40 Prozent feilschen immer um den Preis

»Unfug«, konterte Manfred Dimper von der Arbeitsgemeinschaft der
Verbraucherverbände (AGV) in Bonn: Erstens hätten nach Umfragen schon jetzt 40 Prozent der Verbraucher positive Erfahrungen mit
dem Aushandeln von Rabatten gemacht, zweitens brauche ein Händler ja keineswegs auf Rabattforderungen von Kunden eingehen, und
drittens sei der Konzentrationsprozeß im Handel auch mit dem Rabattgesetz schneller verlaufen als in anderen Bereichen der Wirtschaft.
Dimper über die Gesetzesbremser: »Die wollen das Rabattgesetz behalten, weil es bequemer ist, feilschende Kunden mit Hinweis auf das
Gesetz abzuwimmeln.«
Der Handel freilich hat viel dazu beigetragen, daß immer weniger Verbraucher bereit sind, das antiquierte Rabattgesetz noch ernst zu nehmen. Bei erlahmenden Umsätzen sind mittlerweile die meisten Ge-
schäftsinhaber und Filialleiter bereit, hartnäckigen Kunden mit Preisnachlässen entgegenzukommen. »Feilschen kommt in Deutschland in
Mode. Der Preis ist Verhandlungssache – trotz des Rabattgesetzes«,
jubelte etwa der *Spiegel.*
Das System des halblegalen Schacherns um den Preis begünstigt naturgemäß jene durch Urlaubsfernreisen und reichlich Handelserfah-
rung gestählten Smart Shopper, die erst mal gründlich Preise und Leistungen vergleichen, ehe sie, nach der Lektüre diverser Psychorat-
geber, hochmotiviert in Preisverhandlungen einsteigen.
Etwa 40 Prozent der deutschen Einzelhandelskunden, so schätzen die
Verbraucherverbände, haben jegliche Scheu vor der Frage nach dem
Preis abgelegt, während die schweigende Mehrheit von 60 Prozent
brav den geforderten Obolus entrichtet. Vor allem bei der jüngeren

Kundschaft, beobachteten die Verbraucherschützer, gilt Handeln als Ausweis von Cleverneß und Lebenserfahrung. Dabei übersehen freilich viele der scheinbar so smarten Shopper, daß auch die Gegenseite nicht untätig geblieben war. Denn längst hat sich der Handel auf die Verhandlungsbereitschaft seiner Kunden eingestellt und eine Vielzahl von Tricks parat, die ihm dennoch auskömmliche Margen bescheren. Bei teureren Anschaffungen wie Autos, Möbeln, Kücheneinrichtungen, Fernseh- oder Stereoanlagen hat es sich eingebürgert, daß die Hersteller ihren Einzelhändlern weit überhöhte »empfohlene Richtpreise« vorgeben, die keine andere Funktion haben als die, dem Kunden beim Feilschen ein prächtiges Erfolgserlebnis zu bescheren. Ein anderer beliebter Händlerdreh ist es, ein paar extrem herabgesetzte Lockvogelangebote besonders herauszustellen, um dem Kunden zu suggerieren, daß das gesamte Angebot außerordentlich preisgünstig zu haben sei.

In manchen Gegenden sind die Einzelhändler auch dazu übergegangen, ihre Preise abzusprechen, was eigentlich verboten ist. Das kann so weit gehen, daß man sich gegenseitig in wechselndem Turnus die Preisführerschaft überläßt. Das heißt, bei zwei Konkurrenten ist einen Monat lang der eine, dann der andere etwas billiger, und die Kunden glauben an einen verbissenen Preiswettbewerb, den sie zu ihren Gunsten nutzen können. In Wahrheit tappen sie dann nur in sorgfältig präparierte Kundenfallen.

Die Pyrrhussiege preisbewußter Kunden

Pyrrhussiege pflegen preisbewußte Kunden häufig dann zu erringen, wenn sie ihre Preis- und Qualitätsvorstellungen an einem bekannten Markenprodukt orientieren und sich dann vom Händler zum Kauf eines »mit Sicherheit genauso guten, aber viel preiswerteren« Pendants überreden lassen. Wenn sie nicht über eine sehr gute Warenkenntnis verfügen, wird ihnen der Händler dann mit großer Wahrscheinlichkeit ein Produkt aufschwatzen, das tatsächlich billiger ist, aber eben auch nicht die Qualität des Vorbilds hat.

Bei Farbfernsehern etwa galt lange Zeit die Trinitronbildröhre des japanischen Herstellers Sony als das Nonplusultra, doch weil Sony wegen seiner strikten Rabattpolitik im Handel nicht eben besonders beliebt war, versuchten viele Verkäufer ihre Kunden zum Kauf anderer, preiswerterer Marken zu überreden, weil sie an denen noch mehr verdienten als am teureren Sony-Gerät.

Da bei der Komplexität moderner Konsumgüter kaum ein Kunde bei allen Warengruppen über profunde Kenntnisse verfügt, fällt es den Verkäufern meist nicht schwer, Kunden zum Kauf jenes Modells zu überreden, das ihnen die höchsten Gewinne verspricht.

Das Repertoire an üblen Verkaufstricks des Handels ist so groß, daß man darüber ein eigenes Buch schreiben könnte. Hier eine kleine Auswahl:

1. *Phantasiepreise:*

Man nehme einen beliebigen Artikel, von dem man leider eine zu große Menge eingekauft hat, und erkläre ihn zum »Schlager der Woche«. Damit der Kunde auch merkt, welch günstiges Angebot ihm da winkt, veranstaltet man eine große Werbeaktion, deren Kosten man natürlich voll auf den Preis schlägt. Dafür wird das gute Stück jetzt nicht zum normalen »Richtpreis« verkauft, sondern zum »Sympathiepreis«. Händler mit Phantasie kamen auch schon auf Wortschöpfungen wie Purzelpreis, Partnerschaftspreis, Gute-Laune-Preis, Alles-Raus-Preis, Nimm-mit-Preis, Treuepreis oder Zauberpreis. Für eine Aktion ähnlichen Zuschnitts handelte sich beispielsweise der Media Markt ein Unterlassungsurteil des Oberlandesgerichts Braunschweig ein, weil er für einen Kühlschrank zum Preis von 799 DM geworben hatte, der laut unverbindlicher Preisempfehlung des Herstellers aber lediglich 729 DM kosten durfte.

2. *Kurzzeitpreise:*

Man kaufe einen größeren Posten von Auslaufmodellen eines bestimmten Artikels, der vorher im Einkauf 60 und im Verkauf 120 Mark das Stück gekostet hatte. Als Ramschware ist er jetzt beim Hersteller für 30 Mark zu haben und soll im Verkauf also 60 Mark bringen. Man startet wieder eine Werbeaktion, streicht den früheren Normalpreis von 120 Mark dick durch und offeriert das Stück jetzt zu »sensationellen 59 Mark«. Die Kunden sind erwartungsgemäß verblüfft und strömen in Scharen ins Geschäft, denn sie wissen nicht, daß es sich a) um ein Auslaufmodell handelt, das demnächst durch ein besseres ersetzt wird, und b) weckt der Preisknüller in ihnen die Erwartung, daß auch alle anderen Artikel des Hauses knapper als anderswo kalkuliert sind. Das ist natürlich genau der Sinn der Sache, und der Händler kommt bei dieser Aktion für gewöhnlich auf seine Kosten. Verbraucherschützer fordern deshalb schon seit Jahren, daß der Handel auf derlei Aktionen verzichten und seine sämtlichen Preise für wenigstens vier Wochen lang stabil halten solle. Der Verein Verbraucherinitiative (VE) in Bonn konnte bereits die Drogeriemarktkette dm zu einer solchen Dauerpreisaktion überreden, doch das Beispiel machte keine Schule, und so muß der Verbraucher nach wie vor damit rechnen, daß besonders herausgestellte Sonderpreise nur kurzfristig und für ganz bestimmte Einzelartikel gelten.

3. *Räumungsverkäufe:*
Bei bestimmten Gelegenheiten, wie der Neugestaltung des Ladens, der Verlegung des Geschäfts an einen anderen Ort oder der Geschäftsaufgabe, erlaubt das Rabattgesetz Nachlässe über die zugestandenen drei Prozent hinaus. Händler bestimmter Branchen nutzen die Ausnahmeregelung jedoch, um immer wieder aufs neue Kunden in den Laden zu locken, auch wenn sie gar nicht daran denken, größere Veränderungen vorzunehmen. Berüchtigt für diese Geschäftsmethoden sind beispielsweise die Händler, die mit Orientteppichen, mit Billigschmuck oder Geschenkartikeln handeln. Das sind Waren, bei denen Preisvergleiche relativ schwerfallen und die sich deshalb besonders gut dazu eignen, die Kunden über den Gegenwert für ihr Geld zu täuschen. Teppichhändler zum Beispiel pflegen so schnell ihre Firmennamen zu wechseln, daß die Ordnungsämter hoffnungslos überfordert sind, wenn sie die Rechtmäßigkeit ständiger Räumungsverkäufe nachprüfen wollen. »Dabei täuschen sie Sonderpreise vor«, beobachtete zum Beispiel Marcel Kisseler, langjähriger Geschäftsführer der Zentrale zur Bekämpfung des unlauteren Wettbewerbs in Bad Homburg, »obwohl sie mit Handelsspannen um 500 Prozent kalkulieren.« Von

den rund 20 000 Beanstandungen, die der Verein 1995 registrierte, entfallen mehr als die Hälfte auf derlei Aktionen, die immer wieder die Täuschung des Verbrauchers zum Ziel haben.

4. *Schlußverkäufe:*
Die zweimal jährlich stattfindenden vom Gesetz erlaubten Saisonschlußverkäufe sind nur noch ein Witz. Denn fast alle Händler haben längst vor Beginn der offiziellen Schlußverkaufszeiten ihre Preise drastisch herabgesetzt, weil sie befürchten, sonst auf der verderblichen Saisonware sitzenzubleiben. Da sich für gewöhnlich nahezu alle Fachhändler an einem Ort geschlossen über die Vorschriften hinwegsetzen, müssen sie auch nicht mit Strafe rechnen. Für den eigentlichen Schlußverkauf ordern sie dann häufig Ramschware, die eigens für diesen Zweck produziert wurde. Kunden, die glauben, sie könnten hier ein Schnäppchen machen, haben mit Zitronen gehandelt, wenn sie beim Gebrauch feststellen, daß das Ausverkaufsstück eben nicht mehr ist als Ramsch.

5. *Zeit- und Mengen-Preise:*
»Pro Kunde nur ein Pfund Kaffee« – ein solches Angebot suggeriert, daß hier ein begrenzter Vorrat verschleudert werden soll, und das weckt die Gier im Kunden. Nach den letzten Änderungen des Wettbewerbsrechts aus dem Jahr 1995 sind solche Offerten, die lange Zeit verboten waren, wieder erlaubt, ebenso wie zeitlich limitierte Lockofferten: »Preise gelten nur bis 12 Uhr mittags.« Eine billige Masche, die Kunden zum Zugreifen zu bewegen.

6. *Bonussysteme:*
Der Kaffeeröster Tchibo wurde bereits wegen der Werbung mit einem Bonussystem verurteilt, das für die Kunden wenig vorteilhaft war. Doch nach wie vor erfreut sich die uralte Rabattmarkenidee im Einzelhandel großer Beliebtheit. Der Kunde erhält beim Kauf einer bestimmten Ware einen Bonus, der ihm etwa in Form von Punkten oder Wertmarken gutgeschrieben wird. Hat sein Konto eine bestimmte Anzahl von Punkten oder Werten erreicht, erhält er entweder eine Gutschrift oder eine Sachprämie. Das System soll helfen, Kunden an den Laden zu binden, doch echte Preisvorteile bietet es kaum.

200

7. *Messeverkäufe:*
Sogenannte Verbrauchermessen, die unter sinnigen Namen wie
»Konsumenta«, »Ostsee-Messe« oder »Welt der Familie« veranstaltet werden, erfreuen sich nach wie vor großer Beliebtheit, obwohl sie meist weder Preisvorteile bieten noch durch vertrauenerweckende Anbieter glänzen. Statt dessen muß der Kunde für die
Reklameshow auch noch teures Eintrittsgeld zahlen und wird dafür
nicht selten mit den obskursten Angeboten konfrontiert. Da gibt es
Esoterisches für die guten und gegen die bösen Geister ebenso wie
Praktisches, das die Tücken des Alltags leichter zu bewältigen helfen soll. Indes sind viele dieser Gesundheits- und Haushaltsartikel
gesund nur für den Verkäufer, da sie meist recht üppig kalkuliert
wurden und ihr Nutzen in keinem Verhältnis zum Preis steht.

8. *Kombi-Lockvögel:*
Größte Vorsicht ist bei scheinbar unwiderstehlichen Offerten angebracht, etwa wenn, wie 1995 im Münchener Raum beobachtet,
ein Handy-Telefon mitsamt einer Kaffeemaschine für eine einzige
Mark angeboten wird. Der Pferdefuß steckt in diesem Fall, wie nicht
anders zu erwarten, im Tarif für die Gesprächseinheiten, die mit
dem Handy absolviert werden. Die waren nämlich so kalkuliert,
daß der normale Preis des Handys (ein Auslaufmodell, das im Fachhandel für etwa 200 DM verkauft wurde) sich schon nach wenigen
Monaten amortisiert haben dürfte.

9. *Riesenglück:*
»Wir gratulieren! Sie haben eine Traumreise in die Karibik gewonnen.« So oder ähnlich beginnen für gewöhnlich jene Werbebriefe,
die einem unaufgefordert ins Haus flattern und die, wenn man sie zu
Ende liest, meist zum Kauf eines banalen Produkts, etwa aus dem
Sortiment eines Erotik-Versandhauses, oder zum Zeitschriften-
abonnement auffordern. Motiviert wird die Anreißerzeile stets mit
der avisierten Teilnahme an einem Preisausschreiben, für dessen
Teilnahme angeblich nur eine begrenzte Zahl von Personen in Betracht komme.
Tatsächlich handelt es sich dabei aber fast immer um Massendrucksachen, und keineswegs immer ist gewährleistet, daß der avisierte

Hauptpreis auch verlost wird. Solche Werbegags kann man unbesehen in den Papierkorb werfen, ohne befürchten zu müssen, daß einem die Traumreise, das Fertighäuschen oder der Luxus-BMW durch die Lappen geht.Das geht er nämlich sowieso, denn die Aussichten, einen wirklich wertvollen Gewinn bei solchen Verkaufsaktionen zu ergattern, sind minimal. Zahlreiche Unternehmen, die auf diese Weise Kunden ködern wollten, wurden von der Zentrale zur Bekämpfung unlauteren Wettbewerbs vor den Kadi gezerrt, so der Norman-Rentrop-Verlag, der Blumenzwiebelproduzent Bakker, die Handelsfirma Princess.

10. *Türöffner:*
Haben Sie auch schon Ihren persönlichen Weinberater kennengelernt? Höchste Zeit, denn die Abgesandten von Wein- und Delikateßhandelsfirmen sind mindestens so aktiv wie jene der Versicherungsgesellschaften und Finanzdienstleistungsunternehmen. Sie versuchen mit den verschiedensten Methoden, den Fuß in Ihre Tür zu bekommen, und das zu keinem anderen Zweck, als Ihnen überteuerte Produkte aufs Auge zu drücken. Überliefert ist ein Fall aus Bayern, wo einem Studenten per Telefon mitgeteilt wurde, daß er an dem Gewinnspiel der Wein- und Sektkellerei Jakob Gerhardt aus Nierstein teilgenommen und einen Hauptpreis gewonnen habe. Es handle sich um eine Reise für sechs Personen an die Flensburger Förde, teilte die freundliche Stimme am Telefon mit und fragte, ob der »persönliche Weinberater« des Studenten am Abend vorbeikommen dürfe, um den Reisegutschein zu überbringen. Der Student stimmte zu und erlebte sein blaues Wunder.

Die angebliche Traumreise bestand nämlich nur aus dem Recht, ein Holzhaus in einem Feriendorf in Glücksburg an der Ostsee für eine Woche zu nutzen, und zwar während der kalten Jahreszeit. Sämtliche Kosten, für An- und Abreise ebenso wie für die Verpflegung, mußten von dem Studenten selber getragen werden, ebenso eine zusätzliche Pauschale von 300 Mark für Strom, Wasser und Reinigung.

Damit nicht genug: Auch die mit dem Besuch angekündigte Weinprobe entpuppte sich als herbe Enttäuschung, hier begrenzte der »persönliche Weinberater« den Konsum auf das Nötigste und forderte statt dessen die Mindestabnahme von 92 Flaschen, die billigste zu 12 Mark 50, die teuerste zu DM 50. Dankend lehnte der Student ab und schenkte dem ebenso enttäuschten Weinberater seinen Hauptgewinn.

»Heute ist Schluß mit dem Beschiß«

Zupaß kommt den Händlern die letzte Novelle des Gesetzes gegen unlauteren Wettbewerb (UWG), die 1995 in Kraft trat und vor allem die Abmahnung überzogener Werbeversprechen erschwert. Die Zentrale zur Bekämpfung unlauteren Wettbewerbs in Bad Homburg registriert seither »eine spürbare Verunsicherung, was noch verboten und schon wieder erlaubt ist«.

Doch während sich die Rechtsanwälte aggressiver Discounterketten wie Media Markt oder Saturn-Hansa mit ihren Kollegen von konkurrierenden Unternehmen oder von Verbraucherschutzverbänden ständig Scharmützel liefern, bei denen es um die Frage geht, welche Aussagen noch erlaubt und welche verboten sind, ist der Verbraucher gut beraten, wenn er grundsätzlich allen Werbebotschaften höchste Skepsis entgegenbringt.

Fast immer geht es bei den juristischen Gefechten nicht um seine Interessen, sondern um die angestrebte »Waffengleichheit« der Anbieter. Und beim Verdrängungswettbewerb innerhalb des Handels spielt der Preis nun mal eine entscheidende Rolle. Kapitalstarke Konzerne können es sich natürlich leisten, bestimmte Artikel im Zuge der Mischkalkulation billiger zu verkaufen, als sie sie selber bezogen haben. Und wenn es ihnen gelingt, durch eine exzessive Werbung in der Öffentlichkeit den Eindruck zu erwecken, in ihren Häusern sei alles billiger als bei der Konkurrenz, können sie kapitalschwächere Konkurrenten schnell zur Aufgabe zwingen.

Ist der Markt dann »bereinigt«, steht es ihnen frei, die Preise nahezu beliebig anzuheben, da die Kunden weit und breit keine andere Einkaufsmöglichkeit haben. Das Verfahren ist fast so alt wie der Kapitalismus, und wegen der hinreichenden Erfahrung, die die Industrieländer mit derlei Dumping-Strategien machen durften, haben sich alle irgendwelche Wettbewerbsregeln verordnet.

Deutschland hat zwar ein relativ strenges Wettbewerbsrecht, doch wird seine Übertretung hin und wieder halb offiziell geduldet. Dies gilt insbesondere für Verstöße gegen das Rabatt- wie das Ladenschlußgesetz. Als hingegen der Kölner ProMarkt ein Werbeplakat mit dem Spruch: »Heute ist Schluß mit Beschiß« aushängte, wurde er vom Kölner Landgericht gestoppt. Der Spruch suggeriere, argwöhnten die Kölner Richter, daß alle anderen Händler ihre Kunden »bescheißen« würden.

Fach- und Ramschhandel: das Ende der Fahnenstange

Auch wenn das so natürlich nicht sein kann, ist bei der Reaktion auf Niedrigpreisofferten immer Vorsicht angesagt. Die Verbraucherzentrale Nordrhein-Westfalen zum Beispiel stellte bei Stichproben fest, daß »Dauerniedrigpreise« im Handel oft nicht mal die gerichtlich festgelegte Mindestdauer von zwei Monaten überleben. Insbesondere Mediamärkte, Billigparfümerien und Discounterketten haben sich als wahre Künstler in Sachen Imagekosmetik erwiesen. Landauf, landab gelten sie bei der Masse der Verbraucher als wahre Tiefpreisakrobaten, obwohl präzise Preisvergleiche immer wieder das Gegenteil beweisen.

Als der NDR *Ratgeber Technik* zum Beispiel die Offerten für technische Geräte wie Personalcomputer, Kühlschränke, Mikrowellenherde, Kassettenrecorder oder Fernseher von Fachhändlern mit denen der Discounter verglich, gab es bei jedem dieser Produkte immer irgendwo einen selbständigen Ladeninhaber, der die Preise der übermächtigen Konkurrenten unterbot. Der Apple Computer zum Beispiel war beim Fachhändler um 283 Mark günstiger, der Kühlschrank um 100 Mark, beim Fernseher lag der Preis des günstigsten Fachhändlers sogar um 19 Prozent unter jenen der Discounter.

Zieht man dann noch in Betracht, daß der Kunde bei den Abholmärkten selbst Großgeräte selber transportieren muß und daß er dort keinerlei Hilfe bei der Installation erwarten darf (vom Reparaturservice ganz zu schweigen), dann verliert der Großmarkt einiges von seinem Charme. Der Fachhandel hingegen leidet nach wie vor unter seinem Hochpreisimage sowie unter dem Ruf der Serviceunfreundlichkeit. Beide Attribute hat er sich redlich verdient. Typisch etwa das Resumee des österreichischen Verbrauchermagazins *Konsument*, das nach einem großangelegten Test der Servicequalität von 36 Wiener Fotohändlern feststellte: »Diese Praxis führt dazu, daß sehr viele Fotohändler mit Kunden, die mit ihren kaputten Geräten in der Hand um Rat fragen, keine rechte Freude haben. Manche mögen es geradezu als geschäftsschädigend empfinden.« In einem Saturn-Markt wurden die Tester durch einen Hintereingang zur Service-Annahme umgeleitet. Grund: »Die Verkäufer sollen damit nicht aufgehalten werden.« Insgesamt dauerten die Reparaturen viel zu lange, waren zu teuer und mitunter unsachgemäß ausgeführt worden.

Jahrelang sahen die traditionellen Einzelhändler dem Vordringen der Billigheimer, die sich meist an den Rändern der Städte breitmachten, tatenlos zu. Viel zu lange hielt der Handel an dem mehrstufigen Vertriebssystem – vom Hersteller über den Großhändler oder Importeur zum Einzelhandel – fest, das die Produkte im Preis nahezu verdoppelte und für viele Käuferschichten daher unerschwinglich machte. Und allzu viele Detailhändler richteten sich mit den üppigen Spannen komfortabel ein und vernachlässigten ihre Kundenbeziehungen, so daß denen der Verzicht auf den ohnehin sehr sporadischen Service nicht allzu schwerfiel.

Typisch sind die Unsitten bei bestimmten Importgütern, die hierzulande für ein Vielfaches dessen losgeschlagen werden, was sie im Ursprungsland kosten. In der Schweiz zum Beispiel langen die Importeure ausländischer Autos genauso unverschämt zu wie jene von Zeitungen und Zeitschriften. Das italienische Architekturmagazin *domus* etwa, das in Mailand für 15 000 Lire (also circa 15 Mark) wohlfeil ist, kostet in Zürich über 28 Franken, umgerechnet fast 35 Mark. Auch bei Sportgeräten und modischen Freizeitartikeln greift der Fachhandel ab. So kostete Anfang 1996 ein Paar wasserfeste Jägerstiefel des

Modells »Bighorn« aus Kanada in Zürich 289 Franken (355 Mark), während es im Katalog der kanadischen Versandfirma Le Baron für lumpige 97 Kanadische Dollar (112 Mark) ausgeschrieben war.

Eine Markenschreibmaschine für 60 Mark

Metro und Konsorten sind derzeit zwar die Sieger im Rennen um die Gunst der Verbraucher, doch allerorten entstehen Konkurrenten, die sich anschicken, die Discounter mit deren eigenen Waffen zu schlagen. Der Ramschhändler Werner Metzen zum Beispiel eröffnet unter dem Logo »Teures billig« einen Pfennigladen nach dem anderen – Ende 1995 waren es bereits mehr als 30 –, in denen er die unterschiedlichsten Artikel zu Preisen offeriert, bei denen selbst gestandene Discounter passen müssen.

Metzen kauft grundsätzlich nur Restpartien, etwa von Textilien, zu Spottpreisen auf. Und obwohl er diese mit Aufschlägen um 100 Prozent weiterveräußert, ist er immer noch konkurrenzlos billig. Aus den Beständen der ehemaligen Volksarmee Honeckers erstand er zum Beispiel 269 000 Uniformteile zu 11 Pfennig das Stück, die in seinen Läden für 6 Mark reißenden Absatz fanden.

Mittlerweile hat der Rolls-Royce-Fahrer zahlreiche Nachahmer gefunden, wie etwa die Firma Strauss Innovation in Langenberg oder die Havaria-Gruppe in Bergheim, und zusammen setzt die Branche der sogenannten Partiediscounter nach einer Studie der Kölner Unternehmensberatung BBE bereits mehr als 3,5 Milliarden Mark im Jahr um.

Auf demselben Markt operieren auch Spezialdiscounter, die sich auf eine einzige Warengruppe spezialisieren und deshalb ebenfalls billiger sein können als die Allrounder. Dazu zählt der Textilhändler Burkard Hellbach aus Bindlach bei Bayreuth, der mit seinen rund 900 Minipreismärkten allein mehr als 1 Milliarde Mark umsetzt. Hellbach führt nur wenige Artikel im Sortiment, die aber in riesigen Stückzahlen, und erzielt so eine Rendite, die nach eigenen Angaben »deutlich über 5 Prozent (vom Umsatz)« liegt.

Als Rezessionsgewinnler dürfen sich auch die Inhaber der wie Pilze aus dem Boden schießenden Secondhandshops fühlen, die immer häufiger zur Anlaufstelle von schnäppchenjagenden Verbrauchern werden. In den USA ernährt der Gebrauchtwarenhandel bereits flächendeckende Konzerne wie Grow Biz International aus Minneapolis, der 850 Niederlassungen betreibt und 400 im Plan hat. Wohlstandsgesättigte Amerikaner bringen in immer größerer Zahl ausrangierte Produkte, vom Kinderbett bis zum Langlaufski, zur nächsten Grow-Biz-Filiale und lassen sich dort etwa 20 bis 30 Prozent des Neuwertes vergüten. Die andere Hälfte des Publikums, der noch dieses oder jenes fehlt, muß dagegen für die wenig genutzten und gut gepflegten (das ist Geschäftsgrundlage) Artikel etwa zwischen 40 und 80 Prozent des Neupreises hinblättern.

Der Nürnberger Jürgen Wolf kopierte die Idee und eröffnete im Herbst 1995 sein erstes »Mach-Mit«-Kaufhaus, in dem es vom gebrauchten Meißen-Teller zu 45 Mark bis zur Adler-Schreibmaschine zu 60 Mark rund 30000 Artikel weit unterm Neupreis gibt. Die eine Hälfte stammt laut Wolf aus Lager- und Restbeständen sowie aus der Konkursmasse fallierter Firmen, die andere aus den Haushalten von Privatleuten, denen ein bißchen Bargeld lieber ist als ein voller Speicher.

Teleshopping: Tummelplatz der Obskuren

Wuchsen diese Extremtiefstapler in den letzten beiden Jahren schon schneller als die etablierten Discounter- und Filialketten, so rechnen die Handelsfachleute damit, daß in den kommenden Jahren ganz neue Vertriebsformen das Rennen machen werden. Die modernen Telekommunikationsnetze zum Beispiel werden zu einem Boom des sogenannten Direktmarketing führen.

Schon heute versuchen nicht wenige Hersteller, sich dem unerbittlichen Druck der großen Handelskonzerne auf ihre Margen zu entziehen, indem sie ihre Produkte auf dem direkten Weg, also unter Ausschaltung des Zwischenhandels, an den Mann bzw. die Frau bringen. Galten die deutschen Versandhäuser schon bisher als Weltmeister ihrer Zunft, weil sie pro Kopf der Bevölkerung mehr Waren direkt in die Wohnzimmer der Kunden expedierten als ihre ausländischen Konkurrenten, so hoffen nun immer mehr Anbieter mit Hilfe der modernen Telekommunikationstechnik ebenfalls dem stationären Handel ein Schnippchen schlagen zu können.

Teleshopping heißt das Zauberwort der Direktverkäufer, doch die Technik steckt noch in den Kinderschuhen. Noch müssen die Zuschauer, die sich von einem Werbespot, etwa über eine neue Silbermünze, einen Hometrainer oder eine Massagebürste, zum spontanen Kauf animieren lassen, zum Telefon greifen und auf eine zufällig freie Leitung hoffen. Künftig aber soll der Fernseher nicht nur als Empfangsgerät dienen, sondern sich zu einem interaktiven Medium entwickeln.

Wenn die über Satellit oder Kabel ins Wohnzimmer transportierten Werbebotschaften über den Bildschirm flimmern, soll der Kunde spontan mit der Fernbedienung die Bestellung aufgeben können, und der Druck auf den richtigen Knopf regelt womöglich sogar noch die Abbuchung des Geldes von seinem Konto. Die Telebestellung freilich hat, gerade weil sie so bequem ist, ihre Tücken: Erstens verleitet sie zu sorglosem Geldausgeben, zweitens sieht der Kunde das Produkt nur auf dem Bildschirm, bestens ausgeleuchtet und sorgfältig herausgeputzt.

Wie das Ding wirklich aussieht, wie es verarbeitet ist, ob es tatsächlich gut funktioniert und den hochgespannten Erwartungen entspricht, das stellt sich erst Tage später heraus, wenn es mit der Post zu Hause eintrifft. Zwar muß jeder Direktversender dem Kunden ein Umtauschrecht einräumen, doch werden allzu viele Verbraucher den damit verbundenen Aufwand auch dann scheuen, wenn sie mit der Ware nicht hundertprozentig zufrieden sind. Darauf hoffen die Direktversender, die schon bisher mit dem Ruf zu kämpfen haben, sie würden minderwertige Waren zu überhöhten Preisen offerieren.

Auf keinen Fall bei Auslandsfirmen bestellen

Noch ist das Teleshopping in Deutschland ein Tummelplatz für allerlei obskure Anbieter. Da wird etwa ein Hometrainer für 49 Mark offeriert, der sich, wenn er erst einmal in der guten Stube steht, als ein äußerst wackliges Gestell herausstellt, an dessen scharfen Kanten man sich obendrein leicht verletzen kann. Für Heimwerker gedacht ist das angeblich revolutionäre »Teleshop Paint System«, das freilich jeden ernsthaften Hobbymaler schnell zur Verzweiflung bringen dürfte, da es kleckst und tropft.

Besonders viele Spontankäufer werden offenbar bei den Übergewichtigen vermutet, die den »Bauch-weg-Gürtel« ordern sollen, der nun aber das Fett nicht verschwinden läßt, sondern es nur gleichmäßig um die Körpermitte herum verteilt. Fitneß- und Bastelgeräte sind denn auch neben Billigschmuck, Haushaltsgeräten und Wunderheilmitteln die Renner auf dem Teleshopping-Markt.

Das erste, was ein Telekäufer erfragen sollte, ist die Dauer des Rückgaberechts. Seriöse Anbieter orientieren sich am etablierten Versandhandel, der jedem Kunden ein Rückgaberecht innerhalb von 14 Tagen einräumt. Begrenzt der Televersender das Rückgaberecht auf eine kürzere Zeit oder schließt er es gar ganz aus, ist Vorsicht angezeigt. Auf jeden Fall sollte der Kunde darauf bestehen, daß er die Ware erst nach Besichtigung bezahlen muß und daß die Versandkosten sowie eine eventuelle Nachnahmegebühr vom Lieferanten übernommen werden. Auf keinen Fall sollte man bei Anbietern bestellen, die ihren Sitz im Ausland haben und deshalb juristisch nicht belangt werden können.

Der Teletrend jedenfalls ist nicht mehr aufzuhalten. Neben dem Rewe-Konzern hat sich auch das Fürther Großversandhaus Quelle mit dem Kommerzsender PRO 7 eingelassen. Gemeinsam starteten die beiden Unternehmen den Teleshopping-Kanal Home-Order-Television (HOT), der, wenn die Brüsseler EU-Behörde zustimmt, bald rund um die Uhr seine Angebote in die deutschen Wohnzimmer schicken und damit jährliche Umsätze zwischen 300 bis 500 Millionen Mark erzielen will.

Noch ist HOT nicht so richtig heiß geworden, da steht mit dem US-Unternehmen QVC bereits der zweite Teleshopper in den Startlöchern. Der Spezialist, der 1994 den Amerikanern hauptsächlich Schmuck und Textilien für 1,4 Milliarden Dollar über den Fernseher verkaufte, will von Nordrhein-Westfalen aus die deutsche Republik angreifen. Frank Staudacher, Marketingexperte beim weltweit operierenden Unternehmensberater Arthur D. Little, schätzt, daß die deutschen Kunden in absehbarer Zeit 10 bis 20 Prozent des gesamten Handelsumsatzes per Fernseher ordern.

Direktvertrieb:
Hüter der »schwarzen Listen«

Zu welchen Höchstleistungen die Verführer aus der Versenderbranche fähig sind, beweist die Papierlawine von unerbetenen Werbesendungen, die unsere Briefkästen täglich aufs neue verstopft. Mal soll uns ein täuschend echt nachgeahmter Tausender zum Kauf eines Loses verleiten, mal lockt eine auf den Briefbogen geklebte Muschel zur Buchung eines Karibikurlaubs, ein anderes Mal schickt uns einer einen Hausschlüssel und suggeriert, wir würden ein Einfamilienhaus gewinnen, wenn wir eine Bauzeitschrift abonnierten.

Wegbereiter und mit Abstand größter Nutznießer des Datenhandels sind die Versender. Otto, Quelle und Neckermann setzen, zusammen mit den unzähligen kleineren Spezialversandhäusern, allein in Deutschland pro Jahr annähernd 70 Milliarden Mark um. Damit sind sie in Europa einsame Spitze, doch bei den Kunden kommen sie in letzter Zeit immer schlechter weg. Als das Institut der deutschen Wirtschaft 1996 rund 36 000 Verbraucher nach ihrer Zufriedenheit mit den verschiedenen Anbietern befragte, standen die Versandhäuser auf der Beschwerdeliste ganz oben. Jeder fünfte befragte Kunde gab an, er habe schon einmal bei einem Versender reklamieren müssen. Auch bei der RTL-Meckersendung *Wie bitte?* sind die Versender Dauerkunden. Häufigste Kritik: zu spät und unvollständig angelieferte Waren, unwirsche Reaktion auf Reklamationen.

Künftig ist Schlimmeres zu erwarten. Die totale Vernetzung aller Haushalte, ob übers Internet oder andere Kommunikationsnetze, liefert der Wirtschaft eine unendliche Fülle von Informationen, so daß die Anbieter immer besser in der Lage sind, die Verbraucher zum Geldausgeben zu verleiten. Die Versandhäuser, Verlage, Versicherungskonzerne kennen dann nicht nur unser Alter, unseren Beruf und unsere Adresse, sondern womöglich auch unser monatliches Einkommen, unser Vermögen, unsere Hobbys und sämtliche Vorlieben. Sie wissen haargenau, welche Fernsehsendungen wir bevorzugen und um welche Zeit wir am liebsten fernsehen, welche Online-Dienste wir abrufen und was uns in den Datenbanken des Internets am meisten interessiert. Daraus können sie nahezu perfekte Interessensprofile eines jeden ans Netz angeschlossenen Kunden herausfiltern.

Sie wissen Bescheid, wann wir unser letztes Auto gekauft haben und wohin uns die jüngste Urlaubsreise führte, sie können uns, wie die Mafia in dem Roman *Der Pate*, ein Angebot vorlegen, das wir nicht ablehnen können.

Daß das kein Hirngespinst, sondern unmittelbar bevorstehende Realität ist, beweisen die Riesensummen, die Konzerne wie VEBA, Thyssen, Viag oder RWE in die Telekommunikation investieren. Diese Unternehmen stellen die Technik zur Verfügung, mit denen uns dann die Anbieter von Konsumgütern, Finanzdienstleistungen oder Touristikofferten bombardieren werden.

Was die Versender über jeden von uns wissen

Die Direktmarketing-Branche boomt wie kaum eine andere. Während die gesamte Wirtschaft in Deutschland kaum noch wächst, registrieren die Direktmarketing-Agenturen jährliche Zuwächse von über 10 Prozent. Rund 4 Milliarden sogenannter »Mailings« landeten 1995 in den Briefkästen der 36 Millionen deutschen Haushalte. Die Kosten dafür betrugen gigantische 25 Milliarden Mark – das entspricht schon nahezu der Hälfte aller Werbeausgaben. Grundlage für die hektische Versandtätigkeit, die vor allem dem Postdienst zugute kommt, ist ein ausufernder Handel mit den Adressen und wirtschaftlich relevanten Daten der Bundesbürger.

Jeder Deutsche, der ein Konto unterhält, eine Kreditkarte besitzt, ein Auto fährt, dem eine Wohnung oder ein Haus gehört, ist ebenso in den Datenpools der Adreßhändler und Direktmarketing-Agenturen vertreten wie die Kunden von Versandhäusern, Versicherungen und Touristikfirmen. Das Datenmaterial wird in den Großrechenanlagen der Adreßverwalter ständig ergänzt, aktualisiert und nach den verschiedensten Kriterien ausgewertet.

Eine Direktmarketing-Agentur wie der Branchenführer Schober aus dem schwäbischen Ditzingen zum Beispiel kann auf Knopfdruck sämtliche Angaben über die Bewohner von mehr als 13 Millionen Gebäuden in Deutschland auswerfen, sortiert nach Alter, Bauweise, Größe und Lage der Behausung. Schober gibt allein für die Aktualisierung seines Datenbestands pro Jahr über 10 Millionen Mark aus und weiß über jeden von uns mehr, als wir ahnen.

Kritisch kann die akribisch betriebene Datensammelei vor allem für Leute werden, die irgendwann einmal in ihrem Leben eine Zahlung nicht pünktlich geleistet haben. Sie werden nicht nur im Register der Schufa (Vereinigung der deutschen Schutzgemeinschaft für allgemeine Kreditsicherung e. V.) in Wiesbaden erfaßt und somit auf Wunsch allen deutschen Kreditinstituten zugänglich gemacht, sondern sie tauchen auch noch in einer Vielzahl von anderen »schwarzen Listen« auf, mit deren Hilfe sich beispielsweise Kreditkartenorganisationen, Versicherungen und Finanzdienstleister gegen unerwünschte »Risiken« absichern wollen. Der Heine-Versand in Zürich zum Beispiel schickte Ende 1995 an rund 300 Kunden und Kundinnen die Mitteilung, daß er sie künftig nicht mehr beliefern werde. Grund: Die Adressaten waren durch häufige Reklamationen aufgefallen. Auf diese Weise können die Adreßverwalter ihren Kundenstamm zum Wohlverhalten erziehen.

Ein Bankkunde wird, sofern sein Eintrag als säumiger Schuldner nicht gelöscht wurde, stets vor verschlossenen Türen stehen, wann immer er ein Konto eröffnen, einen Kredit beantragen oder eine Versicherung abschließen will. Der Große Bruder aus der Horrorutopie *1984* des britischen Schriftstellers George Orwell ist für die Kunden der Finanzwirtschaft und der Direktversender längst Wirklichkeit geworden.

Verkaufsfront: Kampf um Konditionen

Die mit vehementem Tempo fortschreitende Konzentration im Einzelhandel, die ständig verbesserten Verkaufstechniken und die totale

Kommerzialisierung der Medien zwingen den Kunden immer mehr in die Defensive. Er sieht sich einem kontinuierlich anschwellenden Werbetrommelfeuer ausgesetzt, das nur ein Ziel hat: Er soll mehr ausgeben, als er verdient, soll sich verschulden und kaufen und kaufen.

Vor allem soll er Preise bezahlen, die die Waren und Leistungen, die er ordert, nicht wert sind. Industrie und Handel setzen darum ihre ganze Raffinesse und ihren geballten Sachverstand ein, um eine Qualität vorzutäuschen, die in Wahrheit nicht existiert. Sie beziehen in ihre Kalkulationen die Reibungsverluste ein, die durch fehlerhaft entwickelte und ineffizient gefertigte Produkte ebenso entstehen wie durch aufgeblähte Wasserköpfe in den Verwaltungen der Unternehmen oder durch sündteure, aber sinnlose Werbekampagnen.

Der Kunde hat nur eine Chance, sich im »Wirtschaftskrieg, der bei uns herrscht« (so VW-Konzernchef Ferdinand Piëch) zu behaupten: Er muß genauso verschlagen und brutal seinen Vorteil wahren wie die Gegenseite. Der Händler ist für ihn kein Partner, zu dem er Vertrauen haben darf, sondern ein Gegner, der ihn über den Tisch ziehen will. Der Hersteller, und mag er noch so viel Geld für seine Imagewerbung ausgeben, ist keine ehrfurchtgebietende »Weltmarke«, sondern ein schlichter Schwindler, der einem ein reparaturanfälliges und unpraktisches Gerät zu einem überhöhten Preis andrehen will.

Mit welchem Aufwand und welcher Raffinesse Handel und Industrie ihre Offensive gegen den Verbraucher führen, wird immer dann offenbar, wenn einer der großen Markenartikler ein neues Produkt in den Markt »pushen« will. Gleich ob es um ein neues Auto, eine Zigarettenmarke oder auch nur um schlichtes Waschpulver geht, in solchen Fällen ziehen die Verführer der Consumernation alle Register. Als der Düsseldorfer Waschmittelkonzern Henkel sein Uraltpulver »Persil« zu kleinen Kügelchen formte, die er »Megaperls« taufte und zur tollsten Idee seit der Erfindung des Waschpulvers erklärte, überrollte er nicht nur sämtliche einschlägigen Medien mit einer Werbelawine ohnegleichen, sondern brachte auch den Handel auf Trab. Nahezu sämtliche Waschmittelverkäufer Deutschlands bekamen eine Gratislieferung. Insgesamt wurden 15 Millionen Produktsamples verteilt. Dann schickte die von Henkel beauftragte Agentur rund 100 gutgebaute Persil-Werberinnen in Zweierteams quer durch die Republik, um Händlern und Verbrauchern das Pulver zu erklären.

In rund 1400 Verbrauchermärkten wurden Verkaufsstände in Form einer riesigen Megaperle aufgebaut. Dort bekamen die Kunden nicht nur Auskunft über Persil, sondern auch über ihr Schicksal. Die Henkel-Agentur hatte sich als besonderen Gag einen Computer einfallen lassen, der den Kunden auf Knopfdruck entweder ein klassisches oder ein chinesisches Horoskop ausstellte, und in jeder Weissagung kam natürlich das Thema Waschen und Persil vor. Der Großeinsatz machte sich bezahlt, denn in den ersten zehn Wochen nach dem Start wurden bereits 1,2 Millionen Persil-Pakete verkauft.

Schon tüfteln die Verkaufspsychologen, Architekten, Designer und Musikwissenschaftler im Auftrag großer Handelskonzerne an immer neuen Maschen, mit denen sie die Verbraucher übertölpeln können. In umfangreichen Testversuchen wird zum Beispiel erforscht, wie sich das Layout von Läden jeder Art verkaufstechnisch optimieren läßt oder mit welchen Themen man die wirkungsvollsten Verkaufsaktionen aufziehen kann.

In jüngster Zeit richten die Experten des sogenannten In-store-Marketings ihr Augenmerk verstärkt auf einen Sinnesbereich, den sie bisher eher vernachlässigt hatten: den Geruchssinn. Seit es sich herausgestellt hat, daß insbesondere die Düfte, die frische Brötchen, Pizzabacköfen und gemahlener Kaffee verströmen, ausgesprochen umsatzfördernd wirken, werden allerorten umfassende olfactoric-Konzepte entwickelt. Das fängt beim Gesamtbelüftungssystem etwa für ein Kaufhaus an, wenn der Frischluft in sparsamer Dosierung bestimmte Aromastoffe beigegeben werden, und hört beim sogenannten Spotduft für einen bestimmten Verkaufsstand noch lange nicht auf. Längst sind in Frauenzeitschriften duftende Parfümanzeigen erschienen, und möglicherweise wird irgendwann sogar noch der Fernseher stimulierende Botenstoffe verströmen.

12 Goldene Regeln für clevere Kunden

Der Kunde kann sich der wissenschaftlich aufbereiteten Schmusetaktik der Verführungstechniker aus dem Handel am besten erwehren, indem er hellwach den ganzen Schwindel durchschaut. Er darf sich nicht einlullen und träge durch die Verkaufsflächen treiben lassen, sondern sollte zum Einkaufen mit dem gleichen aggressiven Mißtrauen gehen wie ein Geschäftsmann in die Verhandlung mit einem ebenbürtigen Gegner.

Wer einen Laden betritt, hat ein Minenfeld vor sich; das kostet ihn zwar nicht das Leben, aber das zweitwichtigste Gut: sein Geld. Nur mit Sturheit, Abwehrbereitschaft und dem festen Entschluß, den bestmöglichen Preis herauszuhandeln, hat er eine Chance, einigermaßen glimpflich davonzukommen. Hier einige Tips für das richtige Verbraucherverhalten im Handel:

1. Kaufen Sie nur nach Bedarf und nicht nach Stimmung. Notieren Sie alles, was Sie wirklich brauchen, und halten Sie sich in den Geschäften stur an Ihre Liste.
2. Manche Sachen sind zu bestimmten Zeiten günstiger zu haben als zu anderen. Beispiele: Schmuck und Uhren kauft man am besten nach Weihnachten, da müssen Juweliere und Händler die Läger räumen und sind zu Zugeständnissen eher bereit. Bett- und Tischwäsche sowie Elektrogeräte sind im Februar am billigsten, Lederwaren und Pelze im März, Wintersportartikel im April und Mai, Sommersachen im September.
3. Für größere Anschaffungen gilt: Jeder Preis ist grundsätzlich verhandelbar. Das Rabattgesetz gilt nur für den Händler, nicht aber für den Kunden. Gewährt ein Händler mehr als die zugestandenen 3 Prozent, ist das sein Risiko; der Kunde hat nichts zu befürchten.
4. Rabatte handelt man mit den verschiedensten Argumenten heraus. Beispiele:
   a) Die Ware gibt es woanders billiger.
   b) Es handelt sich um Saisonware, die sowieso bald herabgesetzt wird.
   c) Die Ware hat kleine Mängel, auf die Sie den Verkäufer hinweisen.
   d) Es handelt sich um ein ausgefallenes Stück, das der Händler nicht so leicht los wird.

e) Sie reisen demnächst ins Ausland und könnten von dort ein identisches Modell zum wesentlich niedrigeren Preis mitbringen. Kameras sind in den USA im Schnitt zu 40 bis 60 Prozent billiger als in Deutschland, CD-Player um 36 Prozent, Sportartikel um bis zu 60 Prozent, und Jeans kosten dort weniger als die Hälfte.

f) Sprechen Sie den Mitarbeiterrabatt an, den jeder Angestellte eines Herstellers oder Händlers bekommt, und machen Sie dem Verkäufer den Vorschlag, er solle die Ware pro forma selbst erwerben und Ihnen einen Teil des Mitarbeiterrabatts zukommen lassen.

g) Bieten Sie, wenn alle anderen Argumente versagen, Bargeld an und bestehen Sie auf einem Barzahlungsrabatt.

h) Läßt sich der Preis nicht weiter herunterhandeln, dann bestehen Sie auf Zusatzleistungen des Händlers. Zum Computer lassen Sie sich gratis ein CD-Laufwerk geben, beim Auto gibt es jede Menge Sonderausstattungen, bei Kücheneinrichtungen Zusatzgeräte usw.

5. Transport- und Montagekosten sollte der Händler auf jeden Fall übernehmen.

6. Machen Sie, bevor Sie einen normalen Laden betreten, Spezialquellen ausfindig: Textilien gibt es bei Hugo Boss in Metzingen, bei Windsor in Bielefeld, bei Bogner in Heimstetten bei München ebenso wie bei vielen anderen Herstellern. Dort können Sie neue Saisonware etwa 25 bis 50 Prozent billiger als im Laden kaufen. Besteckfirmen wie WMF in Geißlingen (Württemberg) oder Sportartikelhersteller wie Erbacher im württembergischen Erbach verkaufen preiswerte Ware in ihren Fabrikshops. Weitere günstige Einkaufsquellen sind Ramschkaufhäuser wie etwa das Mach Mit von Jürgen Wolff, Nürnberg, oder die rund 30 Resteläden des Werner Metzen, verteilt über die gesamte Republik.

7. Der BSW-Verbraucherservice für Beamte hat mit vielen Herstellern und Händlern Sonderkonditionen vereinbart, außerdem kassiert der BSW Provisionen, die er seinen Mitgliedern rückvergütet. Wer nicht selber Beamter ist, kann diese günstige Einkaufsquelle vielleicht über Bekannte nutzen.

8. Nicht auf das Niedrigpreisimage mancher Handelsformen (Discounter, Großmärkte) hereinfallen, sondern im Einzelfall exakte Preisvergleiche anstellen. Tests verschiedener Medien haben nämlich ergeben, daß gerade bei technischen Produkten manche Fachhändler in Wirklichkeit billiger sind als Großmärkte.

9. Vorsicht bei Sonderangeboten! Oft handelt es sich um Ladenhüter, die technisch überholt oder längst aus der Mode sind. Bei verderblicher Ware auf das Verfalldatum achten, es ist möglicherweise zum Kaufzeitpunkt schon überschritten.

10. Die regulären Schlußverkäufe kann man vergessen. Wirkliche Schnäppchen sind längst vorher aussortiert und an schnellentschlossene Kunden verkauft worden.

11. Nicht nur auf den Preis, sondern auch auf die Menge und Qualität achten. Nicht selten versuchen clevere Händler und Hersteller den Kunden dadurch zu täuschen, daß sie entweder minderwertige Ware unter einem Renommierlabel losschlagen oder Mogelpackungen mit geringer Füllmenge verkaufen. In etwa 7 Prozent der fertig verpackten Waren steckt weniger Füllmenge als angegeben, das ergaben die Stichproben der Eichämter. Gemogelt wird gern bei teuren Inhalten wie Schaumwein und Spirituosen, warnt die Arbeitsgemeinschaft der Verbraucher (AGV).

12. Bestehen Sie auf Ihrem Umtauschrecht. Leider sind die Modalitäten des Umtauschs bei den meisten Geschäftsvorgängen nicht eindeutig geregelt. Geschenkartikel und Kleidung, mit Ausnahme von Wäsche, dürfen fast immer umgetauscht werden. Akzeptiert der Händler dies nicht, muß er den Kunden ausdrücklich darüber informieren, etwa durch ein Hinweisschild an der Kasse oder einen Aufdruck auf dem Kassenbon.

Auseinandersetzungen lassen sich vermeiden, wenn sich der Kunde vor dem Kauf das Umtauschrecht innerhalb einer bestimmten Frist ausdrücklich bescheinigen läßt, etwa auf dem Kassenbon oder der Quittung. Geklärt werden soll, innerhalb welcher Frist (üblich ist eine Woche) der Kunde die Ware umtauschen oder zurückgeben darf.

Bei der Rückgabe ist zu klären, ob der Händler den Kaufpreis erstattet oder ob er nur eine Gutschrift erteilt. Im Preis reduzierte Ware darf meistens nicht umgetauscht werden, das hat der Kunde zu akzeptieren. Stellt er jedoch fest, daß die Ware mit Mängeln behaftet ist, hat er das Recht auf Gewährleistung. Das ist etwas anderes als das Recht auf Umtausch. Der Kunde kann in diesem Fall vom Kauf zurücktreten, auf Lieferung einer einwandfreien Ware bestehen oder den Kaufpreis reduzieren.

Wer wenig Zeit hat, sollte sich überlegen, ob er nicht eine Preisagentur einschalten möchte, und für größere Anschaffungen die günstigste Einkaufsquelle ausfindig zu machen. Rund 60 solcher Agenturen boten Ende 1995 deutschen Kunden ihre Dienste an. Sie verfügen über umfangreiche, laufend aktualisierte Datenbanken mit Preisverzeichnissen für alle möglichen Produkte und Dienstleistungen und sind in der Lage, für nahezu jede Ware den günstigsten Preis zu ermitteln.

Vom Nutzen der Preisagenturen
Für gewöhnlich läuft das Geschäft mit einer Preisagentur so ab: Der Kunde definiert genau den Artikel, den er sucht, und teilt der Agentur den Preis mit, den er als den günstigsten ermittelt hat. Daraufhin beginnt die Agentur mit der Recherche, und wenn es ihr gelingt, einen noch niedrigeren Preis ausfindig zu machen, dann läßt sie sich von der Differenz ein Drittel als Honorar vergüten. Von jeder Mark, die der Kunde spart, kassiert die Agentur also 33 Pfennig.
Preisagenturen gibt es mittlerweile in nahezu allen größeren Städten unter Namen wie Preiswärter, Preisjäger, Preisdrücker usw. 37 dieser Firmen haben sich zu einem losen Verbund mit dem Namen »Die Preisagentur« zusammengeschlossen, der unter der Telefonnummer 03 91/60 24 52 den Anrufern die Adresse der nächst gelegenen Agentur mitteilt. Alle diese Firmen versprechen, neben dem Kaufpreis auch die Serviceleistungen mit einzukalkulieren und auch reine Handwerkerdienste preiswert zu vermitteln.
Eine zweite Möglichkeit, günstig einzukaufen, bieten die Verbraucherzentralen in den neuen Bundesländern. Anders als ihre Partner im Westen Deutschlands haben sie die Aufgabe, die einst an Einheits-

218

preise gewöhnten »Ossis« mit der Marktwirtschaft vertraut zu machen. Sie geben deswegen Broschüren mit Preisvergleichen heraus. So gerüstet, wird der Kunde zum ebenbürtigen Verhandlungspartner des Händlers, vorausgesetzt, er ist nicht allein auf den Preis fixiert, sondern bezieht das gesamte Leistungsangebot, von der Qualität der Ware bis zum Kundendienst, in seine Rechnung ein.

Viel zu spät beginnt der Handel neuerdings einzusehen, daß er sich am Kunden versündigt hat. Doch die Bekenntnisse einzelner Handelsherren wie des Breuninger-Chefs van Agtmael zu mehr Service, Freundlichkeit und Kundennutzen bestätigen nur die Misere. Und wenn die Münchner Unternehmensberatung Mercuri International im Jahr 1996 plötzlich entdeckt, daß im deutschen Einzelhandel mindestens 20 000 qualifizierte Verkäufer fehlen, dann ist auch das nicht mehr als ein spätes Eingeständnis früherer Versäumnisse. Der Kunde jedenfalls ist gut beraten, wenn er all den Beteuerungen, die ihm eine Verbesserung seiner Situation verheißen, erst mal mißtraut. Je länger die Krise des Handels andauert, desto dicker wird der Ast, auf dem er sitzt. Leicht kann er so lange sitzenbleiben, bis der letzte unfreundliche Verkäufer vor dem Arbeitsamt Schlange steht.

»Wir könnten unsere Vertriebsleistung im Inland um 25 Prozent steigern, wenn sich alle Beschäftigten angewöhnen würden, jeden Kunden, den sie sehen, freundlich zu begrüßen.«

Hilmar Kopper, Sprecher des Vorstandes der Deutschen Bank AG

Dienstleister:
Servicewüste Deutschland

Wird der Kunde schon von der Industrie mit abgemagerten Produkten geleimt und vom Handel mit überhöhten Preisen und un-
freundlicher Bedienung verprellt, so gerät er vollends unter die Rä-
der, wenn er sich des Dienstleistungsgewerbes bedient. Denn in kaum
einem anderen Industriestaat wird die Dienstleistung so gering geachtet, so schlecht bezahlt und so unwillig ausgeführt wie im Land der
germanischen Herrenmenschen.

Dabei ist die Servicebranche der einzige Hoffnungsträger für eine Verbesserung der desolaten Beschäftigungslage. Nur noch im sogenannten »tertiären Sektor« der Volkswirtschaft können weitere Jobs entstehen, während beim Bergbau und in der Landwirtschaft, in der
verarbeitenden Industrie wie im Handel laufend Arbeitsplätze wegrationalisiert werden. Doch ausgerechnet im Servicebereich leistet
sich Deutschland eine Schwäche, die seine wirtschaftliche Zukunft
akut gefährdet.

Zum Dienstleistungsbereich zählen die Volkswirte vor allem das Geldgewerbe, also Banken, Finanzdienstleister, Kapitalanlagegesellschaf-
ten, sowie die Versicherungen, ferner das Gesundheitswesen, also Ärzte und Krankenhäuser, aber auch das Hotel- und Gaststättengewerbe,
Verkehr und Tourismus, Bahn, Post, Lufthansa, Reiseveranstalter sowie den ganzen Kulturbetrieb mit seinen Theatern, Konzerten, aber
auch Sportveranstaltungen und kommunale Dienste, von der Abwas-
serentsorgung bis zur Altenpflege, die Dienste der sozialen Hilfs-
organisationen wie dem Roten Kreuz oder der Caritas bis hin zum
privaten Beerdigungsinstitut. Und dieser riesige Bereich unserer Wirtschaft, der 1994 mit insgesamt 1134 Milliarden Mark zum Bruttosozialprodukt beitrug und damit erstmals das produzierende Gewerbe

überflügelte, läßt in weiten Teilen ein totales Desinteresse, ja sogar oft eine tiefe Abneigung gegen jene erkennen, die ihm seine Daseinsberechtigung geben: die Kunden. »Servicewüste Deutschland« betitelte beispielsweise der *Spiegel* eine Story über die Defizite der Dienstleister und stellte fest: »Der Kunde ist Bittsteller, nicht König.« Verwundert registrierten Politiker und Ökonomen den Aufschwung, den das Dienstleistergewerbe während der vergangenen Jahre in den USA nahm. Rund 78 Prozent aller Beschäftigten arbeiten dort nicht mehr in der Produktion, sondern leisten Dienst am Kunden, Tendenz stark steigend. In Deutschland hingegen sind es gerade mal 56,5 Prozent.

»Der Deutsche ist von Natur kein Dienstleister«

Zwar nimmt auch hierzulande die Bedeutung des Dienstleistungsgewerbes laufend zu und jene von Industrie und Handel ab, doch sind die Deutschen, alles in allem, mit Dienstleistern miserabel versorgt. Sowohl in den USA als auch in Japan können die Kunden auf mehr, differenziertere und bessere Serviceleistungen zurückgreifen als in Old Germany. Selbst noch in Ländern wie Holland oder Kanada hat das Servicegeschäft eine größere Bedeutung als in Deutschland.

In einer umfassenden Studie über die Beschäftigungssituation in den großen Industrienationen wiesen die Unternehmensberater und Wirtschaftswissenschaftler vom Washingtoner McKinsey Global Institute nach, daß das sogenannte »Beschäftigungswunder« der amerikanischen Wirtschaft in erster Linie auf das horrende Wachstum des Dienstleistungssektors zurückzuführen ist. Würde der Servicesektor in Deutschland das gleiche Beschäftigungsniveau wie in den USA erreichen, so die McKinsey-Studie, könnten hierzulande 4,7 Millionen neue Jobs entstehen. Im Klartext: Es gäbe in Deutschland keine Arbeitslosen mehr.

Das ist freilich graue Theorie, denn »leider ist der Deutsche von seinem Naturell her kein Dienstleister«, konstatierte der Präsident des Bundesverbandes des deutschen Groß- und Außenhandels, Michael Fuchs. Der Mann hat wohl recht, wenn er feststellt: »Kälte statt herzlicher Service. Wo gibt es bei uns den privaten Einkäufer, den Einpacker im Supermarkt, den persönlichen Abholservice? Fehlanzeige. Der weltweit gültige Spruch ›Dienen kommt vor dem Verdienen‹ hat für Deutschland wenig Relevanz.«

Der Sozialwissenschaftler Meinhard Miegel, Chef des Instituts für Wirtschaft und Gesellschaft und einer der kundigsten Vordenker Bonns, sekundiert: »Viele von uns sind zu zögerlich nicht nur beim Anbieten, sondern auch bei der Annahme von Dienstleistungen. Einfache Dienste anzubieten gilt als entwürdigend, sie anzunehmen als anmaßend. Wer trägt schon gerne einen Koffer und wer läßt ihn sich tragen? Hier müssen wir zu einem völligen Umdenken kommen. Ich meine, wer wirtschaftlich in der Lage ist, Dienstleistungen in Anspruch zu nehmen, und es nicht tut, verhält sich unsozial ...«

Selbst der am schlechtesten bezahlte Aktenträger in einer öffentlichen Verwaltung hält sich für etwas Besseres als etwa den Oberkellner aus dem Grandhotel, obwohl der weitaus mehr verdient und auch eine interessantere Tätigkeit ausübt. Wenn der Deutsche dient, dann mürrisch und mit dem Bewußtsein, ein unverdientes Schicksal zu erleiden. Der Dünkel, der sich in einem solchen Verhalten äußert, orientiert sich an längst vergangenen Zeiten, als die Gesellschaft sich in die Herrschaft und in die Dienerschaft gliederte. Daß heute jedermann Dienstleistungen benötigt und anderen zu Diensten zu sein hat, wird in Deutschland noch immer weitgehend verdrängt. Jeder möchte hierzulande möglichst schnell den Status eines »Chefs« erreichen, der anderen Befehle erteilen darf, und niemand ist offenbar gewillt, sein Wissen und Können für das Wohlergehen anderer zur Verfügung zu stellen. Deshalb geht es, wo immer in Deutschland einer dem anderen zu Diensten sein muß, muffig bis unhöflich zu.

Die Kunden sind Melkkühe und Manövriermasse

Am einzig geöffneten Postschalter bildet sich eine Schlange, weil keiner der ranghöheren Postler die Neigung verspürt, die junge Kollegin, die solo Dienst am Schalter tut, zu entlasten. Und die Kunden, die ihre kostbare Zeit in der Wartehalle vergeuden müssen, stören den Seelenfrieden eines deutschen Postbeamten mitnichten.

Auch der Arzt am anderen Ende des sozialen Spektrums findet nicht das Geringste dabei, wenn seine Patienten warten müssen. Er sieht sich außerstande, Termine auch nur auf die Stunde genau einzuhalten, während er andererseits ganz selbstverständlich erwartet, daß Patienten nur nach Voranmeldung und genauer Terminabsprache in seinem Wartezimmer erscheinen.

Streicht die Lufthansa einen Flug, weil über der Landebahn am Zielort Nebel hängt, dann erfahren das die Fluggäste für gewöhnlich erst, wenn sie alle vollzählig im Warteraum versammelt sind. So bleiben sie unter Kontrolle der Gesellschaft und werden daran gehindert, sich rechtzeitig etwa um eine Zugverbindung zu kümmern.

An diesen drei Beispielen wird klar, wie Deutschlands Dienstleister ihre Kundschaft sehen: als Melkkühe und Manövriermasse. Stets stellt der Dienstleister seine eigenen Interessen über jene der Kunden. Die haben sich gefälligst ganz auf die Erfordernisse des Dienstleistungsbetriebes einzustellen, den in Anspruch zu nehmen sie die Frechheit besitzen. Gleich ob man die Schalterhalle einer Bank, einer öffentlichen Verwaltung oder der Bundesbahn betritt, ob man den Service eines Arztes, eines Anwalts oder eines Architekten in Anspruch nehmen möchte – man kommt stets als Bittsteller.

Das Imponiergehabe der Servicebetriebe äußert sich schon in der Architektur, mit der sie sich umgeben. Die Schalterhallen sollen einschüchtern, die Vorzimmer beeindrucken. Kaum einer der etablierten Dienstleister läßt erkennen, daß er gierig darauf ist, Kunden zu gewinnen und ihnen Probleme vom Hals zu schaffen. Sie bauen Barrieren auf, um von vornherein die Machtverhältnisse zu ihren Gunsten zu gestalten. Der Kunde soll wehr- und willenlos gemacht werden, damit er nicht etwa auf die Idee kommt, Forderungen zu stellen und Leistungen zu verlangen.

Nach 22 Uhr bleibt die Küche kalt
Die Abneigung der Deutschen vor der Dienstleistung läßt denn auch viele Geschäftszweige, die anderenorts Tausende von Betrieben ernähren, gar nicht erst entstehen. Computernotdienste zum Beispiel, die in den USA sofort zur Stelle sind, wenn das Programm abstürzt oder die Hardware Probleme macht, haben hierzulande Seltenheits-

226

wert. Deutschland-Heimkehrer, die es in New York oder San Francisco gewohnt waren, sich nachts um zwei ein opulentes Abendessen mit Schampus und Rotwein aufs Hotelzimmer kommen zu lassen, erleben selbst in den feinsten Hotels eine herbe Enttäuschung. Nach 22 Uhr bleibt in Deutschland die Küche kalt, und wenn der Hunger noch so quält.

Frankreichkenner wissen die segensreiche Tätigkeit der Assistance-Gesellschaften zu schätzen. Wer in Paris zum Beispiel einen Klempner braucht, plagt sich nicht mit dem Branchenadreßbuch herum, sondern ruft ganz einfach »seine« Assistance an. Nahezu jede große Versicherungsgesellschaft verfügt über eine solche Assistance, und da jeder Franzose versichert ist, hat er auch Zugriff auf ein solches Dienstleistungsunternehmen. Es kümmert sich um den Handwerker für die Wohnung ebenso wie um die Reparatur des Autos und hilft praktisch bei jedem denkbaren Notfall. Erst seit Mitte 1994, als der deutsche Versicherungsmarkt auch für ausländische Anbieter zugänglich wurde, haben die Assekuranzkonzerne damit begonnen, derlei Dienstleistungsunternehmen nach französischem Vorbild aufzubauen.

Nur mühsam kommt die deutsche Dienstleistungsbranche auf Touren, und Vorreiter wie Peter Dussman, Gründer der Pedus Unternehmensgruppe, die als Reinigungsunternehmen begann und heute bis zum kompletten Klinikbetrieb eine Riesenpalette an Serviceleistungen offeriert, finden zuwenig Nachahmer. Nur dort, wo das Dienstleisten mit hohem Einkommen und gesellschaftlicher Anerkennung verbunden ist, etwa im Bankwesen, in der Versicherungsbranche, bei den Leasingfirmen, findet der Kunde ein breites Angebot. Für alle anderen Dienste aber, die ebenso gutes Geld bringen könnten, ist sich die von wohligen Sozialleistungen verwöhnte deutsche Arbeitskraft offenbar zu schade.

Rund eine Million deutscher Haushalte, dies förderten Umfragen zutage, wären bereit und in der Lage, Dienstpersonal einzustellen – wenn es denn welches gäbe. Doch die Dienstmädchen und Haushälterinnen, die Köchinnen und Kammerdiener von einst sind auf Nimmerwiedersehen von der Bildfläche verschwunden – obwohl doch angeblich 4,2 Millionen Menschen in Deutschland Arbeit suchen. Die vom Sozialstaat verwöhnten Deutschen ziehen es offenbar vor, Arbeitslosengeld und Sozialhilfe zu beziehen, anstatt ihre Dienste anzubieten. So machen denn Putzfrauen aus Polen, Kindermädchen aus Tschechien und Haushälterinnen aus Ungarn das Geschäft.

Erstaunt registrierten die Bosse der Bundespost oder der Bahn, mit welcher Wucht und welchem Know-how Ableger amerikanischer Dienstleistungsunternehmen nach dem Ende der Monopolzeit in ihre Domäne einbrachen. Binnen weniger Jahre eroberten Paketzusteller wie United Parcel Service oder Federal Express Europe (Fed Ex) erhebliche Marktanteile in einem Geschäft, das zuvor nicht vom Dienst am Kunden, sondern vom Diktat der Anbieter geprägt worden war. Petra Rittersberger, Deutschland-Geschäftsführerin von Fed Ex, verblüffte auf dem »Ersten Aachener Dienstleistungsforum« ihre deutschen Konkurrenten, als sie ihnen nonchalant erklärte, daß es ihrer Firma längst nicht mehr nur darum gehe, die Erwartungen der Kunden zu erfüllen: »Damit holen Sie heute keine Kuh mehr vom Eis.« Statt dessen sei es das Ziel ihrer Firma, »Kunden zu begeistern«.

Fed Ex schafft dies, indem das weltweit tätige Unternehmen seine Kundschaft immer wieder nach Kritikpunkten und Wünschen befragt und seine eigene Organisation permanent dem sich ändernden Anforderungsprofil anpaßt. Fed Ex beschäftigt über 98000 Mitarbeiter, hat 463 eigene Flugzeuge im Einsatz und stellt pro Nacht in rund 187 Ländern rund 2 Millionen Sendungen zu. Beschädigt ausgelieferte Pakete oder andere Fehler werden genauestens registriert und statistisch in einer einzigen Ziffer, dem sogenannten Service Quality Indicator (SQI) erfaßt.

Jede Niederlassung errechnet täglich ihren SQI und meldet ihn an die Zentrale. Qualitätsmängel werden deshalb sofort erkannt und beseitigt. Das geht freilich nur mit engagierten Mitarbeitern, deshalb mißt Fed Ex ständig die Zufriedenheit seines Personals und belohnt gute Leistungen durch Extrazahlungen. Das Beispiel sollte bei Post, Bahn und Lufthansa Schule machen. Doch in einem Land, das seit Jahrhunderten daran gewöhnt ist, den Bürger als Untertan und den Kunden als Bittsteller zu behandeln, fällt dies offenbar besonders schwer.

Fliegen: Tour der Leiden

»Zum Kotzen« findet Altbundeskanzler Helmut Schmidt die engen, unbequemen Sitze auf den Maschinen der Lufthansa. Dabei hat der rüstige Vielflieger noch Glück, denn er bucht für gewöhnlich Business Class. Den vielgeplagten Economy-Passagieren der Lufthansa hingegen bleibt die Erkenntnis: Wer in Deutschland in die Luft geht, muß leiden.

Die Misere mit der deutschen Traditions-Airline kennzeichnet deutlicher als tiefgründige Analysen die Lage im Dienstleistungssektor. Die einstmals für opulenten Service, Freundlichkeit des Personals, für Zuverlässigkeit und hohen technischen Standard berühmte Lufthansa mutet heute ihren Passagieren Bedingungen zu, die in einem krassen Mißverhältnis zu den verlangten Preisen stehen.

Nachdem die Kranich-Gesellschaft nach groben Managementfehlern ihres Vorstandsvorsitzenden Heinz Ruhnau ins Trudeln geraten war, setzte Ruhnau-Nachfolger Jürgen Weber radikal den Rotstift an. Den Rationalisierungsmaßnahmen fielen auch manche Serviceleistungen zum Opfer, auf die die Lufthansa-Passagiere schon wegen der exorbitanten Preise ein Anrecht zu haben glaubten. Mittlerweile ist die Lufthansa finanziell wieder gesund, doch Image und Glaubwürdigkeit der Gesellschaft blieben auf der Strecke.

Bereits die immer zahlreicheren Beschwerden sind ein unwiderlegbares Indiz für den Sinkflug der Servicequalität. Rund 12 000 Passagiere hatten 1995 etwas an Deutschlands Nobel-Airline auszusetzen, die meisten bemängelten die zu engen Sitze und die dürftige Verpflegung an Bord. Die von der Lufthansa selber gemessene Servicequalität war 1994 um 2,3 Prozent schlechter als ein Jahr zuvor.

Als eine der Ursachen ortete der Lufthansa-Vorstand intern das Besoldungssystem des an hohe Fixgehälter gewöhnten Personals. Künftig soll es deshalb jenem des Konkurrenten British Airways angepaßt werden, bei dem die Bezüge der Mitarbeiter weitgehend von der Zufriedenheit der Kunden abhängen.

Lufthansa-Kunden zahlen eine »Fummelgebühr«

Lufthansa-Kunden haben nicht nur Grund, über den schlechten Service zu klagen, mehr noch leiden sie unter den prohibitiven Preisen des deutschen Luftmonopolisten. Nach einer Untersuchung des Kreditkartenunternehmens American Express sind die Flugpreise in Deutschland bei Flügen bis zu einer Distanz von 800 Kilometern die zweithöchsten der Welt nach jenen der Schweiz. In England beispielsweise ist das Fliegen nur halb so teuer wie in Deutschland. Und eigenartigerweise kassiert die Lufthansa stets dort am meisten ab, wo sie keine Konkurrenz zu fürchten hat.

Während sie ihre Tarife 1995 zum Beispiel auf den Strecken München–Hamburg und München–Köln stark erhöhte, blieben die Flugpreise auf jenen Strecken, die auch von British Airways angeboten wurden, konstant. Wenn es gilt, einen Konkurrenten niederzuhalten, scheute die Lufthansa auch nicht vor Mogelpackungen wie dem kurzzeitig angebotenen »Superspartarif« von 99 Mark pro Flug zurück, der nur für wenige Sitzplätze galt und auch wieder zurückgezogen wurde.

Geradezu schäbig aber mutet die Art an, wie Deutschlands Staatslinie ihre Passagiere auch noch am Boden schröpft. Für die Sicherheits-Checks, die jeder Passagier über sich ergehen lassen muß, bevor er die Wartehalle betreten darf, berechnet die Lufthansa zum regulären Flugpreis noch eine Sondergebühr in Höhe von 18 Mark, die auf dem Ticket irreführend als »Tax« (Steuer) erscheint. Dabei handelt es sich mitnichten um eine Steuer, sondern um eine recht willkürlich festgelegte Gebühr, denn die Flughäfen, die die Sicherheits-Checks vornehmen, berechnen der Fluggesellschaft pro Passagier ganz unterschiedlich hohe Sätze.

Im Schnitt verdiente die Lufthansa 1995 an jedem Passagier auf diese Weise genau 3,05 Mark, was sich bei der Vielzahl der Fluggäste pro Jahr auf einen Betrag von über 20 Millionen Mark summierte. Die »Paxe«, wie die Passagiere im Jargon der Lufthanseaten heißen, dürfen also dafür, daß sie sich am ganzen Körper befummeln und ihr Gepäck durchwühlen lassen müssen, auch noch einen überhöhten Preis berappen.

Doch Fliegen ist in Deutschland nicht nur ein teures, es ist auch ein höchst fragwürdiges Vergnügen. Trotz der modernen elektronischen Buchungssysteme verlangt die Lufthansa, daß sich die Passagiere spätestens eine halbe Stunde vor Abflug in der Wartehalle versammeln. Sie füttert ihre Kunden dort, wenn überhaupt, mit gummiartigen Brötchen aus großen Selbstbedienungskörben und Kaffee aus Automaten ab, bevor sie wie Heringe in den viel zu engen Sitzen zwischengelagert werden. Und wenn sie Glück haben, fällt ihnen nicht, wie kürzlich einem Passagier der österreichischen AUA, ein schwerer Koffer aus den stets überladenen Gepäckteilen auf den Kopf.

Der Skandal mit den überbuchten Plätzen
Als die britische Consumers Association 1995 ihre Mitglieder nach der Qualität verschiedener Fluggesellschaften befragte, landete die Lufthansa, wohl zu Recht, auf einem blamablen zwölften Platz. Bemängelt wurde von den Engländern vor allem das miserable Preis-Leistungs-Verhältnis der deutschen Fluggesellschaft. Ganz vorn in der Gunst der Engländer liegt die Singapore Airlines, gefolgt von der Air New Zealand und der in Hongkong beheimateten Cathay Pacific.
Um nur ja keine leergebliebenen Plätze an Bord zu haben, nimmt die Lufthansa stets 10 bis 15 Prozent mehr Buchungen entgegen, als Passagiere in ein Flugzeug hineingehen. Dabei setzt sie stillschweigend voraus, daß die Anzahl der sogenannten Überbuchungen ausgeglichen wird von Fluggästen, die zwar einen Platz reservieren ließen, diesen aber nicht belegen.
Diese Praxis gibt es zwar bei nahezu allen großen Fluggesellschaften, doch ist die Lufthansa hier besonders eifrig. Denn pro Jahr bleiben zwischen 21 000 und 27 000 Lufthansa-Kunden am Boden, obwohl sie ihren Flug ganz ordnungsgemäß gebucht hatten. Sie müssen büßen für die Gier der Airline, die möglichst jeden Quadratzentimeter in ihren Flugzeugen verkaufen möchte und dafür ungerührt den Ärger mit den sitzengebliebenen Kunden in Kauf nimmt.
Daß sie damit enormen Schaden anrichten können, etwa wenn ein Geschäftsmann nicht pünktlich zu seiner Verabredung erscheint, daß sie private Beziehungen gefährden oder wahre Familientragödien verursachen können – all das läßt die allein auf ihren Profit bedachten

Manager der Fluggesellschaft kalt. Allein Ostern des Jahres 1995 beispielsweise blieben 436 Passagiere, die mit der Lufthansa einen USA-Flug gebucht hatten, in Deutschland sitzen, weil die Maschinen überfüllt waren.

Jahrelang reagierte die noble Staatsgesellschaft auf die Bitten und Beschwerden ihrer am Schalter sitzengelassenen Fluggäste mit der Herablassung eines Monopolisten, dem nichts und niemand etwas anhaben kann. Erst nachdem der EU-Ministerrat in Brüssel einen entsprechenden Beschluß gefaßt hatte, bequemte sich die Lufthansa zu einer Entschädigung ihrer sitzengelassenen Passagiere. Wer nicht an Bord darf, obwohl er den Flug fest gebucht hat, erhält seither eine Entschädigung entweder in bar (zwischen 150 und 300 Mark, je nach Länge des Flugs) oder einen Reisegutschein im eineinhalbfachen Wert des Barbetrags. Ärgerlich bleibt die Überbuchungspraxis trotzdem, denn nicht immer entschädigt das bißchen Geld für eine mehrstündige Verspätung.

Wer den Listenpreis zahlt, ist selbst schuld
Ticket ist nicht gleich Ticket: Gerupft wie die sprichwörtliche Weihnachtsgans werden vor allem jene vertrauensseligen Passagiere, die den Normalpreis der Airlines akzeptieren, weil sie davon ausgehen, am Ticketschalter oder im Reisebüro stets korrekt bedient zu werden. Daß dies ein teurer Irrtum sein kann, erfahren sie spätestens dann, wenn ihnen der Sitznachbar erzählt, wie preiswert er seinen Flugschein erstanden hat. Während in den USA jedes bessere Reisebüro das »creative ticketing« beherrscht und dem Kunden stets die preiswertesten Flüge heraussucht, wird man hierzulande meist mit dem Normaltarif abgespeist. Und der kann, wie die folgenden Beispiele beweisen, reichlich überhöht sein.

Am größten ist die Differenz natürlich auf Interkontinental-Strecken, und da wiederum in der First Class. Die Lufthansa zum Beispiel verlangte für die Strecke Frankfurt–Los Angeles im März 1996 satte 11 219 Mark, die Air New Zealand hingegen, die dreimal pro Woche nonstop dieselbe Route fliegt, gab sich zur gleichen Zeit mit 3900 Mark zufrieden.

Erfahrene Passagiere fragen deshalb immer nach Rabatten oder »special prices«. Manchmal räumen die Airlines hartnäckigen Kunden auch das Recht ein, erster Klasse zu fliegen, obwohl man nur »Business« gebucht hat – so die Thai Air. Beliebt sind ferner die Back-to-Back-Tickets, bei denen nur der Hinflug vom teuren Deutschland aus gebucht wird, während man den Rückflug zum günstigeren Ortspreis abgerechnet bekommt. Schließlich bleiben noch die Ticket-Discounter wie Travel Overland in München, Aeroworld in Hamburg oder Explorer in Düsseldorf, die Flugscheine für nicht ganz ausgebuchte Maschinen oft mit Rabatten von 50 Prozent losschlagen.

Das Tarif-System der Airlines zielt jedenfalls darauf ab, den gutgläubigen Kunden über Gebühr abzukassieren und dem cleveren Schnäppchenjäger jede Menge Vergünstigungen einzuräumen.

Herrschte am deutschen Himmel die grenzenlose Wettbewerbsfreiheit einer offenen Marktwirtschaft, dann könnte sich die Lufthansa ihr kundenverachtendes Verhalten gewiß nicht leisten. Da sie aber praktisch über die uneingeschränkte Lufthoheit im Zivilflugverkehr verfügt, darf sie mit ihren Passagieren ungestraft machen, was sie will. Niemand verwehrt ihr zum Beispiel, daß sie ihre menschliche Fracht dorthin verschiebt, wo sie gerade den höchsten Profit bringt.

Ein übles Spiel, genannt Code-Sharing

Ein Kunde zum Beispiel, der von Berlin nach Warschau möchte und frohgemut den Flug LH 6816 bucht, wird große Augen machen, wenn er sich plötzlich an Bord einer Maschine der polnischen Fluggesellschaft LOT wiederfindet. Und natürlich hat er nicht das geringste Recht, von einer Lufthansa-Maschine befördert zu werden – so jedenfalls sehen es die Allgemeinen Geschäftsbedingungen vor, die er stillschweigend mit dem Kauf des Tickets akzeptierte.

Längst betreiben die großen Airlines aus Rationalisierungsgründen mit ihren Passagieren ein übles Spiel, das sie Code-Sharing nennen: Sie reichen auf bestimmten Strecken ihre Passagiere einfach an eine andere Fluggesellschaft weiter und kassieren dafür Provision. So kann ein Fluggast, der bei der Lufthansa bucht, ohne weiteres ganz woanders landen: etwa bei Lauda Air, Canadian Airlines, Varig, Luxair,

Air Dolomiti, Contact Air, SAS oder Finnair. Jeder, so scheint es, kooperiert mit jedem, aber keiner gönnt dem anderen mehr Passagiere, deshalb gaukelt er seinen Kunden Streckennetze vor, die er aus Kostengründen gar nicht mehr betreibt.

Wer mit der Lufthansa zum Beispiel nach Venedig oder Rom fliegen möchte, kommt mit großer Wahrscheinlichkeit in einer Maschine der Air Dolomiti an. Und in Prag landet der Lufthansa-Passagier möglicherweise mit der Contact Air. Versetzte Kunden, die sich ob des anderen Fluggeräts bei der Lufthansa beschweren, pflegt die noble Gesellschaft mit dem Argument ruhigzustellen, sie bräuchten bei allen Lufthansa-Partnern keinerlei Einbußen an Komfort oder Sicherheit hinzunehmen. Gleichzeitig aber gibt die Lufthansa viel Geld für ihre Imagewerbung aus, in der sie nicht müde wird zu betonen, welch außerordentlich hohen Aufwand sie für die Sicherheit und das Wohlbefinden ihrer Kunden treibe.

Daß das ausufernde Code-Sharing jeder Fluggesellschaft die Eigenständigkeit nimmt, mag den Lufthansa-Werbern noch nicht aufgefallen sein. Sie müssen ihre Kunden für ganz schön naiv halten, wenn sie weiterhin davon ausgehen, daß diese auch auf solchen Strecken überhöhte Preise bezahlen, die von anderen Airlines günstiger bedient werden. Wer zum Beispiel von Frankfurt nach Vancouver fliegen möchte, ist gut beraten, wenn er nicht bei der Lufthansa, sondern gleich bei deren Code-Sharing-Partner Canadian Airlines bucht. Dort kostete der Flug Anfang 1996 nämlich nur 2684 statt der 5781 Mark, die die Lufthansa haben wollte.

Breitere Sitze bei der US-Konkurrenz

Auch wenn nicht immer derart große Preisvorteile winken, kann es ratsam sein, lange Auslandsflüge gleich bei einer günstigeren Gesellschaft zu buchen. Lufthansa-Kunden mit langen Beinen zum Beispiel, die nach Chicago fliegen wollen, sind besser bedient, wenn sie beim LH-Partner United Airlines buchen, denn die Amerikaner fliegen mit der Boeing 777, die den Passagieren in der Business Class geräumige 125 Zentimeter Beinfreiheit bietet, während der Knieraum in den engeren Lufthansa-Maschinen zwischen 92 und 102 Zentimeter mißt.

234

»Frusthansa« pflegen genervte Fluggäste die deutsche Airline zu tau-
fen, wenn sie von der Kabinencrew auf Auslandsflügen nicht mal mehr
in ihrer Landessprache begrüßt werden, sondern polnischen, thailän-
dischen, finnischen oder spanischen Lauten lauschen müssen. Und
selbst dann, wenn sich der verschaukelte Passagier an Bord einer deutschen Lufthansa-Maschine wähnt, kann er keinesfalls sicher sein, beim
Personal auf Landsleute zu stoßen.

Damit die Bilanz wieder stimmt, requiriert Lufthansa-Chef Jürgen
Weber neue Mitarbeiter vornehmlich in preiswerten Gegenden Asi-
ens. Rund 900 der insgesamt 9000 Lufthansa-Stewardessen hatten Anfang 1996 einen ausländischen Paß. Warum also dann noch Lufthansa fliegen, wenn es billigere und freundlichere Alternativen gibt, die
darüber hinaus noch ein unverwechselbares Markenimage besitzen,
wie etwa Singapore Airlines oder Cathay Pacific?

»Etikettenschwindel« nannte das Verbrauchermagazin *Test* die Unsitte des Code-Sharing, und der Vorwurf ist berechtigt. Reisebüros
und Fluggesellschaften müßten in Deutschland gezwungen werden,
dem Kunden bei der Buchung eines Flugs klipp und klar zu sagen, von
welcher Gesellschaft und mit welchem Flugzeug er befördert wird. Eine Selbstverständlichkeit, sollte man meinen, doch die Realität sieht
anders aus. Vier von fünf Reisebüros wissen nach Untersuchungen der
Verbraucherschutzverbände selbst nicht, wer letztlich die Beförderung des Fluggastes übernimmt. Bucht der Kunde am Lufthansa-
Schalter, kann er wenigstens auf dem Ticket an der 6000er Nummer
erkennen, daß der Flug von einer anderen Airline ausgeführt wird.
Doch nicht immer erfährt er, von welcher.

Urlaubsreisen: Point of no return

Das Rätselraten wird noch schwieriger, wenn man statt einer Linien-
maschine einen Charterflug bucht. Der Absturz der Boeing 767 mit
der Flugnummer ALW 301 vor der Küste von Puerto Plata in der
Dominikanischen Republik Anfang Februar 1996 machte einer
schockierten Öffentlichkeit schlagartig klar, wie windig das Geschäft

der Charterflieger ist. 176 deutsche Urlauber und 13 Besatzungsmitglieder kamen ums Leben. Und sie waren bestimmt nicht die letzten Opfer einer Branche, der die Sicherheit ihrer Kunden zunehmend egal zu sein scheint.

Da werden unzureichend gewartete Uraltmaschinen mit Touristen vollgestopft und von übermüdeten Piloten, die oft nicht mal des Englischen hinreichend mächtig sind, zu total überlasteten Ferienflugplätzen gekarrt, deren Fluglotsen vor dem Ansturm der Chartergeschwader längst kapituliert haben.

Zu einem lebensgefährlichen Abenteuer wird die Charterfliegerei für den Urlauber vor allem dann, wenn der Veranstalter, bei dem er seine Pauschalreise gebucht hat, um Geld zu sparen, auf obskure Billigflieger zurückgreift. Denn in diesem Marktsegment des Multimilliarden-Geschäfts mit Ferienflügen herrschen Zustände, die selbst ausgefuchste Experten nicht mehr zu durchschauen vermögen.

Die vor der Dominikanischen Republik abgestürzte Maschine zum Beispiel gehörte der türkischen Birgenair, doch weil diese Gesellschaft weder in Deutschland noch in der Karibik Landerechte besaß, vermietete sie ihre Boeing 767 zunächst an die auf der Insel Barbados beheimatete Caribbean Airways. Die besaß zwar Landerechte in Deutschland, aber nur bis Ende 1994. Danach suchte sich Birgenair mit der Frankfurter Ratioflug einen neuen Partner und besorgte sich eine sechs Monate gültige Sondererlaubnis des Bundesverkehrsministeriums, um weiterhin deutsche Touristen in die Karibik zu fliegen. Als auch diese Konzession auslief, suchte sie sich mit der dominikanischen Alas Nacionales einen neuen Partner, der zwar Landerechte, aber keine Flugzeuge besaß. So flogen die deutschen Urlauber mit einer türkischen Maschine, die von einer dominikanischen Briefkastenfirma betrieben wurde, in den Tod.

Tödliche Unsitten in der Charterbranche

Wie der Linienflieger beim Code-Sharing-System weiß auch der Charterkunde nie ganz genau, wer ihn letztlich an sein Reiseziel befördert. Selbst wenn ihm das Reisebüro eine vertrauenerweckende Chartergesellschaft zusichert, heißt das noch lange nicht, daß diese den Flug mit eigenen Maschinen bestreitet. Sogar die Lufthansa-Tochter Condor, angeblich die seriöseste unter den deutschen Charterern, setzt hin und wieder Maschinen fremder Gesellschaften ein, wenn ihr gerade kein passendes Gerät aus der eigenen Flotte zur Verfügung steht.

Die abgestürzte Boeing 767 der Birgenair zum Beispiel flog 1994 mehrfach im Condor-Auftrag Urlauber zu Zielen rund ums Mittelmeer. Wenn die Vertreter der großen Reiseveranstalter immer wieder versichern, sie würden die schwarzen Schafe der Charterbranche nicht mehr beschäftigen, so ist das pure Augenwischerei. Denn gerade die dubiosen Charterfirmen wechseln schneller ihre Namen als ein Urlauber die Badehose.

Die übel beleumundete Green Air aus der Türkei zum Beispiel heißt heute Active Air und ist deshalb keineswegs seriöser geworden. Urlauber, die zum Beispiel bei dem zur Metro-Gruppe gehörenden großen Reiseveranstalter ITS einen Flug in die Dominikanische Republik buchen, werden gelegentlich mit der dominikanischen Airline Dominicana befördert, doch nur wenige wissen, daß diese Gesellschaft zum Teil dem mexikanischen Unternehmen Paesa gehört, das in der Branche ebenfalls einen zweifelhaften Ruf besitzt.

Und so geht es weiter: Urlauber, die auf die Malediven wollen, werden von einer bulgarischen Fluggesellschaft befördert, weil die maledivischen Charterflieger keine deutschen Landerechte besitzen. Ursache solcher Kungeleien ist fast immer das Bestreben der Veranstalter, die Kosten ihrer Pauschalreisen so niedrig wie möglich zu halten. Exotenairlines aus Ländern wie Mexiko, Pakistan, der Türkei oder Zaire, die nur geringe Anforderungen an die Ausbildung des Personals und die Wartung der Maschinen stellen, sind allemal in der Lage, europäische oder amerikanische Konkurrenten zu unterbieten.

Bitter rächt sich jetzt, daß die Reiseveranstalter ihren beinharten Konkurrenzkampf hauptsächlich über den Preis austragen. Jahrelang haben sie die Kunden mit immer neuen Billigangeboten geködert und werden nun, so der *Spiegel*, »von ihren eigenen Werbeversprechen eingeholt«. Um mithalten zu können beim Rennen um die billigsten Flüge, riskieren sie Leib und Leben ihrer Kunden.

Natürlich ist die Klientel der Billiganbieter auf dem Reisemarkt nicht unschuldig an den heutigen Zuständen. Nur allzu willig haben sie sich süchtig machen lassen von der Droge »Billigpreis«. In immer größeren Scharen folgten sie den Lockrufen der Dumping-Anbieter, die vor keinem Etikettenschwindel zurückschreckten, wenn er dazu diente, ihre stets zu üppig eingekauften Sitzplatz- und Bettenkapazitäten auszulasten.

Der wohl erfolgreichste Branchentrick sind die »Last-Minute-Angebote«. Ursprünglich waren damit Plätze in den Charterfliegern gemeint, die wenige Minuten (oder Stunden) vor Abflug der Maschinen weit unterm regulären Preis verkauft wurden. Vor allem unter den jüngeren Zielgruppen der Reiseveranstalter fanden diese Sonderangebote reißenden Absatz, da es der preisbewußten Kundschaft offenbar egal war, ob sie ihren Urlaub in Thailand, der Türkei oder der Karibik verbrachte.

Das rege Interesse an den Sonderangeboten blieb den Veranstaltern nicht verborgen, und so konstruierten manche von ihnen flugs aus ihren regulären Angeboten »Last-Minute-Flüge«. 90 Prozent dieser scheinbar supergünstigen Urlaubsreisen sind in Wahrheit ganz reguläre Angebote, die über jedes x-beliebige Reisebüro gebucht werden können, schätzt Klaus Läpple, Präsident des Bundesverbands mittelständischer Reiseunternehmer (ASR).

Geschummelt wird bei Bildern, Texten und Preisen

Die Vielfalt der Offerten überfordert nicht nur den normalen Urlauber. Auch die meisten Reisebüros sind, wie die Tester der *WiSo*-Redaktion des ZDF herausfanden, nicht in der Lage, aus dem Wust der Kataloge die jeweils günstigsten Angebote für bestimmte Reiseziele herauszufinden. Bei 85 Reisebüros fragten die *WiSo*-Tester an, welcher Veranstalter das Teneriffa-Hotel Playa Las Americas zum günstigsten Preis anbietet. Nur sechs davon lösten die Aufgabe zufriedenstellend.

Die Unlust oder Unfähigkeit der Berater in den Reisebüros kann den Kunden viel Geld kosten. Im Fall der getesteten Teneriffa-Reise betrug die Differenz zwischen dem preiswertesten und dem teuersten Angebot immerhin 1110 Mark. Wer kein Geld verschenken möchte und bei seinem Reisebüro wenig Hilfe findet, kann sich auch einer der schon erwähnten Preisagenturen bedienen. Auf dem Reisemarkt spezialisiert hat sich zum Beispiel die Firma Markt Control in Duisburg, die nahezu alle Pauschalreiseangebote im Computer speichert und gegen eine Gebühr die günstigsten Offerten für jedes gewünschte Reiseziel ermittelt.

Preisvergleiche freilich haben es in sich: Die Veranstalter operieren mit allerlei Tricks, um das wahre Preis-Leistungs-Verhältnis ihrer Offerten zu schönen. Geschummelt wird bei den Bildern, bei den Texten und bei den Preisangaben der bunten Reisekataloge, und nur selten findet sich ein Richter, der dem einträglichen Gewinnspiel der Veranstalter ein Ende macht. Das Berliner Kammergericht zum Beispiel rüffelte am 2. 12. 1994 den Marktführer TUI, weil er in seinem Katalog für eine zweiwöchige Jamaikareise zu 2743 Mark geworben und dabei verschwiegen hatte, daß der günstige Preis lediglich ab dem Flughafen Amsterdam galt. Die Transferkosten von seinem Heimatort bis Amsterdam mußte der TUI-Kunde zusätzlich berappen.

Die blumigen Beschreibungen der Zielorte und ihrer Hotels erinnern stark an die Speisekartenlyrik mancher Restaurants, und nur der abgebrühte Pauschaltourist ist in der Lage, zwischen all den Superlativen die Körnchen Realität zu entdecken, auf die es letztlich ankommt. »Strandlage« heißt nicht etwa, daß das Hotel über einen eigenen Strand verfügt, sondern daß sich der Strand irgendwo in der Nähe befindet. Wenn etwa der Veranstalter Tjaereborg vom Hotel Estrella Luz auf Gran Canaria behauptet, es sei ca. »250 Meter vom Sandstrand entfernt gelegen«, dann stimmt das wörtlich genommen schon, nur: bei diesem »Strand« handelt es sich um eine schmale Bucht; die berühmten Dünen von Maspalomas hingegen, zu denen es die meisten Urlauber hinzieht, sind noch zwei Kilometer weiter entfernt. »Ruhige Ortsrandlage« kann bedeuten, daß der Schuppen total in der Pampa liegt, während umgekehrt die »zentrale Lage« auf einen höllischen Verkehrslärm hindeutet. »Unmittelbar am Strand gelegen« ist eine Formel, die gern verwendet wird, wenn zwischen Hotel und Meer ein vierspuriger Runway und eventuell auch noch eine vielbefahrene Eisenbahnlinie Platz haben.

»Inmitten einer Gartenanlage« finden sich oft Hotels, an deren Fassade sich gerade einmal ein paar verdorrte Pflanzen hochranken, und der »seitliche Meerblick« ist mitunter nur dem vergönnt, der sich so weit über die Balkonbrüstung lehnt, daß er abzustürzen droht, wenn er ein bißchen vom blauen Wasser erhaschen will.

Was unter einem »Fernsehraum« zu verstehen ist

Ähnlich phantasievoll werden mitunter die Gesellschaftsräume beschrieben, zum Beispiel wenn sich der »Fernsehraum« als eine Ecke der Eingangshalle entpuppt oder die »Bibliothek« identisch ist mit dem »Spielzimmer«, weil neben dem Kartentisch ein kleines Bücherregal mit abgegriffenen Leseringausgaben steht.

Auch für die Katalogbilder muß der Pauschaltourist ein besonderes Auge haben. Nur so vermag er zu erkennen, daß die kleine Badepfütze hinter dem Hotel mit Hilfe eines Weitwinkelobjektivs zum beeindruckenden Swimmingpool vergrößert wurde. Und daß die Palmengruppe, die so stimmungsvoll die Hälfte der Hotelfassade abdeckt, möglicherweise das Ergebnis einer geschickten Fotomontage ist. Handelt es sich bei dem Hotel um einen heruntergekommenen Kasten, ziert mitunter ein hübsches Foto aus besseren Zeiten den Katalog, und wenn es unmittelbar an einem Verkehrsknotenpunkt liegt, zeigt das Prospektbild einfach die Rückseite mit dem kleinen Garten.

Als das Reisemagazin *Globo* 1994 die Kataloge von 21 Veranstaltern auf ihren Wahrheitsgehalt überprüfte, entdeckten die Tester ein reichhaltiges Repertoire an Täuschungsmanövern, von verzeihlicher Schönfärberei bis hin zur glatten Lüge. Am besten schnitten dabei die Kataloge von Jahn Reisen ab, gefolgt von jenen des schwäbischen Veranstalters Hetzel und der schweizerischen Gesellschaft Kuoni. Das Schlußlicht mit den unzuverlässigsten Angaben bildete der Katalog von Jet Reisen, davor plazierten sich die zur Metro-Gruppe gehörenden ITS- und Quelle-Reisen.

Auch bei einem Test der Stiftung Warentest am Beispiel des Reiseziels Mallorca vom August 1995 schnitt Jahn Reisen neben der TUI am besten ab, die schlechtesten Bewertungen erhielten die Veranstalter Alpha Tours und Tjaereborg.

Die Kontrolleure bemängelten vor allem die irreführenden Preisangaben in den Katalogen. Aus einer Gruppe von dreißig Testpersonen (zehn Mitarbeitern von Reisebüros, zehn Kunden ohne Erfahrung mit Pauschalreisen und zehn erfahrenen Pauschaltouristen), die nach den Katalogen von zwölf Veranstaltern jeweils zwei Reisepreise berechnen sollten, erzielten nur 42 Prozent ein korrektes Ergebnis. »Über die Hälfte der Tester kam mit dem Gewirr der Preistabellen nicht zurecht«, resümierte die Redaktion der Zeitschrift *Test*.

Urlauber als Geiseln des Hoteliers
Muß der Pauschaltourist schon vor dem Start aufpassen, damit er nicht den kürzeren zieht, ist erst recht höchste Wachsamkeit angezeigt, wenn er endlich sein Reiseziel erreicht hat. Leicht kann es ihm nämlich passieren, daß ihn aus der Heimat die Nachricht ereilt, »sein« Veranstalter habe Konkurs angemeldet. Etwa 8000 Urlauber wurden geschädigt, als 1993 der Frankfurter Veranstalter MP Travelline International GmbH pleite ging, und dies war, so vermuten Kenner des Reisemarkts, mit Sicherheit nicht die letzte Insolvenz in einer Branche, in der ein gnadenloser Verdrängungswettbewerb tobt. Bereits am 15. September 1995 stellte beispielsweise der österreichische Veranstalter Karthago Reisen GmbH seine Zahlungen ein, und nicht wenige Kreta-Urlauber wurden vor Ort von griechischen Hoteliers noch mal zur Kasse gebeten, obwohl sie den Hotelaufenthalt bereits bezahlt hatten. Als sich einige weigerten, nahm der Chef des Hotels »Fodele Beach« gleich 80 Pauschaltouristen als Geiseln, indem er ihnen so lange den Ausgang verbot, bis er sein Geld hatte.
Rund 1000 Veranstalter von Pauschalreisen kämpfen in Deutschland um Kunden, aber allein die drei Branchenführer TUI, LTU und NUR haben fast 60 Prozent des Marktes im Griff. »Der Preiskampf bringt kleinere Veranstalter ins Schleudern«, orakelte bereits Mitte 1995 das Magazin *Focus*, und immer, wenn ein solches Unternehmen seine Zahlungen einstellt, sitzen seine Urlauber vor Ort auf dem trockenen. Zwar sind mitunter die Hotelarrangements bezahlt, doch der Rückflug gerät dann zum Vabanquespiel, wenn die Chartergesellschaft noch auf ihr Geld wartet.
Die Verbraucherschutzverbände raten deshalb dringend, beim Ab-

schluß einer Pauschalreise allenfalls 10 Prozent des Gesamtpreises anzuzahlen und den Rest nur dann zu begleichen, wenn den Reiseunterlagen ein Sicherungsschein einer namhaften Versicherungsgesellschaft beiliegt, der die Übernahme der Kosten im Falle einer Pleite des Veranstalters garantiert. Noch immer verzichten freilich viele Veranstalter auf eine solche Versicherung ihrer Kunden. Allein in der Schweiz gibt es »etwa 400 Reisebüros, die Pauschalreisen ohne gesetzlichen Schutz anbieten« – so der Schweizerische Reisebüro Verband.

Hingegen ist der Rat, kurz vor Abflug die Buchung zu stornieren, wenn der Veranstalter eine obskure Billigfluggesellschaft beantragt, mit Vorsicht zu genießen. Denn nach den geltenden Bestimmungen kann der Veranstalter selbst dann, wenn er eine bestimmte Fluggesellschaft zugesagt hat, Flugzeuge anderer Airlines einsetzen, falls »objektive Umstände« dies erfordern. Und weil es schwer ist, dem Veranstalter nachzuweisen, daß es keine »objektiven Umstände« (etwa ein technischer Defekt beim ursprünglich vorgesehenen Flugzeug) waren, die ihn zum Einsatz des Billigfliegers veranlaßten, muß der Kunde die Kosten tragen. Er verliert also auf jeden Fall den bereits bezahlten Flugpreis.

Das Abzocken der reiselustigen Deutschen hat sich in allen Urlaubsländern zum Lieblingssport der Einheimischen entwickelt. Die Zöllner an den österreichischen Grenzen, die das Fehlen eines D-Schilds an einem deutschen Auto mit saftigen Bußgeldern ahnden, beteiligen sich ebenso daran, wie Tausende von »Streetworkern« in den Mittelmeerländern, die deutsche Touristen zum Kauf scheinbar supergünstiger Souvenirs in irgendwelchen Neppläden überreden, von denen sie eine Schlepperprovision bekommen.

Noble Hoteliers spielen ebenfalls mit, wenn sie, wie in Spanien beobachtet, für ein 750-Betten-Hotel gerade mal 21 Sonnenschirme parat halten, oder wenn sie, wie in Italien üblich, für Schirme und Liegestühle Wuchergebühren verlangen.

»Sie haben eine Ferienreise gewonnen«

Die übelsten Schwindeleien beginnen freilich für gewöhnlich bereits zu Hause. Gemeint sind die betrügerischen Offerten, mit denen arglose Urlauber zum Abschluß eines Vertrages über eine scheinbar günstige Pauschalreise oder zum Teilzeitkauf eines Ferienappartements überredet werden. Veranstalter von Bus- und Flugreisen legten in den letzten Jahren reihenweise arglose Urlauber aus den neuen Bundesländern aufs Kreuz, indem sie sie mit der frohen Botschaft überraschten: »Sie haben eine Ferienreise gewonnen.«

Tatsächlich scheint der offerierte Pauschalpreis außergewöhnlich günstig zu sein, doch er gilt bei näherem Hinsehen nur, wenn eine Begleitperson mitfährt, die doppelt oder dreimal soviel bezahlen muß. Ein anderer Trick bestand darin, daß einem Paar zum Beispiel eine Zwei-Personen-Reise nach Istanbul zum Preis von einer Person angeboten wird. Der Haken dabei: Die gesamte Summe ist spätestens zehn Tage vor Reiseantritt fällig. Überflüssig zu betonen, daß die Reise nie stattfand und der Veranstalter das Weite suchte.

Mehr auf die wohlhabenderen »Wessis« abgesehen haben es die zahlreichen Anbieter sogenannter Time-Sharing-Wohnungen. Diese Art des Teilzeitbesitzes eines hübschen Appartements irgendwo am Strand des Mittelmeers mag ja im Prinzip nicht übel sein, da eine solche Wohnung für gewöhnlich nur wenige Wochen im Jahr genutzt wird. Nachteilig sind jedoch bei nahezu allen Time-Sharing-Offerten die im Kleingedruckten der Verträge verankerten Konditionen. Fast immer wird das Teilzeiteigentum zu teuer bezahlt, und häufig haben die Erwerber der Wohnung nur das Recht, in den ungünstigsten Zeiten, etwa von Ende Oktober bis Anfang März, für eine Weile darin zu wohnen.

So bringt ein solcher Kauf selbst bei den relativ seriösen Angeboten wenig Nutzen. Da die Idee für viele Deutsche jedoch allzu verlockend erschien, tummeln sich auf diesem Markt mittlerweile mehr unseriöse als seriöse Anbieter. Mit den übelsten Bauerntricks versuchen sie, Interessenten aufzureißen. Sie werden genötigt, noch die unvorteilhaftesten Verträge zu unterschreiben.

Da wird mit Gewinnspielen geworben oder zur »Präsentation einer

Urlaubsidee« in ein teures Hotel eingeladen. Manche gründen fiktive Ferienclubs und verkaufen vordergründig nur die Mitgliedschaft darin. Zu spät merkt der Kunde meist, daß er sein Signet unter einen regelrechten Kaufvertrag gesetzt hat. Und nicht selten wird das Teilzeiteigentum nicht mal ins Grundbuch eingetragen, so daß der Kunde keinerlei verbriefte Rechte an seiner Immobilie hat. Wer zu solch einer Präsentation eingeladen wird, sollte die Kripo hinschicken und ansonsten die Finger davon lassen.

Fünf Kakerlaken täglich sind zumutbar

Wenn Mängel den Urlaub trüben, haben Pauschaltouristen sowieso die besseren Karten, denn sie können sich immerhin noch am Veranstalter schadlos halten – und davon machen immer mehr Gebrauch. 1995 kletterte die Zahl der schriftlichen Beschwerden erstmals über die Millionengrenze, und etwa 85 Prozent davon endeten mit einem Vergleich.

In den meisten Fällen forderten die Kunden eine Minderung des Reisepreises, manchmal ging es auch um Schadenersatz. Entlastung versuchten sich die unter der Beschwerdeflut stöhnenden Veranstalter über eine Medienkampagne zu verschaffen, in der sie ihre reklamierenden Kunden als »notorische Nörgler« zu diffamieren versuchten. Das sollte freilich niemanden abhalten, auf seinem Recht zu bestehen. Veranstalter, die mit falschen Versprechungen Kunden anlocken oder denen es an der Fähigkeit gebricht, für eine vertragsgerechte Abwicklung der Reisen zu sorgen, werden mit Recht zur Kasse gebeten. Um welchen Betrag der Pauschalpreis gemindert werden darf, wenn mehr oder minder schwere Mängel die Reise trüben, regeln die Gerichte nach der sogenannten Frankfurter Tabelle. Entdeckt der Gast zum Beispiel in seinem Hotelzimmer reichlich Ungeziefer, kann das eine Ermäßigung um 10 bis 50 Prozent bedeuten, doch Vorsicht: Im Präzedenzfall entschieden die Richter, daß man »mit bis zu fünf Kakerlaken täglich« in südlichen Gefilden rechnen müsse, weshalb eine Entschädigung erst bei schlimmerem Geschmeiß in Frage komme. Verspäteter Abflug des Charterbombers bringt erst dann Kohle, wenn er mehr als vier Stunden nach dem angekündigten Start von der Piste

244

abhebt. Pro weitere Stunde sind 5 Prozent vom Flugpreisanteil abzu-
ziehen. Weil das Reiserecht recht knifflig ist, empfiehlt es sich, bei
größeren Beträgen in jedem Fall einen Anwalt einzuschalten. Ausgaben dafür lohnen sich freilich nur, wenn die Beweislage eindeutig ist.
Der Urlauber muß also jeden Mangel sofort und an Ort und Stelle dokumentieren, etwa durch Fotos, schriftlich bestätigte Zeugenaussa-
gen, Polizeiprotokolle, ärztliche Atteste, Speisekarten oder andere
Dokumente. Die am Urlaubsort entdeckten Mängel müssen sofort der
örtlichen Reiseleitung mitgeteilt werden. Ansprüche an den Veranstalter werden nur akzeptiert, wenn sie innerhalb eines Monats nach
Beendigung der Reise eingehen. Wie bei juristischen Auseinandersetzungen üblich, muß die Forderung nach Geld klar definiert und begründet werden, und damit ein solcher Brief nicht spurlos verschwinden kann, sollte er per Einschreiben mit Rückschein abgesandt
werden.

Die Bahn: Unternehmen Chaos

»Unternehmen Zukunft« taufte Heinz Dürr, der wortgewandte Vorstandsvorsitzende der Deutschen Bahn AG, sein Konzept für die Mo-
dernisierung des Schienenverkehrs. Es ist bisher eher ein »Unternehmen Chaos«. Denn seit der gescheiterte AEG-Sanierer Dürr das
Steuer beim hochdefizitären Bahnbetrieb in der Hand hält, wurde das
Staatsunternehmen keineswegs kundenfreundlicher, sondern pan-
nenanfälliger.
Die einst sprichwörtliche Pünktlichkeit der deutschen Züge ist Geschichte, dafür häufen sich die Unfälle. »Die Pünktlichkeit der Züge
leidet unter hausgemachten Problemen«, gab der »Qualitätsbeauf-
tragte« der Bahn, Gerhard Bernstein, im August 1995 erstmals selbst
zu. In einem Artikel der Hauszeitschrift *Bahnzeit* machte er die Vielzahl neuer Zugverbindungen, die zum Fahrplanwechsel Ende Mai
1995 eingeführt wurden, ebenso dafür verantwortlich wie Engpässe bei
den Fahrzeugen und beim Personal. Außerdem rüffelte der Aufseher
die schlechte Zusammenarbeit der diversen Bahngeschäftsbereiche.

Den Kunden freilich können die internen Ursachen der Misere egal sein, sie haben unter den Symptomen zu leiden und unter der Art, wie die Bahn mit ihren Problemen umgeht. Und die ist in vielen Fällen gekennzeichnet durch schlichtes Unvermögen. Die Bemühungen des Bahnvorstands um ein kundenfreundlicheres Erscheinungsbild des Staatsunternehmens sind wohl von vornherein zum Scheitern verurteilt, wenn die rund 287000 Bahnbeschäftigten aus Sorge um ihre Arbeitsplätze und unter dem Einfluß der mächtigen Eisenbahnergewerkschaft stillschweigende Obstruktionspolitik betreiben.

Dazu ein Beispiel: Am 22.12.1995, zwei Tage vor Heiligabend also, sollte der ICE 681 Sophie Schröder, der um 15.00 Uhr in Hamburg abgefahren war, um 20.41 Uhr in München eintreffen. Viele Angehörige und Freunde der Reisenden warteten am Münchner Hauptbahnhof bei klirrender Kälte, als auf der Anzeigetafel in der Bahnhofshalle die Botschaft erschien, daß der Zug wegen des winterlichen Wetters ausfiele. War das schon verwunderlich genug, da die Bahn doch gerade mit ihrer Zuverlässigkeit bei winterlichem Wetter geworben hatte, so überraschte der Fortgang der Dinge noch mehr.

Die drei Auskunftsbeamten am Informationsschalter wußten nämlich zunächst auch nichts Näheres, ehe sie schließlich mit der Neuigkeit aufwarteten, die Reisenden würden in Nürnberg in den ICE 707 Bertolt Brecht umsteigen, der sich aus Berlin der bayerischen Hauptstadt näherte und gegen 21.14 Uhr eintreffen sollte. Als der Berliner Zug dann tatsächlich hielt, waren allerdings keine Reisenden aus Hamburg an Bord. Frustriert zogen die Wartenden ab, so daß keine Empfangskomitees bereitstanden, als der vermißte Hamburger ICE mit etwa dreistündiger Verspätung gegen 22.30 Uhr in den Bahnhof einrollte.

Da das Zugtelefon ständig belegt war, hatten es nur wenige Reisende geschafft, ihre Freunde in München rechtzeitig über die Verspätung zu informieren. Die Bahn jedenfalls schaffte es nicht, Auskunft über einen ihrer Renommierzüge zu erteilen, der auf einer der meistbefahrenen Strecken im Schienennetz unterwegs war. »Kein schöner Zug der Bahn«, schimpfte die *Süddeutsche Zeitung*, die den Fall publik machte.

Personal entlassen, Fuhrpark abgewirtschaftet

Dabei wollten sich die Bundesbahner ja besonders um ihre teuren ICE-Kunden bemühen, wie der frühere Bahn- und heutige Lufthansa-Marketingchef Hemjö Klein hoch und heilig versprach. Und tatsächlich ist die Bahn ja auch netter, als es manchmal den Anschein hat, nur merkt das keiner, weil die deutschen Eisenbahner ganz im Geiste Kaiser Wilhelms II. im Kunden immer noch den Untertanen sehen, dem man gnädig das Recht auf Beförderung gewährt und sonst gar nichts.

Wie anders wäre es sonst möglich, daß die Bahn ihre Reisenden über ihre eigenen Leistungen so unzureichend aufklärt? Jeder ICE-Kunde zum Beispiel bekommt einen kleinen Gutschein für die nächste Fahrt, wenn sich der Zug um mehr als 30 Minuten verspätet. Nur weil das niemand weiß und die Schaffner sich hüten, die Bahnkunden über das Goody aufzuklären, das der Vorstand bei der Jungfernfahrt des ICE im Juli 1991 den Reisenden versprochen hatte, werden die Gutscheine kaum in Anspruch genommen.

An der Pünktlichkeit der Züge jedenfalls kann es nicht liegen. Eine interne Verspätungenstatistik der Bahn vom 17. September 1995 dokumentiert den Ernst der Lage: Von 108 registrierten IC- und EC-Zügen kamen gerade mal 64,5 Prozent pünktlich an – mit einer Toleranz von 5 Minuten. 17 Prozent hatten bis zu zehn Minuten, zwölf gar mehr als 20 Minuten Verspätung. Noch schlechter sieht es beim Stolz der Bahn, dem ICE, aus. Nach den Beobachtungen des Fahrgastverbands »Pro Bahn« in München sind unpünktlich eintreffende ICE-Züge mittlerweile »normal«, so daß sich die SPD-Fraktion im Februar 1996 genötigt sah, in einer parlamentarischen Anfrage sich nach den Gründen für die »zum Teil dramatischen Verspätungen im Zugverkehr« zu erkundigen. »Von Pünktlichkeit erzählt nur das Märchenbuch Fahrplan«, kommentierte die *Süddeutsche Zeitung*.

Schuld an der Bahnmisere ist nach Ansicht von Fachleuten vor allem der rigorose Sparkurs des Vorstands. So wurden seit 1. Januar 1994 rund 120 000 Eisenbahner freigesetzt oder in den Ruhestand verabschiedet; der Maschinenpark gilt als überaltert. Dazu der Stuttgarter Sachverständige Andreas Räntzsch in der *Süddeutschen Zeitung*: »Die Bahn hat ihren Fahrzeugpark selbst heruntergewirtschaftet. Früher mußten die Loks alle fünf bis sechs Jahre zur großen Wartung ins Ausbesserungswerk. Heute in der Regel erst alle acht Jahre. Das spart Geld. Die Loks aber sind im Dauerstreß, hohe Ausfallquoten kein Wunder«.

Noch ernster sind die sich häufenden Zugunfälle zu nehmen. Allein 1995 registrierte die Bahn 120 Zusammenstöße und 270 Entgleisungen, Tendenz zunehmend. Im statistischen Durchschnitt sterben pro Jahr in Deutschland 146 Menschen bei Zugunglücken, damit sind Bahnfahrten in Deutschland gefährlicher als etwa in Frankreich, wo zur gleichen Zeit bei nahezu identischen Verkehrsleistungen »nur« 126 Unfalltote gezählt wurden.

Bei der Sicherheit rangiert die deutsche Bahn im europäischen Vergleich lediglich im Mittelfeld, obwohl sie längst über die Technik verfügt, das Fahren ungefährlicher zu machen. Mit Hilfe von Zusatzmagneten zum Beispiel könnten Lokführer daran gehindert werden, aus Bahnhöfen auszufahren, wenn die Strecke blockiert ist. Doch das im Ausland erprobte System, dessen bundesweite Einführung etwa 300 Millionen Mark kosten würde, wurde bisher nur im Großraum Köln installiert.

Geldmangel verhindert auch die Sicherung gefährlicher Bahnübergänge. Über 500mal kracht es im Jahr, weil Autofahrer Blinklichtanlagen oder andere Signale dort übersahen, wo Schienenstränge die Fahrbahn kreuzen. Halbschranken sollen künftig für mehr Sicherheit sorgen, doch mit der Umrüstaktion, Kosten 2 Milliarden Mark, will sich die Bahn bis zum Jahr 2003 Zeit lassen.

Gespart wird beim Kundenservice

Für den Zugreisenden indes beginnt der Frust bereits dann, wenn er sich über den Zeitpunkt der Abfahrt informieren möchte. Die telefonische Zugauskunft ist, zumindest in Großstädten, fast ständig belegt, weil die Bahn am Personal vor allem dort spart, wo es dem Kunden dienlich sein kann. Zum Kauf des Tickets eilen noch immer die meisten Bahnreisenden zum Schalter in der Abfahrtshalle, weil es außerhalb der Bahnhöfe kaum Verkaufsstellen gibt.

An den Ticketschaltern, von denen für gewöhnlich nur wenige besetzt sind, herrscht deshalb stets das übliche Gedränge. Die Prozedur braucht Zeit, denn kaum ein Kunde kennt sich im Tarifdschungel der Bahn so gut aus, daß er auf Anhieb sein Billett zu ordern vermag. Zu Komplikationen kommt es immer dann, wenn ein Kunde auf irgendeinem der zahlreichen Sondertarife besteht, aber die Bedingungen, die an einen solchen Tarif geknüpft sind, nicht erfüllt.

Beispiel: Eine Bahnkundin reist von Frankfurt nach Hamburg und kauft sich ein preisgünstiges »Guten-Abend-Ticket« für 59 Mark. Weil sie ihren Yorkshire-Terrier mitnehmen will, verlangt der Zugschaffner ein zweites Ticket. Als sie den Preis hört, trifft sie fast der Schlag, denn der Vierbeiner kostet satte 80 Mark. Für den Schaffner ist das ganz logisch, denn der Sondertarif gilt eben nur für Menschen, nicht für Tiere. Hunde kosten bei der Bahn, sofern sie größer als eine durchschnittliche Hauskatze sind (hier wird nach Zentimetern gerechnet), die Hälfte des Normaltarifs, und der beträgt nun mal für die Strecke Frankfurt–Hamburg 160 Mark.

Die Kundin versteht die Bahnwelt nicht mehr und hält das Ganze für einen ausgemachten Schwindel. Wer will es ihr verübeln? Schwacher Trost: Bei der ÖBB, der Österreichischen Staatsbahn, ist der Tarifwirrwarr kaum geringer als in Deutschland.

Zufriedene Fahrgäste gewinnt man auf diese Weise jedenfalls nicht, da kann das »Unternehmen Zukunft« noch so viel Geld für seine Imagewerbung ausgeben. Noch immer nimmt nicht jeder Schalterbeamte Kreditkarten als Zahlungsmittel an, noch immer verzögern langwierige Beratungsgespräche den Kartenverkauf. Beratung freilich erfährt nur, wer ein Ticket löst. Längst hätte die Bahn aus den chaotischen Situationen am Fahrkartenschalter die Lehre ziehen müssen, Auskunft und Verkauf radikal zu trennen. Da sie jedoch am Auskunftspersonal spart, müssen die Fahrscheinverkäufer diese Funktion mit übernehmen.

Viel zu spät besann sich die Bahn auch auf ihre Pflicht, jedem Reisenden als Gegenwert für sein Ticket einen Sitzplatz anzubieten. Platzreservierungen waren lange Zeit nur für den teuren ICE möglich, mit der Folge, daß auf den Bahnsteigen ein heilloses Gedränge herrschte und daß sich, zumindest zu den Hauptreisezeiten, die Fahrgäste um die raren Sitzplätze rangeln mußten. Erst seit kurzem ist die Bahn in der Lage, für andere Fernzüge Platzreservierungen vorzunehmen, doch dafür verlangt das angeblich so kundenfreundliche Staatsunternehmen 3 Mark extra.

Koffer werden auf der Straße befördert

Auch manch andere Serviceidee, die in anderen Ländern seit Jahren zum festen Bestand in den Angeboten der Eisenbahnen zählt, blieb in Deutschland bisher nur Stückwerk. Zum Beispiel der Von-Haus-zu-Haus-Service fürs Gepäck. Für 28 Mark, so verspricht die Bahn, brauche der Kunde »nie wieder Koffer schleppen«. Das Gepäck werde zu Hause abgeholt und bis spätestens am folgenden Tag um 12.30 Uhr an der angegebenen Adresse abgeliefert.

Diesen Service übertrug die Bahn dem privaten Kurierdienst »Express Mail-Service« (EMS), und für gewöhnlich funktioniert das ja auch ganz gut. Doch noch immer kommt es viel zu häufig vor, daß enttäuschte Bahnkunden vergebens auf ihren Koffer warten müssen. Wegen der vielen Reklamationen räumte die Bahn ein, daß die Firma EMS von dem Ansturm der Kundschaft überwältigt worden sei. Die Fehlerquote liegt bei der Gepäckzustellung angeblich bei knapp unter zwei Prozent. Das ist, wie Logistikexperten bestätigen, reichlich hoch. Die wenigsten Bahnkunden wissen freilich, daß ihr Koffer häufig gar nicht mit der Bahn reist, sondern von EMS mit Autos befördert wird. Ein Witz im Hinblick auf eine ökologisch orientierte Verkehrspolitik und nicht gerade ein Ruhmesblatt für die Deutsche Bahn AG, wenn sie damit wirbt, daß es umweltverträglicher sei, den Verkehr von der Straße auf die Schiene zu verlagern.

Mehr schlecht als recht funktioniert offenbar auch der Mitnahmeservice der Bahn fürs Fahrrad. Rund 1,5 Millionen Kunden nahmen 1995 ihr Rad mit auf die Reise, und noch immer werden diese Fahrgäste stiefmütterlich behandelt. Zwar gibt es mittlerweile den sogenannten Gepäck-Kurier-Service, bei dem das Rad ebenfalls von Haus zu Haus befördert wird. Das kostet allerdings happige 46 Mark, plus 10 Mark Leihgebühr für die Verpackung. Bei einer vierköpfigen Familie summiert sich das für Hin- und Rückfahrt zu stattlichen 448 Mark.

250

Als die Stiftung Warentest die Zuverlässigkeit des Dienstes testete, zog sie folgendes Fazit: »Fast nie war eine vorherige stundengenaue Vereinbarung der Abholung möglich. Meist mußten wir uns trotz Drängens auf Zwei-bis-vier-Stunden-Intervalle einstellen. Einmal wurde das Rad sieben Stunden zu früh abgeholt. Zweimal lieferte der Kurier früher als verabredet. Über den 1. Mai reiste ein Rad tagelang.« Den Kofferservice hatten die Tester noch in unliebsamer Erinnerung, denn auch hier war eine stundengenaue Terminabsprache »nie möglich«. Meist beschied der Kurierdienst die Anrufer, er »komme irgendwann zwischen 8.00 und 17.30 Uhr«. Als ob die Fahrgäste nichts anderes zu tun hätten, als auf den Kurier zu warten!

Versprechungen, die nicht eingehalten werden
Die Versprechungen der Bahn erwiesen sich im Test als durchweg übertrieben. Wenn das Staatsunternehmen seinen Service anpreist (»Auf Wunsch bringt der Kurier auch die Fahrkarte und Platzreservierung mit. Bar oder per Scheck kann bezahlt werden«), so sieht die Wirklichkeit ganz anders aus. Fast allen Testanrufern erklärte man am Kuriertelefon, diesen Service gebe es gar nicht.
Die Zusage der Bahn, falls der Koffer nicht am nächsten Tag um 12.30 Uhr am Bestimmungsort abgeliefert werde, gebe es das Geld zurück, entpuppte sich ebenfalls als Windei. Die Stiftung Warentest: »Wenn die Kuriere ihren Termin nicht einhielten oder man sie mit der Geld-zurück-Forderung konfrontierte, gaben sie meist ausweichende Auskünfte, lachten über die Zusagen ihrer Zentrale oder gaben sich unwissend.« In Berlin mußte sich eine Kundin vom sichtlich überlasteten Fahrer sagen lassen: »Sie können froh sein, daß ich überhaupt gekommen bin.« Wie Hohn muten angesichts solcher Pannen die Versprechungen der Bahnoberen an.
Noch hapert es gewaltig im öffentlichen Nahverkehr wie beim Komfort für ICE-Reisende. Der Nahverkehr zeichnet sich aus durch mangelnde Koordination zwischen U- und S-Bahnen einerseits und regulären Bahnzügen auf der anderen Seite. Die Fahrkarten für den einen Bereich gelten nicht für den anderen. Oft sind nicht einmal die Fahrpläne aufeinander abgestimmt.

Folge: die Kunden sind unzufrieden und meiden die öffentlichen Nah-
verkehrsmittel, wo immer es geht. In München zum Beispiel sind nur
noch 45 Prozent der MVV-Benützer mit dem Preis-Leistungs-Verhältnis der U- und S-Bahnen zufrieden, und nur 48 Prozent verstehen das
viel zu komplizierte Tarifsystem. 1995 stiegen 1,9 Millionen Fahrgäste
weniger ein als im Jahr zuvor. Verschämt gesteht MVV-Geschäfts-
führer Hans-Joachim Frey-Graf: »Ein katastrophales Ergebnis.« Am
anderen Ende des Bahn-Angebots bemängeln die Reisenden, die den
hohen Aufpreis für Deutschlands Superzug ICE hinblättern, daß
selbstverständliche Dienstleistungen, die sie etwa in Japan oder den
USA schätzen lernten, hierzulande noch unbekannt sind.

Wer etwa den Shinkansen-Expreß besteigt, der zwischen Osaka und
Tokio mit gut 200 km/h verkehrt, bekommt beim Kauf des Tickets automatisch seine Platzreservierung und das noch fünf Minuten vor Abfahrt. Der Zugschaffner notiert sich bei der Fahrkartenkontrolle die
Sitzpositionen der Gäste, um sicherzustellen, daß er sie bis zur Ankunft kein zweites Mal belästigen wird. Kaum hat der Fahrgast Platz
genommen, werden ihm feuchtwarme Handtücher gereicht, mit denen er sich erfrischen kann, und natürlich gibt es in den Abteilen Telefon, Steckdosen für den Computer, Automaten für Getränke und
sogar frisch gekochten Reis. Manager können sich in Einzelkabinen
zurückziehen, um ungestört zu telefonieren oder am Laptop zu arbeiten. Auf manchen Strecken gibt es sogar Konferenzabteile, und
selbstverständlich kann man sich jederzeit im Shinkansen anrufen lassen. Die Züge, die außerordentlich pünktlich verkehren, sind so gut
gefedert, daß sie nahezu erschütterungsfrei fahren und dem Reisenden ein Gefühl wie in einem Flugzeug vermitteln.

Mit barschem Ton den Schneid abkaufen

Von solchem Komfort ist der ICE noch weit entfernt, auch wenn die
Bahn auf einigen Zügen mittlerweile verbesserte Serviceideen testet,
wie Kaffeeautomaten und Faxgeräte. Doch bis der Stolz der Bahn, der
zum Pannenzug mutierte, mit derlei Novitäten aufwarten kann, wird
wohl noch einige Zeit vergehen. Mindestens ebenso lange, wie das
Zugpersonal braucht, die Botschaften aus ihren Weiterbildungslehr-

gängen in wahrhaft kundenfreundliches Verhalten umzusetzen. Denn noch immer hat ein Großteil der Schaffner Mühe, im Fahrgast etwas anderes zu sehen als ein notwendiges Übel, dem man mit einem barschen Ton den Schneid abkaufen muß.

Gerechterweise sei der Bahn zugestanden, daß sie sich müht, ein modernes Dienstleistungsunternehmen zu werden. Doch wenn der Kunde für die komfortableren Züge und für den verfeinerten Service horrende Preissteigerungen, Unpünktlichkeit und abnehmende Sicherheit in Kauf nehmen muß, fängt das »Unternehmen Zukunft« an, uninteressant zu werden.

Wie der Bahnvorstand es anstellt, sein Personal zu einem wahrhaft kundenfreundlichen Verhalten zu erziehen, kann den Reisenden egal sein. Für sie zählt lediglich das Ergebnis, und wenn es sie nicht zufriedenstellt, werden sie weiterhin eher das Auto oder das Flugzeug benutzen als jenes Verkehrsmittel, das einmal die »gute alte Eisenbahn« war.

In den USA finden sich Beispiele dafür, wie man mit der Selbstherrlichkeit von Monopolbetrieben fertig wird: indem man sie aufspaltet. So wie die US-Regierung einst den übermächtigen Rockefeller-Konzern Standard Oil und später die allgewaltige Telefongesellschaft AT & T in mehrere Einzelgesellschaften aufspaltete, die fortan in Wettbewerb zueinander standen, könnte auch die Entwicklung der Bahn zum kundenfreundlichen Unternehmen auf diese Weise beschleunigt werden.

Die Post: Etiketten-Schwindler

Deutschlands zweiter großer Staatsbetrieb hat die Aufspaltung zwar schon hinter sich, doch wahrhaft kundenfreundlich sind die drei Post-ableger (Telekom, Postbank, Postdienst) mitnichten geworden. Geschickt wie kaum ein anderes Unternehmen hat es die »gelbe Post« jedoch verstanden, sich das Image eines modernen, dynamischen Servicebetriebs zuzulegen, und seltener stimmten Anspruch und Wirklichkeit so wenig überein.

Unter der Führung des ehemaligen Quelle-Managers Klaus Zumwinkel stieg die Post zu einem der größten Kunden der deutschen Werbewirtschaft auf, während sie gleichzeitig den Service für ihre Kunden beschnitt und ihre Leistungen immens verteuerte. Neiderfüllt beobachteten die ehemaligen Postlerkollegen von der Telekom, wie raffiniert unauffällig das Porto für Briefe, Päckchen und Pakete in die Höhe schoß, ohne daß die Öffentlichkeit davon Notiz nahm, während die Tarifumstellung beim Telefon zum Mediendebakel geriet.

Der Trick der Postler war genial einfach: Zum (ebenfalls erhöhten) Normaltarif werden nur noch Briefe im Einheitsformat und mit maximal 20 Gramm Gewicht befördert. Alles, was größer oder schwerer ist, kostet einen happigen Aufpreis. Damit schob sich der deutsche Monopolbetrieb auch international in die Spitzengruppe der teuersten Briefzusteller vor. Ein 2-Seiten-Brief beispielsweise, der nach Amerika befördert werden soll, kostet 3 Mark, wenn er in Deutschland aufgegeben wird. In der umgekehrten Richtung hingegen kostet er nach den Tarifen der US-Mail aber lediglich 64 Cents, also umgerechnet nicht mal eine Mark. Und wenn ein Inlandsbrief von München nach Nürnberg seit der letzten Portoerhöhung DM 1,10 kostet, fragt sich der Kunde, weshalb die US-Mail in der Lage ist, den gleichen Brief von New York nach Los Angeles für nur 32 Cents, das sind 48 Pfennig, zu befördern?

Großkunden versenden Briefe im Ausland

Mit der exzessiven Verteuerung seiner Leistungen erreicht der gelbe Riese freilich nur eines: daß ihm die Kunden abhanden kommen. Ende 1995 wurden in deutschen Haushalten bereits über 1 Million kombinierte Telefon-/Telefax-Geräte gezählt, und das Firmengeschäft läuft sowieso immer mehr an der Post vorbei. Scharf rechnende Unternehmer lassen ihre Massendrucksachen, Werbesendungen und Kundenbenachrichtigungen von darauf spezialisierten Servicefirmen ins benachbarte Ausland karren und von dort aus zu weit günstigeren Tarifen zurück nach Deutschland versenden.

Allein die GZS, die Gesellschaft für Zahlungssysteme mbH in Frankfurt, organisiert das sogenannte »Remailing« für rund 306 000 deutsche Firmen über Dänemark, und die Citi Corp Kartenservice GmbH, ebenfalls aus Frankfurt, gibt die Kontoauszüge für ihre rund 400000 deutschen Kreditkartenkunden regelmäßig im holländischen Arnheim auf. Dabei spart die GZS über 4 Millionen, die Citi Corp über 2,5 Millionen Mark pro Jahr an Porto ein. Weil der Post durch das selbstverschuldete Remailing jährlich Einnahmen von mehr als 100 Millionen Mark entgehen, zog sie vor den Kadi. Der gelbe Riese möchte seine Kunden, die er vorher durch exorbitante Preiserhöhungen verprellte, nachträglich für jede importierte Sendung mit einer Mark zur Kasse bitten. Die Beklagten wehren sich mit dem Argument, innerhalb der EU aufgegebene Sendungen müßten in jedem Fall befördert werden, auch wenn dies der heimischen Post Nachteile bescherte.

Selbst wenn die Gerichte der Post recht geben, werden sie das Remailing kaum unterbinden können. Die Citi-Bank-Gruppe experimentiert zum Beispiel schon mit dem elektronischen Postversand ins Ausland: Die Kontoauszüge werden per Computer expediert, jenseits der Grenzen ausgedruckt und dann, billig frankiert, nach Deutschland zurückgeschickt.

Unternehmen, die im Wettbewerb stehen, versuchen Preissteigerungen für gewöhnlich mit Leistungsverbesserungen zu begründen. Die gelbe Post indes gefällt sich darin, der Öffentlichkeit Leistungssteigerungen vorzugaukeln, wo sie in Wahrheit ihre Leistungen einschränkt. Beispiel Briefdienst: Vollmundig verspricht die Post ihren Kunden E + 1, das heißt, daß jeder Brief, der in Deutschland aufgegeben wird, am Tag nach der Einlieferung beim Empfänger ankommen soll. Und brav ermittelt das Hamburger Marktforschungsinstitut GFM-GETAS im Auftrag der Post regelmäßig die statistischen Brieflaufzeiten. So ist ein Brief nach diesen Erhebungen innerhalb der Bundesrepublik im Durchschnitt genau 1,16 Tage unterwegs. Und 90 von 100 Briefen kommen angeblich einen Tag nach Einlieferung beim Empfänger an. 1994 seien es erst 86 von 100 Briefen gewesen.

Pünktlich nur in der Statistik

Wilhelm Hübner vom Verband der Postbenutzer e. V. in Offenbach, der wohl sachkundigste Kritiker des gelben Monopolisten, hält derlei Rechnungen für pure Augenwischerei: »Tatsächlich sind die Brieflaufzeiten nicht kürzer, sondern länger geworden. Durch die Manipulation der Ein- und Auslieferungszeiten ergeben sich statistisch günstigere Werte, die der Wirklichkeit aber nicht standhalten. Konnte ein Brief früher bis 17 oder gar 18 Uhr aufgegeben werden, so muß er heute vielfach schon um 16 Uhr im Briefkasten sein, wenn er noch am gleichen Tag abgestempelt werden soll. Alles was später kommt, zählt bereits zum nächsten Tag.

Ähnlich bei der Auslieferung: War früher die Post um 9 Uhr auf meinem Schreibtisch, so ist sie heute oft gegen 12 Uhr noch nicht da. Was nützt mir da E + 1, wenn die Post erst am Nachmittag eintrudelt, dann habe ich keine Zeit mehr, sie noch am gleichen Tage zu bearbeiten.«

Auf diese Weise, das bestätigte die Industrie- und Handelskammer Frankfurt, gehen der deutschen Wirtschaft jährlich Millionenbeträge verloren.

Der Passauer Unternehmer Heinz Plöchinger zum Beispiel vertraut wichtige Sendungen nur noch privaten Kurierdiensten wie UPS an, seit ihm im August 1995 ein bei der Post aufgegebener Vakuum-Sensor abhanden kam. Das von seiner Firma hergestellte Produkt sollte einem bedeutenden Kunden im US-Bundesstaat Virginia zugestellt werden, kam jedoch nie an. Eine Ersatzlieferung, von UPS befördert, war zum Glück innerhalb von zwei Tagen beim Empfänger, der Auftrag dadurch gerettet.

Inzwischen mußte die Post AG unterm Druck des noch amtierenden Bundespostministers selbst zugeben, daß die Laufzeiten im Briefverkehr zumindest zwischen West- und Ostdeutschland länger geworden sind. Im 4. Quartal 1995 erreichten von den in den alten Ländern abgeschickten Briefen nur 71,6 Prozent ihre Ostempfänger am Tag nach der Einlieferung, ein Jahr zuvor waren es noch 79,1 Prozent gewesen. Eine Erklärung für den eklatanten Leistungsabfall der Post fand auch Minister Bötsch bisher nicht. Auch in der Schweiz klagen die Verbraucherschützer über längere Brieflaufzeiten und drastisch erhöhte

Gebühren. Eine Stichprobe des Konsumenten-Magazins *K-tip* ergab, daß selbst die angeblich schnellere (und teurere) A-Post zu langsam ist. Von 100 aufgegebenen Testbriefen kamen nur 88 pünktlich am nächsten Tag an. Als »brutalen Raubzug« empfinden manche Postkunden die letzte Preiserhöhung für Auslandsbriefe. Kostete ein 500 Gramm schwerer Brief, adressiert an ein europäisches Land, 1995 noch 5,10 Franken, so verlangte die Schweizer Post ein Jahr später bereits 10 Franken.

Das Leistungsangebot wird eingeschränkt
Beispiel Postämter: Kundenfreundlicher sollen sie werden, modern gestylt und mit allen technischen Raffinessen ausgestattet. So jedenfalls stellte Postvorsteher Zumwinkel der Öffentlichkeit seine Vision vom künftigen Filialnetz des gelben Monopolisten vor. Was er dabei geschickt kaschierte, war die schlichte Tatsache, daß die 1,5 Milliarden Mark, die die Post in ihre Filialen investieren will, im wesentlichen ganz anderen Zielen dienen sollen. Das Geld fließt großenteils in den Ausbau des Bankgeschäfts.
Voraussetzung dafür ist freilich, daß der Postminister dem gelben Riesen gestattet, die soeben fein säuberlich von ihm abgetrennte Postbank im Weg einer unfreundlichen Übernahme wieder einzusacken. Und diesen Deal will Zumwinkel seinem Minister mit dem Versprechen schmackhaft machen, in den Ausbau des Bankgeschäfts kräftig zu investieren. Es geht also nicht um Verbesserung des Kundenservices, sondern um einen Machtzuwachs für den Postvorstand.
Zumwinkels zweites Ziel heißt Rationalisierung. Er will sich von rund 7500 seiner bisher 17000 Zweigstellen trennen. Das sind exakt 44 Prozent aller heutigen Postämter. Die abgestoßenen Filialen werden als kleine »Postagenturen« in einem Art Franchise-Verfahren von selbständigen Ladenbesitzern weitergeführt – allerdings mit einem erheblich eingeschränkten Leistungsangebot. Für den Postkunden bedeutet dies, daß er weitere Wege zum nächsten Postamt zurücklegen und dort auch mehr bezahlen muß als bisher. Ab 1. Juli 1996 erhöhte die Post erneut ihre Paketgebühren.
Beispiel Wertsendung: Daß es auch mit der sprichwörtlichen Sicher-

heit der deutschen Post steil bergab geht, zeigt die besorgniserregende Zunahme der Diebstähle von Schecks und anderen werthaltigen Sendungen. Allein im Großraum Frankfurt wurden binnen zwei Monaten mehr als 600 aufgegebene Verrechnungsschecks geklaut und eingelöst. Deshalb warnte das Hessische Landeskriminalamt im Herbst 1995 dringend davor, Verrechnungsschecks weiterhin mit der Post zu versenden.

Beispiel Pakete: Zwar ist der Frachtdienst der Post, dank heftiger Konkurrenz durch private Unternehmen wie UPS, tatsächlich schneller geworden. Pakete oder Päckchen brauchten Ende 1995 innerhalb der Bundesrepublik im statistischen Durchschnitt nur noch 2,2 Tage, um vom Absender zum Empfänger zu gelangen. Deshalb können sich die Kunden die horrenden Mehrkosten für Schnellpakete sparen, denn die kommen auch nicht eher an als ein Normalpaket.

Unverantwortlich aber ist die Chuzpe, mit der die Post gleichzeitig ihr Leistungsangebot einschränkte. Früher selbstverständliche Dienste fielen, wie überall in der Wirtschaft, auch bei der Post dem Rotstift zum Opfer. War zum Beispiel einst ein Paket aus einem Land, das nicht der EU angehört, nach Deutschland unterwegs, so regelte die Post ganz selbstverständlich die Verzollung.

Sofern der Warenwert 50 Mark überstieg, landete das Paket beim Zoll, es wurde geöffnet, der Inhalt überprüft und dann an den Empfänger weitergesandt. Damit ist es nun vorbei. Seit Einführung der neuen Frachtlogistik achtet die Post strikt auf ihre Kosten und übernimmt den Zollservice nur noch dann, wenn der Warenwert unter 1600 Mark liegt und die »Deklaration« zweifelsfrei ist. Damit liegt es praktisch im Belieben des zuständigen Sachbearbeiters, zu entscheiden, ob ein Paket liegenbleibt oder befördert wird. Entscheidet er sich gegen den Empfänger, muß dieser selbst beim zuständigen Zollamt (auch wenn dies 100 Kilometer entfernt liegt) die ungewohnte Prozedur hinter sich bringen.

Keine Chance, Probleme abzuladen

Ebenso ärgerlich ist die Verkürzung von Lagerzeiten für Einschreibsendungen und Päckchen. Da die Menschen immer mobiler werden, sind sie logischerweise immer seltener zu Hause anzutreffen. Wird nun ein eingeschriebener Brief oder ein Päckchen zugestellt und der Empfänger nicht beim ersten Mal angetroffen, dann wandert die Sendung zurück ins Postamt. Schon nach einer Woche aber wird sie, sofern der Empfänger sich in der Zwischenzeit nicht gemeldet hat, kommentarlos zurückgeschickt. In der guten alten Postzeit, man erinnere sich, konnte man ein Päckchen aber auch noch nach der Rückkehr aus einem vierwöchigen Urlaub beim zuständigen Postamt abholen.

Beschwerdetelefon: Auch die Post hat mittlerweile, dem Vorbild privater Unternehmen folgend, ein Beschwerdetelefon (Nummer: 01802–333) eingerichtet. Die an sich löbliche Idee wird leider nur dadurch entwertet, daß die im württembergischen Crailsheim gelegene Zentrale a) ständig überlastet ist, b) nur an Werktagen von 8 bis 18 Uhr ihren Dienst versieht. So hat der Kunde, bei durchschnittlich 600 Anrufern pro Tag, wenig Chancen, seine Probleme bei der Post abzuladen.

Kein Wunder also, daß die Post bei der Bewertung ihrer Leistungen im Deutschen Kundenbarometer auf den beschämenden 33. (Pakete) und 34. (Briefe) Rang abrutschte. Schlechter schneiden nur noch die Telekom und die Bahn ab. Wenn die Post Ernst machen will mit ihrer Absicht, sich zu einem wettbewerbsfähigen und kundenfreundlichen Unternehmen zu entwickeln, dann sollte sie weniger Geld, Ideen und Energie in die Imagepflege und mehr in die Motivation ihrer Mitarbeiter investieren.

Absolut unverständlich ist zum Beispiel, warum die Post gerade jene Mitarbeiter, die täglich mit Millionen von Kunden Kontakt haben, am schlechtesten bezahlt. Briefträger und das Schalterpersonal prägen beim Kunden das Bild von der Post. Ausbildung und Motivation dieser Leistungsträger aber entsprechen vielfach nicht dem Standard, an dem ein modernes Dienstleistungsunternehmen gemessen wird.

Kein Wunder, denn rationalisiert wird bei der Post gerade dort, wo die meiste Arbeit anfällt, nämlich beim Zustelldienst. Während die oberen Chargen im unkündbaren Beamtenverhältnis gelassen ihren üppigen Pensionen entgegensehen dürfen, müssen die Briefträger härter als je malochen. Zumwinkels Rationalisierungsexperten vergrößerten die Zustellbezirke und sparten am Personal. War die Republik früher eingeteilt in 72 500 Briefträger-Reviere, so sind es jetzt nur noch 66 800, ohne daß Deutschland inzwischen kleiner geworden wäre. Gleichzeitig schmolz die Zahl der Postler von 400 000 auf gut 318 000 zusammen, davon rund 37 000 Teilzeitarbeitskräfte. Daß der Rationalisierungseffekt zu Lasten des Kunden geht, versteht sich von selbst.

»Bitte beim Kollegen anstehen!«

Wie angreifbar das Monopolunternehmen geworden ist, zeigt der verblüffende Erfolg der privaten Paket- und Kurierdienste. Obwohl die Post viele Milliarden in den Aufbau einer völlig neuen Logistik für den Paketdienst mit 32 hochmodernen Frachtzentralen investierte, schmolz ihr Marktanteil bei der Beförderung von Stückgut auf karge 26 Prozent zusammen.

Neben den Ablegern großer amerikanischer Transportgesellschaften rücken auch immer mehr lokale Kurierdienste der Post auf den Leib. In den Ballungsräumen übernehmen Unternehmen wie City Car, Mini Car, Telecar oder Fahrradkurierdienste einen immer größeren Anteil am Beförderungsgeschäft. Und gäbe es eine Alternative zum Briefdienst der Post, so hätte sie mit Sicherheit auch hier die schlechteren Karten.

Kein privates Unternehmen könnte es sich leisten, mit seinen Kunden so umzuspringen wie der Monopolbetrieb. Etwa wenn sich der Kunde in die Schlange vor dem Postschalter einreiht, geduldig Schritt für Schritt nach vorne trippelt, um dann, wenn er endlich am Schalter angekommen ist, erschreckt vor sich das Schild »Geschlossen« aufblitzen zu sehen, derweil sich der Schalterbeamte gemütlich vom Stuhl erhebt und freundlich grinsend mit dem Daumen den Weg weist: »Bitte beim Kollegen anstehen!«

Hotels: Lächeln ist Luxus

Dienstleistung pur erlebt der von unserer Wirtschaft gestählte Kunde aber erst, wenn er unter fremden Dächern nächtigt und sich aus den Töpfen des Gaststättengewerbes ernähren muß. Aus dem König ist dann endgültig ein armer Hund geworden.

Die Food and Beverage Management Association (FBMA) befragte zusammen mit dem BAT Freizeitforschungsinstitut in Hamburg insgesamt 2600 Hotel- und Restaurantgäste nach ihren Erfahrungen. Das Ergebnis, befand FBMA-Vorsitzender Dieter Austen, »ist schockierend«. Dreiviertel der Hotelgäste nämlich beklagten sich über eine schlampige Bedienung, und knapp die Hälfte fühlte sich unfreundlich behandelt. 86 Prozent immerhin trafen auf ein zwar gutwilliges, aber hoffnungslos überfordertes Personal. »Wer sich beschwert, gilt als Querulant, Kulanz ist ein Fremdwort, Lächeln ist Luxus, der Gast ein ständiger Störfaktor«, kommentierte bündig das Wirtschaftsmagazin *DM* den Befund.

Schlechte Stimmung herrscht in den Herbergen der Nation. Die Hoteliers beklagen den rapiden Schwund der Gäste, denen sie vorwerfen, sie seien maßlos geworden, wählerisch und unberechenbar, während viele Kunden den adäquaten Gegenwert für die hohen Übernachtungskosten vermissen.

Der Krieg um die Sterne

Das fängt schon damit an, daß im deutschen Hotel- und Gaststättengewerbe ein verbindlicher Qualitätsmaßstab fehlt. Der Deutsche Hotel- und Gaststättenverband (DEHOGA) hat nämlich in seiner unermeßlichen Weisheit und Güte verfügt, daß sich seine Mitglieder selber klassifizieren dürfen. So kann es einem Hotelgast durchaus passieren, daß er sich auf dem Weg zu einem anständig geführten 3-Sterne-Haus wähnt und ihn am Ende eine abbruchreife Hütte erwartet, die dennoch die Anforderungen des Verbandes erfüllt, weil neun von zehn vorhandenen Zimmern die vorgeschriebene Mindestgröße von acht Quadratmetern fürs Einzel- und vierzehn Quadratmetern fürs Doppelzimmer (inklusive Naßzelle und Flur) aufweisen.

Als unseriös empfindet nicht nur der als zuverlässig geltende Varta-Führer die Selbsteinstufung der Hotels nach der DEHOGA-Norm, auch ausländische Gäste pflegen mitunter irritiert auf die Pracht der Sterne zu blicken, die sich Deutschlands Hotels selbst verliehen haben. Selbst die angesehene International Hotel Association (IHA), die einige der renommiertesten Hotels der Nation zu ihren Mitgliedern zählt, findet die DEHOGA-Regeln viel zu großzügig.

Das Leben des Hotelgastes bleibt auf diese Weise spannend, denn er weiß nie so recht, was ihn am Abend erwartet, wenn er müde und gestreßt das von ihm gebuchte Haus anläuft. Selbst bei Renommierketten wie Steigenberger, Kempinski, Interconti oder Maritim kann es ihm nämlich passieren, daß er in einem Haus landet, welches so gar nicht zu seinen gewohnten Vorstellungen von einem Luxushotel passen will. Alle diese Bettenkonzerne haben nämlich vereinzelt renovierungsbedürftige »Pflaumen« (so der Branchenjargon) im Angebot, an die sich mancher Gast mit leisem Schaudern erinnert, wie die *Wirtschaftswoche* treffend vermutete.

Das Astoria in Leipzig, ein Mitglied in der Maritim-Hotelkette, zählt ebenso dazu wie das Münchner Atrium von der Best-Western-Kette. Doch auch in manchen durchaus kommoden Herbergen der Luxusklasse, wie dem Bayerischen Hof zu München oder dem Schweizer Hof in Berlin, gibt es sogenannte »Kutscherzimmer«, also wenig attraktive Winkel und Räume. Und mit Vorliebe pflegen Hoteliers in der ganzen Welt ihre Besenkammern für jene unerfahrenen Gäste zu reservieren, die nicht klar und bestimmt ihre Wünsche äußern.

Rabatte selber aushandeln

Hüten sollte sich der Gast auch vor jenen verführerischen Angeboten dubioser Hotelkartenorganisationen, die ihm weismachen wollen, daß er überall in den führenden Hotels dieser Welt ebenso wie bei Mietwagenfirmen oder in diversen Restaurants hohe Rabatte eingeräumt bekomme, wenn er zum bescheidenen Jahresbeitrag von meist über 100 Mark eines ihrer Plastikkärtchen erwerbe. Im Kleingedruckten der Verträge von Firmen wie »Entertainment Half Price Europe«, »Hotelcard National« oder »Privileg Card International« finden sich allerlei Klauscln, die die günstigen Rabattversprechungen teilweise wieder entwerten.

Manchmal gelten die Kärtchen nur zu bestimmten Zeiten, gelegentlich werden sie vom Wohlwollen des Hotels abhängig gemacht (bei 80 Prozent Belegung ist der volle Preis fällig), und nicht selten kann der Gast den ihm per Karte teuer gewährten Rabatt auch selbst heraushandeln. Obwohl das Beherbergungsgewerbe 1995 wieder leicht ansteigende Tendenz vermeldet, gibt es nach wie vor in fast allen Gegenden der Republik Überkapazitäten in den Bettenburgen. Deshalb sind die meisten Hotels durchaus bereit, wenn nicht gerade eine Messe oder ein anderes Großereignis die volle Auslastung bringt, über Nachlässe mit sich reden zu lassen. Wer geschickt verhandelt, sich etwa als Mitarbeiter einer bekannten Firma oder auch als Journalist vorstellt, kann locker Nachlässe von 20 bis 50 Prozent herausschinden.

Ein schlechtes Gewissen erübrigt sich, denn selbst in manchen Spitzenhotels hat die Qualität des Services in den vergangenen Jahren drastisch nachgelassen. »Deutsche Spitzenhotels verlieren ihren Glanz. Zu hohe Preise, steigende Überkapazitäten und falsches Marketing bringen die Manager in die Bredouille. Droht den besternten Hotels der Absturz?« sorgte sich beispielsweise bereits das *Manager Magazin*. Die häufigsten von Geschäftsreisenden beklagten Mängel: eingegangene Faxe oder Telefonate, die dem Gast erst mit großer Verspätung mitgeteilt werden, schlechtes Frühstück, fehlende Kleider- und Hosenbügel, verkalkte Wasserhähne und Duschköpfe, nicht funktionierende Lampen, Schmutzflecken auf Teppichen und Polsterbezügen.

Ein bißchen Plastik-Marmelade für 29 Mark

Ärgernis Nummer 1 aber ist in allen Hotels das Mißverhältnis zwischen Preis und Leistung sowie die Sucht der Hoteliers, den Gast bei den Nebenleistungen abzukassieren, daß ihm die Augen tränen. Wenn die Cola aus der Minibar 5 Mark kostet und das dürftige Hotelfrühstück mit zwei Brötchen und ein bißchen Plastikmarmelade, auf dem Zimmer serviert, mit 29 Mark zu Buche schlägt, dann empfindet das der kostenbewußte Gast zu Recht als Wegelagerei.

Auch die scheinbar so opulenten Frühstücksbuffets in den Grandhotels entpuppen sich bei näherem Hinsehen als wahre Goldadern für die Hotels. Tester der Zeitschrift *Top Hotel* untersuchten das Preis-Leistungs-Verhältnis beim Frühstücksbuffet von 383 deutschen Hotels und kamen zu folgendem Ergebnis: Der durchschnittliche Wareneinsatz pro Gast beträgt lediglich DM 6,67, der berechnete Durchschnittspreis lag fast viermal so hoch, nämlich bei satten DM 25,47. Besser also, man verzichtet auf das teure Hotelfrühstück und besucht irgendwo ein kleines Café in der Innenstadt.

Will er im Hotel nicht gefleddert werden, sollte der Gast auf jeden Fall die Hand vom Zimmertelefon lassen. Nirgendwo ist das Telefonieren teurer als im Hotel. Tarifeinheiten von 90 Pfennig waren 1996 keine Seltenheit, während die Telekom nach der Tarifumstellung gerade mal 12 Pfennig dafür verlangte. Den horrenden Preisaufschlag von immerhin 650 Prozent auf den Grundpreis rechtfertigen die raffgierigen Herbergsväter mit den Kosten ihrer Telefonzentralen, die seit Einführung der Handys und Telefonkarten immer weniger ausgelastet sind.

Noch absurder sind die von den Hotels verlangten Preise fürs Telefax. Faxgeräte auf dem Zimmer haben noch immer großen Seltenheitswert, deshalb muß der Gast seine Texte über die Rezeption verschicken, und die knöpft ihm, zum Beispiel im Sheraton zu München, für die erste Seite 3 Mark und für jede weitere Seite DM 1,50 ab, plus 1 Mark Sendegebühr pro Einheit. So gerät die Telekommunikation für vielbeschäftigte Geschäftsreisende rasch zum unerschwinglichen Luxus.

Der Gipfel der Abzockerei ist freilich erst erreicht, wenn der Gast sich erlaubt, in einer der deutschen Messemetropolen zur Hochsaison anzureisen. So kann es ihm passieren, wie das Fachblatt *Touristik Report* ermittelte, daß er in Berlin selbst in drittklassigen Hotels 500 Mark pro Nacht hinblättern muß, weil gerade die Internationale Touristikbörse ihre Pforten geöffnet hat. In Frankfurt pflegen die Spitzenhotels ihre Preise zu Messezeiten für Firmenkunden locker um 104 Prozent gegenüber dem Normaltarif zu erhöhen, wie das Branchenmagazin *Top Hotel* herausfand. In Köln beträgt der Messeaufschlag 89, in Hanno-

ver 88 Prozent. Sparsame Messebesucher vermeiden die Wegelage-
rergebühr, indem sie sich weit außerhalb der City in preiswerten Fa-
milienpensionen einquartieren. Vom Dienst am Kunden kann angesichts solcher Bräuche im deutschen Hotelgewerbe kaum die Rede
sein, eher von seiner systematischen Ausplünderung.

Gaststätten: die Abkocher

Sie heißen so, weil sie vorgeben, eine Stätte der Ruhe und Behaglich-
keit zu sein. Doch längst hat die Rationalisierungswelle auch die Ga-
stronomie überrollt, und was übrigblieb, verdient eher den Namen
Gastschröpfungsstätte.

Wohin der von Hunger und Durst geplagte Gast seine Schritte auch
lenkt, in den Dorfkrug oder ins Nobelrestaurant, in die Pinte um die
Ecke oder ins Fast-food-Lokal – überraschende Erlebnisse sind ihm
sicher. Kommt er allein, dann ist ihm der Katzentisch gewiß; er heißt
so, weil hier kein Hund begraben sein möchte. Denn der Katzentisch
steht im Winter da, wo es am meisten zieht, im Sommer dort, wo die
Sonne gnadenlos draufbrennt. Ihn umfächeln die Düfte aus der Küche
oder aus dem Klo, und immer zieht's am Katzentisch. Dafür ist er so
klein, daß darauf kaum ein Schnitzel Platz hat, und um ihn herum
herrscht ein Treiben wie am Münchner Marienplatz mittags um zwölf.
Mit Vorliebe wird er für die solo erscheinende Frau freigehalten, die
für gewöhnlich so schüchtern ist, daß sie keine Einwände erhebt. Vom
Single-Mann hingegen erwartet der Ober ein nettes Begrüßungsgeld,
damit er ihm einen besseren Tisch zuweisen kann.

Hat sich's der Gast dann unbequem gemacht, bleibt ihm viel Zeit, die
Umgebung zu studieren. Auch wenn das Lokal ansonsten völlig leer
ist, kann es ihm durchaus passieren, daß sich die drei oder vier Ober
herzerfrischend unterhalten, und nur wenn der Gast ein paar Brocken
Griechisch, Italienisch oder neuerdings auch Tschechisch und Polnisch
versteht, hat er etwas davon. Ansonsten muß er kräftig pfeifen können oder über das Stimmvolumen eines Pavarotti verfügen, wenn er
sich bemerkbar machen will.

Ist ihm dies schließlich doch gelungen, darf er sich dem Studium eines literarisch-graphischen Gesamtkunstwerks zuwenden, Speisekarte genannt. Nun muß er rätseln, ob ein »ofenfrischer Frischlingsbraten« tatsächlich frischer ist als ein normal frischer Schweinebraten. Auch ein Vergleich mit den »gartenfrischen« Radieserln böte sich an. Nach dem Frischetest würde es ihn gelüsten, herauszufinden, warum die »zarten Entenbrustscheiben« jetzt »an« Blattsalaten liegen und nicht drauf, wie bisher üblich.

Solche Feinheiten verblassen vor der überwältigenden Fülle von etwa 10 bis 15 Vorspeisen und mindestens 20 Hauptgerichten und auch einem Dutzend Desserts, die ihm da schwelgerisch angepriesen werden. Erst bei näherem Hinsehen wird ihm auffallen, daß es sich um wenige Grundbestandteile handelt, die in immer neuen Variationen miteinander kombiniert werden.

Dosenfutter im Nobel-Restaurant

Prinzipiell wäre dagegen nichts einzuwenden, wenn das, was dann schließlich auf seinem Tisch landet, auch nur entfernte Ähnlichkeit mit dem hätte, was die Speisekarte verhieß. Gerade in den besseren Restaurants hat das Essen in Deutschland mittlerweile einen Tiefpunkt erreicht, der kaum mehr unterboten werden kann. Nach dem qualitativen Aufschwung, den uns die Edelfreßwelle in den 80er Jahren bescherte, rutschte die Kochkunst in allzu vielen Restaurants mittlerweile auf das kleinbürgerliche Normalmaß der 60er Jahre zurück, dies freilich auf wesentlich höherem Preisniveau. Damit dies die verwöhnten Gäste nicht mitbekamen, verwandelten sich die Maîtres de Cuisine in allzu geschickte Food Designer.

Nicht mal mehr in den teuersten Gourmetlokalen und den feinsten Hotelrestaurants ist der Gast vor kunstvoll gestalteten Dosengerichten sicher. Besorgt registrierten etwa die Testesser des Varta-Führers, daß das Kochen mit Fertiggerichten »nirgendwo mehr aufzuhalten« sei. Die frisch aussehende Lackente, garniert mit buntem Gemüse und leckeren Kartoffelkroketten – nichts davon wurde in der Restaurantküche zubereitet. Nur die Bratensoßen, gestand Bernd Flemming, Küchenchef im Frankfurter Hof, »mache ich grundsätzlich selber«.

266

Die Frischlingsorgie der Speisekarte entpuppt sich so als glatter Betrug am Kunden.

Deutschlands Spitzengastronomie schließt damit freilich nur betriebswirtschaftlich auf zu Hotelketten wie Steigenberger, Scandic oder Dorint, wo der flächendeckende Einsatz von Fertiggerichten schon seit langem zum Küchenalltag gehört. Der Fisch, der früher im eigenen Bassin gehalten wurde, kommt heutzutage tiefgekühlt ins Haus, das Geflügel stammt aus Großmästereien und wird, vorgebraten und vakuumverpackt, angeliefert. Selbst regionale Spezialitäten wie Maultaschen, Kartoffelknödel oder Fischsuppe sind Produkte aus industrieller Fertigung – und so schmecken sie denn auch. Die Köche beschränken sich darauf, Büchsen zu öffnen, Plastikbeutel aufzuschneiden und das Gefrorene aufzutauen. Handwerkliches Geschick beweisen sie nur noch beim Anrichten auf dem Teller, denn der Kunde soll schließlich nicht merken, wie er über den Tisch gezogen wird. Die fade Einheitskost wird nämlich zu scharf gewürzten Preisen verkauft, und wehe dem Gast, der sich erdreistet, auf die burschikose Frage des Obers »Wie hat es Ihnen geschmeckt?« ehrlich zu antworten! Glück hat er, wenn der dienstbare Geist die Antwort nicht versteht oder, was häufiger vorkommt, sie ignoriert. In schlimmeren Fällen droht ihm ein ernster Verweis, etwa derart: »Da sind Sie aber der einzige, dem es hier nicht schmeckt.« Oder: »Das hat hier noch niemand behauptet, solange ich bediene.«

Läßt sich der Gast dadurch nicht einschüchtern, tritt ein Rollkommando auf den Plan, bestehend aus Wirt, Küchenchef und Kellner. Drohend bauen sich die drei vor ihm auf und verlangen detaillierte Auskünfte. Gibt der Gast auch jetzt noch nicht auf, sieht das Drehbuch zwei Alternativen vor: Bei vollem Lokal wird ihn der Wirt wahrscheinlich mit einem abscheulichen Schnaps versöhnen wollen. Sind keine anderen Gäste zu befürchten, wird dem armen Schlucker der gesamte Sachverstand der drei Koryphäen um die Ohren gehauen, so daß er froh sein darf, wenn ihn der Gesichtsverlust unter Ausschluß der Öffentlichkeit ereilte.

Die Marketing-Gags der Szenelokale

Die Mißhandlung der Gäste hat auf der nach unten offenen Kellner-skala in vielen Gasthäusern jedes erträgliche Maß überschritten. Mangelndes Organisationstalent der Restaurantbetreiber ist ebenso schuld daran wie fehlendes Qualitätsbewußtsein oder schlichte Raffgier.

In den USA zum Beispiel gibt es in den Restaurants schon deswegen kein Gedränge beim Kampf um die Plätze, weil jeder Gast, ob allein oder in Begleitung, vom Oberkellner in Empfang genommen und erst dann in den Speiseraum begleitet wird, wenn ein passender Tisch freigeworden ist. Sind alle Plätze besetzt, trinkt man eben an der Bar einen Aperitif oder unterhält sich locker mit den anderen Wartenden. Dieses System hat sich bestens bewährt, doch es wird in Deutschland nur von wenigen Häusern praktiziert.

Ebenso die Bezahlung: Seit der Neuregelung der Bewirtungsspesen dauert es noch länger, bis die Bedienung alles ausgerechnet und formvollendet aufs Papier gebracht hat. Mit den Fingern, die soeben noch den Kugelschreiber hielten und das Wechselgeld herausgaben, faßt sie anschließend wieder in den Suppenteller, den sie dem nächsten Gast vor die Nase stellt. Hygienischer und rationeller wäre zweifellos eine zentrale Kasse, an der jeder Gast seinen Beleg abgibt, doch dieses System wird unverständlicherweise nur von wenigen Kettenrestaurants praktiziert.

Ein Wunder, daß so viele Restaurants trotz ihrer unverschämten Preise rote Zahlen schreiben. Wenn eine Flasche Mineralwasser, im Supermarkt für eine Mark wohlfeil, dem Gast mit 500 Prozent Aufschlag in Rechnung gestellt wird, wenn ein Glas Tee, bestehend aus Leitungswasser und einem Teebeutel für 20 Pfennig, DM 4,50 kostet, wenn eine Flasche Rheingauer Riesling, bei Aldi zu DM 5,90 im Regal, dem Gast mit 35 Mark in Rechnung gestellt wird, dann bedarf es schon außergewöhnlicher Fähigkeiten, bei solchen Spannen Verluste zu machen. Ein Beispiel aus der Schweiz: Im Oktober 1995 kostete eine Dreiviertelliterflasche des Mineralwassers »Perrier« in Restaurants wie dem Seehus in Stäfa 11 Franken. Das ergab einen Literpreis von 14,70 Franken oder knapp 18 Mark und entsprach in etwa dem 10fachen Ladenpreis.

Am trefflichsten freilich läßt sich der Gast in sogenannten Szenenlo-kalen abkochen, wo er durstig dem ersten »Beaujolais Primeur« der Saison entgegenfiebert, der sich nicht selten als nahezu ungenießbare Brühe erweist. Und wer diesem Marketinggag der burgundischen Win-zer entgangen ist, fällt vielleicht auf eine Nachahmung aus der Tos-kana herein, wenn er nicht bereits bei den harten Sachen gelandet ist. Zum Beispiel bei einer »Grappa«: Bei kaum einer anderen Spirituo-se ist nämlich die Spanne zwischen Preis und Qualität so groß wie bei jenem italienischen Modegesöff weiblichen Geschlechtes, das als Ab-fall der Weinwirtschaft einst der Fusel der Armen war. Doch die Mar-ketingkünstler aus Norditalien haben es geschafft, den Germanen ihren Billigbrand als Edel-Digestif schmackhaft zu machen.

Lachsragout mit Salmonellen-Sauce

Der Kunde zahlt die Zeche, auch wenn Speis und Trank seine dürf-tigsten Erwartungen nicht erfüllten. Er zahlt sie nicht nur in Form überhöhter Rechnungen, sondern auch mit beträchtlichen Gesund-heitsrisiken. Der nachlässige Umgang mit Fertiggerichten und Tief-kühlkost ließ die Zahl der Salmonellenvergiftungen rapide ansteigen. Ein vorfabriziertes Fischgericht, zum Beispiel Lachsragout in Ries-lingsoße, wird bei niedrigen Temperaturen vorgegart und vakuum-verpackt. So lagert es, oft tage- oder wochenlang, bis es auf den Spei-seplan gerät. Läuft die Bestellung ein, wird es kurz auf maximal 100 Grad erhitzt und serviert. Salmonellen jedoch, die sich während der Lagerzeit gebildet haben, sterben erst bei 120 Grad ab.

Weil in der Gastronomie nichts selbstverständlich ist, was dem Gast dient, wollen jetzt die Brüsseler EU-Beamten den Wirten wenigstens einen Hygiene-Standard vorschreiben, um weitere Gesundheitsrisi-ken abzuwenden. Noch ist die HACCP-Richtlinie (»Hazard Analysis and Critical Control Points«) nicht verabschiedet, da laufen die Lob-byisten der Branche bereits Sturm und verkünden »den Tod der Ga-stronomie« (so der DEHOGA-Verband), wenn in den Restaurant-Küchen wenigstens die elementarsten Grundregeln der Sauberkeit beachtet werden müssen. Etwa das Waschen der Hände nach dem Be-such der Toilette. Guten Appetit!

Der Staat: Selbstbedienungsladen

Den geringsten Gegenwert bekommt der Kunde, alles in allem, von jenem Serviceunternehmen, das ihm das meiste Geld abknöpft: vom Staat. Nicht genug, daß der Staat dem Bürger von jeder verdienten Mark am Ende kaum mehr als 50 Pfennig übrigläßt – er schuf ein Steuersystem, das an Ungerechtigkeit und Unübersichtlichkeit kaum mehr zu überbieten ist. Dieses System beschert Großverdienern jede Menge Schlupflöcher, durch die sie ihre Gewinne unversteuert in Sicherheit bringen können, und beglückt Angehörige mächtiger Lobbyverbände mit Milliarden-Subventionen und Steuervergünstigungen. Der Normalbürger hingegen wird vom Finanzamt gnadenlos zur Kasse gebeten und nicht selten auch regelrecht betrogen. Jeder vierte Steuerbescheid ist falsch, behauptet zum Beispiel Erich Nöll, der Geschäftsführer des Bundesverbandes der Lohnsteuerhilfevereine in Bonn; Experten der Stiftung Warentest schätzen die Fehlerquote gar auf 33 Prozent. Eigenartigerweise irren sich die Geldeintreiber des Staates meistens zu ihren Gunsten. Schon in *Das Kartell der Kassierer* habe ich beschrieben, wie brutal und unausweichlich der Staat seine Bürger zur Kasse bittet und wie gering der Gegenwert ist, den er dafür bietet. Darum will ich mich hier auf jenen Bereich der öffentlichen Dienstleistungen konzentrieren, die der Bürger als Kunde direkt erfährt, also auf die kommunale Versorgung mit Kindergärten, Kultur und Schwimmbädern sowie auf die Bereiche des Wohnungs- und Bauwesens.

Viel hält sich Deutschland zugute auf seinen verglichen etwa mit romanischen Ländern hervorragend funktionierenden öffentlichen Dienst. Das Land ist stolz auf seine kommunale Selbstverwaltung, auf die flächendeckende Versorgung seiner Bürger mit allem, was der Mensch an der Schwelle zum 21. Jahrhundert benötigt. Und tatsächlich bietet unser Staat dem Besucher aus fremden Gegenden das Bild eines unerhörten öffentlichen Wohlstands. Die Großstädte verfügen über gut funktionierende Netze öffentlicher Verkehrsmittel, die Straßen sind sauber, und selbst noch in der tiefsten Provinz prangen die Rathäuser in einer Pracht, die manchem Besucher Anlaß zum Staunen gibt.

Doch seit ein paar Jahren keimt tiefe Unzufriedenheit in den Bürgern, da ihnen die öffentlichen Hände einerseits immer tiefer in die Taschen fassen, andererseits ihr Leistungsangebot merklich reduzieren. Hatten noch 1990 erst 43 Prozent der Deutschen den Eindruck, daß der Gegenwert für ihre Steuern und Abgaben zu gering ausfalle, so waren es 1994 bereits erstaunliche 63 Prozent. Fast zwei Drittel der Bevölkerung also meinen, daß sie der öffentliche Service zu teuer zu stehen komme.

Der Bürger als Bittsteller

Egal wohin der Bürger sich wendet, ob er einen Paß braucht oder eine Baugenehmigung, ob er sein Auto an- oder seine Wohnung abmelden möchte – stets wird er, über die automatisch abgezogenen Steuern hinaus, extra zur Kasse gebeten. Und überall, wo er die Dienste der öffentlichen Hand in Anspruch nimmt, ist er nicht ein Umworbener und freundlich bedienter Kunde, sondern ein lästiger Bittsteller, den man, so gut es geht, abwimmelt oder zur nächsten Dienststelle weiterreicht.

Obwohl die Bundesregierung schon 1992 feststellte, daß jedes dreijährige Kind in Deutschland ein Recht auf einen Kindergartenplatz habe, gibt es, vor allem in den Ballungsgebieten, noch immer viel zu wenige Hortplätze für die Kleinen. Die Kommunen klagen, Bonn könne gerne über derlei Rechte befinden, doch bezahlen müßten die Gemeinden, und die hätten kein Geld. Für luxuriöse Verwaltungsgebäude, Verkehrsberuhigungszonen und überdimensionierte Kläranlagen freilich scheinen in den Etats allerorten reichlich Mittel vorhanden zu sein. Jetzt empfiehlt sogar die Familienministerin Claudia Nolte den Eltern, sie sollten ab 1996 fehlende Kindergartenplätze einklagen.

»Die Preistreiber sitzen in den Rathäusern«

Beispiel Wohnkosten: Kaum eine andere Dienstleistung ist in den letzten vier Jahren um so viel teurer geworden wie die von den Gemeinden abkassierten Gebühren für Müllabfuhr, Wasserversorgung, Abwasserbeseitigung und Straßenreinigung. Allein von 1992 bis

Ende 1995 stiegen die Nebenkosten für eine Mietwohnung in West-deutschland um 55, in Ostdeutschland um 48 Prozent. »Die Preis-treiber sitzen in den Rathäusern«, vermutete Hanns Schäfer, Prä-sident des Gesamtverbandes Haus und Grund in Nordrhein-West-falen.

Er hat wohl nicht so ganz unrecht, denn viele Kommunen versuchen mit den Mitteln, die sie den wehrlosen Mietern und Hausbesitzern ab-pressen, andere Löcher in ihren aufgeblähten Etats zu stopfen. Und wenn sie dem Bürger dann vorhalten, er solle Müll vermeiden und Wasser einsparen, dann bestrafen sie ihn umgehend mit weiteren Ge-bührenerhöhungen, denn weil vielerorts die Deponien nicht mehr aus-gelastet sind, steigen dort die Preise.

Auch das mit Millionenaufwand propagierte Abfallkonzept des »Grü-nen Punktes« entpuppt sich bei näherem Hinsehen als ausgemachter Schwindel, denn in vielen Gemeinden wird der vom Verbraucher sorg-sam getrennte Müll nach wie vor auf dieselbe Deponie gekarrt. In Nordrhein-Westfalen wurde der aussortierte Kunststoffmüll zeitwei-se gar nicht erst recycelt, sondern landete als billiges Brennmaterial in den Hochöfen der Stahlwerke.

Angesichts einer solchen von purem Zynismus gekennzeichneten Um-weltpolitik bleibt dem Bürger nur die Obstruktion. Immer häufiger klagen deswegen die geschröpften und hinters Licht geführten Kun-den der öffentlichen Hand ihre Rechte ein, und nicht selten verlassen sie den Gerichtssaal als Sieger. So mußte die Stadt Dortmund nach ei-nem Urteil des Oberverwaltungsgerichts Münster (Az.: A 2251/93) 46000 Bürgern zu hoch berechnete Gebühren für das Jahr 1992 zurückerstatten. Ebenso erging es den Stadtvätern von Castrop-Rau-xel, die auf ähnliche Weise versucht hatten, ihre Bürger mit überhöh-ten Gebühren zur Kasse zu bitten.

Beispiel Schwimmbäder: Nachdem sich prestigesüchtige Bürgermei-ster und Gemeinderäte in den goldenen siebziger und achtziger Jahren überall zwischen Füssen und Flensburg kostspielige Denkmäler in Form von Frei- und Hallenbädern errichten ließen, begann in den kar-gen Neunzigern das große Wehklagen. Denn die überdimensionierten und wenig frequentierten Wassertempel verschlangen Unsummen an

Unterhaltskosten. Zwischen 800 000 und 1,5 Millionen Mark beträgt nach Angaben von Fachleuten das jährliche Defizit einer kommunalen Badeanlage, denn der Eintrittspreis deckt meist nur etwa 20 Prozent der tatsächlichen Kosten. Also begannen einzelne Gemeinden, den Badebetrieb drastisch einzuschränken, und manche machten ihre einst vollmundig angepriesenen Freizeitoasen gleich ganz dicht.

Dabei wären, ein geschicktes Management vorausgesetzt, selbst triste kommunale Badezentren durchaus gewinnbringend zu betreiben, wie die private Firmengruppe Montemare beweist. In der Westerwaldgemeinde Rengsdorf übernahm das von einem Holländer gegründete Unternehmen bereits 1984 ein viel zu groß geratenes Wellenbad, das der Gemeinde ein jährliches Defizit von 1,5 Millionen Mark bescherte, zum symbolischen Preis von einer Mark. Binnen weniger Jahre machte Montemare daraus ein gewinnbringendes Unternehmen, das jährlich über 220 000 Besucher anlockte und rund 5 Millionen Mark Umsatz erzielte.

Lukrative Posten für Amts- und Würdenträger

Beispiel Privatisierung: Je mehr die kommunalen Betreiber von Stadtwerken, Verkehrsbetrieben, Schlachthöfen, die Strom- und Gasversorger in die roten Zahlen geraten, desto stärker wird der Druck auf die Gemeinden, sich aus derlei Geschäften zurückzuziehen und die Versorgung der Bevölkerung privaten Unternehmen zu übertragen. Doch die vieldiskutierte Privatisierung öffentlicher Betriebe blieb, ebenso wie die immer wieder angekündigte Deregulierung weiter Bereiche der Wirtschaft, in den Kinderschuhen stecken. Denn es geht nicht um einen besseren und kostengünstigeren Service für den Bürger, sondern um lukrative Posten für die Amts- und Würdenträger aus den Parteien und Verwaltungen.

»Wenn man die Privatisierung konsequent zu Ende denkt, was bleibt den Gemeinden denn dann noch?« fragt sich besorgt der Privatisierungsexperte des Städte- und Gemeindebundes (DSTGB), Ulrich Cronauge, und liefert selbst die Antwort: »Sie würden sich selbst der eigenen Zuständigkeiten berauben.« Und davor, so scheint es, haben die Stadtväter allerorten mehr Angst als vor ihren wachsenden Defiziten, die sie ohne die geringsten Skrupel den Bürgern aufbürden. Und so führen sie denn landauf, landab einen verbissenen Stellungskrieg um das »Tafelsilber« der Gemeinden.

Angesichts der flächendeckenden Korruption in allen Bereichen der öffentlichen Verwaltung – nach Schätzungen des Frankfurter Oberstaatsanwalts Wolfgang Schaupensteiner beträgt der Schaden allein im öffentlichen Bauwesen mehr als 10 Milliarden Mark – schrumpfen die Aussichten der Bürger, endlich einen adäquaten Gegenwert für ihr Geld zu bekommen, auf das Minimum. Kaum ein Kommunalpolitiker wird sich freiwillig von seinen fetten Pfründen trennen wollen, die ihm neben einer bescheidenen Aufwandsentschädigung vor allem Macht und Einfluß auf das wirtschaftliche Geschehen in seiner Region verschaffen.

Allein in Nordrhein-Westfalen zum Beispiel sind rund 5000 Aufsichtsratsmandate in kommunalen und regionalen Dienstleistungsbetrieben der öffentlichen Hand zu vergeben, und die Fähigkeit, diese Positionen mit Leuten ihres Vertrauens zu besetzen, ist die eigentliche Machtbasis der Parteien.

Ginge es nach betriebswirtschaftlicher Effizienz, müßte eine Vielzahl dieser Funktionsträger, die ihre Posten allein parteipolitischen Opportunitäten verdanken, in die Wüste geschickt werden. So aber sitzen branchenfremde Provinzpolitiker zuhauf in den Vorständen von Stadtwerken, Zweckverbänden oder Wohnungsgesellschaften und kassieren dort Spitzengehälter von oft mehr als 200 000 Mark, obwohl sie nicht die geringsten beruflichen Qualifikationen für diese Jobs mitbringen. So etwa im Westfälischen, wo ein ehemaliger Realschuldirektor zum Personalvorstand der Städtischen Werke Krefeld AG mit einem Jahresgehalt von mehr als 240 000 Mark bestellt wurde.

Subventionierte Musentempel
Beispiel Kulturbetrieb: Deutschlands Opern und Schauspielhäuser zeichnen sich vor allem dadurch aus, daß sie mittelmäßige Leistungen mit horrenden Bezügen honorieren. Jede Eintrittskarte in die Frankfurter Oper beispielsweise kostet den Steuerzahler 475 Mark an Subventionen, während der Opernfreund allenfalls 100 bis 200 Mark für

den Eintritt bezahlt. Anders, so behaupten die treuen Wächter über die Sangeskultur im hessischen Musentempel, sei eine Weltklasseoper nicht darstellbar.

Nun gibt es Gott sei Dank in der Welt genügend Beispiele dafür, daß es auch anders geht. Die New Yorker Metropolitan Opera zum Beispiel, deren künstlerischer Rang im Unterschied zum hessischen Provinztheater unbestritten ist, finanziert sich ausschließlich über Eintrittskarten und Spenden einer privaten Fördergesellschaft. Und auch die Mailänder Scala, in Europa erste Adresse für die Spitzenkräfte der Sangeskunst, liegt nicht dem italienischen Steuerzahler, sondern den an der Oper interessierten Musenfreunden auf der Tasche.

Der beispiellose Aufwand aber, den sich die Kulturbürokraten der deutschen Kommunen und Länder leisten, muß vom Steuerzahler aufgebracht werden, ob er will oder nicht. Und daß die Subventionen der teuren Staatstheater und Schauspielhäuser, der Konzertsäle und Kulturzentren oftmals nur künstlerisches Mittelmaß hervorbringen und dem Nepotismus Vorschub leisten, ist längst erwiesen.

Tatsächlich zählen die am üppigsten subventionierten Musentempel keineswegs zu den Wegbereitern künstlerischen Gestaltungswillens, sondern eher zu den Bewahrern tradierter Formen der gehobenen Unterhaltung. Nicht kulturelle Progression ist denn auch das Anliegen, für das der Bürger zur Kasse gebeten wird, sondern kleinbürgerliches Prestigestreben bestimmt den Fluß der für die Kultur abgezweigten Steuermilliarden.

Gratiskarten für Politiker-Freunde

Nutznießer der vom Bürger aufgebrachten Zwangsabgabe sind jene Schlaumeier des Kulturbetriebs, die den mit der Verwaltung der Musentempel überforderten Stadtvätern und Kulturbürokraten sagenhafte Konditionen abtrotzten. So waren dem Bonner Opernchef Gian-Carlo del Monaco die 400000 Mark Jahresgage, die ihm die Stadtväter bewilligten, nicht genug, weshalb er mitten in der Spielzeit für drei Monate nach New York düste, um an der berühmten »Met« für ein Gastspiel weitere 100000 Dollar einzusacken. Dafür durften sich die zurückgebliebenen Bonner an seiner »Carmen«-Inszenierung delektieren, die dem wackeren Intendanten nochmals 50 000 Mark Wiederholungshonorar einspielte.

Dabei ist der italienische Gastarbeiter in Bonn keineswegs ein besonders raffinierter oder raffgieriger Opernchef; seine Kollegen in München, Berlin oder Hamburg können da locker mithalten. So ziemlich jeder namhafte Dirigent, Regisseur oder Intendant pflegt nämlich seine vom Steuerzahler gespeiste Brieftasche mit Gastspielen, Neuinszenierungen und Tourneen kräftig aufzubessern. Und manchmal dürfen auch nahe Angehörige noch zur Familienkasse beitragen, so etwa, wenn Götz Friedrich von der Deutschen Oper in Berlin den »Rosenkavalier« auf den Spielplan setzt und die Rolle der Marschallin mit seiner Frau Karen Armstrong besetzt, die für eine Inszenierung locker 100 000 Mark einstecken darf. Auch Peter Zadek ist bekannt dafür, daß er keinen Freund verkommen läßt; und wenn er ein Shakespeare-Stück neu inszeniert, dann fällt für gewöhnlich seiner Frau die Aufgabe zu, den Klassiker neu zu übersetzen, obwohl es Shakespeare-Übersetzungen en masse gibt.

Für die kulturellen Würdenträger in den Stadtparlamenten und Landtagen, in den Kultusministerien und Rathäusern hat der aufwendige Musenbetrieb noch die nette Eigenschaft, daß er stets genügend Freikarten für Freunde und Bekannte abwirft, natürlich stets für die besten Plätze in den Logen wie im Parkett. Bei glanzvollen Premieren in der Bayerischen Staatsoper zum Beispiel sind für gewöhnlich mehr als die Hälfte aller Plätze mit nicht zahlenden Gästen besetzt.

Handwerker: Räuber in Latzhosen

Der Ärger mit den Handwerkern ist mindestens so alt wie die Zunft selbst. Schon immer prallten hier die gegensätzlichen Interessen von Kunde und Dienstleister so unmittelbar aufeinander wie sonst in kaum einem anderen Wirtschaftsbereich. Während die Industrie mit uniformen Massenprodukten die Ansprüche der Verbraucher wenigstens einigermaßen zu erfüllen vermochte, gab es bei den meisten der Zünfte seit jeher höchst unterschiedliche Leistungsangebote.

Aber während sie früher, in der vorindustriellen Zeit, als Lieferanten von Gütern des täglichen Bedarfs auftraten und somit dem Verbraucher eine hinreichende Auswahl boten, tritt der Handwerker heutzutage fast nur noch in Ausnahmesituationen auf den Plan. Und dabei ist er fast immer in der stärkeren Position. Man braucht ihn beim Aus- oder Umbau des Hauses, der Wohnungsrenovierung und überhaupt immer dann, wenn irgendwo etwas kaputtging. Und als Reparateur hat er gegenüber dem Kunden, der sich in einer Notsituation befindet, allemal die besseren Karten.

Gab es in früheren Zeiten jedoch noch so etwas wie eine Zunftehre, die den ausgebildeten und organisierten Handwerker weit aus der Masse der Berufstätigen heraushob, so fiel diese längst einer weitverbreiteten Abstaubermentalität zum Opfer, die im Kunden nur noch eine mehr oder minder wehrlose Beute wittert. Vorbei sind die Zeiten, da sich die Handwerker, stolz auf ihre langjährige Ausbildung wie auf ihre Fertigkeiten, eher als Künstler denn als profane Arbeiter fühlten: In dem Maße, wie die Industrie die Produktion nahezu aller Güter, von der Nagelschere bis zum Fertighaus, übernahm, verkam das einst marktbeherrschende Handwerk zu einer Gilde von Hilfskräften, die in weiten Teilen nur noch das anpassen und reparieren dürfen, was von den industriellen Massenproduzenten nicht genau oder gut genug hergestellt wurde. Und je mehr sie sich an den Rand des Wirtschaftsgeschehens verbannt sahen, desto tiefer hängten die einst so stolzen und mächtigen Handwerksmeister ihren Ehrenkodex.

Rein wirtschaftlich gesehen, meisterten sie die Lage verblüffend gut. Nicht umsonst hält sich in weiten Teilen der Bevölkerung die Überzeugung vom goldenen Boden des Handwerks. Tatsächlich verdienten sich viele der Meister, die den rund 790 000 deutschen Handwerksbetrieben vorstehen, in den letzten Jahren eine goldene Nase. Immerhin setzte der zweitgrößte Wirtschaftszweig der Nation mit seinen rund sieben Millionen Beschäftigten 1995 stattliche 980 Milliarden Mark um, und bis zum Einbruch der Baukonjunktur verzeichneten die Handwerker mit schöner Regelmäßigkeit Jahr für Jahr kräftige Zuwachsraten. Daß der wirtschaftliche Erfolg der Handwerkerzunft zu Lasten ihrer Kunden ging, die selbst bei den ehrlichen Betrieben immer höhere Stundensätze bezahlen mußten, ließ die Branche kalt, solange das Geschäft boomte. Erst in letzter Zeit beginnt der von einem mächtigen Lobbyverband geführte Wirtschaftsbereich den »Kunden neu zu entdecken«, wie die *Süddeutsche Zeitung* von der letzten Handwerksmesse in München vermeldete.

10 000 Beschwerden allein in München

Das wäre tatsächlich an der Zeit. Denn kaum ein anderer Bereich unserer Wirtschaft sprang in den letzten Jahren so rüde mit den Kunden um wie die Meister in der Latzhose. Und das lassen jene sich immer weniger gefallen. Allein bei der Münchner Verbraucherzentrale gehen pro Jahr über 10 000 Beschwerden ein, die meisten wegen überteuerter Handwerkerrechnungen. Der Ärger mit den Blaukitteln schlägt sich in einer rapiden Zunahme der Gerichtsverfahren nieder, und auch die von den Handwerkskammern eingerichteten Schiedsstellen, die Streitfälle schlichten sollen, können sich über mangelnde Arbeit nicht beklagen.

Solange die schwarzen Schafe der Branche von der veralteten Handwerksordnung geschützt werden, die nach Meinung der Arbeitsgemeinschaft Selbständiger Unternehmer (ASU) viele Relikte der mittelalterlichen Zunftordnung enthält, steht der Kunde auf verlorenem Posten. Das aus dem Jahre 1953 stammende Gesetz sollte einst »die schädlichen Folgen einer schrankenlosen Gewerbefreiheit« verhindern; tatsächlich bescherte es den deutschen Handwerksmeistern über 40 Jahre lang einen nahezu wettbewerbsfreien Raum, in dem sie mit ihren Kunden praktisch nach Gutdünken umspringen konnten.

Die Zulassung neuer Betriebe war an den sogenannten »Großen Befähigkeitsnachweis« gekoppelt und konnte von den Handwerkskammern ähnlich wirksam reguliert werden wie von den Ärztekammern die Zulassung neuer Praxen. So blieben die etablierten Meister unter sich und konnten ihren Kunden lange Wartezeiten zumuten und ihnen im übrigen ihre Bedingungen diktieren. Unnachsichtig bestanden sie zum Beispiel auf der Abgrenzung ihrer Zuständigkeit. Wer etwa ein Bad renovieren wollte, brauchte deshalb gleich ein halbes Dutzend

278

verschiedener Handwerker, vom Elektriker über den Installateur bis hin zum Fliesenleger und Malermeister.

Die Sünden der Vergangenheit beginnen sich erst allmählich zu rächen, etwa indem sich gut organisierte Filialbetriebe breitmachen oder indem ausländische Handwerker sich auf die Niederlassungsfreiheit innerhalb der EU berufen und in Deutschland Zweigbetriebe eröffnen. Das alles freilich braucht Zeit, und solange auf dem Markt der Handwerkerleistungen kein wirklich freier Wettbewerb herrscht, muß der Kunde höllisch aufpassen, damit er von den biederen Meistern und ihren Gesellen nicht über den Löffel balbiert wird.

Hier die gängigsten Methoden, mit denen Handwerker ihre Kunden schröpfen, ausgesucht aus der Vielzahl der bei den Verbraucherzentralen eingegangenen Beschwerden:

1. Verrechnungssätze: Schon bei simplen Reparaturen am Haus verlangten Klempner und Installateure 1995 Stundensätze von 100 Mark und mehr. Das ist das Vielfache eines Facharbeiterlohns und deshalb auch unter Berücksichtigung der hohen Lohnnebenkosten in Deutschland (etwa 70 bis 80 Prozent des Bruttolohns) klar ein Wucherpreis. Mögen solche Honorare bei hochqualifizierten Spezialisten noch akzeptiert werden, so sind sie für die Leistung simpler Handarbeiten schlicht eine Frechheit. Ausweg: Schwarzarbeiter anheuern, die mit 20 Mark die Stunde hochzufrieden sind.

2. Teurer Lehrling: Ein Handwerker kommt selten allein, und der Lehrling, den er meistens mitbringt, kommt den Kunden teuer zu stehen. Münchner Handwerker berechneten für die Anwesenheit des Azubis bis zu 38 Mark die Stunde, auch wenn dieser bloß herumstand und dem Gesellen zuschaute. Ausweg: Sich vorher genau nach den Stundensätzen erkundigen und nur die tatsächlich geleisteten Arbeitsstunden bezahlen.

3. Anfahrt: Zur reinen Arbeitszeit pflegen die Handwerker bei Reparaturen im Haus oder in der Wohnung auch die Anfahrtzeit in Rechnung zu stellen, und manche schlagen dabei kräftig drauf, etwa indem sie angebliche Wartezeiten im Verkehrsstau großzügig

mitberechnen. Ausweg: Von vornherein eine Fahrtkostenpauschale vereinbaren, die auch dann gilt, wenn der Monteur stundenlang im Verkehr steckenbleibt.

4. Kostenvoranschlag: Ein beliebter Handwerkerdreh ist es, angeforderte Kostenvoranschläge so vage wie möglich abzufassen, damit hinterher um so mehr Spielraum für Preiserhöhungen besteht. Aus München, Frankfurt und Hamburg sind Fälle bekannt, in denen Handwerker um bis zu 300 Prozent mehr berechneten, als sie in ihren Kostenvoranschlägen ausgewiesen hatten. Ausweg: Bei Auftragserteilung um einen detaillierten Voranschlag ersuchen, der vom Handwerker für verbindlich erklärt wird.

5. Kosten für Voranschläge: Läßt man den Meister ins Haus kommen, damit er sich den Schaden ansieht, und bittet ihn dann um einen Kostenvoranschlag für die Reparatur, dann kann es durchaus sein, daß er beides in Rechnung stellt, wenn er den Auftrag nicht bekommt. Ausweg: Die Rechnung nicht bezahlen! Anspruch auf Entschädigung hat der Meister nur, wenn er vor dem Besuch darauf hingewiesen hat, daß dieser kostenpflichtig ist. Solche Handwerker sollten Sie gar nicht erst ins Haus lassen.

6. Vorschuß: Hat der Kunde den Auftrag erteilt, verlangen manche Handwerker sofort einen Vorschuß auf die spätere Endabrechnung – oft in beträchtlicher Höhe. Ausweg: Eine solche Forderung kann der Kunde kategorisch ablehnen, wenn sie nicht schon vor Auftragserteilung angemeldet wurde. Der Kunde braucht nicht darauf einzugehen und kann auf Erfüllung des Auftrags bestehen.

7. Arbeitsbeschaffung: Handelt es sich bei der Reparatur um einen Bagatellschaden, so ist mancher Handwerker versucht, aus der Mücke einen Elefanten zu machen, indem er einen neuen, schwerwiegenden Fehler konstruiert. In einem Test des RTL-Magazins *Extra* vom 26. Februar 1996 wurden fünf Handwerker auf die Probe gestellt. Die TV-Redakteure ließen den Brenner einer Ölheizung von einem Fachmann außer Betrieb setzen und filmten heimlich die Bemühungen der beauftragten Handwerker. Ergebnis: Nur einer behob den Schaden, eine verrußte Fotozelle, schnell, gründlich und kostengünstig. Während dieser Handwerker nur 70 Mark

verlangte, versuchten zwei seiner Kollegen, dem Kunden eine komplette neue Heizanlage im Wert von mehreren tausend Mark zu verkaufen, da sie behaupteten, die alte Anlage sei nicht zu reparieren. Ausweg: Jedem Handwerker genau auf die Finger sehen. Bei teuren Reparaturen den Auftrag sofort stoppen und einen Sachverständigen zu Rate ziehen.

8. Fehlendes Ersatzteil: Um Rechnungen aufzublähen, pflegen die Reparateure gelegentlich ohne passende Ersatzteile anzureisen. Mitunter haben sie auch nur das falsche Modell dabei. Hinter der scheinbaren Vergeßlichkeit steckt oft Methode, denn auf diese Weise lassen sich mehrere Anfahrten und natürlich auch längere Reparaturzeiten herausschinden. Ausweg: Nur die tatsächlich geleistete Arbeit bezahlen, der Aufwand für die Vergeßlichkeit des Monteurs geht zu Lasten des beauftragten Betriebes.

9. Nebenkosten: Mancher Handwerker beweist eine unerschöpfliche Kreativität, wenn es gilt, die Rechnung aufzublähen. Da finden sich Posten wie Rüstzeiten, Aufwand für Auf- und Abbau von Gerüsten oder Hilfskonstruktionen, Gebühren für die Benützung von Spezialwerkzeugen usw. Ausweg: Solche Rechnungen auf keinen Fall akzeptieren, wenn diese Kosten nicht schon im Voranschlag enthalten waren.

10. Zeitschinder: Manche Handwerker arbeiten nicht nur extrem langsam, sondern versuchen auch noch, jede angefangene Stunde voll zu berechnen. Ausweg: Nur die echte Arbeitszeit minutengenau bezahlen.

11. Spesenritter: Häufig versuchen Notdienste beim Kunden auch dann abzukassieren, wenn sie den Schaden gar nicht beheben konnten. Ein Rohrreiniger zum Beispiel stellte in Stuttgart 250 Mark in Rechnung, obwohl er die verstopfte Leitung nicht freibekommen hatte. Ausweg: Nicht bezahlen!

12. Dauerlutscher: Mancher vielbeschäftigte Handwerksmeister nimmt Aufträge auch dann herein, wenn er sie aus Kapazitätsgründen gar nicht erledigen kann. Ausweg: Erscheint der Meister nicht zum vereinbarten Termin, muß man ihm eine angemessene Nachfrist setzen. Läßt er auch die ungenutzt verstreichen, kann

der Kunde vom Auftrag zurücktreten und ihm die durch seine Trödelei entstandenen Kosten sowie eventuell entstandene Folgeschäden in Rechnung stellen.

Der Kunde muß also mit allem rechnen, wenn der Handwerker zweimal klingelt. Und wenn er mal auf einen Meister stößt, der ihn nicht versetzt, sondern pünktlich zum verabredeten Termin erscheint, der nichts vergessen hat und nicht pfuscht, der keinen Dreck hinterläßt und ihm auch noch eine absolut korrekte Rechnung präsentiert, dann darf er sich zu seinem Glücksstreffer gratulieren. Die Wahrscheinlichkeit, daß ihm solches widerfährt, ist jedoch eher gering, wie die rapide zunehmenden Beschwerden vermuten lassen, die bei den Verbraucherzentralen und den insgesamt 42 Handwerkskammern täglich eingehen.

Die Methoden der Kölner Schlossergang ...
27 verschiedene Gewerbearten sind in der Anlage A der Handwerksordnung aufgeführt, sie reichen vom Brunnenbauer über den Weinküfer bis zum Zahntechniker, und in jeder Zunft gibt es schwarze Schafe. Doch in manchen Handwerkerberufen tummeln sich offenbar so viele schwarze Schafe, daß die weißen kaum noch wahrnehmbar sind. Zu besonderem Ruhm brachten es beispielsweise Schlüsseldienste, Fensterputzer, Türensanierer, Rohrreiniger sowie Dach- und Fassadenerneuerer.

Mit dreisten Marketingmethoden drängten manche dieser seltsamen Retter auch solchen Kunden ihre Dienste auf, die sie eigentlich gar nicht benötigten. Hat der Kunde jedoch erst mal mit dem Kopf genickt, dann ist er den selbsternannten Helfern für eine Weile rettungslos ausgeliefert. Im Nu haben sie das Türschloß ausgebaut, das Abflußrohr demontiert, die Fenster ausgehängt oder das Dach abgedeckt. Und just in diesem Moment pflegen sich dann allerlei Komplikationen einzustellen. Da bedürfen plötzlich auch die Türscharniere dringend einer Erneuerung, zeigt der Fensterrahmen Risse, wo vorher keine waren, braucht das Waschbecken einen neuen Siphon, kriechen aus dem Gebälk des Dachstocks plötzlich Holzwürmer oder braucht das Bad umgehend einen neuen Boiler.

282

Jahrelang trieb zum Beispiel in Süddeutschland eine Schlossergang ihr Unwesen, die aus dem Bedürfnis von Mietern und Wohnungsbesitzern nach Sicherheit ein einträgliches Geschäft machte. Das ging so: In die Briefkästen von Reihenhaussiedlungen oder Wohnblocks am Rande großer Städte ließen sie Werbezettel einwerfen, die den Anschein erweckten, als handele es sich um eine Sicherheitsüberprüfung im polizeilichen Auftrag. In Zweierteams klapperten daraufhin Monteure die Siedlungen ab. Wer auf ihr Klingeln reagierte, sah sich mit dem Hinweis konfrontiert, die Eingangstüre lasse sicherheitstechnisch zu wünschen übrig. Der Austausch des Standardschlosses gegen ein einbruchssicheres Sicherheitsschloß zum Beispiel koste im Rahmen dieser Sonderaktion lediglich 150 Mark.

Wer den autoritär auftretenden Handwerkern nachgab, sah alsbald seine Haustür aus den Angeln gehoben und sie ihres Schlosses sowie der Beschläge beraubt. Nun präsentierten die Monteure plötzlich eine Rechnung, die den ursprünglich genannten Preis fast um das 10fache übertraf. Die 150 Mark, so belehrten sie den überrumpelten Wohnungsinhaber, seien lediglich der Preis für den neuen Schloßzylinder, dazu kämen dann noch die Kosten für den Ein- und Ausbau, die Scharniere, Beschläge und weitere Sicherheitsmaßnahmen. Weigerte sich der düpierte Wohnungsinhaber kategorisch, das Geld herauszurücken, ließen sie alles stehen und suchten das Weite.

... und der Dreh der Dachdecker-Maffia

In allzu vielen Fällen aber hatten sie Erfolg und kassierten den weit überhöhten Preis für ein Schloß, das im Fachgeschäft für wenige Mark wohlfeil war. Manche dieser Drückerkolonnen hatten auch noch eine Variante auf Lager, und die ging so: Zahlungsunwilligen Kunden bauten sie zwar das alte Schloß wieder ein, reparierten es aber so, daß es sich fortan nicht mehr öffnen oder schließen ließ. So war der geleimte Wohnungsinhaber dankbar, wenn wenig später die nächste Monteurkolonne anrückte, die selbstverständlich derselben Gang angehörte.

Ähnlich wirkungsvoll operierte im Großraum Köln eine Bande von Dach- und Fassadenhaien, die in Zeitungsanzeigen mit preisgünstigen

Renovierungsangeboten auf sich aufmerksam machte. Der NDR *Ratgeber Technik* schilderte den Fall so: »Mit Franz Meyer, einem Opfer aus Köln, wurde eine Summe von 11 000 Mark verabredet. Bedingung bei diesem vermeintlichen Sonderangebot: Er mußte noch vor Arbeitsbeginn die Summe bar auf den Tisch legen. Einen Vertrag gab es nicht.«

Kaum hatte der Hausbesitzer gelöhnt, deckten ihm die kreglen Handwerker das Dach ab und machten sich aus dem Staub. Nachdem es tagelang freilag, kam ein anderer Vertreter der sauberen Firma und machte dem Kunden mit sorgenvollem Blick klar, daß die Kalkulation leider so nicht stimme. Die Dachfläche sei viel größer als angenommen, außerdem müsse man teureres Material verwenden, so daß sich die Gesamtsumme auf 31 000 Mark erhöhe. Dafür sei man bereit, ihm einen Skonto von 3700 Mark einzuräumen.

Da bereits eine Regenfront aufzog, die das Haus mit Wasser aufzufüllen drohte, gab der Hausbesitzer den Pressionen nach und zahlte nochmals 16 300 Mark drauf. Die Firma bestand auf sofortiger Barzahlung. Das Dach, das Herr Meyer für sein Geld bekam, gefiel ihm ganz und gar nicht, und er reklamierte sofort diverse Mängel. Die Firma schickte zwar einen Arbeiter, doch der beseitigte die Fehler nicht, sondern räumte kurzerhand 10 Quadratmeter gedeckter Fläche wieder ab.

Der Streit zog sich hin, doch am Ende hatte der Kunde das Nachsehen, denn die feine Dachdeckerfirma machte dicht, und Herr Meyer hatte zum Schaden von 27 000 Mark auch noch ein defektes Dach. Daß dies kein Einzelfall war, belegen die Akten der Kölner Kripo.

700 Mark für eine neue Wählscheibe

Auch die Redaktion des RTL-Verbrauchermagazins *Wie bitte?* wird überhäuft mit Klagen von Opfern dubioser Handwerksbetriebe, die für meist unzureichende Leistungen gewaltige Summen abkassiert haben. Häufig handelte es sich dabei um überhöhte Nebenkosten, die unter so sinnigen Begriffen wie Staub- oder Schmutzzulage, Rüstzeiten, Zusammenpacken von Arbeitsmaterial, Auftragsverwaltungsgebühr oder generell als »Verwaltungsaufwand« deklariert waren. Wie sich bei solcher Handwerker-Kultur ein kleines Problem zur ruinösen Reparaturaktion ausweiten kann, erfuhr die Münchnerin Isolde Hess. Die Rentnerin besaß ein Uralt-Telefon, bei dem die Wählscheibe nach langen Jahren des Gebrauchs ihren Geist aufgegeben hatte. Der Service-Mann von der Telenorma brauchte immerhin anderthalb Stunden, um eine neue Scheibe zu installieren, und bis hierher dachte sich die Kundin des zum Bosch-Konzern gehörenden Telefonbau-Unternehmens nichts Böses. Doch als die Rechnung kam, traf sie beinahe der Schlag. Für die Kleinreparatur stellte ihr die Telenorma knapp 700 Mark in Rechnung: 285 Mark Lohnkosten, zwei Anfahrten à 157 Mark sowie Ersatzteile. Als sie sich über die Höhe der Rechnung beschwerte, erließ ihr die Service-Firma großzügig die 157 Mark für die zweite Anfahrt. Ein neues Tastentelefon hätte die Rentnerin schon für weniger als 150 Mark bekommen.

Naturgemäß haben die Räuber in Latzhosen um so leichteres Spiel, je größer die Notlage ist, in der sich der Kunde befindet. Macht hat der Kunde nur so lange, bis er den Auftrag definitiv erteilt hat. Danach ist er dem Handwerker auf Gedeih und Verderb ausgeliefert. Deshalb das wichtigste Gebot im Umgang mit Handwerkern jeglicher Couleur: Vor Auftragserteilung alles niet- und nagelfest vereinbaren, und zwar nach folgenden Prinzipien:

1. Den Auftrag grundsätzlich schriftlich erteilen und dabei sämtliche Eventualitäten einkalkulieren. Bei größeren Summen grundsätzlich einen Anwalt einschalten.
2. Stets mehrere Angebote anfordern.
3. Vor Auftragserteilung bei der zuständigen Handwerkskammer Auskünfte über den ausgesuchten Anbieter einholen.
4. Im schriftlichen Auftrag folgende Punkte genau definieren: Art und Umfang der Leistungen, Zeitpunkt für Beginn und Beendigung der Arbeiten, Preis- und Zahlungsmodalitäten, Art und Umfang der Abnahme, Garantie- und Gewährleistungsansprüche sowie eventuelle Konventionalstrafen bei Nichteinhaltung der vorgegebenen Zeit oder der Qualitätsnormen.
5. Grundsätzlich keine Anzahlung leisten, sondern nach Abnahme

der geleisteten Arbeit bezahlen. Handelt es sich um ein länger-
währendes Projekt, kann Bezahlung nach Baufortschritt vereinbart
werden.

Kommt es trotz aller Vorsicht dennoch zum Streit, ist man als Kunde
entweder auf die Gerichte oder eine andere neutrale Instanz in Form
einer Schlichtungsstelle angewiesen. Da zivile Gerichtsverfahren für
gewöhnlich lange dauern und hohe Kosten verursachen können, ist
der Gang zum Schiedsgericht mitunter die bessere Alternative. Wie
das im einzelnen funktioniert, läßt sich einer Broschüre entnehmen,
die beim Presse- und Informationsamt der Bundesregierung angefor-
dert werden kann, Titel: *Schlichten ist besser als richten.*

Bauen und Wohnen:
Haie und kleine Gauner

Die größte Investition im Leben eines Normalbürgers birgt auch die
größten Risiken. In keinem anderen Bereich der Wirtschaft läuft der
Kunde Gefahr, so schnell so viel Geld zu verlieren wie beim Kauf einer Wohnung oder dem Bau eines Hauses. Und selbst die Mieter der
eigenen vier Wände müssen aufpassen wie Schießhunde, wenn sie auf
dem freien Wohnungsmarkt nicht bis aufs Hemd ausgeplündert werden wollen.
Auf der Lauer liegen hier nicht nur gierige Miethaie, schlitzohrige
Makler und trickreiche Bauträger, sondern auch die Vertreter eines
Gewerbes, das sich auf seine Seriosität viel zugute hält, in Wirklichkeit aber nur den eigenen Vorteil im Auge hat: die Vertreter der
Banken, Versicherungen und Bausparkassen. Dem geballten Sachverstand dieser Koryphäen, die es nur darauf abgesehen haben, unerfahrene Kunden abzuzocken, ist der arglose Immobilieninteressent in
den seltensten Fällen gewachsen. Das beginnt bei der Anmietung
einer schlichten 2-Zimmer-Wohnung und endet beim millionen-
schweren Fehlinvestment in überteuerte Schrottimmobilien.
52 Prozent der Bundesbürger wohnen zur Miete, aber weil Deutsch-

land nach wie vor ein Einwandererland ist und Hunderttausende von Wohnungen fehlen, müssen die Mieter den knappen Wohnraum teuer bezahlen. Trotz einer anhaltenden Rezession und einer Krise des Immobilienmarktes kosten freifinanzierte Wohnungen in Ballungsgebieten wie München, Stuttgart oder Frankfurt den Mieter bis zu 20 Mark pro Quadratmeter Wohnfläche im Monat. Und immer wenn ein Mieter umziehen will, läuft er Gefahr, um sein letztes Hemd gebracht zu werden. Solange auf dem Wohnungsmarkt die Nachfrage das Angebot übersteigt, muß er sich von Vermietern, Maklern und Hausverwaltern nahezu alles gefallen lassen. Zum Beispiel die unseligen Koppelgeschäfte, wenn der Vermieter oder Hausverwalter über eine Tarnfirma, die als Makler auftritt, zur Miete und Kaution auch noch die Maklerprovision einstreichen will. Obwohl solche Geschäfte verboten sind, werden sie nach wie vor in großem Stil praktiziert. Da Vermieter in vielen Teilen der Republik von der öffentlichen Hand selbst für heruntergekommene Bruchbuden Mieten bis zu 30 Mark pro Quadratmeter bezahlt bekommen, wenn sie Aussiedler oder Asylanten aufnehmen, sehen manche von ihnen keinen Grund, einheimischen Mietinteressenten entgegenzukommen. So wird mancher notdürftig bemalte Altbau als »total renoviertes Jugendstilhaus« offeriert. Keine Phrase ist ihnen zu abgedroschen, wenn es gilt, Mängel in Grundriß, Lage oder Bauausführung zu kaschieren.

Der Käufer ist immer der Dumme

Übers Ohr gehauen wird der Mietinteressent häufig auch bei den offerierten Quadratmetern, etwa wenn der Vermieter Dachschrägen, Balkone, Terrassen, Flure und Nebenräume voll der Wohnfläche zuschlägt. Da spielt es dann auch keine Rolle mehr, wenn der Vermieter nicht nur die Kaution, sondern auch die Zinsen dafür einsackt, wenn er dem Mieter die Kosten für aufwendige Schönheitsreparaturen aufbrummt und ihm überhöhte Nebenkosten in Rechnung stellt, die, je nach Größe und Standort der Wohnung, bis zu 50 Prozent der reinen Miete ausmachen können.

Abhilfe könnte nur ein erheblich vergrößertes Angebot an Mietwohnungen schaffen, doch auch auf diesem Markt der Eigentumswohnungen und Mietshäuser herrschen Zustände, die den Käufer fast immer benachteiligen.

Wer heute eine Wohnung oder ein Haus kaufen möchte, sieht sich einer Phalanx gewitzter Experten gegenüber, die über ein reichhaltiges Repertoire an Tricks und Täuschungsmanövern verfügen. Ziel aller Winkelzüge auf dem Immobilienmarkt ist es stets, dem Käufer oder Bauherrn einen zu hohen Preis abzuluchsen.

Transparent ist dieser Markt stets nur in bezug auf Geschäfte, die lange Jahre zurückliegen, denn sowohl Käufer als auch Verkäufer behandeln die tatsächlich gezahlten Preise aus den verschiedensten Gründen wie Staatsgeheimnisse. Mancher will nicht den Neid der Nachbarn erregen und stapelt deshalb tief, ein anderer brüstet sich mit einem nie erzielten Rekorderlös, ein dritter hat Angst, die Preise zu verderben, und alle gemeinsam eint das Interesse an möglichst geringen Steuern und Gebühren.

Die in den Zeitungen inserierten Preise spiegeln denn auch nicht die wahren Marktverhältnisse, sondern lediglich die Erwartungshaltung der Anbieter wider. Auch die von einzelnen Maklern oder Maklerverbänden veröffentlichten Preistabellen sind mit Vorsicht zu genießen, da sie häufig nur den Interessen der Profis dienen. So wurden für Berliner Gewerbeimmobilien noch im Frühjahr 1996 Mieten und Kaufpreise genannt, die von der Wirklichkeit des kollabierten Marktes so weit entfernt waren wie der Flughafen Schönefeld vom Brandenburger Tor. Nicht mal den offiziellen Statistiken über benötigten Wohn- oder Büroraum innerhalb einer Stadt ist zu trauen, denn auch diese reflektieren häufig eher das Wunschdenken von Stadtvätern und Anbietern als die tatsächlichen Marktverhältnisse.

Der Kunde muß also stets damit rechnen, daß ihm überhöhte Preise vorgegaukelt werden. Wen er auch anspricht – Makler, Architekten, Bauträger, Notare, Bürgermeister oder private Verkäufer, Banker oder die Vertreter von Versicherungen und Bausparkassen –, alle haben nur ein Interesse: Sie wollen ihm soviel Geld wie möglich abknöpfen.

In den Jahren des ungebrochenen Immobilienbooms schlossen sich die Reihen einer großen Koalition der Preistreiber. Bürgermeister und

Gemeinderäte sorgten jahrzehntelang dafür, daß zuwenig Bauland ausgewiesen wurde, da die erforderlichen Erschließungsmaßnahmen die Gemeindekassen belastet und günstige Baulandpreise die Grundstücksreserven der öffentlichen Hände entwertet hätten.

So stiegen zunächst die Grundstücks- und in deren Gefolge auch die Baupreise in immer neue Rekordhöhen. Weil die Architekten ihre Honorare geschickt an die Bausummen gekoppelt hatten, verdienten sie um so mehr, je teurer gebaut wurde. Und da niemand außer dem unerfahrenen Kunden an niedrigeren Preisen interessiert ist, leistet sich die deutsche Bauwirtschaft bis heute Organisationsformen, die sich seit dem Mittelalter nur unwesentlich verbessert haben.

Warum das Bauen so teuer ist

Statt wie die übrige Industrie die Kostenvorteile der Massenproduktion zu nutzen und alle Rationalisierungsmöglichkeiten bis ins letzte auszuschöpfen, präsentiert sich die Baubranche noch immer als ein von handwerklichen Traditionen geprägter Wirtschaftszweig mit geringer Effizienz. Längst ist nämlich erwiesen, daß in den heutigen Baukosten ungeahnte Reserven stecken. Rund 25 Prozent des Aufwands für ein durchschnittliches Mehrfamilienhaus gehen nach Untersuchungen unabhängiger Experten durch mangelnde Koordination, Unpünktlichkeit und Schlamperei verloren.

Weitere 25 Prozent könnten eingespart werden, wenn statt der handwerklichen Bauweise die industrielle Serienfertigung eingesetzt würde. Die in der ehemaligen DDR praktizierte Plattenbauweise könnte, durch vielfältiges Design verfeinert und mit den modernsten Techniken praktiziert, die Baukosten zumindest im Geschoßbau drastisch senken. Doch davon wollen alle am Bau Beteiligten nichts wissen, da ihnen die herkömmliche Mörtel- und Betonbauweise prächtige Renditen beschert.

So ist der Bau nach Auffassung von Unternehmensberatern wie Roland Berger der wohl rückständigste Bereich im produzierenden Gewerbe geblieben, und die Folgen haben ausschließlich die Käufer und Bauherren zu tragen. Deshalb erfordert der Quadratmeter Wohnfläche in Deutschland noch immer rund 3000 Mark an reinen Baukosten, während in Holland zum Beispiel schon komplette Häuser mitsamt Grundstück für nur 2000 Mark pro Quadratmeter angeboten werden, und zwar in durchaus vergleichbarer Bauqualität.

Seit Jahren fordern Verbraucherschützer wie die Experten des Bonner Bauministeriums eine »Entfeinerung« des an unzählige Normen und Vorschriften gebundenen deutschen Bauwesens und die Rückkehr zum billigeren Bauen, doch bisher verhallten derlei Appelle ungehört. Erst wenn sich die Käufer zurückhalten, wenn den Baufirmen die Aufträge ausgehen, Architekten vor den Arbeitsämtern Schlange stehen und Makler Sozialhilfe kassieren, wird in der Luxusbranche Bau die Vernunft einkehren.

Der Schwindel beginnt für den Kaufinteressenten eines Hauses oder einer Wohnung schon beim Studium der Inserate in den Samstagsausgaben der Tageszeitungen. Da wird gelogen, daß sich die Balken biegen, dies jedenfalls hat der Justitiar Frank-Georg Pfeifer vom Zentralverband der deutschen Haus-, Wohnungs- und Grundeigentümer e. V. festgestellt. Nur der Kundige vermag aus dem Wortmüll der Inserate den Wahrheitsgehalt herauszudestillieren, denn Immobilienanzeigen sind mindestens ebenso kunstvoll chiffriert wie Arbeitszeugnisse. *Augen auf beim Hauskauf* betitelte Jurist Pfeifer ein Wörterbuch, mit dem er Interessenten beim Dechiffrieren helfen möchte. Hier ein paar Auszüge:

»wenige Autominuten von der City«	=	miese Stadtrandlage ohne Bahn und Busanbindung;
»gut erhalten«	=	renovierungsbedürftige Hütte;
»in unberührter Natur«	=	wo Fuchs und Hase sich gute Nacht sagen;
»herrlicher Seeblick«	=	von irgendeinem Zipfel des Grundstücks aus ist mit dem Fernglas an klaren Tagen möglicherweise etwas Wasser am Horizont auszumachen;
»stilvolles, jugendliches Ambiente«	=	höllisch lautes Kneipenviertel;

Einfamilienhaus ohne Zusatz »freistehend«	=	mickriges Reihenmittelhaus;
Grundstücksgröße fehlt	=	Grundstück ist handtuchgroß und total verschnitten;
Etagenwohnung ohne weiteren Hinweis	=	eine Wabe in einem Hochhaus;
zentrale Lage ohne Zusatz »ruhig«	=	der Verkehr tobt ums Haus;
Angabe des Baujahrs fehlt	=	Uralt-Immobilie;
»parkartiges Ambiente«	=	mickriger Schrebergarten;
»experimenteller Wohnungsbau«	=	eine mittlere Planungskatastrophe;
»Nähe Supermarkt«	=	ab 5 Uhr früh rumoren die Lieferanten;
»idyllische Hanglage«	=	feuchter Keller und permanente Erdrutschgefahr;
»Luxuseinfamilienhaus«	=	ein aufgemotztes Spießerhäuschen, echte Luxushäuser werden als »Traumhaus« inseriert.

Hat der Inserent die Spreu vom Weizen getrennt und nach langen Irrfahrten endlich das richtige Objekt gefunden, muß er sich mit der nächsten Plage herumschlagen: dem Makler. Vor allem in Ballungsräumen haben Makler den Immobilienmarkt fast vollkommen im Griff. Auch wenn ein Verkäufer selbst inseriert, hat der Kunde kaum eine Chance, an der Maklerprovision vorbeizukommen. Denn nichts machen die Vertreter der Maklerzunft lieber, als auf Privatinserate zu antworten. Dabei geht es ihnen nur darum, neue Objekte ausfindig zu machen, damit sie den Kunden zur Kasse bitten können. Bis zu 6 Prozent (plus Mehrwertsteuer) von der Kaufsumme verlangen sie für ihre Dienste, auch wenn sie dem Kunden nicht viel mehr zu bieten haben als den Nachweis einer Adresse.

Die Tücke des Maklerrechts

Tückisch wird das Maklerrecht für den Interessenten vor allem dann, wenn er das gleiche Objekt von verschiedenen Maklern angeboten bekommt. Dann kann es ihm nämlich leicht passieren, daß er die üppige Provision gleich doppelt und dreifach bezahlen muß.

So erging es dem Berliner Ingenieur Wolfgang Wengeler, der eine 365 000 Mark teure Eigentumswohnung kaufte, die von einer Maklerfirma per Zeitungsinserat angeboten wurde. Zwei Monate vorher hatte er dieselbe Wohnung, allerdings zu einem weit höheren Preis, von einem anderen Makler offeriert bekommen. Als ihm beide Vermittler ihre Dienste in Rechnung stellten, wandte er sich an die Verbraucherberatung, die ihm empfahl, nur den Makler des ersten Angebots zu bezahlen: »Das war«, wie er inzwischen weiß, »ein verhängnisvoller Fehler«, notierte der *Spiegel*, der den Fall aufgriff.

Die zweite Maklerfirma zog vor Gericht, und am Ende bekam sie recht. In zweiter Instanz verurteilte das Berliner Kammergericht den Ingenieur, die Maklerprovision ein zweites Mal zu bezahlen. Zusätzlich mußte er dann auch noch die Zinsen, Gerichtskosten und Anwaltsgebühren berappen, so daß sich seine Wohnung um rund 65 000 Mark verteuerte. Die Verbraucherschutzverbände raten deshalb dringend, vor dem Abschluß eines Kaufvertrages einen Rechtsanwalt zu konsultieren.

Verhindern können Anwälte freilich nicht, daß der Interessent eine wirtschaftlich falsche Entscheidung trifft. Vor allem dann, wenn Eigentumswohnungen oder ganze Häuser zum Zweck der Geldanlage gekauft werden, ist das Risiko groß, daß der unerfahrene Interessent den Versprechungen der Immobilienprofis auf den Leim geht. Fast immer versuchen die nämlich, das Objekt günstiger darzustellen, als es tatsächlich ist. Geschummelt wird beim Preis, bei den erwarteten Erträgen, den Steuervorteilen und dem prognostizierten Wertzuwachs.

Preis:

Entscheidend ist nicht so sehr die absolute Höhe, sondern vielmehr das Verhältnis des Gesamtpreises zu den Mieteinnahmen. Als Faustregel gilt, daß die Mieteinnahmen die Zinsbelastung für das aufgenommene Fremdkapital samt Tilgung sowie eine auskömmliche Verzinsung des eingesetzten Eigenkapitals decken sollen. Tun sie das nicht, ist das Objekt zu teuer. Je nach Lage darf das Objekt nicht mehr als das 13- bis 17fache der jährlichen Mieteinnahmen kosten. Zum eigentlichen Verkaufspreis muß der Erwerber beträchtliche Nebenkosten mit einkalkulieren, nämlich die Provision des Maklers, die Gebühren des Notars, die Grunderwerbsteuer, die Gebühren für die Eintragungen ins Grundbuch und jene für die Bestellung der fälligen Grundschuld. Zusammen machen diese Nebenkosten im Schnitt 7 bis 8 Prozent der Kaufsumme aus und sind bei allen Wirtschaftlichkeitsberechnungen mit zu berücksichtigen.

Ertrag:

In Baisse-Zeiten, wie sie momentan auf dem Immobilienmarkt herrschen, können die Mieteinnahmen wesentlich geringer ausfallen, als der Verkäufer verheißt – von den versprochenen Mietsteigerungen ganz abgesehen. Deshalb sollte sich der Interessent aus anderen Quellen über die tatsächlich erzielbaren Mieten genau informieren.

Steuervorteile:

Mit Vorliebe präsentieren professionelle Bauträger und Immobilienverkäufer geschönte Steuerrechnungen, die auf einem angenommenen Spitzensteuersatz von 53 Prozent basieren. Tatsächlich aber müssen auch gutverdienende Käufer nur selten den vollen Spitzensatz abführen, der ein Nettoeinkommen von 240000 Mark (bei Verheirateten) nach Abzug aller Werbungskosten und Sonderausgaben voraussetzt. Zahlt der Interessent einen geringeren Satz, fallen die Steuervorteile naturgemäß kleiner aus, und damit sinkt auch die Gesamtrendite des Objekts.

Wertzuwachs:

Zwar gab es bei Immobilien während der achtziger Jahre einen lang anhaltenden Preisauftrieb, doch daß die Preise für Wohnungen und Häuser auch einmal fallen können, zeigte sich schon mehrfach in den vergangenen Jahrzehnten. Nach der Ölkrise von 1973 gaben die Preise ebenso nach wie im Jahr 1979, und die jüngste Baisse nahm ihren Anfang 1994. Solche Krisenzeiten pflegen viel von den nur auf dem Papier stehenden Wertzuwächsen früherer Jahre wieder aufzuzehren.

Alle Prognosen über zukünftige Wertsteigerungen sind deshalb mit größter Skepsis aufzunehmen und dürfen keineswegs als gesicherte Bestandteile einer Wirtschaftlichkeitsberechnung gelten.

Das finanzielle Ergebnis einer Investition in Immobilien verschlechtert sich weiter, wenn man von den Mieteinnahmen auch noch, wie es Profis ganz selbstverständlich tun, eine Reserve für Instandhaltung und Verwaltung des Objekts abzieht und zur aufgenommenen Hypothek sämtliche Nebenkosten der Kreditfinanzierung addiert.

Geschickte Verkäufer präsentieren ihren Kunden häufig Finanzierungsmodelle, die eine große Portion Illusion beinhalten, etwa wenn durch ein hohes Disagio (die Differenz zwischen der vereinbarten Kreditsumme und dem tatsächlich ausbezahlten Betrag) eine kurze Zinsbindung und fehlende Tilgung in den ersten Jahren nach dem Kauf optisch niedrige Raten ausgewiesen werden. Solche Modelle sind schon deswegen unseriös, weil sie die Risiken verschweigen, die nach dem Auslaufen der Zinsbindung, also nach etwa drei oder fünf Jahren, auf den Erwerber zukommen, wenn dann gerade eine Hochzinsphase herrscht.

Ein Zuschuß, der den Ruin bedeuten kann

Seriöse Finanzierungsmodelle werden deshalb immer für eine Laufzeit von zehn bis fünfzehn Jahren errechnet. Absolut unseriös sind hingegen Angebote, die dem naiven Interessenten nicht bloß eine hochrentable Immobilie schmackhaft machen wollen, sondern ihm auch noch zusätzliches Bargeld versprechen. Dieses sogenannte Liquiditätsmodell funktioniert so: Man nehme eine vermietete Wohnung im Wert von, sagen wir, 150000 Mark und offeriere sie einem arglosen Kunden zu 250000 Mark. Damit dieser Gefallen an dem überteuerten Objekt findet, bietet man ihm eine 100-Prozent-Finanzierung an und dazu noch ebenjenen Barbetrag, den man als »Mietzuschuß« oder auch »Renovierungskostenzuschuß« deklariert.

Der Käufer braucht also kein Eigenkapital und bekommt obendrein sofort bei Vertragsabschluß noch etwa 30000 Mark bar ausbezahlt. Daß das scheinbar vorteilhafte Liquiditätsmodell seinen sicheren Ruin bedeuten kann, geht ihm möglicherweise erst später auf, wenn er feststellt, daß die Miete, die ihm die Wohnung bringt, bei weitem nicht ausreicht, Zins und Tilgung des viel zu hohen Hypothekendarlehens zu decken. Er wurde Opfer einer raffinierten Dreierbande, bestehend aus dem Verkäufer, dem Vermittler und der Bank. Der Verkäufer verdient an der Wohnung brutto rund 100000 Mark, davon gibt er dem Vermittler eine Provision von vielleicht 30000 bis 40000 Mark, und das finanzierende Kreditinstitut kassiert viele Jahre lang die Zinsen für ein Darlehen, das in dieser Höhe nie hätte vergeben werden dürfen.

Tausende gutgläubiger Immobilienkäufer sind auf diese Weise in den letzten Jahren betrogen worden, und für viele von ihnen entwickelte sich der Wohnungskauf zum finanziellen Desaster. Sie müssen nämlich nicht nur laufend Geld zuschießen, notfalls die Zwangsversteigerung ihrer Wohnung erdulden und der Bank bis an ihr Lebensende Zinsen zahlen, sondern in vielen Fällen auch noch strafrechtliche Konsequenzen in Kauf nehmen.

Wenn der Käufer nämlich der Bank den erhaltenen Liquiditätszuschuß verschweigt und sie auch noch über seine Einkommens- und Vermögensverhältnisse getäuscht hat (um das überhöhte Darlehen zu bekommen), macht er sich des Betrugs schuldig. Wird die Wohnung zum Beispiel zwangsversteigert, weil er die monatlichen Raten nicht bezahlen kann, und der Erlös ist geringer als die Restschuld bei der Bank, muß er mit einer Strafanzeige rechnen. Daß er sich schuldig gemacht hat, erfährt der naive Käufer oft erst jetzt, denn die cleveren Vermittler aus der Immobilienszene pflegen die Selbstauskünfte und Einkunftsnachweise ihrer Kunden mitunter zu »frisieren«, ehe sie die Papiere bei der Bank einreichen. Deshalb: Hände weg von solchen Liquiditätsmodellen!

Mindestens 20 Prozent Eigenkapital sollten immer vorhanden sein, sonst lohnt sich der Kauf einer Immobilie nie! Die für die Fremdfinanzierung benötigten Unterlagen wie Selbstauskünfte oder Einkunftsnachweise nie einem Vermittler übergeben, sondern immer direkt mit dem Kreditinstitut verhandeln.

Unerschöpfliche Trickkiste der Anbieter

Unerschöpflich ist die Trickkiste der Makler, Bauträger und Immobilienverkäufer, wenn es gilt, Kunden zu ködern. Ziel ist es immer, den Interessenten Vorteile vorzutäuschen, die in Wahrheit höchst nachteilig sind. Sie werben mit Renditen, die nur auf dem Papier stehen, mit Wertsteigerungen, die ihrer Phantasie entspringen, und Steuervorteilen, über die der Fiskus eine ganz andere Meinung hat. Vor allem im deutschen Osten droht mit dem Auslaufen der 50prozentigen Sonderabschreibung Ende 1996 auf dem Immobilienmarkt ein Desaster ohnegleichen.

Angelockt von den hohen Steuervorteilen der Gebietsförderung in den neuen Bundesländern und Berlin, investierten zahllose gutverdienende deutsche Bundesbürger riesige Summe in Immobilien, für die es keinen Markt gibt. Schon heute zieren zahllose Neubauruinen das Gebiet zwischen Rostock und Rügen, Berlin und Bautzen. Für die Luxuswohnungen, Bürofluchten, Supermärkte und Einkaufszentren finden sich keine Mieter, weil den massenhaft arbeitslosen Ostdeutschen schlicht die Kaufkraft fehlt, um die sündteuer gebauten Objekte zu nutzen.

Für die Westinvestoren bahnt sich hier eine ähnliche Katastrophe an wie zu den Zeiten, als das berüchtigte Bauherren-Modell auslief. Auch damals wurden Milliarden in überflüssige Immobilien fehlinvestiert – und es dauerte Jahrzehnte, bis sich die geschädigten Anleger von den Folgen ihrer Steuerspargeschäfte erholt hatten. Das Desaster dürfte diesmal noch schlimmer ausfallen, denn die Summen, die im deutschen Osten investiert wurden, übertreffen das Volumen der Bauherren-Modelle um ein Vielfaches.

Angeschmiert sind jedoch nicht nur die Kunden vieler Bauträger und Initiatoren, sondern auch die Zeichner von Anteilen an Geschlossenen Immobilienfonds mit Steuersparobjekten im deutschen Osten. Die einen wie die anderen lockten ihre vermögende Klientel häufig mit sogenannten Mietgarantien. Das heißt, der Verkäufer oder eine von ihm gegründete Tochtergesellschaft haftet für den Eingang der Mietzahlungen in den ersten Monaten nach Fertigstellung des Objektes.

296

Mietgarantien, die nichts wert sind

Der garantierte Geldfluß freilich war in vielen Fällen nur eine Fata Morgana. Denn die Summen, die die Initiatoren ihren Kunden auf diese Weise zukommen ließen, hatten sie ihnen vorher über überhöhte Kaufpreise aus der Tasche gezogen. Fanden sich auch nach Monaten oder Jahren für die am Markt vorbeigeplanten Investitionsruinen keine echten Mieter, so meldete die für die Mietgarantie einstehende Firma einfach Konkurs an. Meist handelte es sich dabei um eine simple GmbH mit nur 50 000 Mark Grundkapital.

Andere Fonds-Gesellschaften versuchten sich aus der Klemme zu befreien, indem sie die Fertigstellung der Objekte möglichst lange hinauszögerten, da die Mietgarantie erst nach der Endabnahme wirksam wurde. So erging es den Eigentümern eines Handels- und Gewerbezentrums in der Berliner Gottlieb-Dunkel-Straße ähnlich wie ihren Kollegen, die sich im Leipziger Stadtteil Plagwitz engagiert hatten.

80 Prozent aller Geschlossenen Fonds, die Immobilien in den neuen Bundesländern wie im Osten Berlins finanzierten, sind Flops, behauptet Deutschlands bekanntester Anlageschützer, Heinz Gerlach. Den Rahm schöpften allemal die Fonds-Initiatoren ab, etwa wenn sie billig eingekaufte Grundstücke an die eigene Fonds-Gesellschaft teuer verscherbelten oder wenn sie ihre Kunden mit hohen Ausgabeaufschlägen über den Tisch zogen, hinter denen sich meist nur hohe Gehalts- und Spesenzahlungen an die Initiatoren verbargen. Erst in letzter Zeit verbesserten sich die Aussichten der geprellten Anteilseigner, per Gericht doch noch etwas von ihrem verlorenen Geld wiederzubekommen. Denn in zwei aufsehenerregenden Urteilen stellte der Bundesgerichtshof fest:

1. Wer in Prospekten für Immobilienobjekte wirbt, haftet für die Richtigkeit der gemachten Versprechungen und muß die Risiken der Anlage ebenfalls korrekt darstellen (Az.: II ZR 95/93).

2. Sämtliche Ansprüche aus der Prospekthaftung bleiben 30 Jahre lang bestehen (Az.: VIII ZR 36/93).

Auf diese Urteile können sich geprellte Anleger berufen, wenn sie gegen unseriöse Bauträger und Fonds-Initiatoren zu Felde ziehen. Ein Rechtsstreit freilich, der sich über Jahre hinziehen kann und hohe Kosten verschlingt, sollte nur dann in Erwägung gezogen werden, wenn vom Prozeßgegner überhaupt noch etwas zu holen ist.

Vom undichten Abfluß bis zum bröckelnden Putz

Läßt schon die finanzielle Konstruktion von Bauträgern und Fonds-Initiatoren zu wünschen übrig, so ist die bautechnische Ausführung vieler Immobilien ein wahrer Graus. Pfusch am Bau, seit Jahren ein Thema leidgeprüfter Häuslebauer und Wohnungskäufer, entwickelte sich auf dem Höhepunkt der Branchenkonjunktur, also zwischen 1992 und 1994, zum wahren Flächenbrand. Egal ob die Kunden der deutschen Bauwirtschaft lediglich ein kleines Häuschen am Stadtrand errichten ließen, ob sie eine angeblich total renovierte Altbauwohnung kauften oder ob sie in Gewerbeimmobilien investierten – was sie für ihr Geld bekamen, trieb ihnen am Ende nicht selten die Tränen in die Augen.

Vom undichten Abflußrohr über den bröckelnden Putz bis hin zu tiefen Mauerrissen und undichten Dächern reicht die Liste der Mängelrügen, die zum Beispiel vom Bund privater Kapitalanleger registriert wurden. Die von Heinz Gerlach geleitete Organisation hat darum eine *Checkliste für die Qualität der Bauausführung und Gebäudeausstattung* entwickelt, die es Kapitalanlegern und Wohnungskäufern ermöglichen soll, ohne besondere Fachkenntnisse die Bauqualität von Bauträgern und Initiatoren abzuklären.

Weil die Eigentümer mit der laufenden Kontrolle der Bauarbeiten fast immer überfordert sind, verlangt Gerlach die Überwachung aller größeren Investitionsobjekte durch unabhängige Sachverständige, von Organisationen wie etwa der TÜV-Bau- und Betriebstechnik GmbH, einer Tochter der Technischen Überwachungsvereine. Wie notwendig eine solche Kontrolle selbst beim Bau eines Einfamilienhauses wäre, zeigt die Beschwerdeflut, die bei den Architekten- und Handwerkskammern eingeht.

Bruchbuden vom Fußballstar?

Typisch für die Art, wie zu den Zeiten, als sich die Baufirmen vor Aufträgen nicht retten konnten, geflickschustert wurde, ist der Fall einer Neubausiedlung in Nächst Neuendorf, 40 Kilometer außerhalb Berlins in Brandenburg gelegen. Die Firma Spreewald Immobilien, an der der ehemalige Fußballstar Paul Breitner beteiligt ist, baute dort 33 Einfamilienhäuser, die zwischen 400000 und 500000 Mark kosten sollten und damit recht preiswert erschienen. Inzwischen freilich ist einigen Käufern der etwa 160 Quadratmeter großen Fertighäuser aus tschechischer Produktion die Freude vergangen.

»Breitner hat uns eine Bruchbude angedreht«, befindet zum Beispiel der Hauseigentümer Michael Hübschen. Im Haus des Informatikers stand nach jedem Regen das Wasser knietief im Keller. In den Wänden zeigten sich Risse, im Bad blätterten die Kacheln ab. Enttäuscht zeigte sich auch der Bürgermeister, dem die Breitner-Firma für die Baugenehmigung die Errichtung eines Kinder- und Jugendhauses versprochen hatte, auf die er Ende 1995 immer noch wartete. Heinz Rauhhut: »Die meisten Hauseigentümer sind sehr aufgebracht, weil ihnen seit über einem Jahr nur leere Versprechungen gemacht wurden.« Ende 1995 bot die zwei Jahre alte Siedlung ein trostloses Bild: Zwischen den Häusern wucherte das Gras, nirgendwo waren die Außenanlagen fertig. Nach jedem Regen bildeten sich vor den Häusern kleine Seen, weil die Entwässerung nicht funktionierte, viele Bewohner klagten über gravierende Baumängel. Einige wollen gegen das Immobilienunternehmen, das ähnliche Häuser auch in Stralsund und in der Gegend von Halle und Leipzig errichtete, gerichtlich vorgehen. Breitners Mitgesellschafter Wolfram Spor verteidigte den Pfusch am Bau laut *Bild am Sonntag* so: »Wer ein Haus für 430000 Mark kauft, kann sich nicht beklagen. Das ist eben keine Luxusvilla.«
Ein Trost für geschädigte Bauherren und Wohnungskäufer: Nach der jüngsten Rechtsprechung des Bundesgerichtshofes verjähren die Garantieansprüche an Bauunternehmer nicht mehr, wie früher üblich, bereits nach fünf Jahren, sondern erst wesentlich später, nämlich nach 30 Jahren (Az.: VII ZR 5/91). So lange haften also Baufirmen für Folgeschäden schlampig ausgeführter Bauarbeiten.

Als Mahnmal deutscher Baukunst läßt der im Hochwasser des Rheins abgesoffene Bonner Schürmann-Bau ebenso grüßen wie die eingestürzte »Berliner Auster« und die vielen von Rissen durchzogenen und dadurch akut einsturzgefährdeten Autobahnbrücken aus Spannbeton, die den deutschen Steuerzahler Milliarden kosteten. Wen kümmern angesichts solcher Glanzleistungen, die bis heute ungesühnt blieben, die undichten Dächer, verstopften Abflußrohre und schiefen Estriche, mit denen sich die Kunden einer Branche herumärgern müssen, die das Wort »Verantwortung« aus ihrem Vokabular offenbar längst gestrichen hat!

Finanzielles Desaster bei Ferienhäusern
Wohin sich der Kunde, auf der Suche nach eigenen vier Wänden, auch wendet – er ist immer der Dumme. Versucht er zum Beispiel, den prohibitiven Preisen des deutschen Baukartells zu entkommen, indem er nach einem Ferienhäuschen oder einem Alterssitz in den südlichen Gefilden Europas Ausschau hält, dann gerät er nicht selten vom Regen in die Traufe. Denn auch jenseits der deutschen Grenzen lauern die Immobilienhaie gleich im Rudel auf Beute. Zehntausende Bundesbürger verloren ihr Hab und Gut im Sand der spanischen Mittelmeerküste, fast ebenso viele wurden gefleddert auf den Eilanden der Balearen und der Kanaren, und auch auf dem fruchtbaren Boden der Toskana wurde viel deutsches Geld verbuddelt. Auch hier ließen sich vertrauensselige Klienten verlocken von scheinbar günstigen Preisen und der Illusion einer heilen Welt voller Palmen, Wein und Sonnenschein. Die Wirklichkeit freilich trug das häßliche Gesicht miserabler Bauqualität, überzogener Termine, endloser Schlampereien und glatten Betrugs.
Das Gemäuer, das die Deutschen hingestellt bekamen, war in vielen Fällen nicht mal einen Bruchteil dessen wert, was man dafür gelöhnt hatte, und fing nach einem oder zwei Jahren häufig an zu zerbröseln. Und selbst jene Bungalows und Appartements zwischen der Costa Brava und Marbella, die die ersten Sommer unbeschadet überstanden, entwickelten sich zum finanziellen Abenteuer, als der spanische Staat anfing, an der Steuerschraube zu drehen, und die Verwaltungs-

gesellschaften Wasser, Strom und Telefon zu Luxusgütern deklarierten.

Das billige Leben unter südlicher Sonne verursachte so alsbald Kosten, die jenen in München, Frankfurt oder Hamburg in nichts nachstanden. Wer nun versuchte, sein windschiefes Ferienhäuschen wenigstens ohne Verlust abzustoßen, mußte sich alsbald eines Besseren belehren lassen, denn allein in Spanien warteten 1995 weit über 100 000 gebrauchte Ferienimmobilien auf Käufer.

Die Sünden der Baufinanzierer

Wenn viele Bundesbürger, die sich für ihre Immobilien jahrelang krummgelegt haben, von der Baubranche so gnadenlos abgezockt werden konnten, dann hat ein Gewerbe dazu kräftig beigetragen, das allzu gern den Deckmantel der Seriosität über seine Geschäfte breitet: die Baufinanzierer.

Banken und Hypothekenbanken, Sparkassen und Bausparkassen, Versicherer und Kreditvermittler – die gesamte Finanzbranche, der wohl mächtigste Wirtschaftszweig überhaupt – versuchen sich am Häuslebauer und Wohnungskäufer schadlos zu halten. Naturgemäß gelingt ihnen dies am besten beim ersten Mal, wenn der Immobilieninteressent noch keinerlei Erfahrung mit den Finanzierungshaien hat.

Sein Unheil fängt für gewöhnlich mit der falschen Beratung an. Dringend warnen die Verbraucherschützer davor, Werbesprüche wie »Kaufen ist billiger als Mieten« ernst zu nehmen, denn in Wirklichkeit ist es umgekehrt. Wer glaubt, mit der ersparten Miete und den (geringen) Steuervorteilen einer selbstgenutzten Wohnung deren Kauf finanzieren zu können, unterliegt einem folgenschweren Irrtum. Die eiserne Regel der Immobilienbranche, wonach mindestens 20 Prozent der gesamten Aufwendungen mit Eigenkapital gedeckt sein müssen, gilt auch für die eigenen vier Wände.

Über die richtige Mixtur der Fremdfinanzierung sind schon unzählige Artikel in Fachzeitschriften, Wirtschaftsmagazinen und sogar Publikumszeitschriften geschrieben worden, und auch in den Buchhandlungen finden sich jede Menge einschlägiger Titel zu diesem

Thema. Dennoch versuchen auch hier nicht wenige Autoren, ihre Kundschaft im Sinn anonymer Auftraggeber zu beeinflussen. Mal geht es darum, die Vorteile der Hypothekendarlehen ins rechte Licht zu rücken, mal wird das Baugeld von der Lebensversicherung gelobt, ein anderes Mal den Bausparkassen ein Bonbon zugeschoben.

Die Krux bei der Finanzierung ist, daß sie sich kaum über einen Leisten schlagen läßt, sondern individuell an die Bedürfnisse des einzelnen Interessenten angepaßt werden muß. Am besten ließe sich das theoretisch natürlich mit einem Computerprogramm bewerkstelligen, und tatsächlich operieren inzwischen die meisten Finanzierungsberater mit Laptop und PC. Doch die im Handel erhältliche Finanzierungssoftware für Bauherren hat ihre Tücken. Das Fachblatt *Finanztest* zum Beispiel kam nach einer gründlichen Erprobung von acht verschiedenen Software-Paketen zu dem Schluß: »Die meisten Programme rechnen falsch.«

Da wurden reihenweise die Effektivzinsen falsch berechnet, da fehlten die genauen Zahlungstermine für Zins- und Tilgungsraten sowie für die Versicherungsprämien, und manchmal stimmte auch die Steuererrechnung nicht. Ist die Optimierung der möglichen Darlehensform schon schwierig genug, so lauern in den Verträgen mit jedem der möglichen Kreditgeber zahlreiche Fallen, die den Baulustigen ganz schön teuer zu stehen kommen können.

Banken:

Wenn sich der Interessent blindlings auf seine Hausbank verläßt, die ihm das Gehaltskonto führt, dann zahlt er häufig zu hohe Zinsen. Besser ist es, er holt von den verschiedensten Instituten Hypothekenangebote ein und handelt dann die offerierten Zinssätze nochmals herunter.

Fast immer versuchen die Institute ihre Kunden in einer Hochzinsphase zum Abschluß langfristiger Verträge zu bewegen, während sie in Zeiten niedriger Zinsen gerne zu Hypotheken mit variablem Zinsfuß raten. Klar, so nutzen sie alle Vorteile für sich, doch für den Bauherrn bekömmlicher ist genau das umgekehrte Verhalten.

Beide Formen der Hypothek freilich haben ihre Tücken. Nimmt er Baudarlehen mit variablem Zinssatz, dann muß er damit rechnen, daß ihm die Bank sofort höhere Zinsen in Rechnung stellt, sobald sich irgendein Leitzins (Diskont, Lombard usw.) nach oben bewegt. Sinken jedoch die Leitzinsen, wird die Bank versuchen, die Anpassung so lange wie möglich hinauszuschieben. Wer sich hier betrogen fühlt, kann sich auf ein Urteil des Oberlandesgerichts Celle berufen (Az.: 3 U 240/90), in dem genau festgelegt ist, wann und in welcher Höhe Banken Änderungen des Zinsniveaus weitergeben müssen.

Die Festzinshypothek wiederum hat den Nachteil, daß sie den Kunden für lange Zeit (meist 5 oder 10 Jahre) zu regelmäßigen Zahlungen verpflichtet. Will er zum Beispiel nach einer Erbschaft sein Restdarlehen auf einmal ablösen, bittet ihn die Bank über die noch ausstehende Summe hinaus zur Kasse. Für den entgangenen Zinsgewinn verlangt sie die sogenannte Vorfälligkeitsentschädigung, und dabei wird nicht selten kräftig gemogelt. Der Hamburger Professor Dr. Udo Reifner vom Institut für Finanzdienstleistungen und Verbraucherschutz (IFV): »Die meisten Kreditinstitute ignorieren die von der Rechtsprechung vorgegebenen Methoden.«

2 Milliarden »Lösegeld« für die Banken
Das IFV untersuchte 293 Fälle einer vorzeitigen Hypothekentilgung und verglich die von den Banken verlangten Ablösesummen mit den korrekt errechneten Beträgen. Ergebnis: Im Durchschnitt verlangten die Institute 105 Prozent zuviel. Den Vogel schoß die Nürnberger Hypo ab, die gleich das 84fache des ihr zustehenden Betrags abkassierte. Bei der Bayerischen Hypotheken- und Wechselbank, die mit 23 Fällen im Test vertreten war, zahlten die Kunden im Schnitt rund 23 000 Mark zuviel. Wenn man davon ausgeht, daß die Deutschen pro Jahr Hypotheken im Wert von rund 40 Milliarden Mark umschulden, bleiben bei dem derart großzügig errechneten »Lösegeld« rund zwei Milliarden Mark zuviel in den Kassen der Banken hängen.
Noch schlechtere Karten haben jene Kunden, die eine Hypothek mit Disagio wählten. Wird zum Beispiel ein Darlehen über 100 000 Mark mit 10 Prozent Disagio beantragt, dann zahlt die Bank nur 90 000 Mark aus und berechnet dafür niedrigere Zinssätze. Das hat zunächst steuerliche Vorteile, doch wenn der Kunde das Darlehen vorzeitig tilgen

will, dann kann es ihm passieren, daß die Bank die volle Darlehenssumme (in diesem Fall also 100 000 Mark) zurückhaben will, obwohl sie ja nur 90 Prozent davon ausbezahlt hat. Korrekt dürfte sie nur jenen Teil des Disagios vereinnahmen, der nach der Länge der nicht erfüllten Restlaufzeit zu berechnen wäre. Noch immer fallen unerfahrene Kunden auf diesen Trick herein und zahlen der Bank zuviel Geld zurück.

Versicherungen:

Als größte Kapitalsammelstelle der Nation mischen die Lebensversicherer im Geschäft mit Baudarlehen kräftig mit. Obwohl ihre Konditionen meist einen Tick günstiger sind als jene der konkurrierenden Banken und Sparkassen, versuchen auch sie gelegentlich, den Kunden für dumm zu verkaufen. In ihren Angeboten nennen sie für gewöhnlich nämlich nur den Effektivzins der Darlehen, nicht jedoch die gesamten Kosten ihres Finanzierungspakets – und das verstößt, meint jedenfalls Udo Reifner, gegen das seit 1991 bestehende Verbraucherkreditgesetz.

Der Kunde nämlich, der sich von den optisch niedrigeren Zinsen des Versicherungsdarlehens blenden läßt, muß hinterher um so tiefer in die Tasche greifen, weil er ja zu seinen Finanzierungskosten noch den Aufwand für die (im Vergleich zu Hypotheken) niedrig verzinste Lebensversicherung hinzurechnen muß, ohne die die Assekuranzkonzerne ihr Baugeld meistens nicht hergeben. Möglicherweise wird der Bundesgerichtshof diese Praxis für nichtig erklären und damit den Hypothekenkunden der Lebensversicherer ein Anrecht auf Erstattung zuviel bezahlter Beiträge verschaffen.

Bausparkassen:

Wie die Versicherer sind auch die Vertreter der Bausparkassen mehr an ihrem eigenen Wohl als an dem der Kunden interessiert. Dies jedenfalls ergibt sich aus Untersuchungen der Stiftung Warentest wie des WDR Wirtschaftsmagazins *Plusminus.* Als die Berliner Tester 1994 die Beratungsqualität von 33 Bausparkassen überprüften, erhielt über ein Drittel das Verdikt »mangelhaft«. Insgesamt führten die Tester 165 Beratungsgespräche, und davon fielen fast 40 Prozent »mangelhaft« oder »sehr mangelhaft« aus. Häufigster Punkt der Kritik: Die

Kassenvertreter wollten ihren Kunden zu hohe Vertragssummen aufs Auge drücken und ihnen damit kaum zu bewältigende finanzielle Lasten aufbürden.

Klar: Je höher die Vertragssumme, desto höher fällt die Provision des Vertreters aus. Ihn braucht es nicht zu kümmern, wenn sich die Kunden hinterher krummlegen müssen – Hauptsache, er hat sein Geld. Da der Tarifdschungel der Bausparkassen für den Laien schwer durchschaubar ist, kommt der Beratung durch einen qualifizierten Fachmann besondere Bedeutung zu. Doch wenn dieser Fachmann nur an sich und nicht an den Kunden denkt, dann handelt er zumindest grob fahrlässig. Und manchmal verdient so eine Beratung, wie *Plusminus* herausfand, eine strafrechtliche Würdigung. Denn es grenzt an glatten Betrug, wenn zum Beispiel eine bestimmte Bausparkasse einen für den Kunden günstigen Tarif im Angebot hat, ihr Vertreter jedoch zu einem anderen Tarif rät, der Vorteile nur für die Bausparkasse bringt.

Als nachteilig für den Kunden erweist sich fast immer die von den Kassen gern angebotene Bausparsofortfinanzierung, da hier die finanzielle Belastung wegen des gleichzeitigen Abschlusses von Kredit- und Bausparvertrag sehr hoch ist. Wird in einem solchen Fall das Bauspardarlehen später als erwartet zugestellt, kann das sogar zum Scheitern der gesamten Finanzierung führen. Im Klartext bedeutet das: Zwangsversteigerung des gekauften Objekts.

Manche Vertreter versuchen ihre Kunden sogar zu einer noch riskanteren Form der Sofortfinanzierung zu überreden, bei der überhaupt nicht angespart, sondern das für die Zuteilung des Bausparvertrags notwendige Mindestguthaben durch ein Vorausdarlehen mitfinanziert wird. Meint Finanzprofessor Reifner: »Da ist die Katastrophe programmiert.«

Kunden, die sich von ihrer Bausparkasse geleimt fühlen, können sich auf ein Urteil des Oberlandesgerichts Karlsruhe vom 11. 1. 1995 (Az.: 3 U 2/94) berufen, in dem es wörtlich heißt: »Es gehört zu den spezifischen Pflichten eines Finanzierungsberaters, den Interessenten umfassend über die Einzelheiten der Finanzierung, deren Voraussetzungen und auf ihn zukommende Belastungen zu beraten und ihn vor Schaden zu bewahren.«

Das harsche Urteil der Karlsruher Richter hatte einer Bausparkasse gegolten, die mit dem Slogan warb: »Bauen ohne Eigenkapital.« Mit derlei leichtfertigen Versprechungen sind die Bausparkassen offenbar schnell zur Hand, seit die Jagd auf neue Kunden immer schwieriger wird. Vor allem in Zeiten niedriger Bankzinsen versuchen sie, ihre schwindenden Chancen auf dem Finanzierungsmarkt mit gewaltigem Werbeaufwand zu kompensieren. Und manchmal schießen sie dabei übers Ziel hinaus.

Miese Maschen der Bausparkassen

Wegen irreführender Gewinnversprechen wurden zum Beispiel bereits die Bausparkassen BHW, Schwäbisch Hall und LBS sowie die HUK-Coburg-Bausparkasse von Verbraucherzentralen abgemahnt. Der Dreh war ebenso simpel wie abgefeimt: »Herzlichen Glückwunsch. Als einer der Hauptgewinner dürfen Sie sich über einen Bausparvertrag von 30000 DM freuen«, gratulierte beispielsweise die HUK-Coburg den Empfängern einer breitgestreuten Werbesendung. Deren Freude währte jedoch nur kurz, denn in Wahrheit offerierte ihnen die Bausparkasse eine vergleichsweise bescheidene Ersparnis von 300 Mark, sofern sie bei ihr einen Bausparvertrag abschlossen. Obwohl derlei plumpe Versuche, die Kunden für dumm zu verkaufen, verboten sind, mögen manche Bausparkassen immer noch nicht davon lassen.

Solche Methoden unterscheiden sich nur unwesentlich von der Masche jener Finanzvermittler, die in der letzten Zeit immer ungenierter frischgebackene Haus- und Grundstückseigentümer dazu verführen wollen, ihre Immobilie weit über das vertretbare Maß hinaus mit Grundschulden zu belasten. Ihre Opfer sind meist Familien, die ohnehin schon zuviel Schulden haben und deshalb dringend Bargeld benötigen. Eine Vielzahl dubioser Vermittler versucht aus der Not der Grundeigentümer Kapital zu schlagen, indem sie ihnen, häufig mit Hilfe manipulierter Gutachten, einen überhöhten Verkehrswert der Immobilie attestieren.

Die Differenz zwischen den eingetragenen Grundschulden und dem Verkehrswert sollten die Eigentümer zu Bargeld machen und dieses bei ihnen, den Vermittlern, risikolos mit hoher Rendite anlegen. Im günstigsten Fall, so vermutet das Fachblatt *Finanztest*, »werden die Anleger lediglich über die Gebühren für Wertgutachten, Notar und Vermittler abgezockt. Im schlimmsten Fall droht ihnen die Zwangsversteigerung ihres Eigentums und zusätzlich eine Pfändung ihres Vermögens. Auf die versprochenen Renditen warten sie natürlich vergebens.«

Wir lernen: Kaum ein Kunde läuft größere Gefahr, gewaltige Vermögensschäden zu erleiden, als der Bauherr und Immobilienkäufer. Makler versuchen ihm überteuerte Objekte anzudrehen, Bauträger locken mit irrealen Renditen und Wertzuwächsen, Architekten, Bauunternehmer und Handwerker versuchen ihm zu horrenden Preisen Pfusch unterzujubeln, und die Geldprofis von der Finanzierungsbranche hauen ihn mit ungerechtfertigten Gebühren, zu hohen Zinsen und »Nettigkeiten« wie der Vorfälligkeitsentschädigung übers Ohr.

Nebenbei ziehen ihm die Kommunen mit Gebühren für Baugenehmigungen, Erschließungskosten, Kanalanschlußgebühren und tausenderlei anderen Positionen das Fell über die Ohren. Damit es dem frischgebackenen Immobilienbesitzer nicht zu langweilig wird, zeigen sich nach den ersten Bauschäden die Vertreter von Einrichtungshäusern, Möbelgeschäften, Kücheneinrichtern, die es alle nur darauf abgesehen haben, den bis über beide Ohren verschuldeten Eigentümer weiter zu schröpfen. Wer der gnadenlosen Abkassiermaschine der Baubranche einigermaßen unbeschädigt entkommen will, muß sich zuvor im Selbststudium zum Experten für Bauplanung, Finanzierungstechnik und so ziemlich jede Art von Bauhandwerk vorgebildet haben und obendrein über ein äußerst robustes Nervenkostüm und erstklassige Anwälte verfügen.

Die Finanzbranche: beispiellose Dreistigkeit

Wie kaum eine andere Branche zog das deutsche Kreditgewerbe in den vergangenen Jahren die Kritik von Medien und Verbrauchern auf sich. Und die hatte es sich redlich verdient. In *Das Kartell der Kassie-*

rer habe ich die Sünden der Finanzbranche angeprangert, und das blieb nicht ohne Folgen. Kaum war der Titel auf dem Markt, da reagierte die Hypo-Bank aus München auf den Vorwurf der Abzockerei bei den Provisionen und Gebühren im Wertpapierhandel mit der Gründung des ersten deutschen Discount-Brokers. Die Hypo-Tochter Direktanlage-Bank offeriert den Geldanlegern wesentlich geringere Gebühren als die Muttergesellschaft, sofern die Kunden auf Beratung verzichteten.

Das Konzept hatte einen solchen Erfolg, daß es sofort von anderen Geldhäusern kopiert wurde. Im Frühjahr 1996 gab es bereits zwölf solcher Discountbanken in Deutschland, und ein Ende des Runs der Geldhäuser auf die vermögenden Privatkunden ist noch nicht abzusehen. Parallel dazu offerierte die BfG-Bank als erstes unter den überregional vertretenen Kreditinstituten ihren Kunden die kostenlose Führung des Girokontos, und auch einige andere Banken und Sparkassen begannen, bei den normalen Giro- und Gehaltskonten die Gebührenschraube wieder etwas nach unten zu drehen – in der Hoffnung, so neue Kundschaft anzulocken, der dann auf andere Weise das Geld aus der Tasche gezogen wird. Allen Beteuerungen der am Pranger der Medien stehenden Banker zum Trotz ist das deutsche Kreditgewerbe nämlich nicht wirklich kundenfreundlicher geworden.

Die scheinbar kulanten Angebote haben ihre Tücken. Die BfG zum Beispiel führt, ebenso wie die DB-Tochter Bank 24, das Konto nur dann spesenfrei, wenn dort pro Monat mindestens 2000 Mark eingehen. Die Verbraucherzentrale Nordrhein-Westfalen sieht darin einen »Trend zur Zwei-Klassen-Bank«, der die Geringverdiener benachteiligt. Und auch bei den Öffnungszeiten hinken die deutschen Geldhäuser der ausländischen Konkurrenz hinterher. Die französische Großbank Crédit Lyonnais etwa hat in ihren stark frequentierten Filialen die Schalter an sechs Wochentagen von 8 Uhr vormittags bis 19.30 Uhr am Abend geöffnet. Davon dürfen deutsche Bankkunden bisher nur träumen.

Etwas später als die Industrie entdeckte die Finanzbranche akuten Handlungsbedarf in Sachen Rationalisierung. Und wie den Bossen von Daimler, Siemens und Co. geht es den Chefs der Kreditinstitute bei ihrem großen Kehraus nicht um eine Verbesserung des Kundennutzens, sondern in erster Linie um die Senkung der Kosten. Verwöhnt von den exorbitanten Gewinnen, die sie in den letzten Jahren im Handel mit Wertpapieren und sogenannten Finanzderivaten erzielten, trachten sie nun danach, das traditionell weniger ergiebige Geschäft mit der Privatkundschaft ebenso lukrativ zu gestalten wie das internationale Investmentbanking.

Der Kunde soll »seinen Dreck alleene machen«

Die Stoßrichtung ist klar: Der Privatkunde soll, wie einst der Bürger im Kurfürstentum Sachsen von August dem Starken, »seinen Dreck alleene machen«. Das heißt, der normale Zahlungsverkehr der kleinen Leute wird weitgehend automatisiert. Wer Bares braucht, soll sich am Automaten bedienen, die Sparkonten und die kleine Geldanlage können per Telefon und PC erledigt werden, und sogar den Kleinkredit bis 50 000 Mark beantragt der Kunde von zu Hause aus. Nur wenn größere Summen auf dem Spiel stehen, wird der Bankkunde von morgen überhaupt noch den persönlichen Kontakt zu seinem Institut finden.

Den Geldhäusern beschert die Automatisierung des Massengeschäfts enorme Kosteneinsparungen, den Kunden hingegen belastet sie mit einem zusätzlichen Aufwand an Zeit und Geld. Noch verfügt Deutschland mit über 50 000 Bankstellen über eines der dichtesten Filialnetze der Welt. Doch das große Sterben hat bereits begonnen, und am Ende der Rationalisierungswelle werden vielleicht nur noch halb so viele Anlaufstellen für Bankkunden übrigbleiben.

Dies müßte nicht unbedingt ein Nachteil sein, wenn das Serviceangebot zumindest gleichbliebe. Doch auch hier planen die Geldhäuser drastische Einschnitte. Vorbei ist es mit der Gleichbehandlung, denn die Geldbranche kehrt zur Dreiklassengesellschaft der wilhelminischen Zeit zurück:

- Standardkunden, die über nicht viel mehr als ein normales Gehaltskonto verfügen – und das sind rund 62 Prozent aller deutschen Haushalte –, haben keinerlei Anspruch auf Beratung und werden so kostengünstig wie möglich abgefertigt.

- Die gehobene Klientel – dazu zählen die Banker rund 25 Prozent der deutschen Haushalte – ist in der Lage, Ersparnisse zu bilden, und genießt deshalb die Aufmerksamkeit der Verkäufer von Bankprodukten wie Aktien und Rentenfonds. Jeder dieser sogenannten »Berater« muß etwa 1500 Kunden betreuen und wird hauptsächlich mit Provisionen für erfolgreiche Abschlüsse bezahlt.
- Die Individualkunden schließlich – kaum mehr als 8 Prozent aller Haushalte – mit einem Nettogeldvermögen von mindestens 100 000 Mark sind das eigentliche Ziel der Marketingexperten von der Bank. Jeweils 300 von ihnen dürfen sich einen Berater teilen, der sie natürlich zum Kauf der bankeigenen Anlageprodukte überreden muß.

Übrig bleibt ein kleiner Rest von 5 Prozent wirklich reicher Leute, die allein den individuellen Service wie bisher die Kunden von Privatbanken in Anspruch nehmen dürfen. Allein schon dieses Grundkonzept, das von Unternehmensberatern wie McKinsey und Boston Consulting im Auftrag großer Geldkonzerne entwickelt wurde und das mit kleinen Varianten von nahezu allen Banken und Sparkassen übernommen werden dürfte, zeigt, wohin die Reise geht.

Unterschriften werden nicht mehr kontrolliert
Die Finanzbranche will soviel Arbeit wie möglich auf die Kunden abwälzen und ihre Transaktionen so preiswert wie möglich abwickeln. Sie wird sich von einer Vielzahl ihrer Mitarbeiter trennen und nahezu jede zweite Filiale dichtmachen. Die enormen Sicherheitsrisiken, die der vollautomatisierte Geldverkehr mit sich bringt, stören die Branche ebensowenig wie die zunehmende Verärgerung ihrer Kundschaft.
Sicherheit:
Je moderner die Zahlungsmittel, desto gravierender sind offenbar die Sicherheitsmängel. Dies ergibt sich aus der rapiden Zunahme der Schadensfälle wie aus Tests und Analysen von Fachleuten. 1994 zum Beispiel registrierten die Landeskriminalämter 61 Prozent mehr gefälschte ec-Karten und 55,4 Prozent mehr gefälschte Eurocheques als im Jahr zuvor. Daß auch Überweisungen keineswegs mehr sicher sind, bewies das Nachrichtenmagazin *Focus* mit einem aufschlußreichen

Test: Bei acht deutschen Banken eröffneten Mitarbeiter der Zeitschrift Girokonten und überwiesen dann Beträge zwischen 900 und 2900 Mark auf den Testkonten hin und her. Obwohl alle 40 abgegebenen Überweisungsformulare falsche oder unleserliche Unterschriften trugen, wurden die Überweisungen anstandslos ausgeführt. Nicht einmal ein Empfänger namens »Christoph Columbus«, an den 948 Mark für ein Flugticket in die USA überwiesen wurden, machte die Mitarbeiter von der Dresdner Bank stutzig. Fazit der *Focus*-Tester: »Unterschriften auf einer Überweisung werden bis zu einer Höhe von 3000 Mark nicht mehr kontrolliert.«

Der Test hatte einen ernsten Hintergrund, denn seit Jahren schädigen gut organisierte Banden wie die sogenannte Zaire-Connection, die häufig von der belgischen Hauptstadt Brüssel aus operieren, auch Bankkunden in Deutschland mit gefälschten Überweisungen. Opfer sind vor allem Gewerbebetriebe und Freiberufler, aber auch Konzerne wie Siemens-Nixdorf, dem von einem Konto, das bei der Commerzbank geführt wurde, rund 150000 Mark abhanden kamen.

Die totale Computerisierung des Geldverkehrs wird die Risiken für Bankkonten drastisch erhöhen, vermuten die Verbraucherschützer. So weigern sich beispielsweise die Mitglieder des Chaos Computer Club in Hamburg, der die besten Hacker Deutschlands zu seinen Kunden zählt, beharrlich, Geldgeschäfte per PC zu erledigen. Denn die Computerexperten wissen nur zu gut, wie leicht Sicherheitsnetze beim Home Banking zu knacken sind.

Das Computermagazin *c't* entdeckte zum Beispiel bei dem weitverbreiteten Finanzverwaltungsprogramm »Quicken« einen Softwarefehler, der es geschickten Datendieben ermöglicht, auf fremde Konten zuzugreifen, ohne daß dazu die persönliche Identifikationsnummer (PIN) des Kontoinhabers benötigt wird.

Hartmut Strube von der Verbraucherzentrale Nordrhein-Westfalen bemängelt, daß die Kreditinstitute in ihren Home-Banking-Verträgen sämtliche Risiken auf den Kunden abwälzen. »Der Kunde trägt alle Schäden, die durch eine unsachgemäße oder mißbräuchliche Verwendung der für sein Konto jeweils geltenden BTX-PIN bzw. der Transaktionsnummern entstehen«, heißt es beispielsweise in den Verträgen der Deutschen Bank und der Commerzbank. Strube: »Der Kunde hat kaum Einfluß auf die technischen Gegebenheiten, aber er soll einen Schaden allein ausbaden.«

Ärger:
Die üble Abzockerei der Geldinstitute bei den Gebühren für die Kontoführung, für Kauf, Verkauf und Aufbewahrung von Wertpapieren ist in der letzten Zeit schon häufig Gegenstand kritischer Berichte in den Medien geworden. Sogar die Europäische Union hat sich bereits des Themas angenommen und offiziell festgestellt, daß die Institute beim grenzüberschreitenden Geldverkehr »offenkundig nicht seriös genug« arbeiteten. Deshalb will die EU-Kommission grundsätzlich verbieten, daß bei Überweisungen sowohl vom Absender als auch vom Empfänger Gebühren eingezogen werden. Die Institute geben dem öffentlichen Druck jedoch, wenn überhaupt, nur sehr zögerlich nach, und die meisten kassieren noch immer viel zu hohe Gebühren für Leistungen, die im großen und ganzen sehr zu wünschen übrig lassen.

Gebühren, wenn man an sein eigenes Geld will
Beispiellos ist die Dreistigkeit, mit der die Geldwirtschaft sich ihre Leistungen doppelt und dreifach bezahlen läßt. Denn noch vor wenigen Jahren genügten den Banken ihre horrenden Zinsgewinne zur Deckung der eigenen Unkosten. Jetzt machen sie noch höhere Gewinne und verlangen für jede Handreichung extra Gebühren. Den Freistellungsauftrag zum Beispiel, den der Kunde benötigt, wenn er seine Gewinne in der Steuererklärung dem Gesetz entsprechend deklarieren will, lassen sich noch immer viele Institute extra bezahlen.
Seit ihnen der Bundesgerichtshof untersagt hat, ihren Kunden auch noch eine Strafgebühr abzuzwacken, wenn sie sich am Bankschalter ihr eigenes Geld in bar ausbezahlen lassen wollen, verlangen sie jetzt eben eine »Buchungskostengebühr«, die der Einfachheit halber gleich vom Konto des Kunden einbehalten wird. Das unschöne Beispiel machte im Ausland Schule – neuerdings verlangen auch manche Banken in Österreich eine Bar-Gebühr, so die Creditanstalt, Die Erste und die BAWAG. Hat der Kunde die Gebührenschneiderei satt und löst sein Konto auf, so kostet ihn das bei manchen Instituten noch ein-

mal eine Gebühr zwischen 5 und 20 Mark. Sogar am Tod ihrer Kunden wollen die gierigen Geldschneider noch verdienen, indem sie die Erbfallmeldung ans Finanzamt mit Beträgen bis zu 50 Mark in Rechnung stellen.

Die Kunden können dem dreisten Zugriff der Geldschneider nur dadurch entgehen, daß sie den Wettbewerb innerhalb der Branche konsequent nutzen und ihre Konten dort führen lassen, wo es am billigsten ist. Bei einem normalen Gehaltskonto zum Beispiel können die Preisunterschiede pro Jahr, das hat die Stiftung Warentest festgestellt, bis zu 300 Mark ausmachen. Umsonst ist die Kontoführung außer bei der BfG-Bank bei den Sparda-Banken – doch die reagieren mitunter rüde, wenn der Kunde bei ihnen nur sein Konto führen läßt und die Ersparnisse woanders anlegt. Einem Ehepaar aus Merzenich zum Beispiel drohte die Sparda-Bank unmißverständlich: »Sollten Sie an einer weiteren Zusammenarbeit kein Interesse haben, sehen wir uns gezwungen, die Geschäftsverbindung zu kündigen.« Derlei Einschüchterungsversuche stehen freilich auf tönernen Füßen, denn dafür gibt es keine gesetzliche Grundlage.

Der Zugriff des »Kartells der Kassierer« ist um so ärgerlicher, weil er keineswegs auf verbesserten Leistungen basiert. Im Gegenteil, das Leistungsangebot wird immer stärker ausgedünnt. So will beispielsweise die Nassauische Sparkasse (Naspa) Wiesbaden für ihre Kunden künftig keine Belege mehr für die ausgeführten Transaktionen ausstellen. Den Privatkunden sollen Lastschriftverfahren schmackhaft gemacht werden, damit die Sparkasse bei der Bearbeitung Personal und Geld sparen kann.

Normale Geldüberweisungen von Konto zu Konto dauern nach Untersuchungen des Fachblatts *Finanztest* nach wie vor viel zu lange. In einigen Fällen war das Geld mehrere Tage lang zwischen Instituten am gleichen Ort unterwegs. Eine Überweisung von der Commerzbank zur Sparkasse in Chemnitz dauerte gar sechs Bankarbeitstage lang. Das Schneckentempo des bargeldlosen Zahlungsverkehrs, das sich noch weiter verlangsamt, wenn dabei Landesgrenzen zu überschreiten sind, geht mittlerweile sogar der Brüsseler EU-Kommission gegen den Strich. Sie will die Kreditinstitute verpflichten, Überweisungen innerhalb der EU auf maximal sechs Tage zu begrenzen, und es ihnen gleichzeitig verbieten, sowohl beim Empfänger wie beim Absender des Geldes Gebühren abzukassieren.

Daß das von den Instituten so hochgelobte Bankgeheimnis in Wahrheit nichts wert ist, demonstrierten die Zugriffe der Steuerfahndung auf die Konten von Kunden der Dresdner Bank und vieler anderer Bankhäuser aufs nachdrücklichste. Ist Gefahr im Verzug, trachten die Manager der Geldhäuser für gewöhnlich nur noch danach, die eigene Haut zu retten – und auch das ist ihnen in letzter Zeit nicht immer ganz gelungen. Tausende vertrauensseliger Bankkunden jedenfalls, die den Beteuerungen der Geldhäuser Glauben schenkten, daß sich Zinsgewinne problemlos vor dem Fiskus verschleiern ließen, mußten die bittere Erfahrung machen, daß sie im Ernstfall nicht die geringste Hilfe zu erwarten hatten.

Träge, langsam und inkompetent

Im Fall der Commerzbank hatten sie es gar der Dusseligkeit eines Bankmanagers zuzuschreiben, daß sie überhaupt ins Fadenkreuz der Fahnder gerieten. Weil der Banker die 5 Millionen Mark nicht bezahlen wollte, die ein Erpresser für die Rückgabe illegal beschaffter Kontounterlagen verlangte, mußten sich Tausende Kunden unbequemen Fragen der Steuerfahndung stellen. »Gegen die Schlamperei der Banken haben die Kunden fundierte Rechtsansprüche«, stellte Finanzprofessor Udo Reifner fest und riet den bloßgestellten Konteninhabern, gerichtlich gegen die drittgrößte deutsche Geschäftsbank vorzugehen. Daß es gerade die Commerzbank so dicke erwischte, war womöglich doch kein Zufall. In Mannheim fanden sich gleich zweimal hintereinander zuhauf vertrauliche Unterlagen der Co-Bank-Kunden in öffentlich zugänglichen Müllcontainern.

Die nachlassende Qualität der Bankleistungen im Verein mit der immer dreisteren Abzockerei ließ das Image der Geldwirtschaft auf den Nullpunkt absacken. Als das internationale Fachblatt *Bank Magazin* die Servicequalität der deutschen Banken mit denen in den USA verglich, fiel das Ergebnis für die Germans wenig schmeichelhaft aus. Die deutschen Banken seien träge, langsam und häufig inkompetent,

314

urteilten die Tester, die sich über lange Wartezeiten, besetzte Telefonleitungen, gestreßte und uninformierte Bankmitarbeiter mokierten.

Selbst ein – geschöntes – Umfrageergebnis des Bundesverbandes der deutschen Banken enthielt die blamable Feststellung, daß 12 Prozent aller Kunden mit den Leistungen der deutschen Geldhäuser unzufrieden sind. Das ist eine Quote, die sich in der Industrie nur wenige Branchen leisten. Kritik entzündet sich an nahezu allen Leistungen der Geldwirtschaft, von der Kreditgewährung über die Geldanlage bis hin zur Ausgabe von Kreditkarten.

Kredite:
Wer immer Geld von der Bank braucht, der Ratenkäufer ebenso wie der Häuslebauer, zahlt meist zuviel. Rücksichtslos nutzen die Geldhäuser ihre Position der psychologischen Stärke und ihren Wissensvorsprung, um gerade die kleinen Kreditnehmer über Gebühr abzukassieren. Die Riesenverluste, die sie in den vergangenen Jahren bei Ausleihungen an etliche Großschuldner wie den gescheiterten Immobilienspekulanten Jürgen Schneider, die Metallgesellschaft oder den Bremer Vulkan erlitten hatten, versuchen sie nun bei der Masse der kleinen Kunden wieder hereinzuholen. Die Aussicht, daß ihnen dies gelingt, ist um so größer, je mehr die deutschen Konsumenten über ihre Verhältnisse leben.

Rund eine Million Existenzen, so schätzen die Experten, sind in Deutschland bereits hoffnungslos überschuldet, und nicht wenige von ihnen werden wohl bis an ihr Lebensende Zinsknechte der Geldhäuser bleiben. Kunden, die sich ihren Konsum auf Pump leisten, sind doppelt gekniffen. Zum einen verlieren die Gebrauchsgüter, die sie sich mit Hilfe der Banken angeschafft haben, täglich an Wert, zum anderen müssen sie für den Anschaffungskredit überdurchschnittlich hohe Zinsen bezahlen.

Kostete beispielsweise eine erstrangige Hypothek im Frühjahr 1996 gerade mal 6,2 Prozent Zinsen, so verlangten die Banken zur gleichen Zeit für Ratenkredite bis 50 000 Mark rund 11 Prozent und für die sogenannten Dispokredite gar 12 Prozent Zinsen. Weil die meisten Kunden ziemlich unbedarft sind, wenn sie zum ersten Mal nach einem Kredit fragen, fällt es den Instituten leicht, ihnen über die horrenden Zinsen hinaus allerlei Gebühren und Provisionen abzuknöpfen, die das Fremdkapital weiter verteuern.

Am schlimmsten sind jene armen Schlucker dran, die sich nicht getrauen, wegen eines Kredites direkt bei ihrer Bank vorzusprechen, sondern einem sogenannten Kreditvermittler auf den Leim gehen, der weitere 5 bis 7 Prozent Provision für sich abzwackt und dafür nichts weiter leistet, als daß er den Kunden zu irgendeinem anderen Geldinstitut schleppt.

Schuld an der Misere vieler Schuldner sind freilich die Institute selbst, die mit ihrer aggressiven Werbung dazu beitragen, daß bei vielen naiven Konsumenten alle Hemmungen fallen. Auch die Beratung am Bankschalter ist selten geeignet, zaghafte Kunden von der Aufnahme eines Kredits abzuhalten oder ihnen die kostengünstigste Schuldenlösung zu vermitteln.

Tests vom Institut für Finanzdienstleistungen in Hamburg wie von der Stiftung Warentest in Berlin haben ergeben, daß die Beratungsqualität der Banken und Sparkassen sehr zu wünschen übrig läßt. Nach rund 400 Beratungsgesprächen gaben die Experten vom Hamburger IFF 39 Prozent der insgesamt 75 geprüften Institute die Noten »schlecht« oder »sehr schlecht«, und nur 6 Prozent verdienten sich die Note »gut«. Erfragt wurden Vorschläge für die Baufinanzierung, die Altersvorsorge und den Zahlungsverkehr.

Gerichte verurteilen die »Sippenhaftung«

Daß insbesondere bei der Baufinanzierung häufig falsch beraten wird, bestätigte auch das Ergebnis der Stiftung Warentest. Von 21 untersuchten Instituten schnitt rund ein Drittel mit »mangelhaft« oder »sehr mangelhaft« ab, und nur zwei, nämlich die Landesgirokasse Stuttgart und die Südwestbank, verdienten sich die Note »gut«. Nicht der maximale Nutzen für den Kunden war das vorrangige Ziel vieler Bankberater, sondern die Maximierung der Zinserträge.

Ob der Bankkunde einen Ratenkredit braucht oder ob er seine Eigentumswohnung finanzieren will – er muß stets auf der Hut sein, daß er von den Profis des Geldgewerbes nicht über den Tisch gezogen wird.

Gefahr droht immer dann, wenn der Kunde auch nur ein Jota von den vereinbarten Rückzahlungsmodalitäten abweicht. Im Fall des Überziehungs- oder Dispokredits muß er sofort »Strafzinsen« zahlen, die weit über den vereinbarten Sätzen liegen, bei Raten- oder Firmenkrediten droht die sofortige Fälligkeit der gesamten Kreditsumme, beim Hypothekendarlehen muß er ebenfalls mit Sanktionen der Bank rechnen, die bis zur Zwangsversteigerung des Objekts reichen können.

Anstatt säumigen Schuldnern die Rückkehr in geordnete Verhältnisse zu erleichtern, gehen die meisten Institute den umgekehrten Weg: Indem sie ihre Kreditkunden mit gesalzenen Strafzinsen und rigiden Gebührenforderungen immer stärker belasten, verhindern sie langfristig die Rückführung der Kredite. Zwar bekommen sie auf diese Weise ihr Geld auch nicht schneller zurück, aber dafür dürfen sie sich an den hohen Forderungen ihres Hauses gegenüber unzähligen Schuldnern ergötzen.

Unsinnig wie die Deckelung der in Verzug geratenen Kreditkunden ist die gängige Praxis der Geldhäuser, zur Sicherung ihrer Kredite Bürgen einzuspannen, die wirtschaftlich zu schwach sind, die Rückzahlung der ausstehenden Summen tatsächlich zu gewährleisten. Ohne Skrupel verlangten viele Geldhäuser bis dato Bürgschaften von Ehegatten, Eltern oder Großeltern, ja sogar von Kindern und Enkeln der Schuldner, die mit allen ihre Habseligkeiten für den Kredit haften mußten.

Dieser »Sippenhaftung« haben nun die höchsten deutschen Gerichte in mehreren Urteilen eine Absage erteilt. Das Bundesverfassungsgericht wie der Bundesgerichtshof halten Bürgschaftsverträge beispielsweise dann für sittenwidrig und damit für ungültig, wenn einer der beiden Vertragspartner (also die Bank) ein solches Übergewicht hat, daß er den Inhalt der Vereinbarung praktisch allein bestimmen kann. Im Einzelfall freilich ist genau zu prüfen, wie weit ein bestehender Bürgschaftsvertrag mit juristischen Mitteln angegriffen werden kann.

Über Spesen wird nicht gesprochen

Die Rationalisierungswelle im Geldgewerbe wird auch vor dem Kreditgeschäft nicht haltmachen. Schon ist absehbar, daß Kleinkredite bis

30 000 oder 50 000 Mark künftig vollautomatisch abgewickelt werden. In den USA gibt es bereits bei zahlreichen Banken sogenannte Kreditautomaten, über die Kunden zu jeder Tages- und Nachtzeit Darlehen bis etwa 20 000 Dollar beantragen können. Der Haken dabei: Der Kreditcomputer geht noch formalistischer vor als ein stupider Bankmitarbeiter und lehnt Kredite selbst für langjährige Kunden ab, wenn deren »Kreditreport« auch nur den geringsten Fehler aufweist.

Menschliche Faktoren wie erwiesene Redlichkeit, langjährige Firmentreue oder die Fähigkeit, sich aus mißlichen Situationen immer wieder zu befreien, zählen im automatisierten Kreditgeschäft der Zukunft nichts mehr. Alleiniger Maßstab für die Kreditwürdigkeit des Kunden ist dann nur noch ein einwandfreier Datenbestand im Speicher des Bankcomputers.

Geldanlage:

Obwohl das seit dem 1. Januar 1995 geltende Wertpapierhandelsgesetz die Banken und Sparkassen verpflichtet, sich über die Sparziele und Vermögensverhältnisse ihrer Kunden genau zu unterrichten, ehe sie ihnen Ratschläge zur Geldanlage geben, läßt die Qualität der Anlageempfehlungen bis heute zu wünschen übrig. Rund 40 Milliarden Mark beträgt nach Berechnungen des Bundeskriminalamtes in Wiesbaden der Schaden, den inkompetente und betrügerische Anlageberater Jahr für Jahr in Deutschland anrichten.

Bestätigt wird der Befund durch zahlreiche Tests und Umfrageergebnisse von Medien wie dem *Manager Magazin*, der Stiftung Warentest oder der Unternehmensberatung Mercuri International. Wer zum Beispiel 115 000 Mark so anlegen möchte, daß 20 000 Mark innerhalb der ersten zwei Jahre verfügbar sind und der Rest langfristig möglichst hohe Renditen abwirft, hat gute Chancen, daß er bei seiner Bank oder Sparkasse schlecht beraten wird.

Die häufigsten Fehler der Institute: Deren Berater kümmerten sich viel zu wenig um die individuellen Bedürfnisse der Testkunden und klärten sie nur selten vollkommen und richtig über Renditen und Risiken, Kosten und Kursschwankungen auf. So notierten die Tester: »Sehr schweigsam waren die Berater bei den Kosten der Geldanlage ... An- und Verkaufsspesen wurden nur in jedem vierten Gespräch angesprochen, die Höhe dieser Gebühren nannte nur einer von sechs Anlageberatern.«

Erneut bestätigte auch dieser Test, daß selbst Kunden mit einem Vermögen von über 100 000 Mark von den Banken im Nullachtfünfzehn-Verfahren abgefertigt werden: Eine individuelle Anlageberatung bekommt man bei den Kreditinstituten nur selten. Sie scheitert in vielen Fällen schon daran, daß sich die Berater nicht ausreichend mit den Bedürfnissen der Kunden beschäftigen, resümierte das Fachblatt *Finanztest.*

Ähnliche Mängel entdeckte das Trainingsinstitut Mercuri International Deutschland nach 453 Beratungsgesprächen mit Vertretern von Banken und Versicherungen: »In über 80 Prozent der Gespräche ist am Bedarf der Kunden vorbeiberaten worden.« In 190 Fällen ist den Kunden beispielsweise nur eine einzige Anlagemöglichkeit offeriert worden, und bei einem Drittel der Gespräche fiel den Testkäufern die »mangelhafte Produktkenntnis« der Kundenberater unangenehm auf.

Das *Manager Magazin* wiederum registrierte nach einer Untersuchung der Aktienempfehlungen deutscher Geldhäuser »eine erstaunlich niedrige Trefferquote«. Bei den ob ihrer Leistungsfähigkeit oft gerühmten Schweizer Banken sieht es nicht besser aus. Nach einem Test bei 14 Geldhäusern, in dem eine Kundin zu wissen begehrte, wie sie 60 000 Franken anzulegen hätte, resümierte der *SKS-Index,* ein Magazin für kritische Konsumentinnen: »Die Qualität der Beratung ist in der Hälfte der Fälle mangelhaft und nicht auf persönliche Bedürfnisse abgestimmt.«

Deutsche Bank muß Schaden ersetzen

Tatsächlich haben die zunehmend verbraucherfreundlichen Urteile am Bankschalter bisher wenig Positives bewirkt. Nach wie vor versuchen die häufig uninformierten und unter Zeitdruck stehenden Angestellten der Geldhäuser die Kunden so schnell wie möglich abzufertigen und ihnen jene Produkte aufs Auge zu drücken, zu deren vordringlichem Verkauf sie von ihren Vorgesetzten verpflichtet würden. Mit Vorliebe empfehlen Banken und Sparkassen deshalb die Zertifikate hauseigener Investmentfonds und Anleihen oder andere festverzinsliche Wertpapiere, an deren Verkauf die Bank die höchsten Provisionen verdient. Weil die meisten ihrer Kunden von der Finanzwelt weniger verstehen als von Kleidern oder Küchenmaschinen, fällt den Geldhäusern das Abkassieren leichter als allen anderen Branchen. Nur wenige Bankkunden dürften zum Beispiel das Urteil des Amtsgerichts Frankfurt mit dem Az.: 31 C 3752/94-44 kennen, das einem Kunden der Deutschen Bank nach einer falschen Beratung Schadenersatz zusprach und das wegweisend für eine Vielzahl ähnlich gelagerter Fälle sein könnte.

Im Dezember 1993 wollte der Kunde 45 000 Mark für seinen Sohn risikolos und gewinnbringend anlegen. Der Berater der Deutschen Bank empfahl ihm, Anteile an einem Rentenfonds zu kaufen, der von der Deutschen-Bank-Tochter DWS gemanagt wurde. Dieser Fonds DWS-Akkurenta 1999 sei, meinte der Berater, völlig risikolos, jederzeit verfügbar und bringe obendrein eine höhere Verzinsung als Bundesschatzbriefe. Großzügig verschwieg er dem Kunden jedoch, daß sich der Fonds wegen des Ausgabezuschlags von 2 Prozent nicht für eine kurzfristige Anlage eignete und daß er keineswegs ganz ohne Risiko war.

Bereits acht Monate später nämlich, am 8. August 1994, waren die zum Kurs von 83,08 Mark gekauften Anteile auf 77,61 DM pro Stück gefallen, und der Kunde hatte, als er sie verkaufte, einen Wertverlust von rund 5000 Mark erlitten. Der Frankfurter Amtsrichter Klaus Dombrowski hielt den Anlageberater für schuldig, weil er den Kunden »vor dem Kauf des Fonds nicht sachgemäß aufgeklärt und beraten« habe. Rechtsanwalt Wolfgang Hoppe aus Bad Soden, der das Urteil erstritten hatte: »Damit wird deutlich, daß auch angeblich sichere Rentenfonds ein nicht zu unterschätzendes Risiko enthalten.«

Geschönte Ergebnisse der Investmentfonds

Generell ist, wenn ein Anleger den Rat der Banken begehrt, viel von Renditen und Kursgewinnen die Rede, seltener aber von den Risiken des Geldgeschäfts. Mit geschönten »Performance«-Nachweisen versuchen vor allem die Investmentfonds betuchte Bankkunden zu überzeugen. Da lesen wir dann in schönen Tabellen, daß die Zertifikate dieses oder jenes Fonds, der rein zufällig mit unserer Hausbank verbunden ist (was wir freilich erst auf geduldiges Nachfragen hin erfahren), im letzten Jahr soundsoviel und in den letzten fünf Jahren einen ganz erstaunlichen Wertzuwachs erzielen konnte. Und wenn der Papierverkäufer auf der anderen Seite des Banktresens ganz geschickt vorgeht, läßt er uns zum Vergleich noch die Ergebnisse einiger anderer, natürlich nicht so erfolgreicher Fonds sehen, damit wir seiner für uns getroffenen Vorauswahl begeistert zustimmen können.

Die erste Enttäuschung ereilt uns für gewöhnlich dann, wenn wir nach dem Kauf der niedlichen Fondspapiere feststellen müssen, daß uns mitnichten jener Betrag gutgeschrieben wird, der von unserem Konto abfloß. Die so überaus erfolgreichen Fondspapiere kosten nämlich einen netten »Ausgabeaufschlag« zwischen 2 und 5 Prozent, der natürlich nicht in unseren Taschen, sondern in denen der Fondsgesellschaft, also letztlich unserer Hausbank, landet. Und so nebenbei fallen dann natürlich auch noch einige Gebühren für die Mühe der Bank an, die sich die Freiheit nimmt, die starken Renditebringer in ihren Depots für uns zu verwahren.

Wenn wir dann eines Tages beschließen, endlich die Früchte unserer weisen Anlageentscheidung zu genießen, müssen wir wieder feststellen, daß da einige ungebetene Mitesser am Tisch saßen, die die wunderbare Performance unserer Renditefrucht angeknabbert haben. Im Klartext: Die schönen Versprechungen der Fondsverkäufer entpuppen sich nicht selten als Makulatur, weil sie weder die Ausgabeaufschläge noch die Kauf- und Verkaufspesen sowie die Depotgebühren berücksichtigt haben.

Hinzu kommt: Ein Fonds, der in der Vergangenheit überdurchschnittlich abgeschnitten hat, muß dies auch keineswegs in der Zukunft tun, da sich a) die Situation an den Finanzmärkten laufend ändert und b) oft auch das Personal in der Fondsverwaltung wechselt. Und so mancher Investmentfonds, der in den letzten Jahren von erstklassigen Leuten gemanagt wurde, befindet sich nun in den Händen der zweiten Garnitur, weil die Stars des Geschäfts von der Konkurrenz abgeworben wurden.

Die Bank wird fett, der Kunde arm

Nicht nur bei den Fonds tappt der branchenunkundige Kunde im dunkeln. Er wird, wenn er nicht wenigstens über elementare Kenntnisse des Finanzgeschäfts verfügt, auch beim Erwerb einfacherer Bankprodukte nicht selten nach Strich und Faden belogen, zum Beispiel bei den sogenannten Rentenpapieren. Das können Bundesschatzbriefe sein oder Anleihen von Staaten, Ländern und Industriekonzernen.

Mit Vorliebe raten die Angestellten von Banken und Sparkassen ihren Kunden zum Kauf solcher Papiere, die vom eigenen Haus an die Börse gebracht wurden, denn diese bringen den höchsten Ertrag. Allerdings nur für die Bank, denn der Kunde muß von der schönen Rendite, die ihm da offeriert wird, zunächst mal die nicht geringen Spesen beim Kauf und Verkauf sowie bei der Einlagerung im Bankdepot abziehen und dann auch noch an Theo Waigel denken. Wenn der Kunde seine Freibeträge bereits ausgeschöpft hat, schmälert die Zinssteuer die ohnehin karge Nettorendite nochmals empfindlich. Unterm Strich bleibt dann oft kaum mehr übrig als die Inflationsrate, so daß der Anleger, bei Licht besehen, gerade mal ein Nullsummenspiel gespielt hat.

Der feine Unterschied zwischen Brutto- und Nettorendite macht die Bank fett und den Kunden arm, und das ist, alles in allem, ja auch das Ziel der Anlageberater am Bankschalter. Der Anleger ist deshalb gut beraten, den provisionsträchtigen Verkaufsbemühungen aller Bankangestellten zutiefst zu mißtrauen und sich allein an seinem Interesse zu orientieren.

Will er sein Geld partout in Wertpapiere investieren, sollte er

1. Keine Rentenfonds kaufen, denn die kosten nur Geld und bringen, wie die Vergangenheit bewies, keine höheren Erträge als direkt gekaufte Rentenpapiere;
2. sich nicht von den Bruttorenditen blenden lassen, sondern die Qualität eines Papiers nur am Nettoertrag messen.

Eine DM-Auslandsanleihe kostet für gewöhnlich höhere Kauf- und Verkaufszinsen, deshalb bringt sie unterm Strich oft weniger als eine niedrig verzinste Bundesanleihe. Bundeswertpapiere sind nämlich bei Kauf und Verkauf spesenfrei und können bei der Bundesschuldenverwaltung in Bad Homburg auch spesenfrei verwaltet werden. Doch Vorsicht, noch immer versuchen die Kreditinstitute ihre Kunden von der gebührenfreien Einlagerung in Bad Homburg mit den phantasievollsten Ausreden abzuhalten, da ihnen auf diese Weise die schönen Depotgebühren durch die Lappen gehen. Deshalb: Notfalls mit einem Brief an das Bundesaufsichtsamt für das Kreditwesen drohen, wenn sich die Bank weigern sollte, den Antrag für die Verwahrung in Bad Homburg herauszurücken.

Geht es bei der Kleinkriminalität am Bankschalter um ein paar Hunderter oder Tausender, so werden betuchte Kunden in den gediegen ausstaffierten Besprechungszimmern der Geldhäuser gelegentlich um ganz andere Beträge gefleddert. Als einen Freibrief zur Selbstbedienung scheinen nämlich manche Bankangestellten Aufträge zur Vermögensverwaltung zu empfinden. Obwohl die Glanzleistungen vieler Institute in dieser Sparte des Geldgeschäfts hinreichend dokumentiert sind, vertrauen noch immer viele Bankkunden der Weisheit der Anlageprofis. Und nicht selten bekommen sie eine verlustreiche Quittung dafür.

Natürlich sind die angestellten Depotverwalter nie um eine Ausrede verlegen, wenn es gilt, dem Kunden klarzumachen, warum sein Vermögen nicht mehr, sondern weniger geworden ist. Mal ist die Zinspolitik der Bundesbank schuld, mal muß der Dollarkurs herhalten, ein anderes Mal die schlechte Konjunkturlage. Doch kaum jemals gesteht einer der Finanzartisten die wahre Ursache ein: nämlich das Bemühen der Banken, die Risiken der internationalen Finanzmärkte stets auf die Kunden abzuwälzen und die angefallenen Erträge selbst zu vereinnahmen.

So landen in den Kundendepots häufig jene abgesoffenen Aktien, die die Bank zuvor im eigenen Bestand hielt, während die angefallenen Kursgewinne der High-Flyer mit schöner Regelmäßigkeit die Bankbilanzen verzieren. Ein nettes Beispiel lieferte 1995 eine Sparkasse im Berchtesgadener Land, der ein Kunde eine runde Million zur Verwaltung anvertraut hatte. Die Experten des grundsoliden Instituts schafften es nach Auskunft des Anwalts dieses Kunden innerhalb eines Jahres, rund 200 000 Mark an Gebühren abzuzocken und obendrein noch 300 000 Mark Verlust zu produzieren, so daß am Ende nur noch eine halbe Million übrig war.

Als teuflische Falle können sich die vorgedruckten Vollmachten entpuppen, die der Kunde zu unterschreiben hat, ehe die Bank tätig wird. Sie sind so geschickt formuliert, daß die Bank mit dem Geld ihrer Kunden nach Belieben schalten und walten kann und wenn etwas schiefgeht, keinerlei Haftung dafür übernehmen muß.

Darum empfiehlt es sich auch für Feld-, Wald- und Wiesenmillionäre, sich mit dem kleinen Einmaleins der Geldwirtschaft zu beschäftigen. Wer sein Geld selbst verwaltet, weiß wenigstens, wo es geblieben ist. Von seiner Bank oder Sparkasse, den klassischen Finanzdienstleistern, sollte er vor allem eins nicht erwarten: daß sie versuchen, sein Vermögen zu mehren. Der Sachverstand, der sich in solchen Instituten versammelt, ist vollauf damit beschäftigt, den Gewinn der Geldhäuser zu mehren. Denn dafür wird er ja schließlich bezahlt.

Die neueste Masche der Finanzgauner

Das allgemeine Mißtrauen, das mittlerweile nicht zu Unrecht eine große Schar von Bankkunden erfaßt hat, bescherte einer Vielzahl anderer Finanzdienstleister eine späte Blüte. Telefonverkäufer und Kettenbriefversender, Warenterminvermittler und Wertpapierhändler, Ökoschwindler und Weltverbesserer profitieren von der Schwerfälligkeit und Kundenfeindlichkeit des Kreditgewerbes. Mit dem sogenannten Grauen Kapitalmarkt schufen sie einen zweiten Finanzplatz, auf dem Jahr für Jahr Milliardenbeträge investiert – und häufig verloren werden.

Nirgendwo sonst hat der Kunde größere Gewißheit, schnell und effizient um sein Geld gebracht zu werden, als wenn er den Abgesandten der in Strukturvertrieben organisierten Drückerkolonnen die Tür öffnet. Oft genügt schon ein Griff zum Telefonhörer, und der nichtsahnende Kunde wird überrollt von der Suada eines geschulten Verkaufsprofis, der mal auf die Gier, mal auf die Zukunftsängste seiner sorgfältig ausgewählten Klientel setzt.

Neucste Masche der Finanzgauner: Sie geben sich als Verbraucher-schützer aus und verbergen sich hinter wohlklingenden Adressen wie »Schutzvereinigung der Sozial- und Privatversicherten, Sparer und Kapitalanleger e.v.« oder »BDF – Betreuungsgesellschaft deutscher Finanzkaufleute und Finanzmakler mbH« oder »Bundesverband Verbraucherschutz Versicherungen – Geldanlagen e.V.«. Keiner dieser schönen Namen bietet die Gewähr, daß das Geld der Kunden tatsächlich gewinnbringend investiert wird.

Selbst der lausigste Sparbrief mit 2 Prozent Verzinsung ist für den unerfahrenen Sparer bekömmlicher als eine Mogelpackung aus dem bunten Angebot der sogenannten Finanzdienstleister des Grauen Kapitalmarkts. Wer an der Offerte eines »Strukis« (Branchenjargon für die Mitarbeiter von Strukturvertrieben) noch Zweifel hegt, kann sich an die Verbraucherzentrale Berlin wenden (Adresse: Bayreuther Straße 40, 10787 Berlin, Tel.: 030/21907-0), die regelmäßig eine »Liste der unseriösen Geldanlageangebote« veröffentlicht.

Kreditkarten: üble Abzockerei

Sie gehören keineswegs zur Szene der Finanzganoven, sondern tragen höchst reputierliche, weltweit anerkannte Namen. Dennoch können es einige Kreditkartenorganisationen offenbar nicht lassen, ihren Kunden zu tief in die Taschen zu fassen. Das an sich praktische Zahlungsmittel Kreditkarte verdient es deshalb, mit spitzen Fingern angefaßt zu werden.

Das fängt schon mit der mangelnden Sicherheit der Plastikkärtchen an, an denen Finanzkonzerne wie American Express oder Barclay schon Milliarden verdient haben. Anders als Banknoten sind die bunten Plastikkärtchen keineswegs fälschungssicher. Außerdem gehen einige Kreditkartenorganisationen mit der Geheimzahl der Kunden, deren Kenntnis den Zugriff aufs Bankkonto des Kunden erlaubt, recht sorglos um.

Die Citicorp Card Operations, eine Tochter der New Yorker City Bank, versandte an ihre deutschen Kunden Hunderttausende von Geheimzahlen für die neue VISA-Bahn-Card ganz offen in gewöhnlichen Briefen. Wer es wollte, konnte die »Geheimzahl« mit Hilfe einer hellen Lampe, die hinter den Brief gehalten wurde, durch den Umschlag hindurch lesen. Reiner Metz von der Verbraucherzentrale Nordrhein-Westfalen hält einen solchen Leichtsinn schon deswegen für verwerflich, weil die Kreditkartenorganisation das finanzielle Risiko eines Mißbrauchs für gewöhnlich auf den Kunden abwälzt.

Sogar der konservative Bundesverband der deutschen Banken hat mittlerweile seine warnende Stimme gegen den lockeren Umgang mit der empfindlichen PIN-Zahl erhoben. Wahrhaft unfreundlich aber ist die Praxis mancher Kreditkartenorganisationen, ihre Kunden über die jährliche Grundgebühr hinaus zur Kasse zu bitten. Häufig geschieht dies, wenn der Kunde Rechnungen mit der heimischen Karte im Ausland begleicht oder sich dort an Geldautomaten mit Barem versorgt. Zwischen 1 und 2 Prozent des Rechnungsbetrages fließen allemal ab. Eurocard weist die Gebühr gesondert aus und zog sich damit den Zorn der Verbraucherschützer zu.

Andere, etwa Diners Club und die meisten VISA-Anbieter, schlagen die Auslandsprovision einfach auf den Umrechnungskurs drauf, so daß der Kunde gar nicht erfährt, wieviel er für die Dienste der Kartenorganisation extra blechen muß. Für die Auszahlungen an Geldautomaten jenseits der Grenze rechnen die Kartengeber locker 2 Prozent der benötigten Summe ab. Devisen à la carte sind somit teurer als Euro- oder Reiseschecks.

Wenn ein Urteil des Landgerichts Hamburg (Az.: 3240220/95) rechtskräftig werden sollte, wird es mit der üblen Abzockerei der Kartenorganisationen jedoch bald ein Ende haben. Die Hamburger Richter wollen nämlich die Zusatzprovision, die die Großbank Barclays Kunden ihrer VISA- oder Eurocard abverlangte, für rechtswidrig erklären.

Versicherungen: überflüssige Policen

Das Geschäft mit der Angst läuft in Deutschland besser als in nahezu allen anderen Ländern. Es machte die Versicherungsbranche zum mächtigsten und kapitalkräftigsten Zweig unserer Volkswirtschaft – der Nutzen für die Kundschaft indes hält sich in Grenzen. Rund 400 000 Vertreter und Agenten treiben der Assekuranz täglich neue Kunden zu, und pro Jahr zieht die Versicherungsbranche den Deutschen rund 200 Milliarden Mark an Prämien aus der Tasche. Die Konzerne verwalten einen Bestand von 160 Millionen Versicherungsverträgen und verfügen über Kapitalanlagen von mehr als 600 Milliarden Mark. Da fällt es kaum ins Gewicht, daß sich Jahr für Jahr eine steigende Zahl von Kunden übers Ohr gehauen fühlt, bereits abgeschlossene Verträge storniert oder sich direkt beim Bundesaufsichtsamt für das Versicherungswesen beschwert. Rund 30 000 solcher Reklamationen gingen 1995 in Berlin ein, und Amtspräsident Knut Hohlfeld rechnet mit einem weiteren Anschwellen der Protestlawine.

Die Liberalisierung und Deregulierung des Versicherungsmarktes – seit Januar 1995 dürfen ausländische Versicherungen ihre Policen frei in Deutschland verkaufen, und die Tarife müssen seither auch nicht mehr vom Bundesaufsichtsamt genehmigt werden – verschärfte zwar den Wettbewerb, brachte den Versicherten aber bisher kaum nennenswerte Vorteile. Im Gegenteil: Der Tarifwirrwarr ist seither noch größer geworden, ebenso die Zahl der von den Versicherungen verkauften »Mogelpackungen«.

War es früher so, daß das Aufsichtsamt stets darauf achtete, daß kein Versicherer pleite ging, und deshalb eher überhöhte als zu knapp kalkulierte Prämien tolerierte, kann es jetzt nicht mehr verhindern, daß die Kunden von den in- und ausländischen Anbietern der Versicherungsbranche getäuscht werden.

Am Prinzip des Versicherungsgeschäfts hat sich nämlich überhaupt nichts geändert: Die kapitalhungrigen Konzerne versuchen nach wie vor, tausenderlei Ängste bei ihren Kunden zu schüren und ihnen zu viele, zu teure und auch total überflüssige Policen aufs Auge zu drücken. Und wenn es ans Zahlen geht, knausern sie wie eh und je.

Kein Winkelzug ist manchen Gesellschaften zu abgefeimt, keine Ausrede zu banal, wenn es gilt, dem Kunden die vertraglich vereinbarte Summe vorzuenthalten. Statistiker der Branche haben ausgerechnet, daß nur etwa ein Drittel des eingezahlten Prämiengeldes tatsächlich wieder an die Versicherten zurückfließt, und der wohl profilierteste Kritiker der Assekuranz, Hans-Dieter Meyer vom Bund der Versicherten, schätzt, daß die Deutschen pro Jahr rund 30 Milliarden Mark zuviel in überteuerte oder überflüssige Versicherungen investieren.

Ein Ärgernis der besonderen Art sind die Vertriebsmethoden der Versicherungskonzerne. Verfügten die meisten Großunternehmen der Branche früher über eigene, geschulte Vertriebsmitarbeiter, so bedienen sie sich heute immer mehr fremder Organisationen, auf deren Verkaufsmethoden sie nur bedingt Einfluß haben. Diese Drückerkolonnen haben viel zu dem Imageverfall der Assekuranz beigetragen. Denn überall wo die »Strukis« (Branchenjargon) auftreten, hinterlassen sie »verbrannte Erde«.

Welches Unheil die Drückerkolonnen angerichtet haben, zeigt sich schon an der hohen Zahl der stornierten Verträge. Nahezu jede zweite Police, schätzt Hans-Dieter Meyer, wird vor Ablauf des Vertrags gekündigt, und erst jetzt dämmert es manchen Managern der Versicherungskonzerne, daß sie wegen der hohen Zahl der stornierten Verträge ihren Vertretern zuviel Provision bezahlt haben. Beim Abschluß einer Kapitallebensversicherung über 100 000 Mark zum Beispiel kassieren die Keilertruppen rund 4500 Mark an Provision, die sofort fällig wird, wenn der Kunde den Vertrag unterschrieben hat. Bei dieser ganz auf Expansion eingestellten Geschäftspolitik der Versicherungskonzerne nimmt es nicht wunder, wenn die Zufriedenheit der Kunden laufend abnimmt und die ganz Branche allmählich in Verruf gerät.

Miese Ergebnisse der Lebensversicherung

Das in der Branche beliebteste, weil lukrativste »Produkt« ist seit jeher die langlaufende Kapitallebensversicherung (KVL), die nach einem von Hans-Dieter Meyer erstrittenen Urteil ungestraft als »legaler Betrug« bezeichnet werden darf. Tatsächlich handelt es sich um ein höchst zweifelhaftes Produkt, das für die Versicherungskonzerne vorteilhafter ist als für die Versicherten.

Als die Stiftung Warentest KLVs von rund hundert Anbietern untersuchen ließ, gab sie mehr als der Hälfte der Testkandidaten die Note »mangelhaft«. Am besten schnitt noch die Hannoversche Leben ab, die seither nicht müde wird, das für sie schmeichelhafte Urteil mit gewaltigem Werbeaufwand zu verbreiten. Wenig schmeichelhaft ist indes das Fazit des umfangreichen Tests: »Die Kapitallebensversicherer sorgen sich offenbar mehr um ihre eigenen Erträge als um die ihrer Kunden.«

Klar hatten die Tester erkannt, daß es für die meisten Kunden vorteilhafter wäre, wenn sie eine (wesentlich günstigere) Risikoversicherung auf den Todesfall abschließen und so das gesparte Geld zum Kauf von Rentenpapieren einsetzen würden. Am Ende hätten sie bei gleichem Versicherungsschutz eine wesentlich höhere Kapitalrendite als beim Abschluß einer Lebensversicherung. Wichtigster Grund für den dürftigen Wertzuwachs des bei den Versicherern investierten Kapitals: Die hohen Vertriebs- und Verwaltungskosten sowie das Bestreben der Versicherungsmanager, möglichst viel Geld aus dem Topf der Versicherten in den eigenen Konzern zu lenken.

Bis Anfang 1996 kalkulierten manche von ihnen auch noch mit völlig überholten Sterbetafeln, die ihnen zusätzliche »Windfall Profits« bescherten. Obwohl sie seit dem 1. Januar 1996 aktualisierte Statistiken verwenden müssen, operierten einige Gesellschaften, darunter der Deutsche Ring, der Deutsche Herold und die Schweizerische Rentenanstalt, seelenruhig weiter mit den überholten Daten von vorgestern.

Wiederholt ist in den Medien dargestellt worden, wie schlecht das wirtschaftliche Ergebnis einer Kapitallebensversicherung für den Kunden sein kann, ohne daß dies zu einem nennenswerten Rückgang des für die Konzerne so lukrativen Geschäfts geführt hätte. Der *Spiegel* zum Beispiel schilderte den Fall eines Kunden der Schweizerischen Lebensversicherung, der in 13 Jahren Prämien über insgesamt 116 483 Mark eingezahlt hatte und sich dann vor Vertragsende die Versicherung ausbezahlen lassen wollte. Dabei mußte der Kunde nicht nur auf die Zinsen für sein einbezahltes Geld verzichten, sondern bekam es nicht mal in vollem Umfang wieder zurück. Ganze 106928 Mark und 90 Pfennig überwies die Versicherung dem enttäuschten Sparer.

Das ist beileibe kein Einzel-, sondern eher der Regelfall: Die sogenannten Rückkaufwerte der meisten Lebensversicherungsverträge sind schlichtweg miserabel. Mit dem Segen des Bundesaufsichtsamts durften die Versicherer ihre Verträge nämlich so gestalten, daß sie den vorzeitigen Ausstieg eines Kunden mit empfindlichen Geldeinbußen bestrafen konnten.

So werden bei den meisten Policen die Prämienzahlungen des Kunden während der ersten Jahre gar nicht zum Ansparen des Vermögensstocks eingesetzt, sondern für die Auszahlung der Vertreterprovisionen und der eigenen Verwaltungskosten abgezweigt. Erst etwa nach dem dritten Jahr bildet sich der Bodensatz des Vermögens, aus dem einst die Versicherungssumme nebst Zinsen zurückgezahlt werden soll.

Trickreich gestalteten die Konzerne den Vermögensaufbau so, daß erst in den letzten Jahren vor Auszahlung der Löwenanteil der Auszahlungssumme gebildet wird. Diese üble Praxis erregte zwar auch den Unmut des Bundesaufsichtsamts, doch noch immer ist es den Konzernen gestattet, mit derlei kundenunfreundlichen Tarifen auf Prämienjagd zu gehen.

Selbst Fachleute haben Mühe, sich im Abrechnungsdschungel der Lebensversicherer zurechtzufinden, denn die dürfen die verschiedenen Bestandteile, aus denen sich die Auszahlungssumme einer Kapitallebensversicherung zusammensetzt, beinahe nach Belieben manipulieren. Garantiert wird dem Kunden ohnehin nur eine äußerst magere Verzinsung seines Kapitals von 4 Prozent, darüber hinaus werben die Vertreter mit angeblich hohen Überschüssen aus der sogenannten Gewinnbeteiligung. Doch eine Garantie, daß solche Überschüsse überhaupt anfallen, will keiner von ihnen geben. So gleicht der Abschluß einer angeblich krisensicheren Lebensversicherung eher einer Lotterie als einer seriösen Kapitalanlage.

»Es gibt Schlimmeres als den Tod«

Da sich der Abschluß einer Versicherung grundlegend vom Kauf eines x-beliebigen Industrieprodukts unterscheidet, weil sich seine Qualität erst nach Eintritt eines Schadensfalls oder nach Ablauf einer vereinbarten Frist zeigt, ist der Kunde immer auf Beratung angewiesen. Der eigentliche Skandal im Geschäft mit der Angst liegt in der totalen Narrenfreiheit, die die Abgesandten der Versicherungsgesellschaften beim Übertölpeln ihrer Kunden haben.

Um den Kunden direkte Vergleiche zu erschweren, gestaltete jede Versicherung ihr Tarifwerk anders, und nicht selten operieren die Versicherungsvertreter mit getürkten Vergleichsdaten, wenn die eigenen Produkte in den Ranglisten der Fachzeitschriften schlecht abgeschnitten haben. Ihre wirkungsvollste Waffe aber ist für gewöhnlich stets die farbige Schilderung der Risiken, die das Leben für jeden Erdenbürger bereithält.

Verbal beschwören sie Sturmkatastrophen und Feuerbrände herauf, malen das Menetekel kostspieliger Zivilprozesse an die Wand und stürzen ihre bedauernswerten Opfer in Sorge um ihren Gesundheitszustand wie über das Schicksal ihrer Kinder. »Es gibt schlimmeres als den Tod. Wer schon einmal einen Abend mit einem Versicherungsvertreter zugebracht hat, wird wissen, was ich meine«, lästerte einst Filmemacher Woody Allen und traf damit mal wieder ins Schwarze. Zu zahlreich sind die Tricks des Gewerbes, als daß der Kunde noch eine Chance hätte, das für ihn notwendige und günstigste Angebot herauszufinden. Selten vermag er den Argumenten der Keiler aus den Vertriebskolonnen der Versicherer etwas entgegenzusetzen, und so läßt er sich viel zu oft zu einer Unterschrift nötigen, die ihn teuer zu stehen kommt.

Beispiel Kfz-Versicherung: Weil dem Branchenführer in der Kfz-Sparte zu viele Kunden abhanden gekommen waren, ging Europas größter Versicherungskonzern in die Offensive. Um wenigstens 100000 Autofahrer zurückzugewinnen, fächerte die Allianz ihr Tarifwerk so auf, daß sich für eine Vielzahl von Fahrzeugen und Kunden Preissenkungen von 10 oder gar 15 Prozent errechnen ließen. Die geschickt inszenierte Preissenkungsaktion brachte die gesamte Branche auf

Trab, und bald offerierten die meisten Allianz-Konkurrenten ebenfalls neue Tarife. Was wie eine kundenfreundliche Aktion der Assekuranz aussah, entpuppte sich jedoch bei näherem Hinsehen bald als ein gelungenes Täuschungsmanöver.

»Ein Preisvergleich ist fast unmöglich«

Die Gothaer zum Beispiel ging unter anderem mit Rabatten für Garagenbesitzer und Wenigfahrer auf Kundenfang. Im Kleingedruckten ihres Vertrags freilich schränkte sie ihre Haftung so drastisch ein, daß der Nutzen der Rabatte wieder in Frage gestellt ist. Läßt der Besitzer zum Beispiel nachts den Wagen draußen stehen, bekommt er von der Versicherung keinen Pfennig, wenn sich der Diebstahl im Umkreis von 500 Metern um das Haus ereignet.

Hat der Fahrer den Single-Rabatt in Anspruch genommen, muß er einen zweifachen Jahresbeitrag als Strafe bezahlen, wenn er einen anderen Fahrer ans Steuer läßt und dieser in einen Unfall verwickelt wird. Neben solchen Einschränkungen verlangen die Versicherer vom Fahrzeughalter oft eine Vielzahl schikanöser Meldungen, wenn er den Versicherungsschutz nicht verlieren will. Läßt sich die Garage wegen Bauarbeiten vorübergehend nicht benützen, muß der Versicherte dies ebenso mitteilen wie (auf Anforderung) den aktuellen Tachostand, sofern er den Wenigfahrer-Bonus in Anspruch genommen hat.

Beim Direktversicherer Telit kann es bis zu 10000 Mark Strafe kosten, wenn der Versicherte eine andere als die im Vertrag genannten Personen ans Steuer läßt. Und beim »Sparkasko 95« der DAS muß gleich ein ganzes Bündel von Einschränkungen beachtet werden, sonst sind nach einem Unfall mindestens 2000 Mark Selbstbeteiligung fällig.

Tückisch können sich auch die Lady-Tarife auswirken, denn wenn mal der Ehemann fährt und einen Unfall baut, stiehlt sich die Versicherung für gewöhnlich aus der Verantwortung und kassiert bei ihrer Kundin auch noch eine Geldbuße ein.

Ein beliebter Dreh der Kfz-Versicherer ist es auch, die Haftpflichttarife relativ günstig anzubieten, weil diese häufig in den Medien miteinander verglichen werden und ein günstiger Ranglistenplatz für die

Kundenwerbung förderlich ist. Das scheinbar günstige Angebot freilich nützt dem Fahrer wenig, wenn er bei der gleichen Versicherung eine Teil- oder Vollkaskoversicherung abschließt, die erheblich teurer ist als der Branchendurchschnitt. »Die Kaskoversicherung wird immer undurchschaubarer ... ein direkter Preisvergleich ist nahezu unmöglich«, klagte etwa das Fachblatt *auto motor sport*.

Teure Autos oder solche, die im Ruf stehen, besonders häufig in Unfälle verwickelt zu sein, werden von manchen Versicherern schon gar nicht mehr akzeptiert. Die Vereinigte Haftpflicht in Hannover zum Beispiel versichert in Teilkasko nur Fahrzeuge bis zur Typenklasse 32, so daß ein durchaus bürgerliches Gerät wie das BMW Coupé 325 i (Klasse 36) schon nicht mehr ins Programm paßt.

Beispiel private Krankenversicherung: Seit Jahr und Tag zielt das Tarifsystem der privaten Krankenversicherer darauf ab, mit niedrigen Einstiegsprämien junge Kunden anzulocken, die bei der gesetzlichen Konkurrenz bereits happige Beiträge leisten müssen. Die Reserven, die die junge, gesunde Klientel bei den gesetzlichen Krankenkassen anspart, dient dort zur vergleichsweise kostengünstigen Versorgung der älteren und kränkeren Jahrgänge. Anders bei den Privaten: Da wegen der knapp kalkulierten Einstiegstarife keine solche Reserve gebildet werden kann, müssen sie logischerweise die älteren Jahrgänge um so kräftiger zur Kasse bitten.

Wer sich deshalb in jungen Jahren von einer privaten Kasse anwerben läßt, tappt mit Gewißheit in eine Kostenfalle, die ihm im Alter finanziell den Atem nehmen kann. Rentner und Pensionäre, die im Alter 2000 Mark im Monat an ihre Krankenkasse zahlen müssen, sind keine Seltenheit mehr. Trotz der schon gewaltigen Beitragserhöhungen der letzten Jahre meint Versicherungsexperte Hans-Dieter Meyer: »Der eigentliche Prämienschock kommt noch.«

Die Fortschritte in der Medizin führen zu einer immer größeren Zahl älterer, aufwendig versorgter Kassenpatienten. Meyer: »Bei richtiger Kalkulation müßten die Anfangsbeiträge um 40 Prozent höher sein.« Reinen Wein aber wollen die Versicherer ihren privaten Kunden nicht einschenken, weil sie sonst weniger Neugeschäft zustande brächten, und darauf allein kommt es ihnen an. Eine millionenteure Werbekampagne der privaten Krankenversicherer, in der behauptet wird, »die in jungen Jahren gebildeten Altersrückstellungen« würden dafür sorgen, daß die Beiträge im Alter bezahlbar blieben, stellte die Tatsachen auf den Kopf. »Pure Volksverdummung«, befand Hans-Dieter Meyer und erwirkte eine Einstweilige Verfügung gegen die Falschwerbung.

Trügerische Abwerbemethoden der Privaten

Da der Ärger bei den Privatversicherten nach den letzten Beitragserhöhungen nicht mehr zu übersehen war, offerierten die Kassen diverse »Beitragssenkungsprogramme«, die sich in den meisten Fällen jedoch als reine Mogelpackungen erwiesen. Wollte zum Beispiel ein älterer Versicherter innerhalb der gleichen Kasse zu einem günstigeren Tarif wechseln, so stellten sich dem nicht selten plötzlich unerwartete Hindernisse in den Weg. Mit fadenscheinigen Ausreden, immer neuen Forderungen nach zusätzlichen Belegen und Informationen oder der schlichten Ablehnung (»Das geht bei uns nicht«) versuchten Kassen wie etwa die Hallesche Nationale ihre Kunden am Wechsel zu hindern. Der Wechsel der Mitgliedschaft wäre für den Kunden die logische Konsequenz, doch der lohnt sich in den meisten Fällen nur für Versicherte unter 40 Jahren.

Die Tricks, mit denen die Versicherungsvertreter junge Kunden von den gesetzlichen Kassen weg ins private Lager ziehen wollen, grenzen mitunter an Betrug. Ein beliebtes Mittel sind Computerprogramme, mit denen angeblich objektive Kosten- und Leistungsvergleiche der 57 privaten Krankenkassen untereinander sowie Vergleiche zwischen gesetzlichen und privaten Kassen angestellt werden können.

Die Ergebnisse, die ein smarter Vertreter mit Hilfe seines Laptops errechnet, führen häufig zielstrebig zum Angebot jener Kasse, die dem betreffenden Vertreter die höchsten Provisionen zahlt. Immerhin bringt die Neuanwerbung eines Kunden bis zu acht Monatsbeiträgen. Schon haben einige Kassen, die bei solchen Vergleichen in den Computerprogrammen nie auftauchen, weil sie aus Kostengründen mit den Provisionen knausern, Klagen eingereicht. Der Kunde jedenfalls ist gut beraten, wenn er Vermittlern wie Kompass, Wifo oder Concret mit gesundem Mißtrauen begegnet. Eine andere, ebenso verwerfliche Masche privater Versicherer ist es, Kunden, die häufig hohe Rechnungen einreichen, den Laufpaß zu geben. In der Schweiz zum Beispiel dürfen private Krankenkassen ab 1997 Zusatzversicherungen, die Patienten eine bessere Versorgung im Krankenhaus gewährleisten, nach einem »Schadensfall« kündigen. »Legal, aber grob unanständig«, reklamierte das Verbrauchermagazin *K-tip*. Bei den Sachversicherern ist diese üble Praxis, wie zahlreiche Fälle beweisen, an der Tagesordnung.

Beispiel Sachversicherer: Ein reichhaltiges Repertoire an unfeinen Tricks kennzeichnet die Geschäfte in dieser Sparte der Assekuranz. Sturmschäden zum Beispiel kann man relativ preiswert versichern lassen, wenn man im Kleingedruckten des Vertrages akzeptiert, daß die Versicherung erst ab Windstärke zwölf (und nicht wie bei den anderen Versicherern ab Windstärke acht) haftet. Denn Stürme dieser Stärke kommen in Deutschland fast nie vor. Ähnlich ist es beim Glasbruch: Wenn im Vertrag steht, daß nur Flächen ab zehn Quadratmeter gedeckt sind, kann die Prämie leicht günstiger ausfallen, denn wer hat schon komplette Glaswände am Haus?

Die totale Freiheit in der Vertragsgestaltung, die heutzutage auf dem Versicherungsmarkt herrscht, begünstigt nach Meinung des Hamburger Versicherungs-Journalisten Manfred Poweleit eindeutig die Anbieter. Der Herausgeber des in der Branche gefürchteten *Map-Report*: »Das ist ein Freibrief zum Betrug am Kunden.«

Den Freibrief nutzen die Anbieter immer konsequenter. Lehrstücke in Sachen Vertragsgestaltung sind fast immer die Bedingungen der Hausratversicherer. Übliche Taktik: Das, was auf der Vorderseite der Vertragsformulare vollmundig versprochen wird, kassieren die Versicherer im Kleingedruckten auf der Rückseite wieder ein.

Zu den Goldeseln der Assekuranz zählt zweifellos die Unfallversicherung, denn sie ist einerseits leicht zu verkaufen und wird andererseits selten in Anspruch genommen. Rund 27 Millionen Verträge zählten Ende 1995 zum Bestand der Unfallversicherer, sie bescherten ihnen jährliche Prämieneinnahmen von 8,6 Milliarden Mark. Die Höhe ihrer Auszahlungen aber hüten die Konzerne wie ein Staats-

geheimnis. Kein Wunder: Die meisten Risiken, gegen die die Unfallversicherung schützen soll, sind durch andere Versicherungen längst
gedeckt.

Nonsens-Produkte der Versicherer

Die Behandlung nach einem Unfall zahlt zum Beispiel die Krankenversicherung, für Verkehrstote kommt die Haftpflicht auf, und die
Hinterbliebenen anderer Unfalltoter versorgt die Lebensversicherung. Unfälle, die zur Berufsunfähigkeit führen, werden aber pro Jahr
in Deutschland nur etwa 10000 registriert, und auch davon erhalten
noch lange nicht alle Geld aus der Unfallversicherung. Denn hier
kommt es entscheidend auf den Grad der Invalidität an, und den setzen die Versicherer für gewöhnlich so hoch an, daß sie insgesamt nur
Bruchteile des eingenommenen Prämienaufkommens dafür aufwenden müssen.

Überflüssig wie die Unfallversicherung ist für die meisten Kunden
der Assekuranz ein Versicherungspaket, das die Anbieter gerne als
»Rundum-Sorglos-Angebot« deklarieren. Gemeint ist eine Kombination aus Reisehaftpflicht-, Reiseunfall-, Reisegepäck- und Rei-
serücktrittkostenversicherung. Abgesehen davon, daß die meisten der
hier versammelten Risiken bereits durch anderweitige Versicherungen abgedeckt sind, schränken die Versicherer ihre Haftung im Kleingedruckten der »Rundum-Sorglos-Pakete« ebenfalls so ein, daß sie am
Ende ebenfalls nur selten in Anspruch genommen werden können.

Nicht versichert sind zum Beispiel bei der Reisegepäckversicherung
Bargeld, Schecks, Kredit- und Fahrkarten – und auch wenn der Koffer abhanden kommt, muß der Versicherte beweisen, daß er ihn ständig beaufsichtigt hat, ehe die Versicherung bereit ist, den Schaden zu
begleichen. Zusätzlich ist oft auch noch die Haftung für verlorenge-
gangene Gegenstände auf maximal 10 Prozent der Versicherungssumme begrenzt, höchstens jedoch auf 750 Mark. Aus alledem wird
klar: Derlei Versicherungen sind nur für den Anbieter ein Geschäft.
Auch die vielen neuen Versicherungen, die seit der Liberalisierung
des Marktes offeriert werden, verdienen keineswegs das Prädikat »besonders wertvoll«. Das gilt für die Nichtraucher- und die Schönwet-

ter- ebenso wie für die Arbeitslosenversicherung. Marketinggags statt echter Innovationen bestimmen offenbar die Produktpolitik der meisten Versicherer.

Nachdem ihnen der Bundesgerichtshof die lukrativen Zehnjahresverträge verboten hat, versuchen sie nun offenbar mit allen Mitteln, das stagnierende Neugeschäft zu beleben. Wie seriös und kundenfreundlich sie dabei vorgehen, belegt der Start der privaten Pflegeversicherung, für die sie ab 1. Januar 1995 Prämien einsammelten, mit den Auszahlungen aber erst am 1. April 1995 begannen und allein in diesen drei Monaten einen Überschuß von rund 600 Millionen Mark erzielten.

Nach wie vor sind sie an einer objektiven und gründlichen Aufklärung der Kunden überhaupt nicht interessiert; Einblick in ihr Zahlenwerk gewähren sie nur höchst widerwillig und auf Druck der Gerichte oder des Gesetzgebers. Systematisch verhindern sie bis heute, daß der Kunde die Angebote und die Leistungsfähigkeit der einzelnen Gesellschaften miteinander vergleichen kann.

Wie keine andere Branche verstanden es die Versicherungskonzerne, beim Bund und den Ländern ihre Interessen gegen die der Versicherten durchzusetzen. Grund: Die hochverschuldete öffentliche Hand ist beim Absatz ihrer Schuldscheine auf die unermeßliche Kapitalkraft der Assekuranz angewiesen und will die Herren des Geldes, das in Wirklichkeit den Versicherten gehört, bei Laune halten.

Die Medien: unredliche Schleichwerber

Zu den Branchen, die um des eigenen Profits willen den Kunden täuschen und übervorteilen, gehören natürlich auch die Medien. Als Journalist und Autor ein Angehöriger dieses boomenden Wirtschaftszweigs, fällt es mir naturgemäß nicht leicht, die Sünden des eigenen Berufsstands bloßzustellen. Aber jeder Akteur im Medienzirkus ist ja gleichzeitig auch ein Konsument, und als solcher bin ich selbst betroffen und empört über das, was einem da in den letzten Jahren geboten wurde.

Die totale Kommerzialisierung des Veröffentlichungsgewerbes bescherte uns zwar eine Vielfalt neuer Zeitungs- und Zeitschriftentitel, Fernseh- und Radiosender, Satelliten- und Kabelnetze, Online-Dienste und Service-Programme. Die Flut des Gedruckten und Gesendeten türmte sich zu einer Riesenwelle auf, in deren Mitte eine gewaltige Menge heißer Luft zirkulierte und die nur wenig neue Substanz hervorbrachte. Wir ersticken unter dem Wortmüll geschwätziger Schreiberlinge und zappen uns, übersättigt von der endlosen Wiederholung der immer gleichen Filme und Programme, ratlos durch das Angebot der Kommerzsender, ohne noch zu wissen, was wichtig, geschweige denn, was richtig ist.

70 Prozent aller Informationen in Presse, Fernsehen und Radio sind, das hat eine Studie am Zeitungswissenschaftlichen Institut der Uni Dortmund herausgefunden, von allerlei Interessenten, deren Interessen wir nur ahnen können, »gezielt« in die Medien lanciert worden. Noch genauer hat die Kommunikationswissenschaftlerin Barbara Bearns herausgefunden, daß mindestens zwei Drittel aller Medienbeiträge in Wahrheit nichts anderes sind als Public-Relations-Meldungen (im Branchenjargon kurz »PR« genannt).

Das sind Nachrichten, die keinen Nachrichtenwert haben und nur deshalb veröffentlicht werden, weil sie irgend jemandem nützen. Das kann ein Politiker sein oder eine Partei, ein Interessenverband oder ein Unternehmen, ein Verein oder ein einzelner Sportler, Manager oder Funktionär, vielleicht auch eine mehr oder weniger ehrenwerte Organisation. Das wäre weiter nicht schlimm, wenn wir für diese Nonsens-Nachrichten a) nicht bezahlen müßten, wenn sie uns b) nicht die Zeit für Wichtigeres stehlen würden und wenn sie c) sofort als Nonsens-Meldungen erkennbar wären.

Die Perfidie des PR-Geschäfts aber liegt gerade darin, daß die Tarnung Geschäftsgrundlage ist. »Schleichwerbung« heißt deshalb in der Branche korrekterweise das, was die Werber gerne hochtrabend »Kommunikation« nennen. Kommunizieren bedeutet im Slang der Branche, eine absolut uninteressante Information, die allein der Beweihräucherung irgendeines Auftraggebers dient, in die Öffentlichkeit zu lancieren. Damit der Betrug am Leser, der von seiner Zeitung oder Zeitschrift kompetent informiert und angemessen unterhalten werden will, nicht so auffällt, lassen sich die gut honorierten PR-Berater einiges einfallen.

Wie PR-Geschichten ins Blatt kommen

Angenommen, ein hochpreisiger Herrenausstatter aus Italien erwartet von seiner deutschen PR-Agentin einige überzeugende Text- und Bildbeiträge in namhaften Zeitschriften, die von der Klientel des Hauses gelesen werden. Dann wird sich die PR-Dame flugs auf den Weg begeben und die Redaktionen von Blättern wie *Capital, Wirtschaftswoche, Welt am Sonntag, Männer Vogue* oder auch *Playboy* abklappern, um das Interesse an den Anzügen, Pullovern oder Mänteln ihres Auftraggebers zu wecken.

Zieht das Thema nicht so recht auf Anhieb, ist ihre Kreativität gefordert.»Wie wär's denn bitte mit einem Artikel über die feinen Unterschiede in der Verarbeitung von Herrenanzügen?« wird sie zum Beispiel den Redakteur der *Männer Vogue* fragen. Und bei *Capital* wird sie möglicherweise eine Story über »Das heimliche Imperium des Wollkönigs« anpreisen. Vielleicht regt sie auch an, etwas über das Geschäft mit der feinen Kaschmir-Wolle zu schreiben, in dem der Italiener ebenfalls eine Rolle spielt.

Hält sich die Begeisterung der Redakteure weiter in Grenzen, muß sie schärfere Geschütze auffahren. Im Repertoire hat sie beispielsweise den Hinweis auf eine geplante Werbekampagne ihres Auftraggebers, denn sie weiß ja, daß bezahlte Anzeigen oft wundersame Auswirkungen auf die Redaktionspläne haben können. Wenn das nicht hilft, spielt sie ihren letzten Trumpf aus, die Einladung zu einer mehrtägigen »Informationsreise« zum Stammsitz der Firma und zu einem »Exklusivinterview« mit dem Firmenchef.

Zögert der Redakteur immer noch, folgt mit Sicherheit der Nachsatz: »Selbstverständlich werden wir Ihnen Ihre Unkosten ersetzen.« Spätestens jetzt ist die Geschichte gebongt, und einige Wochen später dürfen sich die Leser eines oder mehrerer solcher Blätter über eine Reportage zum Thema des »Kaschmir-Königs aus Italien« freuen.

Die Geschichte illustriert jedoch nur eine relativ harmlose Version des gehobenen PR-Journalismus. Der Betrug am Leser, Zuschauer oder Zuhörer geht in Wahrheit viel weiter. Rund 60 Redakteure des WDR zum Beispiel meldeten in letzter Zeit ihrem Chefredakteur Bestechungsversuche aushäusiger Interessenten, die auf diese Weise Einfluß auf einzelne Funk- und Fernsehbeiträge nehmen wollten.

Glücklicherweise gibt es immer noch einzelne Chefredakteure, die der Unterwanderung ihrer Medien nicht tatenlos zusehen. *stern*-Chefredakteur Werner Funk zum Beispiel feuerte seinen Frankfurter Korrespondenten Rudolf Müller fristlos, als herauskam, daß sich dieser von dem geflüchteten Baulöwen Jürgen Schneider dafür bezahlen ließ, daß er kritische Berichte verhindern und positive lancieren sollte. Auch der *Spiegel* mußte sich von einem Redakteur trennen, der Geld von Curt Engelhorn, Chef des Pharmakonzerns Boehringer Mannheim, angenommen haben soll.

Im Prinzip ist natürlich keine Redaktion immun gegen die Infiltration mit »bestellten Wahrheiten«, wie Herbert Riehl-Heyse von der *Süddeutschen Zeitung* seine »Anmerkungen zur Freiheit eines Journalistenmenschen« betitelte. Der eigentliche Skandal besteht darin, daß die meisten Medien gar nichts gegen diese Infiltration einzuwenden haben. Im Gegenteil, jenen Blättern und Sendern, die gar nicht mehr vorgeben, einen publizistischen Auftrag erfüllen zu wollen, und denen es ausschließlich ums Geschäft geht, sind PR-Beiträge höchst willkommen. Denn erstens sind sie billig, helfen also Redaktionskosten einsparen, und zweitens schaffen sie Nähe zu den meist kommerziellen Auftraggebern, die man dann möglicherweise auch zur Aufgabe bezahlter Anzeigen bzw. der Schaltung teurer Spots überreden kann.

Nichts als Heuchelei ist denn auch das Gehabe mancher Verlage, die ihre Journalisten zur Einhaltung publizistischer Grundregeln anhalten (etwa: strikte Trennung von Nachricht und Kommentar, strikte Trennung von Redaktion und Anzeigen), wenn sie gleichzeitig den Redaktionen die Mittel kürzen und sie so daran hindern, diesen publizistischen Auftrag korrekt zu erfüllen.

Meister Ferenczy kassiert doppelt ab

Ein Redakteur zum Beispiel, der eine Reiseseite zu betreuen hat, die nicht mehr als 500 Mark an Honoraren kosten darf, wird kaum einen Mitarbeiter finden, der für dieses Geld nach Sri Lanka oder auch nur in die Toskana fährt, um zu berichten, was es dort zu sehen gibt. In der nach oben offenen Bestechungsskala der Publizistikbranche rangieren deshalb gezwungenermaßen die Reisejournalisten ganz oben, dicht gefolgt von den Kollegen aus dem Motor-Ressort, die sich ihre geliebten Testobjekte auf zwei und vier Rädern kostenlos bei den Herstellern zusammenschnorren müssen.

Mit einigem Abstand rangieren die Wirtschaftsjournalisten auf Platz 3, da sie von den Veranstaltern von Bilanzpressekonferenzen und »Hintergrundgesprächen« mit den hochmögenden Bossen der deutschen Wirtschaft nicht ungern verwöhnt werden. »Atmosphärische PR« nennt zum Beispiel der Münchner »Medienmanager« Josef von Ferenczy sein Geschäft, das im wesentlichen darin besteht, Redaktionen mit Stoffen zu beliefern, für die er zweimal abkassieren kann. Erst redet er Politikern wie Heiner Geißler oder Klaus Kinkel, aber auch Wirtschaftsbossen wie Heinz Dürr oder Carl H. Hahn ein, sie müßten etwas für ihr »Image« tun. Der ehemalige VW-Chef etwa ließ sich die Imagepflege durch Ferenczy rund eine Million Mark kosten.

Für das Geld seiner Aktionäre bekam der glücklose und vorzeitig abgehalfterte Manager ein paar nette Interviews und Berichte, die in den verschiedensten Zeitschriften abgedruckt wurden. Denn Meister Ferenczy verfügt nicht nur über einen ganzen Stall unterschiedlicher Firmen, sondern auch über mehr als hundert Autoren und (beinahe) freie Journalisten, die in den Redaktionen ein und aus gehen. Unverfänglich lassen sich so die (von den Auftraggebern bereits bezahlten) Geschichten in den erwünschten Medien honorarpflichtig unterbringen. Unnötig zu erwähnen, daß der gewiefte »Medienmanager« vom Honorar seiner Autoren 25 Prozent für sich abzweigt und daß oft nicht mal die jeweiligen Chefredakteure, geschweige denn die Leser und Zuschauer die Vorgeschichte der überaus interessanten Beiträge von Ferenczy-Autoren erfahren.

Kaum weniger rührig als Ferenczy mit seiner Doppelagentur ist der

Bajuware Bert Schnitzler. Als Herausgeber des Informationsdienstes *Der Wirtschaftsredakteur*, der den Redaktionen von Tageszeitungen und Fachzeitschriften angeboten wird, kann er allerlei PR-Informationen, zu »Nachrichten« aufbereitet, unters Volk streuen, und auch bei den elektronischen Medien ist er gut vertreten. Die PRIBAG Fernseh GmbH produziert für Auftraggeber aus der Wirtschaft Filme, die über private Sender wie TV Weißblau oder Kabelkanal ausgestrahlt werden. Und wieder bleibt dem Kunden verborgen, daß etwa eine Börsensendung nichts anderes ist als eine andere Form der Bankenwerbung.

Nur ganz wenige Redaktionen und Sender sind überhaupt in der Lage, ihre Mitarbeiter so auszustatten, daß sie einigermaßen objektiv über ferne Reiseziele und neue Autos berichten können. Weil das die Reiseveranstalter und Autohersteller natürlich wissen, erleichtern sie den kurzgehaltenen Journalisten das Geschäft, indem sie die ganzen Kosten für solche Berichte übernehmen – und manchmal noch ein bißchen mehr.

Ein Scheck als »Unkostenbeitrag«

Will der VW-Konzern zum Beispiel ein neues Auto vorstellen, dann geschieht das für gewöhnlich nicht auf der hauseigenen Teststrecke bei Wolfsburg, sondern an irgendeinem schönen Plätzchen dieser Welt, wo ewig die Sonne scheint und die Polizei schon mal ein Auge zudrückt, wenn die wildgewordenen »Testfahrer« aus den Schreibstuben der internationalen Publizistik ein wenig zu sehr auf die Tube drücken.

Solche Veranstaltungen, zu denen Tausende Journalisten aus aller Welt eingeflogen werden, lassen sich die Autohersteller zweistellige Millionenbeträge kosten, und dafür wollen sie natürlich etwas sehen. Kein Wunder, daß uns nach Freigabe der Sperrfrist in nahezu allen Blättern der neue Golf, Polo oder Passat entgegenfährt. Damit nach solchem publizistischen Großeinsatz nicht doch noch etwas schiefläuft, finden die kritischen Autotester, wenn sie des Abends müde ins Firstclass-Hotel zurückkehren, mitunter auf ihrem Zimmer noch eine nette Zugabe in Form feiner Brieftaschen, Feuerzeuge usw.

Manchmal versteckt sich in der Brieftasche ein »Unkostenbeitrag« wie bei einer Präsentation des US-Herstellers Chrysler im noblen Schloßhotel Kronberg. Kollege Ferdinand Simoneit, langjähriger Chefredakteur des Fachblattes *auto motor sport*, und heute Leiter der Georg-von-Holtzbrinck-Schule für Wirtschaftsjournalisten in Düsseldorf, zeigt seinen Schülern heute noch gerne den Scheck, den ihm ein Autokonzern einst zusteckte und den er nie einlöste.

Wer solche Praktiken nicht kennt, mag sich wundern, warum in deutschen Gazetten nur selten Verrisse über Autos und Motorräder abgedruckt werden, während sich die weniger weit gereisten Kollegen aus dem Feuilleton einen Spaß daraus machen dürfen, Filme, Theaterstücke oder Bücher gnadenlos in den Boden zu stampfen.

Wie die Medien unter Druck gesetzt werden
Die Kungelei zwischen kommerziellen Auftraggebern und der Medienindustrie ist ein Pakt mit dem Ziel, den Konsumenten zu täuschen. Das fängt im Lokalteil des Provinzblattes an, wenn das örtliche Autohaus aus Anlaß eines Umbaus eine halbseitige Anzeige schalten möchte und den Auftrag davon abhängig macht, daß das Ereignis im redaktionellen Teil der Zeitung eine Würdigung erfährt. Prompt wird der Chefredakteur einen Volontär zur Eröffnung senden und den Bericht, mit Bild selbstverständlich, im Blatt plazieren. Der Leser, der noch die Anzeige sieht, muß nun denken, daß es sich um ein bedeutendes Ereignis gehandelt hat, wenn schon die Zeitung im redaktionellen Teil davon Notiz nimmt.

Nichts ist dagegen einzuwenden, wenn eine große überregionale Tageszeitung etwa den Neubau eines Automobilwerks mit einer voll von den Auftraggebern und den Zulieferern finanzierten Sonderbeilage feiert, sofern diese dem Leser als Werbeprodukt kenntlich gemacht wird. Doch seit es kaum noch Verleger, sondern nur noch Kaufleute an der Spitze der Verlagskonzerne gibt, verwischen sich die Grenzen zwischen Anzeigen und redaktionellem Teil immer mehr.

Und seit die kommerziellen TV-Sender immer mehr Werbegelder zu Lasten der Printmedien an sich ziehen, schwinden die Widerstände der Verlage und Chefredakteure gegenüber den Forderungen und

Pressionen der Anzeigenkunden. Kritische Berichte über große Inserenten leisten sich deshalb nur noch ganz wenige Blätter, wie etwa *Spiegel* und *stern*, und auch nur dann, wenn der »Flurschaden« im Anzeigengeschäft gegen steigende Erträge im Vertrieb aufgerechnet werden kann. Zu den Standhaften zählte auch die *WiSo*-Redaktion des ZDF, die vom Deutschen Reisebüroverband wie von den großen Veranstaltern TUI und NUR nach einem wenig schmeichelhaften Reisebüro-Test heftig unter Druck gesetzt wurde. In Zusammenarbeit mit der Stiftung Warentest wiesen die *WiSo*-Tester nach, daß von 50 getesteten Reisebüros nur vier mit dem jeweils günstigsten Angebot für eine genau definierte Pauschalreise freiwillig herausrückten – die anderen wollten den Testern teurere Offerten andrehen. Der für die Sendung verantwortliche ZDF-Redakteur Uli Röhm auf die Vorwürfe der Reisebranche, der Test sei nicht »seriös« durchgeführt worden: »Wir lassen uns generell nicht von Drohgebärden beeindrucken.«

Auch der *Spiegel* widerstand schon mal den Pressionen des ehemaligen BMW-Chefs Eberhard von Kuenheim, der nach einem kritischen Bericht über Fehlentscheidungen seines Managements einen Anzeigenboykott verhängte. So was hat jedoch Seltenheitswert in der deutschen Medienlandschaft, in der sich die Verlage und Sender an üppig sprudelnde Gewinne und deren Mitarbeiter an komfortable Gehälter gewöhnt haben.

Unfeine Töchter der Pressekonzerne

Die schmutzige Seite des Bestechungsgeschäfts überläßt man für gewöhnlich den rangniedrigsten Branchenmitgliedern – den sogenannten freien Journalisten. Mag ein festangestellter Redakteur, der von einer gesponserten Pressereise enttäuscht zurückkehrt, noch nach dem Grundsatz handeln: lieber gar nichts schreiben als einen guten Anzeigenkunden zu verärgern, so ist der ausgehaltene Freelancer auf das dürftige Honorar angewiesen, das ihm sein Verlag oder Sender für den PR-Beitrag zahlt.

Bis zu 80 Prozent der Reiseberichte in Tages- und Wochenzeitungen, Frauenzeitschriften und Reisemagazinen stammen nach einer Umfrage des Fachblatts *Journalist* von freien Mitarbeitern der Redaktionen. Lieselotte Nückel, Geschäftsführerin der Vereinigung Deutscher Reisejournalisten (VDRJ) über die Honorare ihrer Mitglieder:»80 Pfennig Zeilenhonorar sind schon gut, aber 30 Pfennig gibt es auch.« Ein zweispaltiger Reisebericht in einer Tageszeitung zum Beispiel bringt dem Journalisten nach diesen Sätzen gerade mal 50 Mark. Dafür kann er sich vielleicht das Taxi zum Flughafen leisten, den Flug und die Hotelkosten aber trägt für gewöhnlich der Reiseveranstalter, der natürlich überhaupt keinen Einfluß auf den zur kritischen Betrachtung entschlossenen Kollegen nimmt. Armes Deutschland.

Kritischer Journalismus, vom Leser geschätzt, aber von den Anzeigenkunden gefürchtet, findet nur noch sparsam dosiert statt, weil die meisten Großverlage den Löwenanteil ihrer Erträge mittlerweile aus dem Anzeigengeschäft beziehen. Der Leser soll natürlich nicht merken, daß die Blätter längst nicht mehr für ihn, sondern in Wahrheit für die Anzeigenkunden gemacht werden. Deshalb sind manche Verlage bemüht, die Kumpanei mit der Werbung treibenden Wirtschaft ein wenig zu tarnen.

Der Burda-Konzern zum Beispiel leistet sich mit dem Opal-Verlag in Baden-Baden eine Tochtergesellschaft, die für eine Vielzahl von Unternehmen Kundenzeitschriften produziert. Klar, daß die Auftraggeber mit wohlwollender Behandlung in sämtlichen Burda-Blättern rechnen dürfen, ebenso die Bausparkassen, da die Burda-Tochter Internet Magazin-Verlag die Bausparer-Zeitschrift *Das Haus* in Millionenauflage herausgibt.

Auch die Gruner + Jahr AG, Deutschlands größter Zeitschriftenkonzern (*stern, GEO, Capital* usw.), ist sich nicht zu fein, mit der Commerz-Tochter KS-Verlag jede Menge Kundenzeitschriften wie etwa das Bundesbahn-Magazin *Freie Fahrt* herauszugeben. Wie sollen da die Journalisten solcher Verlage noch objektiv über wirtschaftliche Vorgänge berichten, wenn ihre Arbeitgeber längst gemeinsame Sache mit Großunternehmen machen, die durchaus Gegenstand öffentlichen Interesses sein können?

Gerade im Bereich der Wirtschaftsblätter und Finanzmagazine läuft der Leser Gefahr, auf Titel hereinzufallen, die ihm objektive Ratschläge versprechen und doch nur wohlfeiles PR-Geschwätz liefern.

Wer etwa zu einem Blatt mit dem Titel *Der Vermögensberater* greift, in der Erwartung, solide Anlagetips geliefert zu bekommen, hält in Wahrheit ein Presseprodukt in der Hand, das von Deutschlands größtem Strukturvertrieb, der DVAG des berüchtigten Anlage-Promoters Reinfried Pohl, herausgegeben wird. Und so wie Pohls Drückerkolonne finanzieren auch andere dubiose Mitglieder der deutschen Finanzszene Werbeschriften, die wie Wirtschaftsmagazine aussehen und im Zeitschriftenhandel zu stattlichen Preisen angeboten werden. Aufmachung und Preis sollen dem Leser suggerieren, daß er hier wertvolle Informationen erhält, doch in Wahrheit erwarten ihn nur Werbeschund und Infomüll.

Ein Ahnungsloser testet Computerdrucker

Kaum eine Sparte des Pressewesens ist gegen die Unterwanderung der PR-Piraten gefeit. Besonders toll treiben sie es naturgemäß dort, wo der Leser Information und Rat in wirtschaftlichen Belangen erheischt, also in Fachzeitschriften jeder Art, in Computerblättern, Wohn- und Einrichtungsheften, beim Thema Essen und Trinken, in Mode- und Kosmetikmagazinen. Stets muß hier der Leser darauf gefaßt sein, über Artikel zu stolpern, die nichts anderes sind als verkappte Werbebotschaften. Er muß wissen, daß er mit geschönten Testberichten und manipulierten Ranglisten hinters Licht geführt werden soll. Im NDR *Ratgeber Technik* vom 2. April 1995 zum Beispiel bekannte der Computerjournalist Gunther Haake, wie er mal für eine Fachzeitschrift einen Vergleichstest über Computerdrucker zustande brachte: »Das sieht dann konkret so aus, daß ich in die Redaktion gehe und schreibe, aber die Produkte nie gesehen habe. In dem Fall ging es zum Beispiel um Laserdrucker. Ich habe keinen dieser Drucker je gesehen. Ich habe letztendlich überhaupt keine Ahnung gehabt, worüber ich schreibe. Es waren 16 Seiten, und das ist eine ziemlich lange Strecke in so einem Heft, und wenn ich mich richtig erinnere, wurden 14 Drucker aufgelistet.«

Nachgeholfen wird der Begeisterung der Fachjournalisten häufig, wie in der Autobranche, mit Einladungen zu teuren Reisen, und wenn das nicht ausreicht, wohl auch mit allerlei anderen Zuwendungen. So ist es in der Computerbranche gang und gäbe, daß zum Beispiel ein japanischer Hersteller eine handverlesene Schar Fachjournalisten für zwei Wochen in sein Heimatland einlädt – unter dem Vorwand, sie anläßlich einer Werksbesichtigung über die modernen Methoden der PC-Fertigung aufzuklären.

Tatsächlich ist dann für gewöhnlich der informative Teil nach wenigen Stunden beendet, und den Rest verbringen die tapferen Sachkenner aus dem Westen mit einem von ihrem Sponsor sorgfältig vorbereiteten Unterhaltungsprogramm. Skrupel brauchen sie deswegen nicht zu bekommen, denn keinem ihrer Verleger würde es in den Sinn kommen, solche Informationsreisen aus eigener Tasche zu bezahlen.

So nimmt es denn nicht wunder, wenn fehlerhafte Software-Programme und störanfällige PCs in Fachzeitschriften zu »Testsiegern« erklärt werden. Oder wenn in hochauflagigen Blättern wie Burdas *Freizeit Revue* oder der *Bildwoche* aus dem Axel-Springer-Verlag im redaktionellen Teil fragwürdige Diäten oder gar Nonsens-Produkte wie »Stutenmilch« als Allheilmittel sogar gegen die gefürchtete Neurodermitis empfohlen werden.

»Overnewsed but underinformed«, also »mit Nachrichten überschüttet, aber zuwenig informiert« werden die Kunden der heutigen Medienlandschaft nach dem Urteil namhafter Kommunikationswissenschaftler. Manchmal werden sie jedoch nicht nur zuwenig, sondern schlichtweg falsch informiert.

Bei den sogenannten seriösen Zeitungen und Zeitschriften wie in den Nachrichtenprogrammen der Sender vertreibt der Wortmüll aus der Politik jede andere ernsthafte Information. So werden die Deutschen über das Gezänk und die Profilierungsversuche selbst noch der unbedeutendsten Akteure auf der politischen Bühne wortgetreu ins Bild gesetzt, erfahren gleichzeitig aber so gut wie nichts über wirtschaftliche und gesellschaftliche Ereignisse von Belang bei unseren Nachbarn in der EU.

»Gedruckte Lügen« vergolden die Bilanz

Es sei denn, es handelt sich um die Idole unserer Yellow Press, von Monacos Caroline bis Windsors Diana. Und in diesem Milieu der

Klatschblätter ist Realität und Wirklichkeit etwa so erwünscht wie ein Penner im Foyer des Buckingham-Palasts. Die bunten Berichte aus der Scheinwelt der Schönen und Reichen haben denn auch einen Wahrheitsgehalt, der jeden Promilletest auf Anhieb bestehen würde. Ein gutes Dutzend dieser Blätter zeigte beispielsweise Monacos Prinzessin jeweils mit einem anderen Baby im Arm, das angeblich das ihre sein sollte, und es bedurfte schon des ebenso gewievten wie hartnäckigen Presseanwalts Matthias Prinz aus Hamburg, um der betroffenen Mutter zu ihrem Recht auf Gegendarstellung zu verhelfen. So mußte Burdas *Bunte* erstmals in der Pressegeschichte der Nachkriegszeit eine Gegendarstellung dort veröffentlichen, wo die Falschdarstellung stattgefunden hat: auf der Titelseite.

Den vielen anderen Opfern der Klatschpresse indes bleibt nur die Hoffnung, daß sich die Gerichte allmählich zu einer etwas strengeren Rechtsprechung gegenüber den Medien durchringen können. Verdient hätten eine juristische Würdigung ihrer Arbeit zweifellos die Redaktionen des Wiesbadener Helbert Verlags, der so geschmackvolle Blätter herausgibt wie *Coupé* oder *Blitz-Illu*, in denen zumindest die Namen im Impressum stimmen, oder auch manche Publikationen des Züricher Verlegers Jürg Marquard, dessen ZAG Zeitschriften AG 1995 bei einem Umsatz von 161,5 Millionen Franken einen stattlichen Reingewinn von 26,8 Millionen Franken auswies. Was den Sonnyboy, der sich gern vor seinen Villen und Jachten ablichten läßt, zum bestverdienenden Verleger der Schweiz machte, definierte das Verbrauchermagazin *K-tip* so: »Gedruckte Lügen.« Vorwürfe der Verbraucherschützer, Marquard-Blätter wie das in mehreren Sprachen erscheinende Teenager-Magazin *Mädchen* verbreiteten frei erfundene Liebes- und Schicksalsgeschichten, blieben ohne Dementi.

Zu wünschen wäre vor allem ein besserer Schutz der Privatsphäre etwa der Angehörigen von Personen, die einem Verbrechen oder einer Katastrophe zum Opfer fielen. Die brutalen Szenen, als die Kameras sensationsgeiler Medien den Schmerz der Hinterbliebenen nach der Lübecker Brandkatastrophe oder dem Absturz der Birgenair-Maschine in der Karibik in Großaufnahme einfingen, sollten sich nicht wiederholen dürfen. Für die Kunden der Medien haben solche »Emotionskitzler« (so der Chefredakteur einer Boulevard-Zeitung) etwa soviel Nachrichtenwert wie das Geschwätz in den Talkrunden des Fernsehens. Man könnte getrost darauf verzichten.

Daß ein Bild mehr sagt als tausend Worte, ist ein festverwurzeltes Vorurteil in der Medienbranche. Auch die Kundschaft, so haben Umfragen ergeben, mißt dem Bildermedium Fernsehen eine höhere Glaubwürdigkeit zu als dem gedruckten Wort. Schließlich sieht man dort mit eigenen Augen, was Sache ist, während auf Anhieb kaum jemand den Wahrheitsgehalt dessen nachprüfen kann, was die schreibende Zunft dem geduldigen Papier anvertraut.

Doch nicht erst seit den gefälschten Hitler-Tagebüchern des *stern* wissen wir, wie trügerisch auch Bilder sein können. Und so war es nur eine Frage der Zeit, bis die privaten Fernsehsender bei ihrer immer turbulenteren Jagd nach bildgerechten Sensationen anfangen würden, die Zuschauer hinters Licht zu führen. Reihenweise sendete etwa Publikumsliebling Günther Jauch als Chefredakteur von *stern TV* getürkte Bildberichte seines inzwischen verhafteten Mitarbeiters Michael Born, und auch die Konkurrenz von *Spiegel TV* ließ sich nicht lumpen. So präsentierte die von *Spiegel*-Chefredakteur Stefan Aust geleitete Redaktion in einem Film über Kuba angebliche Sex-Touristen aus Deutschland, von denen sich einer hinterher als Redakteur der *Süddeutschen Zeitung* entpuppte, der weniger an den erotischen Reizen der Kubanerinnen als vielmehr an den politischen Verhältnissen im Castro-Staat interessiert war.

Tugendwächter und Scheinheilige

Nun könnte man derlei als »Betriebsunfall« abhaken, wenn das Bemühen der Sender um Wahrhaftigkeit als durchgehendes Prinzip erkennbar wäre. Die Gier und Cleverneß indes, mit der zahlreiche Leitfiguren des Fernsehens ihre Prominenz vermarkten, macht das Medium nicht vertrauenerweckender. Wenn sich Tagesthemen-Moderator Ulrich Wickert beispielsweise als Buchautor (*Der Ehrliche ist immer der Dumme*) zum Tugendbold der Nation aufschwingt und anschließend mit seinem Autorennamen für das *Buch der Tugenden* wirbt, obwohl nur ein paar Zeilen darin aus seiner Feder stammen, so

ist das seine Sache. Aber wenn der Saubermann hinterher auf Video-
filmen als gutbezahlter Werbeonkel für die Deutsche Bank oder einen Hamburger BMW-Händler auftritt, so wirkt er als Präsentator seriöser Nachrichten nur noch komisch.

Auch Wickerts Kollegin Sabine Christiansen sei das Honorar gegönnt,
das ihr der Axel-Springer-Verlag für die Moderation eines Werbevi-
deos bezahlte, doch der informierte Zuschauer wird in der sympathischen ARD-Moderatorin künftig eben nur noch eine »Scheinheilige«
sehen, ganz zu schweigen von *stern TV*-Chef und Sportstudio-Mode-
rator Günther Jauch, der sich als Leitfigur für ein Meeting der
Drückerkolonne des DVAG-Chefs Reinfried Pohl verdingte, obwohl
er in seinen Sendungen nicht müde wird, Lug und Trug zu bekämpfen. Damit begibt er sich aufs Niveau der SAT-1-Quasselstrippe Ilo-
na Christen, die nebenbei schon mal als Ariel-Tante auftrat.

In Wahrheit handelt es sich also bei all diesen Fällen wohl weniger um
einmalige »Ausrutscher« als vielmehr um die Manifestation des
Grundprinzips im Mediengeschäft: Wes Brot ich ess', des Lied ich
sing'. Der Preis ist heiß, und das Glücksrad dreht sich immer schneller. Bald wird die Quasselkiste, ausgerüstet mit Digitaldecoder, zum
Versandhaus-Katalog verkommen, und niemand wird sich dann noch
Gedanken machen, ob die bunten Bilder auf der Mattscheibe wirklich
von einer der Information und Aufklärung verpflichteten Redaktion
stammen oder ob sie uns von Daimler, Quelle und Tengelmann direkt
ins Haus geliefert werden.

Schon heute findet ja niemand mehr etwas dabei, wenn der BMW von
»Derrick« Horst Tappert öfter im Bild zu sehen ist als der Kommis-
sar selbst, wenn Daimler-Benz die Filmteams von ARD oder ZDF
nicht mehr aufs Werksgelände läßt, sondern ihnen die in eigener Regie gedrehten Filme überläßt, oder wenn das ZDF selbst Kultursen-
dungen wie *Das literarische Quartett* von fremden Auftraggebern
sponsern läßt.

Die Medien, das ist die Botschaft, traktieren ihre Kunden nicht nur
mit Scheinwelten, sie selbst sind zur Welt des (Geld-)Scheins verkommen. Vielleicht gibt es deshalb so viele Nullen in Redaktionen,
Sendern und Verlagen.

Wie Verbraucher manipuliert werden

Zugegeben, der Einfluß der Medien hat in den letzten zehn Jahren eher noch zugenommen. Das Gesendete und Gedruckte prägt unser Denken in einer schon gefährlichen Weise. Medienereignisse, wie die von Greenpeace initiierte Protestaktion gegen die Versenkung der Ölplattform Brent Spar oder der BSE-Skandal um die britischen Rinder, veranlaßten Verbraucher in ganz Europa zu einer Veränderung ihrer Konsumgewohnheiten. Blitzschnell machten sie einen Bogen um die Tankstellen des Shell-Konzerns und verschmähten wenig später Rindfleisch, Brühwürfel und sogar Gesichtscreme aus Furcht vor der Infektion mit dem BSE-Erreger.

Das ist einerseits gut so, weil es aufs eindrucksvollste die Macht demonstriert, die Verbraucher tatsächlich haben, wenn sie sich einig sind und zielgerichtet handeln. Auf der anderen Seite beweisen die Protestaktionen die Abhängigkeit der Verbraucher von den Medien. Im Fall der Brent Spar zum Beispiel sind die Verbraucher eindeutig Fehlinformationen aufgesessen, denn hinterher stellte sich heraus, daß die von Shell geplante Versenkung der Ölplattform wahrscheinlich doch das bessere Entsorgungskonzept war.

Was nun, wenn eines Tages Kauf- und Verweigerungsaktionen im großen Stil von irgendwelchen PR-Agenturen organisiert werden, um einem bestimmten Produkt zum Markterfolg zu verhelfen und um ein anderes zu diskreditieren? Die Möglichkeiten, die zum Beispiel die moderne Computermanipulation bietet, um Bilder und ganze Filme total zu verfälschen, lassen nichts Gutes ahnen. Gegen die Manipulationsmöglichkeiten mit Hilfe der Computertechnik, die zum Beispiel schon in der Lage ist, längst verstorbene Filmstars wie Marilyn Monroe oder Clark Gable in neu gedrehte Streifen lebensecht hineinzuprojizieren, muten die plumpen Tricks der Zeitschriftenmacher etwa aus der »Fälscherwerkstatt« (so das Fachblatt *Journalist*) des Wiesbadener *Coupé-* und *Blitz-Illu*-Herausgebers Klaus Helbert beinahe rührend an.

Einziger Trost: Mit der weiteren Zunahme der bunten Blätter und Sender relativiert sich die Bedeutung des einzelnen Mediums immer mehr. Als Leser, Zuschauer und Zuhörer sind wir gut beraten, den Output der Medienbranche immer weniger ernst zu nehmen. König bleibt der Kunde in der Medienlandschaft nur, wenn er lernt zu selektieren. Aus dem Überangebot an Nutzlosem muß er das wenige Sinnvolle herausfischen und es auch noch von den verschiedensten Seiten her prüfen, ehe er es für bare Münze nimmt. Wer sich hingegen dem Reiz der Bilder- und Buchstabenflut hingibt, wird als Kunde angeschmiert und abserviert: mit gefälschten Geschichten und von fremden Auftraggebern bezahlten PR-Beiträgen ebenso wie mit dem bei Sendern wie Verlagen immer beliebteren Recycling-Journalismus. Da werden dieselben Themen, seien es Dokumentationen und Spielfilme oder Zeitschriftenartikel und Fotoserien, immer wieder neu aufbereitet und verkauft. Angeregt vom Vorbild des RTL-Chefs Helmut Thoma, der sein 24-Stunden-Programm gut zur Hälfte mit Wiederholungen bestreitet, lassen jetzt auch die Chefs vom Hamburger Großverlag Gruner + Jahr bereits veröffentlichte Texte und Fotos wiederaufbereiten. Die bereits bezahlte Archivware wird als »Edition« (Texte) oder »Portfolio« (Bilder) vermarktet und an *stern*-, *GEO*- oder *Capital*-Leser verhökert, die den gleichen Stoff schon mal in der Originalversion vorgesetzt bekamen. Heiliger Henri, hilf!

Werbung: Verbrechen gegen die Intelligenz

Angeheizt wurde der Medienboom von jener Branche, die dazu da ist, die Kunden einzuseifen: der Werbung. Über 50 Milliarden Mark gab die deutsche Wirtschaft 1995 für ihre Werbemaßnahmen aus, und dieses viele Geld stammt letztlich aus den Taschen der Kunden. Deshalb lohnt es sich, ein wenig darüber nachzudenken, ob es gut und nützlich angelegt wurde.

Daß Werbung sein muß, steht in einer wettbewerbsorientierten Marktwirtschaft außer Frage. Doch schon Henry Ford I., einer der Gründerväter des modernen Kapitalismus, grämte sich: »Ich weiß ganz genau, daß von jedem Dollar, den ich für Werbung ausgebe, die Hälfte umsonst ist. Ich weiß nur nicht, welche Hälfte.« Angesichts der immer gleich blöden Werbespots im Fernsehen mag mancher Zuschauer geneigt sein, anzunehmen, daß viele Werber nicht bloß die Hälfte, sondern ihre ganzen Etats sinnlos verplempern. Und bei so manchem Artikel des täglichen Bedarfs wäre die Idee, das Werbegeld entweder zur Verbesserung des Produkts oder zur Senkung des Verkaufspreises einzusetzen, durchaus im Sinne der Verbraucher.

»Werbung ist sozial nutzlos, sie verschwendet Millionen, lügt und verführt. Ihre Inhalte sind rassistisch, ein Verbrechen gegen die Intelligenz.« Der dies lauthals verkündet, ist kein spätmarxistischer Kapitalismuskritiker, sondern ein Werber: Oliviero Toscani, Erfinder und Gestalter der ob ihrer Schockeffekte weltweit ins Gerede gekommenen Werbekampagne des italienischen Textilherstellers Benetton, rechnet in seinem Buch *Die Werbung ist ein lächelndes Aas* mit der Branche ab: »Die Werbeindustrie pflastert den ganzen Planeten mit einer dummen, irrealen und trügerischen Bilderflut... Der Verbraucher finanziert diese Kampagnen, denn die Rieseninvestitionen schlagen sich in den Preisen nieder. Werbung ist eine indirekte Steuer.«

Nun mag man die Hervorbringungen der angeblich so kreativen Texter, Fotografen und Werbefilmer gut finden oder nicht – auf jeden Fall belästigen sie uns jeden Tag, stehlen uns unsere Aufmerksamkeit, stören unsere Konzentration. Im günstigsten Fall sind die Störenfriede noch einigermaßen unterhaltsam, in der Mehrzahl der Fälle jedoch beleidigen sie unseren Geschmack und sind eine Zumutung für unser Stilempfinden.

Die wesentlichen Informationen, die wir etwa für eine Kaufentscheidung benötigen, enthalten sie uns sowieso vor. Statt dessen versuchen sie, uns mit den dürftigsten Gags und optischen Reizen für irgendeinen Markenartikel zu interessieren, den wir zu der Zeit, da sie uns begegnen, überhaupt nicht brauchen, geschweige denn zu kaufen beabsichtigen. Wenn etwa drei Affen für ein japanisches, Tarzan und seine Jane für ein französisches und ein verunglückter Rennfahrer für ein deutsches Auto mit gleich dummen Sprüchen werben, dann werden wir dies zwar ertragen, ohne seelischen Schaden zu nehmen, doch entscheiden werden wir uns nach ganz anderen Kriterien. Insofern dürfen wir den Versuch der drei Autohersteller eher als eine Beleidigung unseres Verstandes und weniger als Versuch werten, unsere Entscheidung für die eine oder andere Marke ernsthaft zu beeinflussen.

83 Prozent wollen keine TV-Werbung

Fundierte Information ist offenbar nirgendwo mehr gefragt. Die Werbeindustrie scheint die deutschen Verbraucher für eine Horde stumpfsinniger Trottel zu halten, denen man mit schmalzigen Kunstfiguren wie einem »Herrn Kaiser« jede noch so unsinnige Lebensversicherung aufs Auge drücken oder die man durch einen grün betakelten Windjammer zur Steigerung ihres Bierkonsums anregen kann. Verständlich also, wenn nach einer Emnid-Umfrage 51 Prozent aller Zuschauer die Fernsehwerbung als »ärgerlich« und weitere 32 Prozent als »langweilig« einstufen. Mit anderen Worten: 83 Prozent aller Fernsehzuschauer würden am liebsten auf die Werbung verzichten.

Klar ist, daß die heutige Medienlandschaft nur deshalb so bunt und vielfältig ist, weil sie von dem unendlichen Geldstrom der werbungtreibenden Wirtschaft gespeist wird. Daß dieser Medienluxus nicht nur segensreiche Auswirkungen hat, ist hinlänglich bekannt. Das überreiche Angebot an Gedrucktem und Gesendetem vernebelt die Köpfe der Konsumenten mehr, als daß es in ihnen Klarheit stiftet; es füllt sie bis zum Rand mit überflüssigen, mitunter sogar schädlichen Informationen und hält sie von der Beschäftigung mit den wesentlicheren Dingen des Lebens ab.

Nur wenigen Lesern, Hörern und Zuschauern mag bewußt sein, wie sehr die kommerziellen Interessen der großen Medienkonzerne das tägliche Informations- und Unterhaltungsangebot beeinflussen. Um viele Werbegelder einsammeln zu können, müssen die Sender und Verlage für jedes Programm und jeden Zeitschriftentitel möglichst große Reichweiten nachweisen. Deshalb kennen sie bei der Jagd nach Auflagen und Quoten keine Schamgrenzen, wenn es gilt, das Anspruchsniveau stets noch ein wenig unter das der Konkurrenz zu drücken, so daß es sich am Ende nur noch minimal vom Intelligenzgrad ihrer Werbung unterscheidet. Und genau das scheint ja das Ziel der Bemühungen von Chefredakteuren und Programmdirektoren zu sein: Schließlich soll der Leser die Anzeigen nicht bloß überblättern und der Zuschauer die Spots nicht wegzappt, und das wird er um so weniger, je ähnlicher der redaktionelle Teil dem Werbeblock ist.

Der Nation das Tagesgespräch diktieren

Wurden die Werber einst als »geheime Verführer« dämonisiert, so haben sie sich mittlerweile längst in ihrer ganzen Banalität als Dünnbrettbohrer zu erkennen gegeben. Angst braucht man vor ihnen nicht zu haben, dazu sind ihre Hervorbringungen viel zu schlicht. Gefährlich indes ist ihre Wirkung nur durch die unablässige Wiederholung derselben banalen Botschaften in sämtlichen Medien. Nur die totale Medienverweigerung würde uns immun machen gegen die permanente Aufforderung zum Konsum.

Zu denken gibt mittlerweile vor allem die Marktmacht der großen Medienkonzerne. Beschließt zum Beispiel die in New York residierende Entertainment Division der Bertelsmann AG aus Gütersloh, eine Europatournee mit einem Star wie Whitney Houston zu veranstalten, um den Plattenabsatz anzukurbeln, dann kann der zweitgrößte Medienkonzern der Welt die deutsche Öffentlichkeit mit einem wahren Werbetrommelfeuer eindecken, so daß der kommerzielle Erfolg einer solchen Veranstaltung auch dann garantiert ist, wenn der Hauptdarsteller sich nicht in Bestform präsentieren kann.

Quasi auf Knopfdruck vermag Bertelsmann-Chef Mark Wössner zu erreichen, daß die Zeitschriften des Hamburger Großverlags Gruner + Jahr das Ereignis ebenso gebührend feiern wie die von ihm beherrschten Fernsehanstalten RTL und VOX oder der Luxemburger Radiosender CLT. Egal wohin der Konsument sich wendet, ob er die *Hamburger Morgenpost* liest oder die *Berliner Zeitung*, ob er den *stern*, den *Spiegel* oder die Programmzeitschrift *TV Today* aufschlägt, ob er im Wirtschaftsmagazin *Capital* oder in der Frauenzeitschrift *Brigitte* blättert, ob er den Ariolastand im Plattenladen betritt oder das Autoradio einschaltet, ob er fernsieht oder eine Buchhandlung ansteuert – der Medienriese aus Gütersloh ist überall. Beinahe nach Belieben kann er der Nation das Tagesgespräch diktieren. Und er kann, wenn er will, seine gewaltige Meinungsmacht dazu nutzen, die eigenen Produkte, Themen und Titel in die Köpfe der Verbraucher zu transplantieren.

Je mehr die privaten Medienkonzerne die öffentlich-rechtlichen Rundfunkanstalten an die Wand spielen, je mehr publizistische Macht sie sich aneignen, desto größer werden ihre Manipulationsmöglichkeiten auch gegenüber den Verbrauchern. Einziger Trost: Die Übermacht der Mediengiganten bekommen auch die Werber zu spüren, wenn sie keine Alternative mehr haben. Schon heute eint Agenturen, Verlage und Sender das gemeinsame Interesse an hohen Werbebudgets gegen die Auftraggeber. Mit scheinbar objektiv ermittelten Auflagen, Reichweiten und Quoten versucht die Werbe- und Medienindustrie der Wirtschaft weiszumachen, wie wirksam die einzelnen Werbemaßnahmen seien. In Wahrheit freilich sind die Mediadaten mit größter Vorsicht zu genießen, da sie nur selten die Realität widerspiegeln.

Der Verbraucher darf zwar den gesamten Werbezirkus aus seiner Tasche zahlen, hat aber keinerlei Einfluß auf die Verwendung der Mittel. Nur wenn sich die Konsumenten darin einig wären, stark beworbene Produkte grundsätzlich zu meiden und Kaufentscheidungen allein vom Preis-Leistungs-Verhältnis abhängig zu machen, könnten sie den überdrehten Werberummel abstellen.

Zum richtiggehenden Ärgernis wird die Werbung für den Verbraucher dann, wenn sie ihm nicht bloß die Zeit stiehlt, sondern ihn hereinzulegen versucht. Zwar gibt es in Deutschland ein strenges Gesetz gegen unlauteren Wettbewerb-Abmahnvereine und Institutionen wie der Deutsche Werberat oder die Zentrale zur Bekämpfung unlauteren Wettbewerbs wachen über das »Reinheitsgebot« der Werbung in Deutschland. Doch diese Aktivitäten führten im Grunde nur dazu, daß die Agenturen in ihren Anzeigen und Spots auf jede konkrete Information verzichten und sich auf die emotionale Ansprache des Verbrauchers beschränken.

Deswegen gibt es keine direkten Produktvergleiche, keine präzisen Preis- und Leistungsangaben, keine genauen Funktionsbeschreibungen und überhaupt keine vernünftigen Informationen in der Masse der Inserate und Werbespots. Die vordergründigen Gags und Eyecatcher sind flach wie Herrenwitze und funktionieren wie diese nach dem immer gleichen Strickmuster; sie sind so austauschbar, daß der

Leser oder Zuschauer, selbst wenn er sich am Ende des Films oder der Zeitschrift auch an das eine oder andere Motiv zu erinnern vermag, mit Sicherheit nicht mehr weiß, für welches Produkt da gerade geworben wurde.

Mit »Sweepstakes« werden Kunden geleimt

Die Gleichgültigkeit gegenüber der permanenten »Medienverschmutzung« durch den Infomüll der Werbeindustrie weicht beim Kunden jedoch schnell einer tiefen Verärgerung, wenn er sich regelrecht hinters Licht geführt sieht. Und dies geschieht häufiger, als man wahrhaben möchte. Zum Beispiel wenn ein Versandhaus in Anzeigen mit einem »Superpreisausschreiben« wirbt und dem Leser suggeriert, es sei kinderleicht, einen der vielen »wertvollen« Preise zu gewinnen, obwohl tatsächlich ganze sieben Hauptpreise einen größeren Wert haben. Überhaupt die Gewinnspiele und Preisausschreiben: Die meisten von ihnen sind juristisch zweifelhaft, weil sie gegen eine Vielzahl von Verbraucherschutzbestimmungen verstoßen, und obendrein höchst fragwürdig, weil sich der Verbraucher fragen muß, ob der Veranstalter denn keine anderen Argumente für seine Produkte oder Dienstleistungen hat als die Verlosung von Autos oder Reisen.

Wenn das eigene Produkt schon Zweifel weckt, wie es etwa bei Zigaretten, Branntwein oder Boulevardzeitungen der Fall ist, dann versuchen die Hersteller häufig, mit ganz anderen »Events« die Aufmerksamkeit der Kunden zu gewinnen. Der Zigarettenhersteller Camel veranstaltete deshalb seine Abenteuerreisen, und Konkurrent Marlboro kopierte die Idee flugs mit einer Schlauchboottour auf dem Colorado River. Der Nahrungsmittelkonzern Kraft Jacobs Suchard vertraute nicht mehr allein auf die Magie seiner lila Kuh, sondern ließ 100 Autos vom Typ VW Golf verlosen, um den flauen Absatz seiner Kaffeebohnen anzukurbeln, und auch der Bekleidungsfilialist Adler setzt offenbar mehr auf die Attraktion von Gewinnspielen als auf die seiner Läden.

Ein Ärgernis der besonderen Art sind die sogenannten »Sweepstakes«, Gewinnspiele, bei denen die Verlosung bereits stattgefunden hat und die beim Empfänger den Eindruck erwecken sollen, daß er unter den Gewinnern sei. Selbst renommierte Firmen wie der Verlag »Das Beste« in Stuttgart sind sich für eine solche Bauernfängerei nicht zu schade. Warnt die Arbeitsgemeinschaft der Verbraucherverbände in Bonn: »Diese Werbung ist in mehrfacher Hinsicht irreführend: Zum einen wird den Verbrauchern nicht eindeutig mitgeteilt, daß sie nur die Möglichkeit haben, einen Hauptpreis zu gewinnen und daß dieser Hauptpreis keineswegs der Höchstgewinn sein muß, sondern auch einer von den kleineren Gewinnen sein kann. Zum anderen setzt der Erhalt des Gewinns das Absenden des Teilnahmescheins voraus, und wie die bisherige Praxis zeigt, werden die Gewinne zum Teil erst auf Nachfrage ausgezahlt. Dabei handelt es sich regelmäßig um kleine Preise, die in üblichen Gewinnspielen allenfalls Trostpreise sind, in diesen ›Sweepstakes‹ aber noch Hauptpreise genannt werden.«

Für die Veranstalter solch dubioser Werbeaktionen lohnt sich der Aufwand offenbar auch dann, wenn der Kunde weder die offerierte Zeitschrift abonniert noch irgendein anderes Produkt ersteht. Denn sobald er auf das Inserat, den Werbespot oder den Massenprospekt in seinem Briefkasten antwortet, klingelt beim Spielebetreiber bereits die Kasse. Ein wesentliches Ziel der Aktion ist es nämlich, an Adressen potentieller Kunden zu kommen. Und die sind bares Geld wert.

Lukrativer Handel mit Kundenadressen

Adressenmaterial wird in den Kreisen der Directmailer (Branchenjargon für Direktwerber) gehandelt wie pures Gold. Greift der Kunde beim ersten Mal nicht zu, dann klappt es vielleicht beim vierten, fünften oder zehnten Mal. Mit seiner Bereitschaft zur Teilnahme an einem Gewinnspiel gab er bereits zu erkennen, daß er beeinflußbar und damit ein gefundenes Fressen für die boomende Branche der Direktwerber ist. So erhält er bald Post von Kreditkartenorganisationen, Möbelversendern, einer Direktanlagebank oder einem Ferienclub.

Mehr als die Hälfte aller Werbeaufwendungen in Deutschland, 1995 waren es genau 27 Milliarden Mark, fließt in das Direktmarketing. Der gewaltige Geldstrom mästet Unternehmen wie die Deutsche Post, unzählige Adreßverlage und Spezialagenturen, ehe er die Gestalt einer Papierlawine annimmt, die die meisten Briefkästen in Deutschland zum Überquellen bringt. Die Ware, um die sich das ganze Geschäft dieser Branche dreht, sind Adressen, fein sortiert nach Handelsklassen wie Hühnereier. Junge Familien, bestehend aus lauter Dinkis (Double income, no kids – Doppelverdiener ohne Kinder) erzielen auf dem Adreßmarkt die höchsten, alleinstehende Rentner, nahe am Existenzminimum, die schlechtesten Preise.

Datenschutz gilt wenig in dieser Szene, in der mit »Karteileichen« gedealt wird wie anderswo mit verschnittenem Stoff, wo die Daten kaufwütiger Konsumenten zu spitzen Preisen verhökert werden, als seien es Trockenbeerenauslesen eines besonders guten Jahrgangs. Der Konsument wandert durch die Datenspeicher des Adressenhandels und erfährt nichts über seinen Marktwert. Laufend wird sein Eintrag auf den Festplatten erweitert, ergänzt und nuanciert. Versäumt er mal die pünktliche Bezahlung einer Rate, findet das genauso seinen Niederschlag wie der Einkauf per Kreditkarte oder der Bezug einer Enzyklopädie. Und mit jedem weiteren Kauf vervollständigt sich das Mosaik seines Datenbestandes ein bißchen mehr, so daß am Ende von jedem erwachsenen Bundesbürger leicht ein nahezu vollständiges Profil seines Konsumverhaltens gezeichnet werden könnte. Es ist wohl nur noch eine Frage der Zeit, bis solche perfektionierten »Konsumentenprofile« das Programm der Datenhändler ergänzen.

Manchmal gelangen Kundendaten auch dorthin, wo sie eigentlich nichts verloren haben. So etwa, als ein gewisser John Kames seinen Sessel als Chef des Kreditkartenunternehmens Air Plus, einer Lufthansatochter, räumte, um beim größeren Konkurrenten American Express als Vizepräsident anzuheuern. Bei der Gelegenheit ließ Kames nämlich 23000 Adressen von Air-Plus-Kunden mitgehen, von denen nicht wenige bald darauf einen freundlichen Werbebrief von Amexco in ihrem Briefkasten fanden. Der Fall spielte sich im Herbst 1995 ab und wäre kaum der Erwähnung wert, wenn er nicht exemplarisch zeigte, wie leicht Kundendaten in die falschen Hände geraten können. Das ausufernde Direktmarketing ist schon deswegen von Übel, weil es die Privatsphäre der Kunden mißachtet und ihn mit List und Tücke zu finanziellen Verpflichtungen zu verleiten versucht, die er gar nicht einzugehen beabsichtigt. Die Methoden der Direktverkäufer sind in vielen Fällen moralisch unzulässig und juristisch zweifelhaft. Sie wecken Hoffnungen und Erwartungen, die nie erfüllt werden können, und setzen so den Kunden psychologisch unter Druck. Beispiele:

- Der Reiseveranstalter Flowerlink Tours warb Kunden in der Schweiz mit dem Versprechen: »Sie haben gewonnen« und verhieß ihnen eine achttägige Busreise an die Costa Brava im Wert von 598 Franken. Im Kleingedruckten der Werbebotschaft hieß es jedoch: »Das Zusammenlegen von Gewinnern auf halbe Doppelzimmer ist nicht möglich.« Im Klartext bedeutete das: Alle »Gewinner« werden zur Kasse gebeten. Alleinreisende zahlen 295 Franken Einzelzimmerzuschlag und den vollen »Gewinnwert« von 598 Franken, wenn sie jemanden mitnehmen wollen. »Ein hartes Los für Gewinner«, befand das Verbraucherblatt *K-Tip*.
- Die Firma Fleetbooks offerierte übers Schweizer Fernsehen eine CD mit »18 Top Hits« zum Vorzugspreis von »glatten zehn Franken«. Wer das Sonderangebot bestellte und behielt, bekam wenig später zwei andere CDs zu 26,90 Franken das Stück. Reklamieren half nichts, da die Firma bei der ersten Lieferung darauf hinwies, daß der Kunde die billige CD »zur Ansicht« erhalte und für die weiteren Lieferungen den normalen Preis bezahlen müsse.
- Die Versandhäuser Herz Versand, Intermed, Ambassador und HHS Handels AG, allesamt dirigiert von einem gewissen Charles-Pierre Schöbi aus dem schweizerischen Jona, beglücken die Eidgenossen seit Jahren mit einer Flut von Werbeschriften für allerlei Gesundheitsprodukte wie schlankmachende »Wundersohlen« zu 59,90 Franken oder »Aerobic-Brillen« zu 29,95 Franken, die angeblich die Augenmuskulatur stärken sollen. Obwohl Fachleute wie der Chef der Augenklinik am Züricher Universitätsspital derlei für »völligen Unsinn« halten, trägt die aggressive Werbung Früchte. Fachleute taxieren Schöbis Jahresumsatz auf rund 100 Millionen Franken, seine Werbeausgaben auf etwa 20 Millionen.

Begünstigt wird die Belästigung der Kunden durch die Entwicklung der Telekommunikationstechnik, und manchmal hat man den Eindruck, daß die horrenden Summen, die hier investiert werden, genau diesem Zweck dienen sollen. Es fing an mit dem Telefax, der schriftlichen Ergänzung des Telefons. Seit sich die Direktwerber dieses ebenso fortschrittlichen wie praktischen Mediums bemächtigt haben, werden immer mehr Kunden nächtens aus dem Bett geklingelt. Zwar entschied der Bundesgerichtshof schon 1995, daß Fax-Werbung ohne Einverständnis des Kunden unlauterer Wettbewerb und damit verboten sei, doch nicht selten ignorieren die Versender den Richterspruch. Ein »Büro für Hochfrequenztechnik« in Emden zum Beispiel versandte noch 1996 reihenweise Werbebriefe für ein Radarwarngerät mit der einleitenden Floskel »Bezug nehmend auf Ihre Anfrage ...« auch an solche Fax-Teilnehmer, die gar nicht angefragt hatten.

Die unerbetenen Faxe kommen vorzugsweise in der Nacht, weil die Übertragung dann weniger kostet. Branchenführer bei den professionellen Nachtruhestörern ist die US-Firma Cable & Wireless mit ihren europäischen Ablegern, die Autohersteller, Banken und Computerhändler ebenso zu ihren Kunden zählt wie Verlage, Versandhäuser und Versicherungen. Und alle haben es darauf abgesehen, ihre Werbebotschaften direkt in die Wohnzimmer potentieller Kunden zu transportieren. Schützen kann man sich gegen die unerwünschte Papierflut, indem man den Eintrag ins Telefon- oder Telefaxbuch mit einem Sternchen versehen läßt. Das Zeichen soll den Versendern signalisieren, daß man keine Fax-Werbung haben möchte. Sicherer sind Faxgeräte, die sich codieren lassen und deshalb nur solchen Absendern zugänglich sind, welche die Codenummer kennen.

Systematische Jagd auf »Kids mit Kohle«

Je intensiver ein Kunde die moderne Kommunikationstechnik nutzt, desto mehr setzt er sich dem Dauerfeuer der Direktwerber aus. Die elektronischen Briefkästen (E-Mail) quellen bereits ebenso über wie die neben der Haustür, und wer heutzutage Online geht, stößt allerorten auf den elektronisch gespeicherten Infomüll der Werbebranche. Sogar im einst so »cleanen« Internet nisten sich übers WWB (World Wide Web) immer mehr Parasiten ein, die ihre Botschaften wie Insektenlarven zwischen den Frontpages der nützlicheren User ablegen.

Verwerflicher erscheint nur noch eine andere Spielart der Werbung, nämlich jene, die sich an Kinder und Jugendliche wendet. Die wirtschaftlich unmündigste Zielgruppe von rund 15 Millionen Deutschen zwischen 5 und 25 Jahren verfügt bereits über eine Kaufkraft von rund 35 Milliarden Mark und wird deshalb von der Werbebranche hofiert wie nie zuvor. Schon den Drei- bis Fünfjährigen wird heutzutage soviel Markenbewußtsein eingeimpft, daß sie zwischen Nintendo und Sega, Barbie und Polly Pocket unterscheiden können.

Nicht ohne Grund fordern deshalb die Verbraucherschützer ein striktes Werbeverbot vor und nach Kindersendungen, da »die Kids Kinderrealität und Werbewelt kaum mehr auseinanderhalten können«, so Edeltraud Cebulla-Jünger von der Verbraucherzentrale Nordrhein-Westfalen. Doch die Werbewirtschaft läßt die »Kids mit Kohle« nicht mehr aus den Klauen, und so werden die lieben Kleinen mit einem wahren Bombardement aus »echt geilen Videoclips« zum Konsumfaktor erzogen. Das fängt mit den »Fruchtzwergen« vom Joghurt-Hersteller Gervais-Danone an, führt über die »Kids-Suppe« von Maggi und endet noch lange nicht bei der 2000 Mark teuren Snowboardausrüstung von Windsurfing Chiemsee. Die Banken beteiligen sich an der Verführung der Minderjährigen mit Kinder- und Jugendclubs, mit Weltspartagen und Geburtstagsgeschenken. Besonders rührig sind hier die österreichischen Institute: Die Bank Burgenland unterhält den Club »fun & music«, die Creditanstalt lockt die Kids in den »Club Ö3«, und die Bank Austria leistet sich den »Club Austria«. Stets haben es die Geldverweser darauf abgesehen, die unmündigen Kunden so früh wie möglich an das eigene Haus zu binden. Dafür räumen sie Kindern ab 14 Jahren häufig sogar Kredite ein, auch wenn diese über kein eigenes Einkommen verfügen. Der Weg in die lebenslange Schuldnerschaft ist damit bei manchen der jungen Bankkunden bereits geebnet.

Am Taschengeld der unmündigen Verbraucher laben sich Technokonzerne wie Sony (Walkman) und Microsoft (Computerspiele) ebenso wie die Hersteller von Sportschuhen (adidas) und Freizeitbekleidung (Benetton). Selbst ein so biederer Industriekonzern wie VW versucht sich bei den halbgaren Konsumenten in Erinnerung zu brin-

362

gen, indem er Rockgruppen wie Genesis oder Rolling Stones mit zweistelligen Millionenbeträgen sponsert. Fragt sich nur, ob das Geld nicht
in einer erweiterten Garantie oder standfesteren Bremsen der Golf-
und Polo-Modelle besser angelegt wäre.

Verbraucherschutz: Consumerpeace statt Greenpeace

Ganze DM 2,50 im Jahr ist der Schutz des einzelnen Konsumenten in Deutschland der öffentlichen Hand wert. Nur rund 200 Millionen Mark betragen nämlich die Zuschüsse von Bund, Ländern und Gemeinden zur Information und Beratung der 80 Millionen deutschen Verbraucher. Tendenz fallend: Bereits 1995 zog sich der Bundeswirtschaftsminister aus der Verantwortung, indem er den Verbraucherschutzverbänden mitteilte, daß er den 15prozentigen Anteil des Bundes im Laufe von vier Jahren schrittweise an die Länder abgeben wolle. Da bei den Ländern indes auch die Kassen leer sind, müssen sich die 16 Verbraucherzentralen weiter einschränken und die Kosten für die Beratung allmählich auf jene abladen, denen sie einst kostenlos zugedacht war: die Verbraucher.

Gespräche über Baufinanzierung zum Beispiel kosten in Nordrhein-Westfalen, Hessen und einigen anderen Bundesländern bereits Gebühren. Zum Vergleich: Der Waschmittelhersteller Procter & Gamble gibt in Deutschland in einem Jahr zweieinhalbmal soviel Geld aus wie die öffentliche Hand für den gesamten Verbraucherschutz der drittgrößten Industrienation der Erde. Im übrigen Europa sieht es freilich nicht viel besser aus. Die EU-Kommission zum Beispiel hat pro Jahr ganze 0,03 Prozent ihres Etats für den Verbraucherschutz übrig, und gut ein Fünftel dieses spärlichen Budgets spendierte sie auch noch für eine sinnlose Werbekampagne unter dem Motto »Europa der Verbraucher«.

Das Kräfteverhältnis zwischen Anbietern und Verbrauchern zeigt sich bereits an der Zahl der in Brüssel agierenden Lobbyisten. Während dort mindestens 4000 Unternehmensvertreter auf die Beamten der EU-Kommission Einfluß zu nehmen versuchen, muß die Vereinigung der europäischen Verbraucherverbände, BEUC, mit ganzen 13 Mitarbeitern auskommen. Hatten sich die Verbraucherschützer einst vom gemeinsamen europäischen Markt mehr Wettbewerb und damit günstigere Bedingungen für die Konsumenten erhofft, so mußten sie sich mittlerweile eines Besseren belehren lassen. Die EU, das zeigte sich in den vergangenen Jahren deutlich, hat für die 340 Millionen Verbraucher, für die sie angeblich einst gegründet wurde, nicht viel übrig. Im Gegenteil: Da, wo die Konsumenten durch nationale Gesetze einigermaßen geschützt sind, nimmt ihnen die EU-Kommission unter dem Vorwand der Gesetzesharmonisierung den Schild wieder weg. So war es bei der Zulassung von hochgiftigen Pflanzen- und Holzschutzmitteln wie beim BSE-verseuchten britischen Rindfleisch, das die Brüsseler Kommission erst nach massiven Protesten der Verbraucher mit einem Exportverbot belegte. Die EU erlaubt den Verkauf gentechnisch veränderter Tomaten und radioaktiv bestrahlter Shrimps, hat nichts einzuwenden gegen Lebensmittelimitate wie künstliche Fette und Krebsfleisch, das in Wirklichkeit aus Fischmuskeleiweiß geformt ist.

Kinderfahrräder mit einer Sattelhöhe unter 64 Zentimeter werden von den alles reglementierenden Brüsseler Beamten als »Spielräder« eingestuft, die nur minimale Anforderungen an Bremsleistung und Rahmenstabilität erfüllen müssen und deshalb für Jugendliche, die mit BMX-Rädern dieser Kategorie wahre Kapriolen aufführen, höchst gefährlich sein können. Die Käufer elektrotechnischer Geräte werden vom CE-Prüfsiegel getäuscht, das geprüfte Qualität verheißt, in Wirklichkeit jedoch so gut wie nichts garantiert. Auch die von der EU erzwungene Liberalisierung des Versicherungsmarkts brachte den deutschen Kunden bisher keinerlei Verbesserungen, dafür wurde das Angebot unübersichtlicher und um zahlreiche »Mogelpackungen« bereichert.

»Für die Verbraucher ist keiner zuständig«

Nicht das Land, das sich die höchsten Sicherheitsstandards leistet, bestimmt das Niveau der Gesetzgebung in der EU, sondern offenbar eher jene Staaten, die bisher am meisten geschludert haben. Klar: Sie sind sich der Unterstützung auch der Anbieter aus den höher entwickelten EU-Staaten sicher, da diese ein großes Interesse daran haben, auf diese Weise die in ihren Augen lästigen Vorschriften der nationalen Regierungen zu unterlaufen. So wurde das deutsche GS-Prüfsiegel durch das nichtssagende europäische CE-Zeichen ersetzt.

Und wenn die EU schon mal den Mut besitzt und sich zu verbindlichen Standards durchringt, wie bei der 1992 erlassenen Richtlinie über die allgemeine Produktsicherheit, dann geht das mit Sicherheit unserer Industrie zu weit. Inspiriert von der Wirtschaftslobby, verweigerte die Bundesregierung die Umsetzung dieser Richtlinie in nationales Recht so lange, bis die EU-Kommission mit einer Klage vor dem europäischen Gerichtshof drohte. Doch selbst nach Verabschiedung des Produktsicherheitsgesetzes bleiben den Herstellern viele Lücken offen, denn für die Überwachung sind die Länder zuständig, und die haben kein Geld. Nordrhein-Westfalen zum Beispiel reduzierte die Zahl seiner Gewerbeaufsichtsbeamten um 10 bis 15 Prozent und löste die Zentralstelle für Sicherheitstechnik sogar ganz auf.

Überall das gleiche Bild: In Bremen fehlen den Verbraucherzentralen rund 250 000 Mark, in Sachsen zwingt die Regierung von Kurt Biedenkopf die Verbraucherzentralen, ihre Umweltberatung dichtzumachen, in Thüringen muß die Verbraucherzentrale sogar einen Kredit aufnehmen, um zwölf neu eingestellte ABM-Kräfte bezahlen zu können, weil ihr die Landesregierung die nötigen Mittel verweigerte. Und selbst im reichen Hamburg klagt Verbraucherschützerin Silke Schwartau: »Für die Verbraucherzentrale Hamburg gilt, daß leider die Gelder überhaupt nicht ausreichend sind. Das reicht dieses Jahr noch knapp fürs Personal, jedoch nicht für die Miete; Aktionen können wir überhaupt nicht machen.« Ihre Kollegin Hedwig Telkamp von der Bayerischen Verbraucherzentrale steht vor ähnlichen Schwierigkeiten: »Wir müssen drei von fünf Mitarbeitern entlassen, das Telefon können wir vielleicht nur noch halbe Tage besetzen.«

Rund 300000 Kunden suchten bisher pro Jahr Rat und Hilfe bei den Verbraucherzentralen. Ein Teil wird künftig wohl darauf verzichten, ein anderer dafür Gebühren zahlen müssen. Eingeschränkt wird zur Freude der Landwirte und ihrer Lobbyisten vor allem die Ernährungsberatung. Klagt die SPD-Abgeordnete Lilo Blunck: »Im Gegensatz zum Umwelt- und Tierschutz fühlt sich für die Verbraucher keiner zuständig.«

Stimmt, aber nicht ganz. Das Feigenblatt, das in Deutschland die Blöße des fehlenden Verbraucherschutzes notdürftig bedeckt, heißt Stiftung Warentest. Doch selbst die industriefreundliche *Frankfurter Allgemeine Zeitung* attestierte der Stiftung, sie betreibe einen »freundlichen Verbraucherschutz«, und zu einem anderen wäre sie wohl auch kaum fähig. Als Alfred Müller-Armack dem Deutschen Bundestag am 4. Dezember 1964 den Entwurf zur Errichtung der Stiftung Warentest zur Abstimmung vorlegte, da wollte der damalige Staatssekretär im Bundeswirtschaftsministerium vor allem die Wogen glätten, die ein aufmüpfiger Verleger aus Stuttgart angeschoben hatte.

Die Friede-Freude-Eierkuchen-Lösung

Dieser Waldemar Schweitzer kämpfte mit der von ihm im September 1961 gegründeten Zeitschrift *DM* gegen die damals häufig miserablen Produkte der Industrie und hatte damit einen phänomenalen Erfolg. Die Auflage des Verbrauchermagazins schoß binnen weniger Jahre auf über 700000 Exemplare hoch, und Schweitzer wurde für die Hersteller zu einem verhaßten Gegner, den sie mit einer wahren Prozeßlawine mundtot zu machen versuchten. Allein der VW-Konzern verklagte den Verleger auf Zahlung von rund 20 Millionen Mark, weil seine Redakteure behauptet hatten, der VW 1500 sei wegen seiner miserablen Straßenlage »unsicher und gefährlich«. Den *DM*-Testern war es gelungen, das Mittelklasseauto aus Wolfsburg, dem Fachleute eine instabile Hinterachse bescheinigten, in einer Kurve aufs Dach zu legen.

Bei ihren juristischen Attacken auf den unbotmäßigen Publizisten hatten die von der *DM* gebeutelten Hersteller die Richter meist auf ihrer Seite. Denn vergleichende Warentests wurden von der Rechtsprechung damals »im wesentlichen als tabu, unlauter und unsittlich« eingestuft, urteilt Fernando Wassner, Rechtsexperte der *Frankfurter Allgemeinen Zeitung*. Die *DM*-Redaktion lieferte ihren Gegnern freilich allzu häufig die Munition für ihre Angriffe, denn sie verfügte weder über hinreichend perfektionierte Testlabors noch über ausgefuchste Juristen und schon gar nicht über eine politische Rückendeckung. So kam es, wie es kommen mußte: Nach diversen verlorenen Prozessen und mancher verlegerischen Fehlentscheidung mußte Waldemar Schweitzer 1996 dichtmachen.

Die Enttäuschung darüber war bei den deutschen Verbrauchern jedoch so groß, daß sich die Bundesregierung zum Handeln entschloß. Müller-Armacks Ziel war es von Anfang an, die harte Konfrontation zwischen Anbietern und Verbrauchern aufzulösen. Seine Friede-Freude-Eierkuchen-Lösung war die angeblich unabhängige Stiftung Warentest, die von Anfang an am Tropf des Bundes hing und noch heute von Bonn subventioniert wird.

Zwar verdienen die Publikationen der Stiftung, allen voran die in einer Auflage von über 700 000 Exemplaren erscheinende Zeitschrift *Test* sowie der mit rund 300 000 Exemplaren verbreitete *Finanztest* durchaus Respekt. Die Redaktionen sind kompetent, kritisch und zuverlässig. Doch wirklich unabhängig sind sie wahrlich nicht. Die Produkte zum Beispiel, die getestet werden sollen, wählt ein Ausschuß aus, der zu einem Drittel mit Vertretern der Anbieter besetzt ist. Und die Chefs der Stiftung – gegenwärtig gibt es einen Alleinvorstand und drei Bereichsleiter – achten penibel darauf, daß das Prozeßrisiko so gering wie möglich gehalten wird. Deshalb sind die Ergebnisse der Tests in den Blättern der Stiftung meist fein abgewogen und so differenziert, daß der Leser am Ende doch nicht so recht weiß, für welches Produkt er sich entscheiden soll. *DM*-Gründer Waldemar Schweitzer jedenfalls, ein Freund der holzschnittartigen Darstellung, hätte die fein ziselierten Urteile der Stiftungstester so nie ins Blatt gesetzt.

Wen wundert es da noch, daß die Industrie mit der Stiftung längst ihren Frieden geschlossen hat und sich artig in ihrer eigenen Werbung für positive Testurteile aus Berlin bedankt. So sind am Ende alle zufrieden: Die Stiftung ist stolz auf ihren wirtschaftlichen Erfolg, der sich in einem Jahresumsatz von zuletzt nahezu 100 Millionen Mark ausdrückt, Bonn braucht immer weniger Geld nach Berlin zu überweisen, und die Industrie nützt die Werbeeffekte der positiven Testurteile.

Anerkannte Verbraucherschützer wie der Hamburger Finanzprofessor Udo Reifner jedenfalls sehen in der Stiftung »keine Interessenvertretung der Verbraucher, sondern einen Verlag, der nach eigener Definition gewinnorientiert (der Geschäftsführer ist sogar gewinnbeteiligt) Urteile über Waren und Dienstleistungen verkauft«. Reifner vermißt vor allem ein soziales und ökologisches Engagement der Warentester und wirft ihnen Kurzsichtigkeit etwa bei der Beurteilung von Finanzprodukten wie der Kapitallebensversicherung vor, wenn die Tester zum Beispiel nur die einzelnen Anbieter bewerten, nicht jedoch das Produkt selbst in Frage stellen.

Immerwährender Eiertanz der Redaktionen
Fehlt schon den Blättern aus Berlin der Biß, so gilt das noch mehr für deren private Konkurrenz. *DM*, das private Wirtschaftsmagazin, bezeichnet sich, vollkommen zu Recht, als den späten Nachfahren des ersten deutschen Verbraucherschutzblattes. Der Titel aus der Konkursmasse Waldemar Schweitzers landete beim drittgrößten deutschen Medienkonzern, der Holtzbrinck-Gruppe. Die Redakteure in der Düsseldorfer Kasernenstraße machen ein durchaus solides, gelegentlich auch kritisches Heft, das jedoch eher zum Konsum anregen als vor ihm abschrecken soll. Chefredakteur Hans Zinken fokussiert sein Blatt verstärkt auf Finanzthemen, was der Auflage (Anfang 1996: 240000 Exemplare) und den Anzeigenumfängen offenbar gut bekommt. Umfangreiche Produkttests würden das Anzeigengeschäft wohl ebensosehr stören wie allzu kritische Berichte über die Fehler und Schwächen der großen Handelskonzerne oder die Mißhandlung der Kunden durch das Dienstleistungsgewerbe.

Ganz anders als die konsequent auf ökonomischen Erfolg getrimmte *DM* kommt das auf stark holzhaltigem, ungebleichtem Papier gedruckte *Ökotest*-Magazin aus Frankfurt daher. Chefredakteur Jürgen Stellpflug kümmert sich mit Vorliebe um Gesundheits- und Umweltrisiken von Medikamenten, Lebensmitteln, aber auch um Gifte in Textilien, Möbeln und Häusern. Der *Ökotest*-Stil ist eine Spur aggressiver als bei der Stiftungskonkurrenz aus Berlin, das Testprogramm etwas weniger kommerziell ausgerichtet. »Ja, wir wollen Schaden anrichten«, gesteht Stellpflug, »und wenn schlechte Produkte vom Markt genommen werden, haben wir erreicht, was wir wollen.« Insofern zählt *Ökotest* sicher zu den wichtigsten Publikationen des Verbraucherschutzes in Deutschland.

Einen immerwährenden Eiertanz führen, ähnlich wie die *DM*, die beiden auflagenstärksten Motorgazetten des Landes auf. *Auto-Bild* wie *auto motor sport* sind die zuverlässigsten Meinungs-Stützen der deutschen Automobilindustrie – und werden deshalb mit Anzeigen reichlich belohnt. Damit ihnen die Leser nicht abhanden kommen, müssen sie freilich hin und wieder ihre Objektivität unter Beweis stellen. Die erproben sie bevorzugt dort, wo es dem Anzeigengeschäft nicht schadet. Importeure knausriger Hersteller aus dem Ausland bekommen deshalb ebenso ihr Fett weg wie schlampig arbeitende Kfz-Werkstätten. Mit Akribie gepflegt wird hingegen das Image der heimischen Hersteller. Mit schöner Regelmäßigkeit attestiert ihnen Meinungsführer *auto motor sport*, sie bauten »die besten Autos der Welt«, auch wenn die Leserbriefspalten einen ganz anderen Eindruck erwecken. Und sicher ist es purer Zufall, daß bei den Vergleichstests kaum ein ausländisches Fabrikat gegen Mercedes, BMW, Porsche und VW bestehen kann.

Daß die bislang eher vernachlässigte Sparte der Verbraucher-Publizistik noch Entwicklungsmöglichkeiten bietet, haben mittlerweile mehrere Verlage erkannt. Der Motorpresse-Konzern in Stuttgart, Inhaber von *auto motor sport* sowie von *Connect*, dem Magazin für die Nutzer der Telekommunikation, plant die Herausgabe eines weiteren Verbrauchermagazins, und auch beim Münchner Verlag Magna Media, vormals Markt & Technik, sind die Pläne für ein Testmagazin nicht ad acta gelegt. In Österreich machte sich der kritische *Konsument* um die Verbraucher verdient, und in der Schweiz ergriff das TV-Magazin *Kassensturz* mit seiner Printschwester *K-Tips* Partei für die Kunden der Industrie wie der Finanzwirtschaft.

Doch alle diese Medien, die die Chancen der Verbraucheraufklärung

begriffen haben, vermochten der Riesenmaschinerie der PR- und Werbewirtschaft bisher kaum mehr als ein paar Mückenstiche beizubrin-
gen. Und selbst diese Mückenstiche gehen manchen Anbietern aus
der Wirtschaft noch zu tief. Immer wieder versuchen Hersteller und
Händler, meist mit Hilfe der Justiz, Kritiker und Verbraucherschützer mundtot zu machen. Berüchtigt ist in Deutschland zum Beispiel
das Oberlandesgericht Köln, weil es manchem Begehren auf Erlaß einer Einstweiligen Verfügung gegen aufmüpfige Medien auch dann
stattgab, wenn die beabsichtigte »Verletzung der Persönlichkeits-
rechte« dem Schutz der Konsumenten vor den Praktiken dubioser Ab-
zocker auf dem Grauen Kapitalmarkt diente.

In der Schweiz gar versuchen die Wirtschaftsverbände massiv Einfluß
zu nehmen auf die Berichterstattung des TV-Verbrauchermagazins
Kassensturz. Die Bankiersvereinigung und der Gewerbeverband zum
Beispiel entwickelten einen eigenen »Test-Kodex« und erklärten ihn
zum verbindlichen Maßstab für alle Verbrauchertests. Eine »Mißachtung« dieses Kodex, der Testern zum Beispiel vorschreibt, welche
Fachleute aus der Wirtschaft zu konsultieren seien, wollten die Verbände »nicht länger hinnehmen«. Und die Gerichte halten sich dran:
Nach sechs verhängten Einstweiligen Verfügungen, die dem Magazin
die Nennung der Namen halbseidener Schönheitschirurgen, knausriger Krankenkassen oder zweifelhafter Haartransplanteure verboten,
befand der Freiburger Rechtsprofessor Franz Riklin: »Das ist eine
krasse Gesetzesverletzung.«

Die Anbieter Mores lehren
Gefragt ist eine neue Qualität der Verbraucherpolitik, die, bündig formuliert und professionell gemanagt, die Anbieter Mores lehren könnte. Welche Macht die 340 Millionen Verbraucher in der EU haben,
zeigte sich bisher meist im falschen Moment. Ihre schärfste Waffe,
nämlich den Boykott, setzten die deutschen Konsumenten bisher vor
allem für ideelle Ziele ein. Wochenlang verzichteten sie auf Bordeaux
und Burgunder, Champagner, Cognac und Camembert – aus Protest
gegen die französischen Atomwaffenversuche in der Südsee. Um die
Nordsee vor den Trümmern der ausgedienten Ölplattform Brent Spar

zu schützen, machten sie um die Tankstellen des Ölmultis Shell einen Bogen, und weil Norwegen nicht auf den Walfang verzichten mochte, warfen deutsche Lebensmittelhändler wie Aldi und Tengelmann Lachs und Aquavit aus den Regalen. Aus Sorge um den Regenwald verzichten Deutschlands Verbraucher auf Möbel aus Tropenholz, und aus Mitleid mit den Delphinen lassen sie den Thunfisch links liegen. Nur ihre eigenen Interessen, von der Gesundheit über die Sicherheit bis hin zum Geldbeutel, waren ihnen bisher noch keinen Boykott wert. Das könnte sich schon bald ändern. In den USA zum Beispiel gibt es eine bunte Boykott-Szene, in der aus den verschiedensten Motiven heraus Verbraucheraktionen geplant und organisiert werden. Sie entstand bereits in den sechziger Jahren, als Ralph Nader, heute der wohl prominenteste Verbraucherschützer Amerikas, in seinem Bestseller *Unsafe at any speed* die mangelnde Fahrsicherheit der amerikanischen Autos anprangerte. Naders Kampagne führte immerhin dazu, daß die USA ihre Zulassungsvorschriften verschärften und daß die Hersteller Millionen von Fahrzeugen in die Werkstätten zurückbeordern mußten. Erfolgreich attackierte Nader auch die amerikanische Lebensmittelindustrie, die Energieversorger, Pharmakonzerne und Versicherungen.

Mittlerweile gibt es eine ganze Reihe von Boykott-Organisatoren wie Todd Putnam, Herausgeber der *National Boycott News,* oder Zachary D. Lions, Verleger der Zeitschrift *Boycott Quarterly.* Und es sind längst nicht mehr nur ökologische oder soziale Mißstände, die von den Boykott-Organisatoren angeprangert werden; die Konsumenten in den Staaten wehren sich ebenso gegen unvorteilhafte Geschäftsbedingungen, gegen überteuerte Produkte, überhöhte Gebühren und gesundheitsschädliche Produkte. Die Consumer-Bewegung »jagt den Unternehmen oft das blanke Entsetzen ein«, beobachtete die Trendforscherin und Bestseller-Autorin Faith Popcorn und stellte fest: »Der einst so schüchterne und vertrauensselige Kunde wird zu einem gefürchteten Attila, der Mißstände im gesamten Wirtschaftsleben bekämpft.«

So weit sind die Europäer noch nicht. Sie haben Mühe, die tausenderlei Tricks und Täuschungsmanöver der Anbieter zu durchschauen, sind schlecht informiert und miserabel organisiert. Wenn etwa der Bund für Umwelt und Naturschutz Deutschland (BUND) sowie die Vereinigung internationaler Ärzte für Verhütung des Atomkriegs (IPPNW) die deutschen Mediziner auffordern, so lange keine medizintechnischen Geräte mehr von Siemens zu kaufen, bis der Elektromulti das Kernkraftgeschäft aufgegeben hat, so ist das nicht mehr als ein hilfloser Versuch, weil ihnen die nötige Unterstützung aus dem Ausland fehlt. Nur wenn sich die Konsumentenbewegung europaweit organisiert und ihre Aktionen mindestens so clever koordiniert, wie es die Konzerne auf der Gegenseite tun, hat sie eine ernsthafte Chance, dem angeschmierten und abservierten König Kunde wieder zu seinem Recht zu verhelfen.

Das wird freilich nicht leicht sein, denn spätestens seit dem Debakel mit der Brent Spar rüsten die Konzerne auf. Siemens, Hoechst, Merck oder Nestlé haben Psychologen angeheuert, die ihre Werbe- und Presseabteilungen auf den Ernstfall vorbereiten sollen. In Krisenstäben werden Szenarien entwickelt, wie sich die Unternehmen gegen Boykott wehren können. »Wir haben Guide Lines definiert, wie wir uns in einem solchen Fall verhalten würden«, gibt beispielsweise Dagobert Cahannes vom Basler Pharmakonzern Sandoz zu, und beim Nahrungsmittelriesen Nestlé, der seit den siebziger Jahren über hinreichend Boykotterfahrung verfügt, gibt es schriftlich niedergelegte Verhaltensregeln für derartige Situationen.

Greenpeace immerhin hat vorgemacht, wie eine kleine, aber schlagkräftige Truppe hochmotivierter Leute selbst Atommächte das Fürchten lehren kann. Warum sollte es nicht möglich sein, für die berechtigten Interessen der 340 Millionen Verbraucher in Europa ein ähnliches Engagement aufzubringen wie für das Leben der Wale? Consumerpeace ist heutzutage so wichtig wie Greenpeace.

Literaturverzeichnis

Bultmann, Antje, u. Schmithals, Friedemann (Hrsg.): Käufliche Wissenschaft, München 1994

Deutsch, Christian: Abschied vom Wegwerfprinzip, Stuttgart 1994

Geffroy, Edgar K.: Das einzige was stört ist der Kunde, Landsberg/Lech 1993

Kemper, Rainer: Verbraucherschutzinstrumente, Baden-Baden 1994

Klöckner, Bernd W., u. Uppena, Joachim: Vorsicht Versicherungen!, München/Landsberg 1995

McKinsey & Co.: Qualität gewinnt, Stuttgart 1995

Meyer, Hans-Dieter: Das Versicherungs(un)wesen, München 1990

Nickel, Volker: Werbung in Grenzen, Bonn 1994

Peter, Claudia, u. Kursawa-Stucke, Hans-Joachim: Deckmantel Ökologie, München 1995

Pollmer, Udo, Fock, Andrea, u. Haug, Karin: Prost Mahlzeit, Köln 1994

Renner, Sebastian G.: Quality Culture, Zürich 1994

Riedel, Eberhard: Patient beim Zahnarzt, München 1994

Riehl-Heyse, Herbert: Bestellte Wahrheiten, München 1992

Rosenberger, Günther (Hrsg.): Konsum 2000, Frankfurt 1992

Schnibben, Cordt: Reklame Republik, Hamburg 1994

Stiftung Warentest: Rundum gut versichert, Berlin 1995

Szallies, Rüdiger, u. Wiswede, Günter (Hrsg.): Wertewandel und Konsum, Landsberg 1990

Toscani, Oliviero: Werbung ist ein lächelndes Aas, Mannheim 1996

Tominaga, Minoru: Erfolgsstrategien für deutsche Unternehmer, Düsseldorf 1995

Windhorst, K. G.: Wertewandel und Konsumverhalten, Regensburg 1985

Zemke, Ron, u. Anderson, Kristin: Umwerfender Service, Frankfurt 1995

Zentralausschuß der Werbewirtschaft: Schleichwerbung, Bonn 1974

Ziegler, Juwitha: Chemie in der Kleidung, Frankfurt 1995

Ferner wurden Informationen aus folgenden Zeitungen, Zeitschriften, Informationsdiensten, Publikationen und TV-Sendungen verwendet:

Augsburger Allgemeine Zeitung	Lebensmittel-Zeitung
auto, motor & sport	Manager Magazin
Bild am Sonntag	Markenartikel
Blick durch die Wirtschaft	NDR-Ratgeber Technik
Business Week	Neue Juristische Wochenschrift
Capital	Newsweek
Chemische Industrie	Normierung
Chip	Das Parlament
Connect	PC-Welt
Das Deutsche Kundenbarometer	QZ-Qualität und Zuverlässigkeit
Deutsches Ärzteblatt	Recht in Wettbewerb und Praxis
Diebold Management Journal	Rheinische Post
Direkter Anlegerschutz	Rheinischer Merkur
DM	Spiegel
Finanztest	Stern
Finanztest Special	Stuttgarter Zeitung
Focus	Süddeutsche Zeitung
Frankfurter Allgemeine Zeitung	Test
Frankfurter Rundschau	Textil-Wirtschaft
Geo Special	Time
Gerlach-Report	Versandhandel in Deutschland
Der Handel	Welt am Sonntag
Handelsblatt	Die Welt
Horizont	Werben + Verkaufen
Jahrbuch des Deutschen Presserats	Wirtschaftswoche
Konsument	Die Woche
Kress Report	Die Zeit

Wichtige Adressen

AGV Arbeitsgemeinschaft der Verbraucherverbände
Heilsbachstr. 20
53123 Bonn
Tel. 02 28/6 48 90

Euregio – Grenzüberschreitende
Verbraucherberatung
Enscheder Str. 362
48599 Gronau
Tel. 0 25 62/70 20

Eurokon Verbraucherberatung
Bendelstr. 37
52062 Aachen
Tel. 02 41/96 21 22

Stiftung Warentest
Lützowplatz 11–13
10825 Berlin
Tel. 0 30/2 63 10

Zentrale zur Bekämpfung
unlauteren Wettbewerbs e.V.
Landgrafenstr. 25B
61348 Bad Homburg
Tel. 0 61 72/1 21 50

Verband der Postbenutzer e.V.
Kaiserstr. 51
63067 Offenbach
Tel. 0 69/8 29 72 20

Bund der Versicherten e.V.
Postfach 11 53
24547 Hennstedt-Ulzburg
Tel. 0 41 93/9 42 22

Pro Honore, Verein für Treu und
Glauben im Geschäftsleben e.V.
Borgfelder Str. 30
20537 Hamburg
Tel. 0 40/2 50 87 49

Die Verbraucher Initiative e.V.
Breite Str. 51
53111 Bonn
Tel. 02 28/7 26 33 93

Bundesarbeitsgemeinschaft
der Patientenstellen
Braunschweiger Str. 53b
28205 Bremen
Tel. 04 21/4 98 42 51

DDV-Robinson Liste
(keine Werbung)
Postfach 14 03
71243 Ditzingen
Tel. 0 71 56/95 10 10

ÖSTERREICH
Verein für
Konsumenteninformation
Mariahilfer Str. 81
A-1061 Wien
Tel. 00 43/2 22/5 87 86 86
und 00 43/2 22/5 88 77 41

Eurocons
Lieberstr. 1
A-6020 Innsbruck
Tel. 00 43/5 12/58 54 90

SCHWEIZ
SKS Stiftung für Konsumenten-
schutz
Monbijoustr. 61
Postfach
CH-3000 Bern 23
Tel. 00 41/31/3 71 34 44

Verbraucherzentrale Baden-Württemberg e. V.
Paulinenstr. 47
70178 Stuttgart
Tel. 07 11/6 69 10
Fax 07 11/66 91 50

Verbraucherzentrale Bayern e. V.
Mozartstr. 9
80336 München
Tel. 0 89/53 98 70
Fax 0 89/53 75 53

Verbraucherzentrale Berlin e. V.
Bayreuther Str. 40
10787 Berlin
Tel. 0 30/21 90 70
Fax 0 30/2 11 72 01

Verbraucherzentrale Berlin e. V.
Allee der Kosmonauten
12681 Berlin
Tel. 0 30/5 42 80 91
Fax 0 30/5 41 21 34

Verbraucherzentrale
Brandenburg e. V.
Hegelallee 6–8, Haus 9
14467 Potsdam
Tel. 03 31/35 39 81
Fax 03 31/35 39 83

Verbraucherzentrale des
Landes Bremen e. V.
Obernstr. 38–42
28195 Bremen
Tel. 04 21/32 08 34
Fax 04 21/32 09 70

Verbraucherzentrale Hamburg e. V.
Große Bleichen 23
20354 Hamburg
Tel. 0 40/35 00 14 44

Verbraucherzentrale Hessen e. V.
Berliner Str. 27
60311 Frankfurt/Main
Tel. 0 69/28 07 01
Fax 0 69/28 50 79

Verbraucherzentrale
Mecklenburg-Vorpommern e. V.
Strandstr. 98
18055 Rostock
Tel. 03 81/3 12 85
Fax 03 81/3 12 86

Verbraucherzentrale
Niedersachsen e. V.
Herrenstr. 14
30159 Hannover
Tel. 05 11/9 11 96 01
Fax 05 11/9 11 96 10

Verbraucherzentrale
Nordrhein-Westfalen e. V.
Mintropstr. 27,
40215 Düsseldorf
Tel. 02 11/3 80 90
Fax 02 11/3 80 91 72

Verbraucherzentrale
Rheinland-Pfalz e. V.
Große Langgasse 16
55116 Mainz
Tel. 0 61 31/2 84 80

Verbraucherzentrale des
Saarlandes e. V.
Hohenzollernstr. 11
66117 Saarbrücken
Tel. 06 81/5 20 47 48
Fax 06 81/5 15 83

Verbraucherzentrale
Sachsen e. V.
Bernhardstr. 7
04315 Leipzig
Tel. 03 41/6 89 30 41
Fax 03 41/6 89 28 26

378

Verbraucherzentrale
Sachsen-Anhalt e. V.
Am Steintor 14/15
06112 Halle/Saale
Tel. 03 45/5 00 83 16
Fax 03 45/5 00 83 25

Verbraucherzentrale
Thüringen e. V.
Wilhelm-Külz-Str. 26
99084 Erfurt
Tel. 03 61/6 46 13 12
Fax 03 61/6 46 13 90

Verbraucherzentrale
Schleswig-Holstein e. V.
Bergstr. 24
24103 Kiel
Tel. 04 31/5 15 33

Register